Julie Metz
Die fünf Geliebten meines Mannes

Zu diesem Buch

Julie Metz, die 43-jährige Buchillustratorin, hält sich für glücklich verheiratet, als sie am Computer sitzt und einen dumpfen Aufprall hört. Ihr Ehemann Henry, 44, liegt schwer atmend in der Küche. Stunden später ist er tot. Lungenembolie, sagt der Arzt, so was geht immer ganz schnell. Plötzlich ist die Mutter einer sechsjährigen Tochter eine junge Witwe. Doch das ist erst der Anfang: Sieben Monate später erfährt sie Henrys größtes Geheimnis – er war die gesamten zwölf Jahre ihrer Ehe hindurch untreu mit wechselnden Frauen. Für Julie steht fest, dass sie nur eine einzige Wahl hat: die ganze Wahrheit herauszufinden. Indem sie die perfekte Fassade einreißt, die ihr bisheriges Leben ausgemacht hat, und alle Frauen, die dahinter zum Vorschein kommen, zur Rede stellt. Eine wahre Geschichte – gefühlvoll, ehrlich und bewegend.

Julie Metz ist Grafikerin, Künstlerin und freie Journalistin. Sie war Stipendiatin des MacDowell Fellowship und lebt heute mit ihrer Tochter und ihrem Partner in Brooklyn, New York. »Die fünf Geliebten meines Mannes« war in den USA ein großer Erfolg, die Buchrechte wurden weltweit verkauft. Weiteres zur Autorin unter: www.perfectionbook.com

Julie Metz

Die fünf Geliebten meines Mannes

Eine wahre Geschichte

Aus dem Amerikanischen von
Henriette Zeltner

Piper München Zürich

Mehr über unsere Autoren und Bücher:
www.piper.de

Mix
Produktgruppe aus vorbildlich bewirtschafteten Wäldern und anderen kontrollierten Herkünften
www.fsc.org Zert.-Nr. GFA-COC-001223
© 1996 Forest Stewardship Council
FSC

Deutsche Erstausgabe
Juli 2011

Titel der amerikanischen Originalausgabe:
»Perfection«, Voice / Hyperion, New York 2009

Umschlaggestaltung: semper smile, München
Umschlagmotiv: John Grant / Getty Images / Stone+
Satz: Kösel, Krugzell
Papier: Munken Print von Arctic Paper Munkedals AB, Schweden
Druck und Bindung: CPI – Clausen & Bosse, Leck
Printed in Germany ISBN 978-3-492-27210-0

Für meinen Chimwemwe
Ich hoffe, dieses Buch wird dir Antworten geben, wenn du bereit bist, die dazugehörigen Fragen zu stellen.

Und für Clark,
weil du genauso liebevoll und gut bist, wie du es versprochen hast.

Zur Erinnerung an meine Mutter, die bis zum bitteren Ende tapfer war.

MEINE FRAU

Dein Name
Ein ächzender Tisch für den Hunger meiner Ohren

Dein Gesicht
Eine Palette der Freuden für den Alten Meister meiner Augen

Ein Leben mit Dir
Genug, um mir »für immer« vorzustellen

Von Henry für Julie, Valentinstag 2002

Erster Teil

Nebel

Erklären ist etwas, bei dem wir alle ins Schwimmen geraten.

Richard Ford, *Der Sportreporter*

Eins

8. bis 12. Januar 2003

So ist es damals geschehen: Henrys Schritte auf dem alten Dielenboden. Die Toilettenspülung. Wieder Schritte, vielleicht auf der Treppe. Dann der dumpfe Schlag.

Ich arbeitete an diesem bitterkalten Mittwochnachmittag unten in meinem kleinen Büro. Mein Arbeitsplatz war der Wintergarten vor unserem Wohnzimmer. Die an drei Seiten mit kleinen Scheiben verglasten Fenster umrahmten den Blick auf die verschneiten Hügel jenseits der Straße. In eine Decke gehüllt und mit dicken Wollsocken an den Füßen konzentrierte ich mich auf das Projekt auf meinem Computerbildschirm. Ich war dreiundvierzig Jahre alt und arbeitete seit fast zwanzig Jahren als Grafikdesignerin. Ich war selbstständig und hatte mich auf die Gestaltung von Buchcover spezialisiert. Mein aktuelles Projekt war ein Roman über vom Schicksal gebeutelte Cowboys und hätte wie alles andere eigentlich schon am Vortag fertig sein sollen. Ich war gerade dabei, verschiedene Typografien auszuprobieren, und schaute kurz auf die Uhr meines Computers – in einer Stunde würde ich nach draußen zum Auto flitzen müssen, um unsere sechseinhalbjährige Tochter Liza abzuholen. Die Schule wäre um 15.10 Uhr aus. Henry hatte den ganzen Morgen krank im Bett gelegen. Ich würde ein Weilchen in der eisigen Kälte warten müssen. Dann würde es noch den üblichen Plausch mit den anderen Müttern auf dem Schulhof geben, danach hieß es, rasch nach Hause fahren und meine Arbeit beenden. Ich würde heute meinen neuen Lammfellmantel anziehen und erst an einem wärmeren Tag ein schlechtes Gewissen wegen seines hohen Preises haben. Bei genauerem Nachdenken fand ich, dass die lässige

Schrift ohne Serifen besser zu dem stimmungsvollen Bild eines Cowboys passte, der sich an einen Weidezaun lehnte.

Plötzlich spulte mein Verstand hektisch zurück.

Das war kein Paket gewesen, das der Typ von UPS draußen vor der Tür hatte fallen lassen.

Das Bürotelefon klingelte. Automatisch ging ich ran. Der Fotograf am anderen Ende der Leitung wollte wissen, wie mir die Fotos gefielen, die er gemailt hatte.

Es waren auch nicht die Katzen, die mal wieder Einkäufe von der Küchentheke geschubst hatten.

»Ich kann gerade nicht – es ist etwas Schlimmes passiert.« Abrupt legte ich auf.

Es blieb in allen Zimmern still, als ich die Treppe hinaufrannte und nach Henry rief. Zwei unserer vier Katzen sprangen mir aus dem Weg und gruben dabei ihre Krallen in die Holzdielen. Das Schlafzimmer war leer. Also raste ich die Treppe wieder hinunter.

Ich fand Henry mit von sich gestreckten Gliedern auf dem Rücken am Küchenboden liegend. Sein Kopf war nur Zentimeter vom Bratrost des Backofens entfernt. Er atmete noch. Sein Körper war mehr eine Silhouette vor dem meerblau gestrichenen Holzboden. Ich musste an die Kreideumrisse denken, wie sie um die Opfer in Krimiszenen gezogen werden. Irgendwie wurde ich das Gefühl nicht los, mich in einer Filmszene zu befinden und diese gleichzeitig im Fernsehen anzuschauen – die Anfangssequenz einer Folge von *Six Feet Under – Gestorben wird immer*, unserer Lieblingsserie in jenem Jahr. Darin stirbt meist irgendeine Nebenfigur während der ersten fünf Minuten. Henry holte Luft, atmete aber nur ganz flach. Auf seinen Lippen waren Speicheltröpfchen zu sehen, sein Gesicht war aschfahl. Mit einem schwachen Seufzer atmete er aus. Seine Lider öffneten sich nur halb. Ich sprach ihn an, um ihm zu verstehen zu geben, dass ich bei ihm war, aber zum ersten Mal in unserem Leben vermochte er mir nicht zu antworten.

Eine Minute dehnte sich endlos lang und zerriss schließlich.

Ist das so ein Moment, in dem die Leute die Notrufnummer 911 wählen? Oder wird Henry sich im nächsten Moment aufsetzen und mir sagen, ich solle mir keine Sorgen machen, so wie gestern, nachdem er in Ohnmacht gefallen war? Das muss jetzt doch so etwas Ähnliches sein. Da kam er wieder rein, nachdem er den Müll rausgetragen hatte, und fiel flach auf den Boden. Der Arzt meinte später, alle Tests seien ohne Befund gewesen …

Ich wählte die 911. Dann setzte ich mich neben ihn auf den Boden, strich über seine Stirn und beobachtete seine Atmung. Es zischte, und zwischen seinen Lippen kam ein bisschen Spucke zum Vorschein.

Ich wünschte, ich hätte einen Block und einen Stift zur Hand. Henry würde wollen, dass ich meine Eindrücke notiere. Die Jungs vom Rettungsdienst werden gleich da sein. Sie werden ihn durchchecken. Dann wird es ihm wieder gut gehen. Bei unserer nächsten Abendeinladung wird er den Gästen von seiner Nahtoderfahrung erzählen. »Der Bericht über meinen Tod war eine Übertreibung«, wird er sagen. Alle werden lachen, und ich werde mir ein bisschen lächerlich vorkommen, weil ich mir solche Sorgen gemacht habe. Aber ich komme mir gern ein bisschen lächerlich vor, wenn nur bitte, bitte alles gut wird.

Ich wählte noch mal die 911, nur zur Sicherheit. Dann rief ich Emily an, die nur fünf Minuten entfernt wohnt und üblicherweise um zwei Uhr nachmittags zu Hause ist. Anna ist zuverlässiger – ich wusste, sie würde nicht ausflippen, egal, was heute noch passierte –, aber sie wohnte zwölf Minuten von uns weg. Dann rief ich Henrys besten Freund Matthew an, der mit seiner Frau in einer benachbarten Stadt lebt.

Jede Minute zählt. Die Jungs vom Rettungsdienst werden gleich da sein. Sie bringen Sauerstofftanks, Defibrillatoren und Infusionsbeutel. Alles wird gut werden. Emily wird mir helfen, jemand zu finden, der auf Liza aufpasst, dann wird sie mich ins Krankenhaus begleiten. Wenn wir hinkommen, wird Henry schon wieder bei Bewusstsein sein, lächeln und scherzen wie immer.

Ich setzte mich wieder zu ihm auf den blauen Fußboden, streichelte die vertrauten Falten, die Narbe über seinem Augenlid, den kleinen Leberfleck auf seiner Wange.

Einatmen. Ausatmen. Ein bläulicher Gazeschleier glitt über ihn. Seine Haut wurde wächsern.

»Atme!«, schrie ich ihn an. »Fang wieder an zu atmen!« Ich schlug auf seine Brust. Aber er hörte nicht auf mich. Ich legte meinen Mund auf seinen und blies meinen Atem in ihn hinein. Das Blau wurde wie bei Aquarellfarben für kurze Zeit zu Rosa. Doch dann erschien es wieder. Er rührte sich nicht. Der Mann, der mich sechzehn Jahre lang geliebt, der mich verrückt gemacht, mit mir gestritten, mich bekocht, ein Baby mit mir gezeugt hatte, dieser Mann atmete ein letztes Mal aus, und zwar die Luft, die ich in seine Lungen geblasen hatte.

Ich schaute auf, abgelenkt vom Geräusch der sich öffnenden Schiebetür zur Veranda. Ein Schwall kalter Luft strömte herein. Die Sanitäter kamen mit einer fahrbaren Trage und medizinischem Gerät und schoben mich sanft aus der Küche. Emily erschien gleich nach ihnen.

Es gilt allgemein als ein schlechtes Zeichen, wenn man in den kleinen Warteraum geführt wird. Emily hielt mich am linken Arm. Sie sah blass aus, ihre Lippen waren immer noch von der Kälte gerötet. Das dunkle halblange Haar lugte unter einem mir vertrauten blauen, glockenförmigen Hut hervor. Matthew saß rechts von mir. Er ist groß und hat eine Statur wie ein Baum. Der junge Arzt mit den traurigen Augen sagte uns, es sei eine Lungenembolie gewesen. Ein Blutgerinnsel, das in einem Bein entstanden war, hatte sich nach oben bewegt, war in der Lunge steckengeblieben und hatte den Herzstillstand ausgelöst. Sie hätten alles versucht, um ihn wiederzubeleben. Aber.

Alles lief in Zeitlupe weiter, während ich versuchte, seine Worte zu verarbeiten. Das konnte doch nicht sein. Er war schließlich erst vierundvierzig. Bei *Six Feet Under* hatten es die Hauptdarsteller doch auch immer unbeschadet in die nächste Folge geschafft. Ich rutschte von meinem Stuhl auf den Boden und begann zu schreien.

»Du kannst dich neben ihn legen, wenn du möchtest«, sagte Emily. Erstaunlich ruhig betrachtete sie Henrys leblosen Körper auf der Trage. »Mach nur, mich stört es nicht im Geringsten.«

Ich kletterte auf die schmale Liege und legte mich neben ihn. Er würde gewollt haben, dass ich jede Einzelheit für ihn notiere – dass seine Brust immer noch warm war, während seine Arme bereits steif und kalt, die Finger blau und verkrampft waren. An der linken Wange hatte er eine Schramme. Es war tröstlich, so bei ihm zu liegen und einen Arm um ihn zu schlingen. Es war eine vertraute Berührung, und ich war erleichtert, noch einen Gefährten zu haben, wenn auch einen totenstillen.

Er hatte so schöne Füße, wohlgeformte Zehen, wie die Füße einer griechischen Statue. Ich schob sein Hemd hoch, um die unverwechselbare Narbe auf seiner Brust zu sehen. Der Stiel einer Maispflanze hatte sich, als er als Teenager auf einer Farm jobbte, in seine Haut gebohrt. Die Wunde hatte eine zwei, drei Zentimeter lange, erhabene Narbe zurückgelassen, nach der ich im Dunkeln gerne tastete. Danach berührte ich den großen, dunklen Leberfleck auf seiner linken Schulter. Ich fuhr die Narbe über seinem rechten Auge nach, die er sich zugezogen hatte, als er in seiner Kindheit mal in einem Hotel in Honolulu gewesen war (das Frank Lloyd Wright entworfen hatte, wie Henry nie zu erwähnen vergaß, wenn er die Geschichte erzählte). Damals war ein Fenster plötzlich aus dem Rahmen gefallen, als er mit seiner Familie darunter vorbeiging. All seine Narben und Leberflecke waren mir so vertraut wie Trittsteine auf dem Heimweg durch einen finsteren Wald.

Dann kamen zwei Schwestern herein. »Sie sollten jetzt nach Hause gehen und sich ein wenig ausruhen«, sagte die eine. Sie legte eine Hand auf meine Schulter und drückte sie sanft.

Emily fasste mich am Arm, und wir gingen die von Neonröhren erhellten Flure entlang, bis wir in die Dämmerung hinaustraten. Tintenblau mit tiefhängenden Wolken. Ein Schwarm schwarzer Vögel erhob sich in den Himmel. Ihre Flügel bewegten sich im Gleichklang, wie ein Banner der Tragik.

»Ich fühle mich wie von einem Laster angefahren«, hatte Henry noch zwei Wochen vor seinem Tod gescherzt. Wir waren damals in den Weihnachtsferien zu Besuch bei Henrys Collegefreund und dessen Familie auf Bainbridge Island vor der Küste von Seattle. Während der kurzen Stunden mit Tageslicht unter der durchgehend grauen Wolkenwolldecke spielten die Kinder und tranken heiße Schokolade, während wir Erwachsenen die Mahlzeiten planten, den Baum schmückten und alles für die Ankunft von Santa Claus vorbereiteten. Henry, der bis auf Weihnachten jede Art von Fest liebte, sah uns von der Couch aus zu. Solche Scherze von ihm waren mir nichts Neues. Mit sechzehn hatte er eine Spritztour mit dem neuen Motorrad eines Freundes unternommen und war in einer engen Kurve frontal mit einem entgegenkommenden weißen Kleintransporter zusammengestoßen. Er liebte es, diese Geschichte zu erzählen, jedes Mal mit einer neuen Ausschmückung.

»Ich liege blutend da, mein rechtes Bein sieben Mal gebrochen, und der Typ heult und fleht mich an, nicht abzukratzen. Ich musste ihn erst mal beruhigen, damit er überhaupt wieder aufstand und bei einem Nachbarn Hilfe holte.« Henrys Bein war wieder zusammengeflickt worden, aber er hatte fortan immer Schmerzen darin und schluckte täglich Tabletten dagegen. Seiner eigenen Prognose nach würde er mit fünfzig ein neues Knie und mit sechzig einen Rollstuhl brauchen.

Aber Scherz beiseite, ich machte mir tatsächlich Sorgen, als ich Henry so sah – er döste, las in einer Zeitschrift, tippte ein bisschen auf seinem Laptop herum, döste wieder. In den ganzen Ferien war er kaum von der Couch aufgestanden. Als ich ihn fragte, wie es ihm ginge, sagte er, er sei nur müde von den vielen Reisen im vergangenen Jahr und freue sich schon so, nach Hause zu kommen und mit dem Schreiben seines neuen Buchs zu beginnen.

Das Thema dieses Buches war Umami, ein japanischer Begriff, der sich mit »größte Köstlichkeit« übersetzen lässt und meist in Bezug auf Essen verwendet wird. Manche bezeichnen es auch als »fünfte Geschmacksrichtung«. Für westliche Gaumen könnte man es mit »pikant« gleichsetzen. Die anderen Geschmacksrichtungen sind süß, sauer, salzig und bitter. Umami entspricht dem Eindruck einer Köstlichkeit, die einem während einer Mahlzeit das Wasser im Mund zusammenlaufen lässt, aber auch die absolute Zufriedenheit nach einem guten Essen. Umami ist der Geschmack von Protein, umschmeichelt von Fett – der angenehme Geschmack eines Fleischragouts, einer gehaltvollen Soße oder auch ein Happen cremigen Käses. Umami steckt ebenso in einer sonnengereiften Frucht oder in einem Glas guten Weins. Schlimm wird es, wenn Lebensmittelkonzerne Ernährungswissenschaftler anheuern, die ansonsten geschmacklose Produkte mit künstlich verstärktem Umami versehen sollen – Big Macs, Chips und besonders Tiefkühlgerichte. Umami ist geschmacklich mit dem dämonisierten Geschmacksverstärker Natriumglutamat gleichzusetzen, das gern in chinesischen Restaurants verwendet wird.

Henrys Auftrag bestand jedoch darin, natürlich vorkommendes Umami aufzuspüren. Dazu hatte er sich an die Westküste begeben, wo die Frische des Essens, vor allem der verwendeten Produkte, die Idee der Perfektion eher verkörperte als die saisonfremden Lieferungen unreifer Tomaten und mehliger Pfirsiche, die man typischerweise an der Ostküste bekam.

Im Auftrag eines Verlages und mit dem halben Honorar als Vorschuss reiste er also 2002 die Küste rauf und runter, verkostete am Baum oder Strauch gereiftes Obst, exotische Variationen von Meeresfrüchten und Algen sowie regionale Weine.

Fast das ganze Jahr war er unterwegs, brach mindestens achtmal nach Westen auf und blieb manchmal ganze drei Wochen weg. Er speiste in kulinarischen Tempeln wie der French Laundry im Napa Valley und der Herbfarm in Woodinville, Washington. Er probierte frische Austern und Wildpilze in Oregon, klapperte Winzer und andere Experten entlang der Küste ab. Einmal schrieb er mir eine lange E-Mail über die inzwischen so selten gewordene Marshall-Erdbeere, die er auf den kleinen, in Familienbesitz befindlichen Höfen auf den San Juan Islands im Bundesstaat Washington gekostet hatte. Auf diesem Trip hatte ihn der bekannte Obstexperte David Karp begleitet.

Von seinen Reisen kehrte Henry mit Gläsern voll Zitronenkonfitüre von Meyer, hausgemachten Salsas und einem raffinierten Gerät namens Brix Refraktometer zurück, das den Zuckergehalt einer Frucht messen kann. Der Leiter unseres hiesigen Lebensmittelladens staunte nicht schlecht, als Henry sein Taschenmesser in Nektarinen und Orangen bohrte, um etwas Saft abzuzapfen, den er dann testete. Dann überraschte uns FedEx mit einer weiteren Kostbarkeit – einer Kiste Bio-Pfirsiche von der Frog Hollow Farm im kalifornischen Brentwood. Jeder saftige Bissen davon veranlasste meine Speicheldrüsen zu einer beinahe schon schmerzhaften Überproduktion.

Einmal in diesem Jahr der vielen Reisen besuchten Liza und ich ihn, und zwar im Mai. Wir wohnten im Sooke Harbour House, einem Hotel und Restaurant auf Vancouver Island in British Columbia. Liza, die bereits Anzeichen für ererbte kulinarische Gene zeigte, liebte die Meeresfrüchte und genoss die Besichtigung der Küche. Sie und ich verbrachten die Zeit mit Wanderungen und Spielen im Freien, während Henry und der

Besitzer auf der Suche nach Tiefseebewohnern tauchen gingen. Eines Nachmittags kehrten sie mit einer Geschichte von beinahe leeren Sauerstoffflaschen, einem großen Oktopus und einigen Kammmuscheln mit purpurfarbenem Rand zurück. Die Tiere wanderten noch am selben Abend in den Suppentopf. Etwas so intensiv Duftendes und geschmacklich Komplexes wie diese Brühe hatte ich noch nie gekostet. Es war die Essenz von Umami.

Liza mit ihren noch nicht einmal sechs Jahren beendete ihre Mahlzeit und verkündete, später einmal ein eigenes Hotelrestaurant aufzumachen. Dort würde es Yogastunden für mich und Zimmerservice für ihre Katzen geben.

31. Dezember. Wir waren von unserem Weihnachtsurlaub auf Bainbridge Island zurück. Henry stand mitten in unserer Küche und nagte am Nagel seines rechten Zeigefingers, während er über die letzten Vorbereitungen zu unserer traditionellen Silvesterparty nachdachte.

Um seine rundliche Mitte spannte sich eine fleckige Schürze. Henry griff nach einem Weinkelch und nahm einen ordentlichen Schluck, sozusagen als Stärkung für die noch vor ihm liegende Aufgabe, dann knabberte er konzentriert an den Nägeln seiner linken Hand. Mit derselben Hingabe nagte er Hühner- und Steakknochen blank. Dabei blitzten seine scharfen Raubtierzähne, und er aß mit der Freude eines heißhungrigen Hundes.

Henry stellte das Weinglas auf den Tisch zurück und machte sich über die Kruste auf der gebratenen Lammkeule her, die auf einer Servierplatte vor ihm lag. Er zupfte ein Stück davon ab und probierte es, um sich zu versichern, dass es seinen Gästen schmecken würde. Dann ging er zum Kühlschrank und holte die Platte mit der selbst gebeizten Lachsseite heraus. Sein scharfes Messer blitzte, und seine fettigen Finger hielten mir eine hauchdünne Scheibe von dem Graved Lachs hin, korallenrot und durchscheinend wie Bernstein. Der Fisch glitt meine Kehle hinunter. Er schmeckte köstlich. Auf Toast und mit Kapern und gehackten roten Zwiebeln würde er noch besser schmecken, in einer Stunde, wenn dann unsere Gäste eingetroffen wären. Er schnitt noch ein Scheibchen ab und schob es mir in den Mund.

Dreizehn Jahre zuvor hatte er mich mit unserer Hochzeitstorte gefüttert, und zwar mit derselben sorglosen, kindlichen Begeisterung – damals stopfte er mir einen Riesenbissen mit reichlich Schokolade in den weit aufgesperrten Mund. Zu der Zeit überraschte und genierte mich das noch. Doch sein Ungestüm war auch ein heimliches Versprechen auf das unkonventionelle und leidenschaftliche Leben, das wir gemeinsam führen würden. Er leckte sich danach die Tortenreste von den Fingern und schenkte mir sein Honigkuchenpferd-Lächeln. In seinem geliehenen mitternachtsblauen Smoking, mit dem dunklen Teint, den Mandelaugen und dem lockigen Haar, das sich so perfekt von dem strahlend weißen Hemd abhob, sah er einfach umwerfend aus. Und als er mich um die Taille fasste und mir ins Ohr flüsterte, wie sehr er mich liebe, da wurde mein Spitzenhöschen, das ich mir eigens für diesen Tag zugelegt hatte, ganz feucht.

Nachdem er den Lachs wieder im Kühlschrank verstaut hatte, nahm Henry einen kleinen Plastikbehälter heraus, in dem er Kalbsbrühe von einem anderen Koch-Abenteuer – viele Knochen, viele Stunden – aufbewahrt hatte. Er leerte den Inhalt in einen kleinen Topf und machte sich daran, aus Kalbsfond, dem Bratensaft in der Pfanne des Backofens und Portwein eine Soße zu kreieren.

Ich sah ihm bei der Arbeit zu und versuchte gleichzeitig, ein wenig aufzuräumen. In einer weißen Schürze und bewaffnet mit Schwamm und Papiertüchern wischte ich die einzelnen Reiskörner, Truthahninnereien und Gemüseschnipsel auf, die von der Anrichte auf den blau gestrichenen Holzboden gefallen waren. Ich hatte für den Boden eine Farbe ausgesucht, die einen scharfen Kontrast bildete – nichts verbarg oder kaschierte. Jetzt entdeckte ich, dass in den Spalten zwischen den einzelnen Dielen kleine Stückchen vom Lachs steckten, die ich einfach nicht herausbekam.

Als ich Henry beim Saubermachen aus Versehen anstieß, verzog er das Gesicht. »Verdammt noch mal, geh mir doch aus dem Weg! Siehst du nicht, dass ich hier beschäftigt bin?«

Trotz der Harmonie, die wir auf unseren Silvesterpartys demonstrierten, schafften Henry und ich es kaum, eine Woche miteinander zu verbringen, ohne uns anzuschreien. In unserer Anfangszeit hatten wir über Politik gestritten, doch jetzt waren es die typischen häuslichen Konfliktfelder – Kindererziehung und Haushalt. Bei einer der hitzigeren Debatten hatte er einmal Band eins von *The Oxford English Dictionary* nach mir geworfen. Er traf mich zwar nicht, aber ich fühlte mich von dem Gewicht eines Buches mit so vielen Wörtern, die ich nicht kannte, und Wörtern, die mir als kluge Replik auf seine Beleidigung nicht eingefallen waren, trotzdem verletzt. Später hatte er sich entschuldigt, so wie auch jetzt, schnell und zärtlich.

Ich eilte in den Keller, um die einfachen Sektgläser zu holen. Trotz der vom Alkoholgenuss ausgelösten Nachlässigkeit unserer Gäste, die mich jedes Mal um unsere wunderschönen venezianischen Champagnerflöten fürchten ließ, beharrte Henry immer darauf, sie zumindest für die als Erste Eintreffenden aus der Vitrine zu holen. Weil er von ihrer Extravaganz begeistert war, liebte Henry es, sie unseren Gästen zu präsentieren, selbst wenn sie dabei zu Bruch gehen konnten. Für mich waren es dagegen Schätze, die ich lieber für intimere Anlässe gehütet hätte. Sie waren das Hochzeitsgeschenk eines generösen Freundes gewesen und einfach zu teuer, um sie nachzukaufen. Ich kam also mit den ganz normalen Gläsern nach oben und platzierte sie zusammen mit den Tellern, Servietten und dem Besteck auf einer Seite des Esszimmertischs, der sich bald unter diversen Köstlichkeiten biegen würde. Ein großer, mit Eis gefüllter Cooler hielt einige Dutzend Austern zum Öffnen bereit. Ich traute mich gar nicht, Henry zu fragen, was sie gekostet hatten. Ihn zum Maßhalten aufzufordern, war ohnehin sinnlos. Wenn er mit meiner Kontokarte Lebensmittel für unsere Essenseinladungen einkaufen ging, warf ich grundsätzlich kaum noch einen Blick auf die Kassenbelege. Mit Henry zu leben, bedeutete einfach, einzusehen, wie unverzichtbar weiße Trüffel zu fünf Dollar das Gramm waren.

Als ich in die Küche zurückkehrte, lächelte er und bot mir an, von seinem Zaubertrank zu kosten. Die Soße war sehr samtig und dunkel. In ihrem Geschmack mischten sich Aromen vergangener Festmahle mit dem Bratensaft der Lammkeule und Portwein. Oben auf der dunklen Flüssigkeit schwamm ein Lorbeerblatt. Vorsichtig sah ich mich um und registrierte das Chaos in der Küche – von meinem letzten Versuch, etwas Ordnung zu schaffen und sauber zu machen, war nichts mehr zu merken.

»Was fehlt?«, fragte er.

»Nichts.« Ich sah ihm zu, wie er gefühlvoll umrührte. Für ihn war eine Soße eine wirklich ernste Angelegenheit. Zu schade, dass er kein Profikoch geworden war, mit einer Mannschaft von Hilfskräften zu seiner Bewunderung und um nach ihm aufzuräumen.

Er machte sich noch ein bisschen daran zu schaffen, rührte und probierte. »Ich glaube, noch ein wenig Salz.«

»Sie ist ausgezeichnet«, sagte ich. »Perfekt. Wirklich.« Ich vermutete, seine Soße brauchte nur noch ein größeres, enthusiastischeres Publikum.

Liza kam die Treppe heruntergetrampelt und suchte ihre Freundinnen. Mit sechseinhalb sah ihr Gesicht aus wie das von Kindern aus einer anderen Zeit und von einem fremden Ort: eine eklektische Mischung von Zügen aus dem verfügbaren Genpool – Henrys anglo-asiatische Herkunft und mein osteuropäisch-jüdischer Mischmasch. Von Henry hatte sie die olivfarbene Haut und die vollen Lippen, die mich an eine

Rosenknospe erinnerten. Ihr Haar fiel ihr in perfekten honigfarbenen Korkenzieherlocken bis auf die Schultern. Die mandelförmigen Augen hatten die Farbe von Meerwasser in Schalen aus grauem Granit. Sie besaß mein ausgeprägtes Kinn und meine breiten Fingerspitzen, die im Miniformat und erst recht mit dem tiffanyblauen Nagellack, mit dem sie ihre Nägel für heute Abend angemalt hatte, besonders bezaubernd aussahen.

Unsere ersten Gäste trudelten ein und brachten einen eisigen, mit Schnee durchsetzten Windstoß und den modrigen Geruch alten Laubs aus dem winterlichen Garten mit herein. Außerdem hatten sie gut gekühlten Champagner, selbst gemachte Schokoladenkekse und Mandeltorte dabei.

Emily und ihr Mann Justin waren früh dran. Bei Emily konnte ich mich stets darauf verlassen, dass sie für ein wenig Boheme-Chic und eine Spur Urbanität, die ich selbst inzwischen abgelegt hatte, sorgte. Ich hatte Emily aufgespürt, nachdem ich sie und ihre Familie in einem der Restaurants am Ort gesehen hatte. Die süße Frisur, die rot geschminkten Lippen, der Glockenhut. Diese Frau könnte meine Freundin sein. Wie so viele Frauen in unserer Nachbarschaft war sie nicht berufstätig und verbrachte die Zeit, während unsere Kinder in der Schule waren, mit Schreiben und anderen kreativen Hobbys. In meinem Alltag ging es dauernd um Abgabetermine. Aber da ich selbstständig arbeitete, konnte ich mir meine Zeit frei einteilen, und so fanden wir immer wieder Zeit, uns über Bücher und Kunst zu unterhalten. Nachmittags nach der Schule brachte ich Liza häufig zu Emily, denn ihre jüngere Tochter Zoe war eine von Lizas besten Freundinnen geworden. Während die Kinder spielten, setzten Emily und ich unsere Gespräche bei vielen Tassen Tee fort. Sie konnte ungemein witzig sein und brachte frischen Wind in mein sonst eher beschauliches Leben. Andererseits war sie, ihrer selbstbewussten Erscheinung zum Trotz, manchmal auch so zerbrechlich wie ein hilfebedürftiges Kind. Doch als sie jetzt in die Küche stürmte, um zu bewundern, was dort alles vorbereitet war, da dominierte ihre Party-Persönlichkeit – der strahlende Star auf dem roten Teppich.

»Mein Gott! Seht euch dieses Festmahl an!«

Henry legte einen Arm um ihre Schulter, umarmte sie herzlich und küsste sie überschwänglich auf die rosige Wange.

»Du bist der Beste, Henry, einfach der Beste!« Sie nahm das Hochzeitsglas mit Champagner, das Henry ihr anbot, kichernd und mit gerötetem Gesicht in Empfang. In der zarten Glasflöte perlte die Kohlensäure.

Anna, die ich noch nicht so lange kannte, ihr Mann John und der gemeinsame Sohn Leo polterten in den Flur. Leo schleuderte seine Stiefel voller Schnee von den Füßen und stürmte freudig nach oben, um die Mädchen zu beeindrucken.

Lebenslustig, mit strahlend blauen Augen und langem, lockigem, unnatürlich rotem Haar (sie selbst nannte diese Farbgebung eine »Korrektur«) war Anna wie ein echtes New Yorker Mädchen angezogen. Ich staunte, als sie mir mal erzählte, sie sei in Ohio aufgewachsen. Gleich nach dem Collegeabschluss war sie jedoch von dort weg nach New York gegangen. Da hatte sie in Betsey Johnsons Laden gejobbt und nachts im East Village gefeiert. Wenn ich mir ihr leuchtend rotes Haar ansah, nahm ich ihr alles ab, was sie mir über ihre wilde Zeit in den Achtzigern erzählte.

Nachdem wir einander durch einen Kollegen vorgestellt worden waren, entwickelte sich daraus eine Freundschaft, weil wir beide versuchten, unser überschüssiges Gewicht, das uns noch aus der Schwangerschaft erhalten geblieben war, loszuwerden. Gemeinsam meldeten wir uns zu einem brutalen Gymnastikkurs im örtlichen Fitnessstudio an. Klappmesser, Liegestützen, Rennen auf der Stelle. Jede Unterrichtseinheit war wie eine schlechte Sportstunde im Turnunterricht an der Highschool, aber immerhin verloren wir jede drei Kilo. Der heftige Muskelkater jedes Mal danach war eine wirklich verbindende Erfahrung. Nach acht Wochen Bootcamp beschlossen wir, uns etwas Ruhigeres zu gönnen.

Und so wurden wir im Laufe der folgenden zwei Jahre hingebungsvolle Yoginis. Und ich freute mich schon immer auf unsere wöchentlichen Stunden. Sie kam mit dem Auto von sich zu Hause und hupte vor meiner Einfahrt. Im Auto hatten wir Zeit, um uns über unsere Arbeit auszuklagen, über die Erziehung unserer Kinder Gedanken zu machen und dabei unsere Lieblings-CD von Lucinda Williams anzuhören.

Wir schätzten aneinander unseren Pragmatismus. Außerdem arbeiteten wir beide als Grafikdesignerinnen und teilten uns sogar einen Assistenten. Unsere Kinder waren im gleichen Alter. Sie murrte, wenn ich mich bei unseren Yogaterminen verspätete. Ich ärgerte mich, wenn sie unsere Verabredung zum Mittagessen vergaß. Wir verstanden einander. Wir waren beide vielbeschäftigt, unser Alltag war in Halbstundensegmente unterteilt. Es gab keine Extras, kein Polster, keine Zeit zu verschwenden.

Zu unseren jüngeren, unverheirateten und kinderlosen Freunden zählten Tomas und sein Mitbewohner Nick, der auch mein Assistent war. Tomas wirkte wie immer eher zurückhaltend und hatte ein Bier in seiner schlanken Hand. Ich lächelte ihm zu, während ich herumwirbelte und die Gastgeberin spielte. Die Party hatte endlich begonnen. Die Leute spazierten herum und mischten sich plaudernd, lachend. Tomas lächelte zurück, als ich gerade das Wohnzimmer ansteuerte, um eine andere Musik aufzulegen.

Wir hatten uns innerhalb weniger Jahre angefreundet und waren uns noch näher gekommen, als wir gemeinsam verreist waren. Zusammen mit seiner damaligen Freundin Lindsay und einer Gruppe von Freunden waren wir im Winter zuvor nach Costa Rica geflogen. Tomas hatte auch zwei Monate in unserem Dachgeschoss gewohnt, während er sein Haus renoviert hatte. Er war ein sehr gut aussehender junger Mann, fast eins neunzig groß, mit dunkelblonden Haaren. Er änderte seine Frisur sehr oft, daher überraschten mich seine zeitweiligen Veränderungen nicht. Manchmal trug er sein Haar raspelkurz wie ein Junge aus den Fünfzigern. Ein paar Wochen später hatte er vielleicht schon einen Dreitagebart zu »Ich komme gerade nach drei Wochen aus der Wildnis«-Strubbellocken. Oder er probierte es mit Koteletten, die an einen Popstar der Sechziger erinnerten. Seine Persönlichkeit war ebenso von Extremen bestimmt – abends ging er gern mit ein paar Freunden einige Bierchen trinken, tagsüber arbeitete er ganz allein in einem Atelier, das auf dem Hügel hinter seinem Haus stand, an riesigen figurativen Skulpturen.

Tomas hatte unsere Familie gut ergänzt. Henry freute sich, für eine weitere Person zu kochen, die zugleich ein sehr dankbarer Kumpel war. Oft fand ich die beiden zusammen in der Küche, wo sie ein Bier tranken und ins Gespräch vertieft waren. Wenn ich dann hereinkam, wurde ich zum Eindringling. Das Gespräch verstummte und ich ging immer rasch wieder, mit dem Gefühl, einen vertraulichen Moment gestört zu haben. Tomas hatte bekanntermaßen Schwierigkeiten mit seinen Freundinnen, was in unserer Kleinstadt gleich für Gesprächsstoff sorgte. Und er wohnte gerade bei uns, als seine Freundin am Telefon mit ihm Schluss machte. Daraufhin kam er in unser Schlafzimmer, setzte sich aufs Bett und weinte. Wir, das lange verheiratete Paar, versuchten, ihm behutsam den Rücken zu stärken und ihn zu trösten.

Liza liebte es, von Tomas auf den Schultern die Treppe hinaufgetragen zu werden und sich mit ihm auf dem Wohnzimmerteppich zu balgen. Sie kicherte, wenn er sie kitzelte. Geduldig hörte er sich die Geschichten über ihren Schultag an – wer gemein gewesen war, wer Ärger bekommen hatte, mit wem sie in der Pause gespielt hatte. Sie liebte es auch, mit ihm an unserem Küchentisch Bilder zu malen.

Außerdem hielt die Anwesenheit eines Außenstehenden Henry und mich davon ab, uns zu streiten.

Als ich eines Abends Wäsche faltete, sah Tomas mich irgendwie seltsam an und sagte, ich sei so schön. Ich bedankte mich bei ihm – während etwas in meinem Bauch Purzelbäume schlug – und machte mit dem Zusammenlegen der Wäsche weiter. Der Großteil meines Lebens ereignete sich zu Hause: die Arbeit, mein Dasein als Mutter. Da fühlte ich mich im Beisein anderer, insbesondere attraktiver jüngerer Männer praktisch unsichtbar.

Als die Installationen und die Elektrik in seinem neuen Haus fertig waren, zog Tomas wieder aus. Ich staunte selbst darüber, wie sehr ich danach seine Gesellschaft vermisste. Als ich das nächste Mal Wäsche faltete, musste ich unwillkürlich lächeln und war froh, ihn in sicherer Entfernung zu wissen.

Henry beneidete Tomas um sein wiedergewonnenes Junggesellendasein. Eines Abends, als wir gerade die Küche aufräumten, meinte er: »Wie fändest du es, wenn ich bei Tomas einziehen und dich und Liza nur an den Wochenenden besuchen würde? Das wäre dann eher wieder so, als wärst du meine Freundin.«

Ich sah von dem Spülbecken mit den dreckigen Töpfen und Pfannen auf und zwang mich zu einem Lachen, um ihm zu zeigen, dass ich nicht annahm, er würde das ernst meinen. »Nein, das würde mir nicht gefallen.«

»Und du solltest eine Affäre mit Tomas haben«, fuhr er fort und schien an dieser Gedankenspielerei richtig Freude zu haben. »Oder findest du ihn etwa nicht attraktiv? Mir würde das überhaupt nichts ausmachen.«

»Tomas sieht sehr gut aus. Aber momentan bin ich mit dir verheiratet. Warum sagst du solche Sachen überhaupt?«

Henry steckte nie zurück. Er war wie ein aufgekratzter Hund, der mit einem Knochen spielte. »Würde es dich denn stören, wenn ich ein Date mit seiner neuen Freundin, dieser Mafia-Prinzessin, hätte?«

»Du wirst definitiv nicht zu einem Date mit der Mafia-Prinzessin gehen.«

Ich schrubbte einen schmutzigen Soßentopf mit extra viel Einsatz. Manchmal konnte Henry einen wirklich aufregen, aber auf der anderen Seite hatte die Entschlossenheit, mit der er immer bis zum Äußersten ging, auch etwas Unterhaltsames.

Wieder ganz Gastgeberin auf der Silvesterparty, eilte ich auf dem Rückweg in die Küche, um mehr Becher zu holen, wieder an Tomas vorbei. Er nahm einen Schluck von seinem Bier und lächelte mir erneut schüchtern zu. Er und ich waren uns ähnlich – wir bevorzugten beide Einsamkeit und Ruhe und waren daher bei solchen Anlässen nicht gerade in unserem Element.

Cathy, ihr Ehemann Steve und die gemeinsame Tochter Amy kamen mit Freunden, die sie aus der Kirche kannten. Steve war groß und sah auf typisch amerikanische, kantige Art gut aus. Mit einem Weinglas in der Hand übernahm er die ihm zugedachte Aufgabe und kümmerte sich sogleich um das Öffnen und Servieren der Austern. Sofort bildete sich eine Traube von Gästen um ihn, und er strahlte im Zentrum dieser kleinen Vorstellung. Amy verschwand auf der Suche nach Liza im oberen Stock.

Meine Freundschaft mit Cathy war das typische Resultat vorstädtischer Elternschaft. Man zieht mit seinem knapp zweijährigen Kind an einen neuen Ort. Nach der allwöchentlichen Einkaufstour, um Wasch- und Putzmittel sowie Windeln in großen Mengen zu bunkern, begibt man sich auf den nächsten Spielplatz. Da entdeckt das eigene Kind ein anderes im ungefähr gleichen Alter. Die beiden tun sich beim Sandkuchenbacken und auf der Wippe zusammen. Dann sieht man sich nach den dazugehörigen Eltern um. Es sind vielleicht nicht unbedingt Leute, die man sich selbst als Freunde aussuchen würde, aber sie wirken verantwortungsbewusst, gebildet, keine Axtmörder. Und obwohl sie vom Charakter her sehr verschieden waren, schienen Cathy und Henry, die beide als Autoren arbeiteten, rasch eine gemeinsame Ebene gefunden zu haben.

Bis zum Sommer des Vorjahres waren Cathy und ich fast täglich im Haus der anderen gewesen. Wir nahmen für einander das Kind von der Schule mit und sprangen als Babysitterin ein, wenn Not am Mann war. Die Kinder übernachteten zusammen. Und wir vier aßen oft miteinander. Unsere Häuser waren fast austauschbar. Und ich hatte zwar viele Stunden mit der Mutter der besten Freundin meiner Tochter verbracht, aber in Wirklichkeit wusste ich nur sehr wenig über sie.

Cathy und Steve waren in ihrer Erziehung ein wenig altmodisch, und auch in ihren politischen Ansichten konservativer als ich. Cathy, die in einem wohlhabenden Vorort von New York aufgewachsen war, schlüpfte manchmal in die Rolle des Bier trinkenden Partygirls. Andererseits bestanden sie und Steve auf guten Tischmanieren, die ich bei heiklen Drei- und Vierjährigen, die noch dabei waren zu lernen, wie man mit einer Gabel umgeht, etwas affektiert fand. (Mir ging es vielmehr darum, dass meine Tochter überhaupt etwas aß.) Um die Weihnachtszeit musste ich über die Förmlichkeit der Sachen lächeln, die Cathys Mutter ihr für Amy schickte – steife Festtagskleider mit karierten Taftröcken und Lackschuhe mit Spangen – unbequeme Sachen, die ich Liza nie aufgedrängt hätte, weil ich ähnliche Sachen selbst in den Sechzigern hatte anziehen müssen.

Henry machte oft bissige Bemerkungen über Cathys Garderobe, was ich ziemlich gemein fand. Sie war zierlich, aber ein wenig größer als ich, mit dunklen Haaren, kleinen, hellen Augen und blassem Teint. Sie war durch tägliches Nordic Walking schlank und durchtrainiert. Mit dem Restspeck nach der Schwangerschaft war sie auf beneidenswerte Weise fertiggeworden. Henry sagte, sie wirke wegen des vielen Sports hager und ältlich. Ich beneidete sie trotzdem um ihre drahtigen Beine.

Die Frauen aus meinem Freundeskreis hatten ihr gegenüber Vorbehalte, sodass ich mich bemüßigt fühlte, sie zu verteidigen. »Sie ist einfach schüchtern«, pflegte ich zu sagen, wenn Leute sich über ihr Benehmen mokierten. Wenn wir unter uns waren, führten wir beide angeregte Gespräche über Lieblingsbücher und -filme, aber auf Festen war sie sehr zurückhaltend. Mit einem Bier in der Hand verzog sie sich in eine Ecke, sah unbehaglich drein und wartete darauf, dass der Alkohol ihre Unterkühltheit beendete. Dafür war sie dann nach ein, zwei Bieren unberechenbar.

Im Vorjahr hatte Cathy auf unserer Party, noch während sie ihre Jacke aufhängte, leise angekündigt: »Heute gebe ich mir die Kante.« Sie hielt ihr Versprechen und trank im Verlauf des Abends ein Bier nach dem anderen. Bald lachte sie viel zu laut. Die ersten Stunden von 2002 verbrachte sie heftig kotzend auf unserer Toilette, während unsere Töchter eng umschlungen auf dem Wohnzimmerteppich schliefen.

Ich hoffte inständig, dass wir in diesem Jahr keine Wiederholung dieser Vorstellung erleben würden. Ihr Outfit versprach eigentlich das Gegenteil. Sie trug ein schlicht geschnittenes, knielanges, violettes Kleid mit einem kleinen, runden Ausschnitt, dazu schwarze Pumps und Strümpfe. Eigentlich sah sie aus, als würde sie gleich die Sonntagsmesse besuchen.

Ich fragte mich sowieso, ob ihre neue Gewohnheit des allwöchentlichen Kirchenbesuchs nicht mehr mit ihrem Bemühen um gesellschaftliche Akzeptanz zu tun hatte als mit dem ehrlichen Verlangen, einer höheren Macht näherzukommen. Henry erzählte mir einmal von einer gemeinsamen Autofahrt mit den Mädchen, auf der Amy begeistert das Lied »He's Got the Whole World in His Hands« aus dem Kindergottesdienst geschmettert und sogar die niedlichen Handbewegungen dazu gemacht hätte. Als Atheistin mit diffusen jüdischen Wurzeln hatte ich das Lied auch schon mal gesungen, allerdings als Kind, im Sommerferien-Camp der Episkopalkirche.

Ich wollte Liza anders erziehen. Cathy und Steve luden sie zwar oft ein, am Sonntag mit ihnen die Messe zu besuchen. Aber unsere Tochter entwickelte sich zur gleichen Skeptikerin wie ihre Eltern. Wenn man ihn nicht sehen, riechen oder hören konnte, wie sollte Gott dann überhaupt existieren? Und warum war dieses höhere Wesen eigentlich ein Er?

Im Juni teilte Henry mir unvermittelt mit, er wolle keine Zeit mehr mit Cathy und Steve verbringen. »Sie ist engstirnig und der konventionellste Mensch, den ich kenne«, verkündete er. Ich war erstaunt – aber irgendwie auch erleichtert – und versuchte nicht, ihn umzustimmen.

Als wir uns im September auf dem Schulhof wiedertrafen, begann Cathy jedoch zu weinen. Sie war traurig, weil wir uns zurückgezogen hatten. Amy vermisse die Spielverabredungen mit Liza, sagte sie. Ich hatte die Treffen mit Cathy zwar nicht vermisst, aber es schien mir unhöflich, sie auf so brutale Weise aus unserem Leben zu verbannen, noch unfreundlicher jedoch ihrer Tochter gegenüber. Also verabredete ich die beiden Mädchen wieder miteinander, und als die Weihnachtsfeiertage näher rückten, drängte ich Henry, Cathy zu unserer alljährlichen Party einzuladen. Insgeheim hoffte ich jedoch, Liza würde sich andere Freundinnen suchen.

Unsere fulminante Silvesterfeier nahm lärmend ihren Lauf. Henry, der wie immer in der Rolle des Gastgebers aufging, streifte mit Champagnerflaschen durch die Räume und schenkte allen nach. Endlich schien er zu seinem wahren Ich als Bonvivant zurückgefunden zu haben.

Eine Familie hatte ein Teleskop mitgebracht. Während Henry sich um die Gäste kümmerte, stahl ich mich in einem ruhigen Moment zu Vater und Sohn ins Freie, um mir durch die Linse den Vollmond anzusehen. Begeistert erklärte mir der Junge die an jenem Abend ungewöhnliche Konstellation von Mond und Sternen. Es war eine klare Nacht, und die Krater auf der Mondoberfläche waren wunderbar zu sehen.

Nachdem um Mitternacht alle miteinander angestoßen hatten, sammelten die Eltern ihre Kinder ein. Ich half bei der Suche nach Mützen, Handschuhen und Schneestiefeln. Man machte vage Pläne für die letzten Tage der Ferien, bevor die Schule wieder anfing, und erklärte das Fest zu einem vollen Erfolg.

Die energiegeladene Stimmung des Silvesterabends verflog rasch wieder. In den darauffolgenden Tagen verfiel Henry in Lethargie, schlief viel und begann über Atembeschwerden zu klagen, die möglicherweise mit seinem Asthma zusammenhingen. Sein Inhalator zeigte jedoch keinerlei Wirkung. Ich staunte, als er mich wissen ließ, er habe einen Arzttermin vereinbart. Normalerweise musste ich ihn zwingen, einen Arzt aufzusuchen.

6. Januar. Weil ich zurzeit nicht allzu viel Arbeit hatte und Liza wieder in der Schule war, überredete Henry mich am frühen Nachmittag zu einer Pause. Wir gingen nach oben, um uns zu lieben. Ich mochte das Licht in unserem Schlafzimmer schon immer. Die Wände waren in einem weichen Beigeton gestrichen. Das schwache Winterlicht fiel durch die staubigen Fenster auf die zerknitterten Laken und das geschnitzte Kopfende des Bettes – ein Familienerbstück. Als wir ins Bett gingen, fühlte sich der Moment besonders zärtlich, ruhig und vertraut an. Ich wusste genau, wann ich kommen würde. Ich konnte die letzten Sekunden vor dem Abheben im Kopf mitzählen. Dann lagen wir ganz still zusammen.

»Du bist eine schöne Frau, und ich liebe dich so sehr«, sagte Henry. Ich glaubte ihm.

Der nächste Tag, der 7. Januar, war ein Dienstag, also der Tag der Müllabfuhr. Während ich Liza Grießbrei kochte, hörte ich draußen Henrys Stiefel auf dem Schnee und Schotter knirschen und die Mülltonnen über den Asphalt der Einfahrt schleifen. Dann erschien er auf der hinteren Veranda und hatte seltsamerweise Mühe, die Schiebetür zu öffnen. Er taumelte herein, krümmte sich, machte noch ein paar schwankende Schritte und fiel dann vornüber auf den Dielenboden.

Als ich bei ihm war, kam er schon wieder zu sich. Ohne auf seine Proteste einzugehen, scheuchte ich ihn und Liza ins Auto. Nachdem wir Liza an der Schule abgesetzt hatten, fuhr ich mit ihm zum Arzt.

EKG und Blutdruck waren normal. Also vereinbarte sein Arzt ihm für den darauffolgenden Montag einen Termin beim Kardiologen, sechs Tage später.

Mir wäre ein früherer Termin lieber gewesen.

»Ach, Julie, jetzt nerv nicht«, sagte Henry und wischte meine Bedenken beiseite. Ich versuchte, mir keine Sorgen zu machen, aber so bin ich nun mal.

Der Schock vom Morgen war Henry ein Ansporn, etwas zu tun. So verbrachte er den Abend mit dem Ausmisten seines Büros, während ich im Bett das Manuskript für einen Auftragstitel las. Um Mitternacht standen drei Müllsäcke vor der Tür seines Arbeitszimmers, daneben Ablagen mit ordentlich sortierten Unterlagen. Er sah erschöpft, aber zufrieden aus. »Morgen bin ich bereit, mit meinem Buch anzufangen«, sagte er mit einem müden Grinsen.

Ich erinnerte mich an diese Erschöpfung, als Emily mich vom Krankenhaus nach Hause fuhr und wir Henry auf der Trage zurückließen. Matthew, der Henrys Familie seit fünfundzwanzig Jahren gut kannte und seit sechzehn Jahren mit mir befreundet war, hatte gemeint, dass es besser wäre, seiner Familie die Nachricht persönlich zu überbringen. Er bot an, noch am selben Abend hinzufahren, und brach direkt vom Krankenhaus aus auf. Ich fürchtete mich vor der Aufgabe, die vor mir lag. Liza war immer noch bei einer Freundin und hatte keine Ahnung davon, was am Nachmittag passiert war.

Inzwischen war es dunkel. Anna war schon bei uns zu Hause. Ich hatte sie auf dem Weg ins Krankenhaus noch angerufen, aber sie hatte es auch schon von unserem gemeinsamen Steuerberater gehört, dessen Sohn zufällig einer der Sanitäter gewesen war, die ich gerufen hatte.

Irena, eine enge Freundin von mir aus Brooklyn, meine Eltern, mein Bruder und meine Schwägerin waren aus der Stadt gekommen. Eine kleine Anzahl von Freunden aus dem Ort, die die Nachricht erhalten hatten, war ebenfalls da. Anna und Irena empfingen mich an der Haustür. Ich war dankbar, dass Irena es geschafft hatte, so rasch aus ihrem stark ausgelasteten Büro in der Stadt wegzukommen. Ihre sonst so wilde dunkle Lockenmähne war zu einem schlichten Zopf gebunden. Sie war einen Kopf größer als ich und hatte mir immer so nahe gestanden wie eine Schwester. Plötzlich wurde mir klar, wie sehr ich jetzt so jemand brauchte, der mir sagen würde, dass alles wieder in Ordnung käme. Irena führte mich zu einem der Sofas, wo ich zusammenbrach. Alle anderen saßen auf der zweiten Couch und den Stühlen vor dem Kamin, sodass eine seltsame Atmosphäre, wie vor einem Fest, herrschte. Ich fror selbst in meinem Lammfellmantel. Also nahm ich mir eine Wolldecke von der Lehne und legte sie über meine zitternden Beine.

Kurz nach zwanzig Uhr kam Liza von der Spielverabredung heim, die Emily am Nachmittag hastig arrangiert hatte, als wir noch hofften, alles würde gut ausgehen. Liza sah sich um, lächelte schüchtern und schien nach Henry Ausschau zu halten. Gleichzeitig wunderte sie sich wohl, warum ihre Großeltern und so viele andere Menschen zu Besuch da waren. Sie dachte wohl, es müsse ein Fest geben. Aber wo war das Essen? Und wo waren die anderen Kinder? Sie gesellte sich zu mir auf die Couch und kletterte auf meinen Schoß.

»Mama, warum hast du denn deinen Mantel noch an?« Im Raum war es still, alle warteten.

»Lizzie, erinnerst du dich daran, dass Daddy sich nicht gut gefühlt hat? Daran, wie er gestern hingefallen ist? Also, heute ist er noch mal gestürzt, am Nachmittag, als du noch in der Schule warst. Ich habe gleich einen Krankenwagen gerufen, und man hat ihn ins Krankenhaus gebracht – die Ärzte dort haben alles versucht, um ihn zu retten. Aber er ist gestorben.«

Liza hörte mir zu – einige Sekunden lang herrschte absolutes Schweigen –, dann weinte sie, und ich hielt sie im Arm. Sie weinte lange. Es war ein heftiges, herzzerreißendes Schluchzen. Ich selbst war zu erschöpft, um mit ihr zu weinen.

Als sie fertig war, blieb Liza noch ein paar Minuten still auf meinem Schoß sitzen und sah zwischen den Erwachsenen hin und her, von denen viele stumm weinten. Ich konnte sehen, wie sie nachdachte und ihre Augen durchs Zimmer wanderten – jetzt verstand sie, warum all diese Leute hier waren.

Plötzlich sprang sie entschlossen von meinem Schoß und ging zu dem Regal, in dem wir die Asche von Chester, unserem geliebten, verstorbenen Kater aufbewahrten. Sie nahm die kleine Metalldose herunter, öffnete sie, und dann ging sie rundherum und zeigte jedem die Asche.

»Unser geflecktes Kätzchen Chester war sehr krank. Einmal sind wir morgens aufgestanden, und da lag er einfach auf der Veranda und wollte nichts fressen, nichts trinken und auch nicht mehr aufstehen, also mussten wir gleich zum Arzt mit ihm. Aber der Arzt hat gesagt, Chester ist zu krank, um weiterzuleben. Also hat er gesagt, er gibt ihm eine Spritze, damit er für immer schlafen kann, aber die würde ihm kein bisschen wehtun.«

So hatte uns Chester mit seinem Tod ein Jahr zuvor auf geradezu poetische Weise einen Dienst erwiesen.

Irena blieb über Nacht bei uns. Wir schliefen wie Schulmädchen nebeneinander.

Matthew, Anna, Emily und Tomas kamen früh am nächsten Morgen, um die Gedenkfeier zu organisieren. Ich lag noch im Bett, während sie und Irena in Henrys Arbeitszimmer auf der anderen Seite des Flurs zugange waren. Ich hörte befremdliche Geräusche, Fetzen einer hitzigen Debatte und den gedämpften Schrei einer Frau. Ich stand auf und kam ins Büro gewankt. Irgendwas stimmte da nicht. Aber Anna führte mich in mein Zimmer und zu meinem Bett zurück und stopfte schweigend die Decke um mich fest. Ich war dankbar, mich wieder hinlegen zu können.

Später hörte ich Cathy die Treppe heraufkommen und nach Matthew rufen. Sie verschwand ebenfalls hinter der Tür zu Henrys Arbeitszimmer. Erneut ertönten gedämpfte Stimmen, aber ich verstand die Worte nicht. Da ging die Tür erneut auf. Ich setzte mich im Bett auf und schaute auf den Flur hinaus. Cathy lief rasch die Treppe wieder hinunter. Warum kam sie nicht herein, um nach mir zu sehen? Ich legte mich wieder hin und döste vor mich hin. Mein erster Tag als Witwe verging traumähnlich, wie vernebelt, irreal.

Wir trafen am Tag der Aufbahrung frühzeitig in dem Bestattungsinstitut ein, damit Liza noch Zeit allein mit Henry verbringen konnte. Energisch trat sie an den offenen Sarg, der auf einem Podest stand.

»Mama, kann ich einen Stuhl haben?«

Wir besorgten ihr einen Stuhl.

»Schau mal, Mama, man kann seine Finger nicht bewegen. Und Daddys Lippen sind ganz aufgesprungen. Können wir ihm da irgendwas drauftun?« Ich wühlte in meiner Handtasche und fand eine Tube mit Lippenbalsam, den Liza sodann sorgfältig auftrug. Cathys Tochter Amy traf ein, und wir holten auch noch einen Stuhl für sie. Dann saßen die beiden Mädchen nebeneinander und unterhielten sich und deuteten auf Henry. Die Selbstverständlichkeit, mit der die beiden kleinen Freundinnen mit dem Tod umgingen, tröstete mich, während ich sie von der anderen Seite des Raumes aus beobachtete und gleichzeitig Gäste begrüßte. Henrys Familie traf ein und nahm leise und schockiert ziemlich weit vorn Platz. Dann kamen Leute aus der Stadt, manche kannte ich gut, andere flüchtig, einige waren mir völlig fremd. Henrys Freunde von der Highschool kamen in einer Gruppe zu mir, um mich zu begrüßen. Eine frühere Freundin von ihm schüttelte mir traurig die Hand.

Ich schaute mich um und suchte Liza neben dem Sarg. Doch ich entdeckte Cathy an ihrem Platz. Sie weinte hysterisch und hatte ihren Kopf und ihre Arme auf Henrys leblosen Oberkörper geworfen. Steve stand mit stoischer Miene, aber sichtlich verlegen neben ihr. Als sie den Kopf hob, war ihr Gesicht rot und tränennass. Nicht einmal ich als Witwe hatte mir einen solchen Gefühlsausbruch in der Öffentlichkeit gestattet. Eine entferntere Bekannte von uns ging mit besorgter Miene hinüber und sprach auf Steve ein, während Cathy immer noch weinte. Endlich zog Steve Cathy vom Sarg weg. Der befremdliche Auftritt war vorüber. Mit Erleichterung registrierte ich, dass alle ihre leisen Gespräche wiederaufnahmen.

Am Morgen nach der Aufbahrung lag ich noch mit traumverlorenem Kopf zwischen den zerwühlten Laken, als das Licht gedämpft durch die staubigen Fenster hereinfiel. Die Berge und der Fluss waren noch nebelverhangen. Henry war tot. Ich war Witwe. Irena lag schlafend neben mir, ihr gleichmäßiger Atem war mir ein kleiner Trost. Aber bald würde sie in die Stadt zurückmüssen, und ich würde hier mit Liza zurückbleiben. Henry war fort.

Über mir schwebte eine Wolke, Finger wie aus Dampf kamen daraus hervor und berührten meinen Körper und meine intimsten Stellen. Mein Mund wurde zärtlich, aber auch beharrlich aufgestemmt. Er war unsichtbar und doch gegenwärtig, als ätherisches Wesen, das mich fest aufs Bett zu pressen schien. Ich gestattete ihm, sich auf mich zu legen, in mich einzudringen, mich zu umfassen.

Er wollte etwas von mir – mir etwas Wichtiges mitteilen, meinem Körper nahe sein. Aber er selbst besaß keinen Körper. Vielleicht hatte er das noch nicht begriffen. Irena regte sich und schlug die Augen auf. Ich hatte inzwischen die Arme gehoben, um ihn festzuhalten.

»Alles in Ordnung mit dir? Was machst du?«, murmelte Irena.

»Es ist Henry. Er ist da.«

Warum war Henry hier? Was wollte er mir sagen? Er brauchte einen Körper, aber er trieb körperlos dahin. Es schmerzte mich, dass er wohl nicht verstand, was mit seinem Körper geschehen war, und dass ich nicht mit ihm reden und es ihm erklären konnte. Plötzlich hatte auch ich das Gefühl zu schweben.

Mein Körper fühlte sich leicht und luftig an, wenn er mich nach diesem ersten Mal allmorgendlich in meinem Bett besuchte, wobei die Intensität seiner Gegenwart von Mal zu Mal abnahm. Ich schwebte durch die Tage. Leute redeten mit mir, und ich merkte, dass ich gar nicht richtig anwesend war. Ich schwebte in dem eisigen Wind und wünschte, zu ihm in seine Welt hinüberwechseln zu können, obwohl ich mein Kind ja nicht zurücklassen wollte. Irgendwie befand ich mich in einer Art Zwischenreich, in einer traumartigen Landschaft, in der sich der Horizont in einem blendend weißen Schneesturm verlor.

Die Trauerfeier fand am 12. Januar statt. Ich stand am Pult einer Kirche am Ort, die mir den Raum freundlicherweise für die Abschiedszeremonie überlassen hatte. Die Trauergemeinde fand darin jedoch kaum Platz.

»Henry war die Liebe meines Lebens«, begann ich, »aber auch ein völlig unmöglicher Mensch.« Nervöses Gelächter. Ich ging davon aus, dass die Gäste mit Henrys Begeisterung für Überfluss und seinem so typischen Mangel an Zurückhaltung vertraut waren. Mit Sicherheit wussten einige der Freunde, Verwandten und Bekannten aus dem Ort, was ich meinte. Henry hatte alles Kleine verabscheut. Alles – von seinem romantischen Heiratsantrag bis zu seinen Festtagsmenüs – war eine Sache großer Gesten gewesen. Als zurückhaltende Siebenundzwanzigjährige hatte ich mich bei unserem Kennenlernen sogleich zu dieser Üppigkeit, dieser machtvollen Liebe hingezogen gefühlt. Nie zuvor hatte mich ein Mann so überschwänglich geliebt, und ich empfing diese Zuneigung begierig.

Momentaufnahmen kamen mir in den Sinn: unser Kennenlernen auf einer Winterparty vor sechzehn Jahren. Ein Tag in unserem ersten Frühling, als er mich unter einem blühenden Kirschbaum positioniert hatte, um mich zu fotografieren. Henry, wie er eines von so vielen unglaublichen Abendessen für mich auf dem bescheidenen Ofen meines Appartements kocht. Henry, als er mir an einem schummrig beleuchteten Tisch in einem Restaurant an unserem dritten Hochzeitstag einen Rubinring schenkt. Ein Essen in einem Pariser Restaurant, bei dem ich zum ersten Mal Blinis probierte. Henry vor Begeisterung seufzend über ein Kaninchenragout, das er in einem Italienurlaub gekocht hat, und die Siestas an den heißen Nachmittagen in dem toskanischen Bauernhaus, das wir gemeinsam mit Freunden gemietet hatten. Und noch mehr Bilder: Henry, der meine Hand drückt, während ich Liza aus mir heraus und ins grelle Licht des Kreißsaals presse. Henry und ich beim Spaziergang durch den Prospect Park mit unserem neugeborenen Baby. Aber auch Bilder jüngeren Datums: Henry, der sich mit einem dreigängigen Mittagsmenü für zehn Frauen anlässlich meines vierzigsten Geburtstags selbst übertrifft – in Pancetta gewickelte gegrillte Feigen, Suppe aus frischen Erbsen mit Trüffelöl und geschmorte Wachteln mit Granatapfelsoße. Eine von Lizas Geburtstagspartys, als sich zwanzig Familien mit Kindern um unseren Pool tummeln, während Henry in seiner Lieblingsschürze am Grill steht und vor Stolz strahlt. Henry, wie er Liza und andere vor Freude kreischende Kinder ins Wasser wirft und ihnen hinterherschwimmt, so glücklich wie ein Golden Retriever, der mit einer Bande übermütiger Welpen spielt. Und dann noch ein Bild von Henry, als er Liza zeigt, wie man eine Soße umrührt.

Er hatte in seinem Eifer oft geradezu kindlich gewirkt, so voller Eifer, etwas Neues auszuprobieren. In unseren besten Zeiten hatte ich mich geliebt und von seiner Begeisterung angesteckt gefühlt. Als ich dort vorn an diesem Pult stand, sah ich ganz deutlich, was er mir, einem von Natur aus vorsichtigen und stillen Menschen, gegeben hatte: einen Saal mit Hunderten von Menschen, denen er Freude bereitet hatte, denen etwas an ihm und mir gelegen war. Ich dankte allen Anwesenden für ihr Kommen und kehrte dann an meinen Platz zwischen Liza und Irena zurück, um das Rednerpult anderen zu überlassen, die Gedichte und Briefe und andere Zeugnisse ihrer Zuneigung für Henry vortrugen. Ein Mensch nach dem anderen berichtete von seiner Loyalität und Freundschaft, seiner unstillbaren Neugier aufs Leben und seiner Liebe zu mir und Liza. Die ganze Zeit über hielt ich ganz fest Lizas Hand.

Cathy – heute gefasster – trug in einem knielangen dunklen Kleid und mit gepresster Stimme ein bekanntes Gedicht von Dylan Thomas vor. Sie sah müde und blass aus. Es gab jetzt keinen Sarg mehr, über dem sie hätte weinen können, denn Henrys Körper war bereits eingeäschert.

Ein Mann mit rosigen Wangen und feuerrotem Lockenkopf steuerte aufs Rednerpult zu. Ich brauchte einen Moment, um in ihm einen Verkäufer der Weinhandlung am Ort zu erkennen, wo Henry oft eingekauft hatte. Mit aufrichtiger Trauer in der Stimme erzählte er von ihren langen nachmittäglichen Unterhaltungen, Henrys untrüglichem Geschmack, seinem ausgeprägten Sinn für Humor. Er trug ein Gedicht vor, das er erst am Morgen zuvor geschrieben hatte. Ich war erstaunt, als mir klar wurde, dass Henry eine echte Beziehung zu diesem Mann gepflegt hatte, den ich kaum kannte. Er hatte nie bei uns zu Abend gegessen oder eines unserer Feste besucht. Ich hatte nie mehr als ein paar Worte zur Begrüßung mit ihm gewechselt, wenn ich, was ganz selten mal vorgekommen war, seinen Laden aufgesucht hatte, um eine Flasche Wein zu besorgen. Wie konnte Henry eine so wichtige und fortdauernde Freundschaft zu diesem beinahe Fremden unterhalten haben, die diesen sogar veranlasst hatte, ein herzergreifendes Gedicht zu verfassen?

Bei meinem Begräbnis würden keine vierhundert, wahrscheinlich nicht einmal hundert Leute kommen, überlegte ich, als ich den Blick über die Menge schweifen ließ. Es war eine Gabe von Henry gewesen, jedem das Gefühl zu vermitteln, etwas Besonderes zu sein – mit einem Scherz, einer Anekdote, einem Teller voll Essen. Ich erinnerte mich an die Freude in den Gesichtern von Leuten, denen er einen hübsch dekorierten Teller servierte. Auch mich hatte er so bezaubert, denn er vermochte mir selbst ein bescheidenes Nudelgericht so zu servieren, als sei ich eine Königin. Diese Gedenkfeier war nicht nur ein Lebewohl für Henry, sondern auch für mich, die ich sein in kulinarischer wie in intellektueller Hinsicht abenteuerreiches Leben geteilt hatte. Das war zwar oft anstrengend, aber eben auch sehr aufregend gewesen.

Als ich mit Liza nach Hause kam, war das Haus voll mit Sträußen aus rosa Nelken, weißen Lilien und Margeriten in schlichten Glasvasen. Das absolute Gegenteil der extravaganten Blumenarrangements, die Henry am Valentinstag oder nach unseren schlimmsten Auseinandersetzungen mitgebracht hatte. Als die Nelken zu welken begannen, spülte ich die Vasen und verstaute sie im Porzellanschrank des Esszimmers. Dieser Raum des Hauses, dessen war ich mir ziemlich sicher, würde nie mehr benutzt werden.

Zwei

Januar und Februar 2003

Freunde und Verwandte kehrten in ihren Alltag zurück, und es wurde still im Haus.

Meine neue Einsamkeit machte mir Angst. Mit meinem Kind allein zu leben, darauf war ich nicht vorbereitet.

Ein kleiner Kreis aus Freunden, Familie und Helen, einer fürsorglichen Therapeutin, die Henry und ich einige Jahre lang als Paartherapeutin aufgesucht hatten, kümmerte sich in den verschwommenen Wochen nach der Beerdigung um Liza und mich. Freundinnen versorgten Liza, wenn ich dazu außerstande war. Sie brachten Essen, füllten die Spülmaschine und räumten sie wieder aus, stellten die Mülltonnen an die Straße, so wie Henry es immer getan hatte. Sie hörten mir beim Weinen zu und nahmen mich in den Arm.

Nach zwei Wochen fühlte ich mich in der Lage, Liza wieder zur Schule zu schicken, ein bisschen zu arbeiten und die Wäsche zu machen. Ich wollte mich wieder als kompetente Person erleben, mich meinem neuen Dasein stellen.

Mein Bruder David begann damit, meine Finanzen neu zu ordnen, und arbeitete sich durch Henrys Testament. Seine Frau Susan half mir bei ihren Besuchen am Wochenende das Haus umzuräumen. Meine Eltern riefen täglich an.

Freunde luden Liza und mich oft zu sich zum Essen ein, damit wir nicht zu viele einsame Abende zu Hause verbrachten. Aber manchmal war ich dazu auch nicht in der Lage. Beim Abschied, wenn wir uns bedankten, standen sie immer im warmen Licht des Hausflurs und winkten uns zum Abschied. Es spielte keine Rolle, dass ich genau wusste, wie kompliziert ein Familienleben sein kann und wie wenig perfekt das ihre vielleicht war. Aber sie hatten immerhin noch die Illusion dieser Perfektion, ein warmes Zusammengehörigkeitsgefühl. Doch welche Illusion auch immer wir gehegt hatten, nun war sie verschwunden, und ich wusste, dass sie mich dafür bemitleideten. Mein Leben war ein Chaos, aber ich wollte kein Mitleid.

Unser Haus war uns zu groß geworden. Ich merkte, wie verloren ich mich darin fühlte. Meine bisherigen Rollen als Sous-Chefin in der Küche und Gastgeberin am Wochenende gab es nicht mehr. Liza und ich lebten still in nur wenigen Zimmern. Viel öfter brachte ich Liza zu Cathy und Emily nach Hause, damit sie dort mit ihren Freundinnen spielen konnte, statt diese zu uns einzuladen. Die Tür zu Henrys Arbeitszimmer blieb, außer wenn mein Bruder da war, geschlossen. Das Esszimmer wurde nicht benutzt, sondern nur wöchentlich von unserer Haushaltshilfe gereinigt, die pflichtbewusst die Tische und Servierplatten abstaubte, die ich nach der Silvesterparty dort deponiert hatte.

Eines Abends saßen Liza und ich in unserer Küche. Ich ließ den Löffel in meiner Suppentasse kreisen. Liza aß mit mehr Begeisterung, legte schließlich aber auch den Löffel beiseite.

»Woher wissen wir eigentlich, dass wir nicht in einem Film sind?«, fragte sie.

Ich sah sie an und war mir nicht sicher, was ich darauf antworten sollte.

»Mama«, fuhr sie fort und formulierte die Frage etwas um, »wie können wir wissen, dass Sachen echt sind?«

Großartig. Jetzt haben wir also eine kleine Existenzialistin im Haus, dachte ich.

»Na ja«, sagte ich, »wir wissen es nicht. Wir hoffen eben, dass das, was wir für wirklich halten, auch wirklich ist.«

»Aber woher wissen wir es?«, fragte sie beharrlich.

Ah, eine Wissenschaftlerin, die einen empirischen Beweis fordert.

»Wir wissen es nicht«, wiederholte ich. »Wir können es nur hoffen.«

»Mama«, sagte Liza, »woher wissen wir, dass wir nicht alles bloß träumen? Weißt du, manchmal fühlt sich das Leben doch wie ein Traum an. Kommt dir das manchmal auch so vor?«

»Ja, Süße, ich fühle mich andauernd so.«

Ich vergaß, Wasser zu trinken, außer jemand stellte mir ein Glas hin. Mein Gesicht fiel ein, meine Lippen wurden rissig. Nachbarn und Freundinnen brachten Essen – mit Folie zugedeckte Aufläufe, Brathuhn von einem Delikatessengeschäft in der Nähe, Schüsseln mit selbst gemachter Lasagne. Ich stellte alle diese Gaben in den Kühlschrank.

Liza musste natürlich essen. Ich wärmte das Essen, stellte es in unserer Küche mit dem blauen Dielenboden vor uns auf den Tisch und sah ihr beim Essen zu. Ich füllte zwar auch eine kleine Portion auf meinen Teller, aber nach ein paar Bissen schob ich den Rest nur mit der Gabel hin und her und hoffte, es würde ihr nicht weiter auffallen.

Aber Liza ließ sich nicht täuschen. »Wir sind keine richtige Familie mehr«, erklärte sie eines Abends nachdenklich, während sie wieder einmal von Annies vorbeigebrachten Makkaroni mit Käse aß. Ich murmelte etwas davon, aus uns beiden eine neue Familie zu kreieren, aber es fühlte sich falsch an. Zum Abendessen waren wir drei immer zusammen gewesen und hatten Henrys liebevoll zubereitete Gerichte gegessen. Essen war Familie. Jetzt aß nur noch sie. Ich sah zu und sammelte dann mechanisch die Teller ein.

Dabei hatte ich immer gegessen. Ich wurde in eine jüdische Familie geboren, in der Essen gleichbedeutend mit Liebe war. Ich wuchs mit Fleischgerichten auf, zu denen es Kartoffeln mit Butter und Dill gab, mit Schnitzel und Gurkensalat und Brathuhn, gewürzt mit Estragon und Zitrone. Meine Jugend wurde von Keksen versüßt, die man sich nach der Schule einen nach dem anderen heimlich aus dem Küchenschrank stibitzte. Als Erwachsene war ich niemals dünn gewesen. Jetzt erwies sich der Witwenstand als Jahrhundertdiät.

Ich hatte meine Freundin Anna kaum gesehen, obwohl sie nur einen Ort weiter Richtung Norden lebte. Nach der Trauerfeier hatten wir uns beide in unsere Arbeit gestürzt und uns nur häufig per E-Mail ausgetauscht und telefoniert. Ende Januar rief sie mich an, um zu fragen, ob sie auf einen Tee vorbeikommen könnte. Sie sah angespannt und müde aus, und ihr langes, extravagant rotes Haar war zu einem strengen Zopf geflochten. Am Haaransatz konnte ich ihre dunkle Naturfarbe erkennen, ein sicheres Zeichen dafür, dass etwas nicht in Ordnung war. Natürlich war auch bei mir der graue Ansatz inzwischen sichtbar.

»John und ich trennen uns«, sagte sie.

Ich hatte irgendwie gehofft, der Rest der Welt würde stillstehen, während ich versuchte, wieder Boden unter die Füße zu bekommen. Aber Chaos und Tragik hatten sich anscheinend einstweilen in anderen Familien breitgemacht, die mir auch nahestanden. Anna und ich hatten unseren Alltag um Ablieferungstermine unserer Arbeit, Hausaufgaben, Wäsche, Vorratshaltung und die Termine unserer Kinder organisiert. Jetzt war diese empfindliche Konstruktion eingestürzt.

Henry hatte mir immer gesagt, ich sei zu vorsichtig, nicht spontan oder lustig genug. Er liebte es, außer Atem eine Minute bevor der Zug losfuhr, am Bahnhof einzutreffen. Ich dagegen dachte jetzt sehnsüchtig an die Zeit, als ich zumindest geglaubt hatte, Kontrolle über mein Leben zu besitzen. Ich hasste das Gefühl, aus einem kleinen, klapprigen Flugzeug zu hängen, dessen Motor aussetzte, und von dort oben auf die schachbrettartige Landschaft hinunterzublicken und zu beten, dass mein Fallschirm sich öffnen möge, falls ich überhaupt genug Mut hätte, die Haltegriffe loszulassen.

»Wann ist das passiert?«, fragte ich entgeistert. Wie konnten Anna und John sich trennen? Sie durften sich nicht trennen – jetzt, wo sie gerade ihre prachtvolle, sonnige Küche mit Blick auf den Sonnenuntergang über dem Fluss so wundervoll renoviert hatten.

»John hat sich in den Weihnachtsferien ganz seltsam benommen. Er ging zum Beispiel mit dem Handy aus dem Zimmer, um zu telefonieren. Ich drückte danach die Wahlwiederholung und hatte eine Frau dran. Dann habe ich über die Nummernabfrage ihren Namen rausbekommen.«

Nervös spielten ihre Finger mit dem Ende ihres Zopfes.

»Es ist eine seiner Studentinnen, Julie! Kannst du dir das verdammt noch mal vorstellen? Sie war an dem Abend vor ein paar Monaten zum Abendessen bei uns.«

Ich erinnerte mich nur vage. Eine dunkelhaarige junge Frau. Ich hatte angenommen, sie wäre die Freundin von einem der jüngeren Gäste. Die kleine Gruppe aus Johns Studenten und mir war bewundernd zwischen den neuen, strahlend weißen Küchenschränken mit Arbeitsplatten aus Schiefer herumgewandert. Man hatte allerlei Kleinigkeiten verzehrt und einiges getrunken. An einem Glas Rotwein nippend hatte ich den Sonnenuntergang beobachtet und den Kontrast zwischen den satten, warmen Farben vor dem Fenster und dem appetitlichen Grün frischer Oliven, in dem die Wände gestrichen waren, bewundert.

»Ich kann das gar nicht glauben, Anna. Was für ein schreckliches Ende einer Ehe.« Stumm umarmten wir einander und begannen beide zu weinen.

Wenigstens so etwas kann mir nicht mehr passieren. Wenigstens kann ich die guten Erinnerungen an meine Ehe in Ehren halten.

»Sieht aus, als wären wir jetzt so eine Art Schicksalsgenossen«, sagte Anna.

»Wir werden aufeinander aufpassen.« Ich konnte mich nicht erinnern, je zuvor jemand diese Art von Trost angeboten zu haben. Dadurch war unsere Beziehung wieder ausgeglichen. Und ich hoffte, ich würde ihr beistehen können, während wir beide uns weiterkämpften.

Eine Woche danach besuchte ich an einem Nachmittag Tomas. Wir spazierten den Weg zu seinem Atelier hinauf, einem kleinen Ziegelbau hinter seinem Wohnhaus. Unterhalb von uns rauschte der Fluss, wenn auch durch eine Eisschicht gedämpft. Wie wir so durch den Schnee stapften, musste ich mich anstrengen, über den Lärm hinweg seine Stimme zu verstehen. Dann zog er die schwere Tür auf, und wir betraten den dunklen, eiskalten Raum. Er machte Licht und schaltete einen Heizlüfter ein. Ich blies in meine Hände und sah den aufsteigenden Atemwölkchen nach. Ich hätte mir gewünscht, unsere Freundschaft hätte es ihm erlaubt, mich wärmend in den Arm zu nehmen. Ihm schien die Kälte nicht so viel auszumachen, obwohl ich bemerkte, wie trocken und rissig seine Hände waren.

Tomas war nett und aufmerksam gewesen, er hatte angerufen und seit Henrys Tod täglich auf meine Anrufe oder E-Mails reagiert. Ich schätzte es, dass ich mit ihm über etwas anderes als meinen Verlust sprechen konnte. Ich spürte seltsamerweise auch Hoffnung für mich, wenn ich ihm zuhörte, wie er von seinem Leben und seinen ehrgeizigen Zukunftsplänen sprach.

Er war ungeheuer talentiert. Ein liegender Mann in gekrümmter Haltung, der an Christus nach der Kreuzabnahme erinnerte. Ein sich umschlingendes Paar mit gestreckten und langen Körpern, wie dem seinen, ganz anders als ich, fast androgyn. Die beiden hielten sich so, dass es den realen Möglichkeiten des menschlichen Körpers eigentlich widersprach, aber das Ergebnis war fesselnd, elegant und erregend. Ich stand eine Weile schweigend da und bewunderte die Skulpturen. Obgleich ich die männlichen Körper gern betrachtete, war ich doch auch verlegen, weil ich mich unwillkürlich fragte, ob Tomas' Penis die gleiche Größe besaß wie seine Alter Egos.

»Hier, das möchte ich dir schenken«, sagte er und brach das unbehagliche Schweigen. Gleichzeitig hielt er mir eine kleine Frauenfigur in einer sitzenden Yogaposition hin. Das kalte gegossene Metall erwärmte sich in meinen Händen und wärmte danach mich.

Wir verließen das Atelier wieder und spazierten über den schmalen Weg zu seiner kleinen Wiese, wo er mir stolz einen Baum zeigte, den er im Herbst neu gesetzt hatte. Rundherum waren weitere große Skulpturen aufgestellt. Zwei Rücken an Rücken stehende Männer schienen sich schneebedeckt, wie sie waren, an Ort und Stelle zu Hause zu fühlen. Einer der beiden stand leicht gebeugt und hatte die Arme hinter dem Kopf angewinkelt, der andere hielt sich sehr gerade, mit stolzgeschwellter Brust und hochgereckten Armen.

Der neue Baum wirkte im Vergleich dazu ein wenig einsam.

»Im Frühling könnte ich dir ein paar Stecklinge aus meinem Garten geben«, sagte ich. Ich war stolz auf mein eigenes grünes Reich und liebte es, Freunden Pflanzen daraus zu schenken. Er antwortete nicht darauf, und sofort bedauerte ich, ihm ein Geschenk angeboten zu haben, auch wenn ich doch selbst seine kleine Skulptur in meinen behandschuhten Händen hielt. »Irgendwann würde ich dich gerne auf ein Abendessen einladen. Ich muss nur erst wieder anfangen zu kochen.«

Dieses Angebot nahm er an.

Schüchtern probierte ich die Töpfe und Pfannen in der Küche aus, die einst ganz Henrys Reich gewesen war. Bücher von Julia Child und Nigella Lawson lagen als moralische Unterstützung aufgeschlagen parat. Da es mir an Henrys Erfahrung und Selbstvertrauen mangelte, widmete ich mich der Herausforderung sehr konzentriert und bemüht. Ich studierte die Rezepte und kochte das gleiche Gericht mehrmals, bis ich das Gefühl hatte, es einigermaßen zu beherrschen. Geschmortes Lamm und Coq au Vin. Ich hatte von den Kochsendungen, die ich mit meiner Mutter im Fernsehen angeschaut hatte, immer noch Julia Childs fröhliche, hohe Stimme im Ohr. Brathähnchen und Minestrone. Und Nigellas sorglose Einstellung – »Was immer Sie gerade im Kühlschrank haben« – baute mich auf.

Tomas spielte mit Liza im Wohnzimmer Attacke, während ich mich noch am Herd zu schaffen machte. Attacke war ein Spiel mit einfachen Regeln, das Liza und Henry sich gemeinsam ausgedacht hatten. Unheimliche Geschichten machten Liza Spaß, solange am Ende alles gut ausging. Henry pflegte etwas zu sagen wie: »Ich bin ein schreckliches, furchterregendes Ungeheuer und komme dich jetzt holen ... und wenn ich dich kriege, dann saug ich dir dein Gehirn mit einem Strohhalm raus!« Danach rannten Liza und manchmal auch ihre Freundinnen kreischend durchs Haus und versuchten, dem knurrenden Monster zu entwischen. Am Ende fand das Ungeheuer seine Beute, doch im letzten Augenblick wendete sich immer das Blatt, sodass die Kinder doch die Oberhand behielten. Dieses Spiel war ein perfektes Beispiel für die Denkweise von Kindern – was einmal lustig war, fanden sie auch bei der hundertsten Wiederholung noch lustig.

Nach einer anstrengenden Runde Attacke verputzte Tomas glücklich alles, was ich auftrug, und es war richtig entspannend, ihn in der Küche zu haben. Er lehnte sich auf seinem Stuhl zurück und trank ein Bier, während ich rührte und brutzelte. Es machte ihm auch nichts aus, kleine Hilfsdienste im Haushalt zu verrichten, etwa Glühbirnen auszutauschen. Mit seinen fast einsneunzig konnte er das erledigen, ohne wie ich auf der obersten Sprosse einer Trittleiter balancieren zu müssen.

An einem dieser Abende bereitete ich ein Steak für den Bratrost vor, als ich Henrys Anwesenheit in der Küche spürte. Seine Stimme war wie ein Echo in meinem Kopf: »Vergiss nicht, das Fleisch zu salzen!«

Im Februar hatte ich mich so weit gesteigert, dass ich mir zutraute, eine bescheidene Einladung zum Abendessen für Tomas und ein paar Freunde auszurichten. Koreanische Klößchen, die Henry oft gemacht hatte, schwammen in einer einfachen Brühe. So ein Gericht konnte ich sogar vor dem Kamin servieren. Die Freunde trafen ein, ich legte noch ein Holzscheit aufs Feuer, und jeder suchte sich eine Sitzgelegenheit. Ich saß neben Tomas auf der Couch. Mein langes ungekämmtes Haar war mit einem von Lizas Haargummis zusammengebunden. Ich fühlte mich in meinen Wollsocken, der Jeans und einem schon leicht fusseligen, verwaschenen grauen Pulli wohl.

Über seiner Kniescheibe spannte sich der Stoff seiner Hose, sodass man genau sah, wo der Knochen auf den Muskel traf. Ich saß so nah bei ihm, wie ich mich eben traute. Zwischen unseren Oberschenkeln blieben ein paar diskrete, aber wie magnetisch aufgeladene Zentimeter. Ich senkte meinen Blick auf diesen schmalen Streifen, der uns trennte, und fragte mich selbst nach der Bedeutung dieser quasi elektrischen Spannung in meiner Brust und merkte plötzlich überdeutlich, wie schwer es mir fiel, normal zu atmen. Meine kleine Hand glitt in die aufgeladene Zone zwischen uns und fand seine große, warme Hand. Seine langen, schlanken Finger drückten meine ganz sanft. Ein schmerzlicher Impuls durchfuhr meinen Rumpf – eine lang nicht mehr gespürte Empfindung.

Ich musste an den Geruch und die grellen Farben des Juli 1976 in New York denken. An mein feuchtes T-Shirt und einen ineffektiven, klappernden Ventilator, der mir heiße Luft ins Gesicht bläst. Ein Junge mit halb geschlossenen Augen und strohblondem Haar beugt sich schüchtern über mich, um mich zu küssen, während wir uns auf meinem Jugendbett ungeschickt umarmen. Seine geöffneten Lippen duften nach Haschisch und Cookies mit Schokoladenstückchen.

Ich fühlte verzweifeltes Verlangen.

Henry war gerade mal einen Monat tot. Und mich erregte ein anderer Mann. Ich war entsetzt.

»Mama«, sagte Liza eines Abends, als wir die Treppe hinaufstiegen, um ins Bett zu gehen. »Ich muss dir was sagen. Aber vielleicht bist du mir böse, wenn ich's dir erzähle.«

Ich setzte mich auf die Stufen, und Liza kauerte sich neben mich. Die Treppe war für uns zu einem Lieblingsplatz für Unterhaltungen geworden, weil sie irgendwie ein neutraler Ort war. Als sie zu weinen begann, nahm ich sie in den Arm, dieses warme, süße Geschöpf. Alles, was mir von meiner Ehe geblieben war. Ich vermisste Henry und war wütend. Warum hatte er uns nur so plötzlich verlassen?

»Nein, Lizzie, ich werde nicht böse sein. Erzähl mir alles, was du möchtest.«

»Und du wirst ganz bestimmt nicht böse sein?«

»Ganz bestimmt.«

»Also, manchmal war Daddy gemein zu mir«, sagte sie zögernd.

Liza hatte bisher noch so wenig von ihren Verlustgefühlen gesprochen, dass ich dankbar war, weil sie sich überhaupt öffnete, auch wenn ich mit einer solchen Äußerung nicht gerechnet hatte.

»Manchmal habe ich in seinem Arbeitszimmer gespielt, und er hat mich auf einmal angeschrien, ich soll rausgehen. Dabei gab es gar keinen Grund dafür«, fuhr sie fort. »Jetzt bin ich traurig darüber, und wütend, weil er böse auf mich war.« Sie begann wieder zu weinen, und ich legte tröstend den Arm um sie. »Ich hatte gar nichts gemacht, und er hat mich einfach so angebrüllt.«

Ich wusste, wovon sie sprach. Auch mich konnte man durchaus mal beim Rumschreien erwischen. Der Elternalltag ist eine Herausforderung, und ich schämte mich, wenn ich daran dachte, wie oft ich sie angegiftet hatte, weil ich über Spielsachen gestolpert war, die sie auf dem Küchenboden liegen gelassen hatte. Oder weil sie auf dem Küchentisch ein Glas Milch umgestoßen hatte. Aber ich erinnerte mich auch daran, dass Henry sie so unvermittelt aus seinem Zimmer geworfen hatte, und die Wut, die ich damals empfunden hatte, kehrte ebenfalls zurück. Liza liebte es, auf dem Boden meines Arbeitszimmers im Wintergarten Bilder zu malen, buntes Papier in Konfetti zu verwandeln oder Figuren aus Knete zu basteln, wenn ich nachmittags oder abends länger arbeiten musste. Henry hatte sie häufig rausgescheucht und die Tür hinter ihr zugemacht. Er beharrte auf diese Form von Privatsphäre, auf die ich hatte verzichten können.

»Du hast überhaupt nichts falsch gemacht«, antwortete ich meiner Tochter. »Ich weiß auch nicht, warum er so war, aber ich erinnere mich daran, dass er dich manchmal angeschrien hat. Trotzdem weiß ich, wie lieb er dich hatte, auch wenn er sich manchmal gemein benommen hat.«

Er hat sie nicht genug geliebt, um hier zu bleiben.

Ein anderer Zorn flammte in mir auf, als ob sein Tod etwas wäre, das er hätte verhindern können. Dann tat es mir leid. Er hatte sich wohl kaum gewünscht, dass sein Leben so endete. Unseren Auseinandersetzungen und seiner Ungeduld zum Trotz war Henry doch ein stolzer und hingebungsvoller Vater gewesen.

»Ich glaube, wir müssen versuchen, ihm zu verzeihen. Und weil wir jetzt nur noch zu zweit sind, bitte ich dich, mir immer zu erzählen, wie du dich fühlst«, sagte ich noch zu Liza.

Danach saßen wir schweigend auf der Treppe und umarmten einander. Schließlich war es Zeit, ins Bett zu gehen, wo wir uns zusammen unter den großen Quilt kuschelten und uns fest an den Händen hielten, bis ich spürte, wie sich die Muskeln ihrer Hand im Schlaf entspannten.

Mein gesellschaftlicher Status hatte sich auf einen Schlag total verändert. Ich war keine verheiratete Frau mehr, und über meine neue Rolle war ich mir noch unsicher. Aber ich fand Trost bei einer Gruppe von Frauen, um die ich früher auf den Spielplätzen und am Schulhof eher einen Bogen gemacht hatte: alleinerziehende Mütter. Es gab in unserer Gegend nur wenige davon. Eine Frau, die mir schon immer sympathisch gewesen war, war die Mutter einer Schulfreundin von Liza. Nachdem die Mädchen sich in der Schule ein wenig angefreundet hatten, trafen Tanya und ich Spielverabredungen. Tanya war zurückhaltend, ihre Stimme fast ein Flüstern. Sie trug jede Menge klimpernder Armreifen, lange Ohrringe, einen Anhänger in Form einer Bärentatze an einer Lederschnur um den Hals und hauchzarte Schals. In der warmen Jahreszeit ging sie gerne barfuß mit dunkelrot lackierten Zehennägeln durch den Ort. Manche Leute fanden das befremdlich, aber mich beeindruckte es, dass sie einfach tat, was ihr gefiel.

Sie wohnte in einem ganz normalen malerischen, cremefarbenen Holzhaus an einer kurzen, von Bäumen gesäumten Straße. Drinnen sah es jedoch aus, als sei man in die magische Welt eines Gemäldes von Gustav Klimt eingetreten. Goldfarbene ägyptische Augen schimmerten von den Wänden des Wohnzimmers. Das Bad war mit tausendundeinem Foto, die sie aus Zeitschriften ausgeschnitten hatte, tapeziert. Statt eines Fliesenspiegels gab es in der Küche Mosaike aus bunten Glasstückchen, die tanzende Meerjungfrauen darstellten. Tische und Regale standen voller Schüsseln und Körbe mit bunten Kieseln und Muscheln. Von der Decke hingen Makramee-Kunstwerke und noch mehr Muscheln. Zwei Katzen streiften durch Haus und Garten, ein süßes graues Kaninchen hoppelte herum, und im Aquarium in der Küche schwammen bunte Fische.

Auf ihre gemütliche Couch gekuschelt trank ich große Becher dampfenden Tees, den sie für mich kochte. Mein eigenes Zuhause wirkte im Vergleich farblos und bieder. Wie konnte es sein, dass ich mich in diesem schönen Haus mit Haushaltshilfe und ordentlicher Einrichtung wiedergefunden hatte? Denn mir kam es vor, als würde ich viel eher in Tanyas Haus gehören.

Ich spürte, wie ich mich aus den mir vertrauten Kreisen zurückzog. Doch die Freundinnen, die mitansahen, wie ich mich durch die Tage treiben ließ – auch wenn ich immerhin Liza zur Schule brachte und wieder abholte und im Laden einkaufte –, bekamen die Veränderung mit. Eines Morgens versammelten sich deshalb Emily, Cathy und zwei andere Freundinnen – Louise und Diane – um meinen Küchentisch, um behutsam zu intervenieren.

Cathy sagte mir, ich sei zu dünn. Ich müsse essen. Sie hatte mir eine Dose von einem Proteindrink in Pulverform und Kalziumtabletten mitgebracht. Ich versuchte mich auf ihren gut gemeinten Appell zu konzentrieren, als sie meinte, wie wichtig es sei, auch in stressigen Zeiten sein Gewicht zu halten und auf seine Knochendichte zu achten. Dabei musste ich daran denken, um wie viel drastischer Henry sich ausgedrückt hätte: »Julie, du siehst einfach mies aus.«

Ich begann zu weinen. Ich wusste ja, dass sie recht hatte. Ich musste essen. Aber irgendwie konnte ich nichts runterbringen. Meine Appetitlosigkeit machte mir selbst Angst.

Aus ihrer stabilen Leinentasche packte Diane einen selbst gebackenen Himbeerkuchen aus. Wunderbar knusprige Streusel auf vollreifen, roten Früchten. Der Duft des buttrigen Mürbteigs und der noch warmen Beeren erschien mir plötzlich verlockend. Ich schnitt mir ein schmales Stück davon ab und aß es.

Cathy sagte, sie wolle ein Gespräch mit ihrem Pfarrer für mich arrangieren.

»Na gut, das klingt nicht verkehrt«, hörte ich mich zwischen zwei kleinen, vorsichtigen Bissen sagen, auch wenn ich keine Ahnung hatte, worüber ich mich mit einem Pfarrer unterhalten sollte. Ich interessierte mich nicht für Geistliche. Das Einzige, was mich gegenwärtig interessierte, war der Himbeerkuchen.

Mein Magen revoltierte schockiert. Doch als die Krämpfe und der Anflug von Übelkeit nachgelassen hatten, schnitt ich mir ein weiteres Stück ab. Später, am Nachmittag, aß ich noch eines. Danach eines zum Abendessen sowie zum Frühstück am nächsten Morgen. Als der Pie aufgegessen war, rief ich Diane an und fragte sie, ob sie mir noch einen backen könne, und das tat sie.

Einige Tage danach rief Cathy mich an, um den genauen Termin mit ihrem Pfarrer auszumachen. Ich hatte ihr Angebot bereits wieder vergessen, stimmte aber trotzdem zu, ihn zu treffen. Eine gemeinsame Tasse Kaffee konnte ja nicht so schlimm sein.

Als er erschien, führte ich ihn an den Küchentisch. Er war stämmig, besaß aber ein freundliches, offenes Gesicht und klare, helle Augen. Ich hatte ihn schon ein paar Mal im Ort und einmal in der Kirche gesehen, als Cathy uns zum Weihnachtskonzert und Krippenspiel dorthin eingeladen hatte. Amy spielte darin mit, und so war Liza natürlich sehr erpicht darauf gewesen.

Dieses Gespräch schien Cathy so überaus wichtig zu sein, obwohl ich mit Priestern schon ganz grundsätzlich nichts am Hut hatte, was ich ihm auch gleich offen sagte. Doch es erschien mir unhöflich, etwas zurückzuweisen, das sie als Geschenk betrachtete.

Wenn ich ihn einfach reden lasse, dachte ich, wird es schneller vorbeigehen.

Er sprach ernst und nachdenklich über die christlichen Ansichten zum Thema Tod. Über die unsterbliche Seele und darüber, wie man den Verlust akzeptieren kann. Ich merkte, dass seine Worte gar nicht bei mir ankamen – alles wurde zu einer Art weißem Rauschen. Aus irgendeinem Grund machte seine frohe Botschaft mich wütend, ich geriet geradezu außer mir darüber, dass das hier ausgerechnet mir passierte. Es war einfach unfair. Ich vermochte ihm nicht zuzuhören, obwohl ich mir eigentlich wünschte, dass eine heitere Einsicht mich überkäme und meinen Geist öffnen würde. Und dann hätte ich gern auf einmal erkannt, dass das alles einen Sinn ergab. Danach hätte auch ich regelmäßig zum Gottesdienst gehen und mich irgendwo aufgehoben fühlen können.

Aber was würde dieser Mann von Henrys morgendlichen Besuchen halten?

Tweedsakko, hellblaues Button-down-Hemd, Kakihose, bequeme braune Schnürschuhe. Da beschloss ich, meine sexuellen Begegnungen mit dem Jenseits doch lieber für mich zu behalten.

Erfolgreicher als ihr Pfarrer war Cathy selbst, die mich in ihren E-Mails tröstete. Immer wieder bat sie mich, nicht zu verzweifeln, versicherte mir, es werde mit der Zeit leichter, und dass sie mich für eine starke Persönlichkeit halte, die in der Lage sei, ihr Leben wieder neu zu ordnen. Es fühlte sich ein wenig seltsam an, Trost von jemandem gespendet zu bekommen, der bis dato immer eigenartig distanziert gewirkt hatte. Aber ich nahm Ermunterungen an, wo auch immer sie herkamen.

Mein Bruder David kam immer freitags, zog sich in Henrys Arbeitszimmer zurück und studierte Unmengen von Unterlagen. Am Ende jedes Tages übergab er mir eine Liste mit Aufgaben: Ruf bei der Bank und der Versicherung an, unterschreib diese Dokumente und schick sie mit einer Kopie der Sterbeurkunde ab. Die Umschläge waren bereits fertig adressiert und frankiert. Auf diese Weise wurden das Auto, die Konten und Anlagen auf mich überschrieben. Ich selbst konnte mir diese Unterlagen nicht einmal ansehen, ohne sofort in Tränen auszubrechen.

David informierte mich darüber, dass Henry eine Menge Schulden hinterlassen hatte – Kreditkarten, von denen ich nicht einmal wusste, mit großen Rechnungen, die bezahlt werden müssten, sobald alles geregelt wäre. Insgesamt vierzigtausend Dollar. Ich fragte nicht, wofür er diese Schulden gemacht hatte. Es war zu spät, um wütend zu sein, und der Gedanke an das Geld machte mir schon genug Sorgen. Ich wunderte mich nicht darüber, dass er Schulden hatte – er kaufte nun mal gerne ein. Ich vermutete, dass es sich um Ausgaben für Hotelzimmer, Restaurants, Wein und Mietwagen aus seinem Recherchejahr an der Westküste handelte. Und um die neue Reisetasche. Und den neuen Laptop. Aber vierzigtausend Dollar? Damit hatte Henry den gesamten Honorarvorschuss auf sein Buch verpulvert, ohne auch nur eine einzige Zeile verfasst zu haben. Das war eine Menge weißer Trüffel, selbst bei fünfzig Dollar pro zehn Gramm.

Henrys Schulden zum Trotz verspürte ich das dringende Bedürfnis einzukaufen. Also kaufte ich mir ein Paar Stiefel bei Zappos.com: braune Wildlederstiefeletten, mit hohen Absätzen, Plateausohle und Reißverschlüssen auf dem eng anliegenden Rist. Als das Paket eintraf, probierte ich sie an, kämpfte wegen des Preises kurz mit meinem schlechten Gewissen und fragte mich, ob ich sie wohl jemals anziehen würde. Zu was für einem Leben passten solche Stiefel? Bestimmt nicht zum zurückgezogenen Dasein der jungen, trauernden Witwe des Ortes. Diese Stiefel gehörten zu einer jungen, alleinlebenden Frau in der Großstadt, die in einem schicken Büro arbeitete, Partys und Restaurants in Downtown besuchte, in schummrigen Nachtclubs Livemusik hörte und, während sie an bunten Cocktails nippte, Zungenküsse mit heißblütigen jungen Liebhabern tauschte.

Meine Freundin Chloé überredete mich, sie auf eine Einkaufstour in die Stadt zu begleiten. Sie war die einzige junge Witwe, die ich kannte, und schien sich nach einigen schwierigen Jahren ganz gut mit ihrer Situation zurechtzufinden. Sie hatte sogar einen Freund. Während wir durch die Läden von SoHo streiften, bewunderte ich wie immer ihr mit achtundvierzig Jahren nach wie vor alterslos strahlendes Gesicht. Sie hatte ihre Lippen in dem kräftigen Pink von Wildrosen geschminkt. Als wir vor einem Ständer mit Kleidern in der ersten Boutique standen, legte sie einen Arm um meine Schultern und gestand mir, dass sie sich gleich nach dem Tod ihres Mannes einen Haufen Kleider gekauft hätte. Ich vermisste ihn übrigens auch. Er war einer der letzten englischen Gentlemen gewesen und fünf Jahre zuvor mit nur fünfundfünfzig an einem Lymphom gestorben.

Ich kaufte mir ein Kleid, das ich in meinem Wohnort niemals tragen würde – aus terrakottafarbenem seidigem Stoff mit Blumenmuster und Volants, die meine neue, schlanke Figur betonten. Ich war jetzt wieder so zierlich wie zuletzt mit sechzehn. Und zum ersten Mal, seit ich erwachsen war, gefiel mir mein Körper. Mein Po sah geradezu mädchenhaft aus. Ich drehte mich im Kreis und zu Chloé um.

»Du siehst … zum Anbeißen aus!«, murmelte sie und lächelte begeistert.

Zwei Wochen später fuhr ich erneut mit dem Zug nach New York und kaufte mir in einem anderen Laden in SoHo ein Paar Mules. Diese waren selbst im Ausverkauf noch teuer. Es handelte sich um italienische Schuhe aus einem elastischen gewebten Material in schmalen, an Markisen erinnernden grünen, ockerfarbenen und grauen Streifen, das sich um den Fuß schmiegte (und mir bestimmt Blasen machen würde). Die Absätze waren geschwungen und wirkten wie geschnitzt.

Wieder zu Hause, bewunderte ich die Schuhe in ihrer hübschen Schachtel, zog sie noch einmal an und drehte mich damit vor dem großen Spiegel im Bad.

Ich stellte mir das Klappern der Absätze auf dem alten Pflaster eines geliebten Dorfes am Meer im Norden Italiens vor. Zwanzig Jahre zuvor war ich in ein ligurisches Städtchen und einen Mann dort verliebt gewesen. Ich erinnerte mich noch genau an den Silberton des Meeres am Spätnachmittag, an die rosenrot, salbeigrün und ockerfarben gestrichenen Häuser und an die violetten abgeflachten Berge in dunstiger

Ferne. Ich hatte den Geruch frisch gefangenen Fischs auf dem Markt unter freiem Himmel noch in der Nase, ebenso wie den des Seetangs mit den hüpfenden Sandflöhen bei Ebbe entlang des Kieselstrands. Die Sonne wärmte meine nackten Arme und Beine ebenso wie die Bewunderung (»Che Bella!«) der Männer, die während der abendlichen Passeggiata an mir vorbeiflanierten.

Henrys Asche stand in einer hölzernen Urne neben meinem Arbeitsplatz. Liza fragte mich eines Tages, ob sie sie ansehen dürfe. Der Deckel der Urne ließ sich leicht abschrauben und brachte einen Beutel aus dickem Plastik zum Vorschein, der mit einem Drahtclip verschlossen war. Ich entfernte den Verschluss. Liza und ich rochen an der Asche. Sie roch nicht wie die Asche aus unserem Kamin mit ihrem holzigen, rauchigen Aroma. Diese Asche roch eher nach Knochen oder vielleicht nach den Resten eines Barbecue-Kohlenfeuers. Liza ekelte oder fürchtete sich nicht davor. Sie schien sogar regelrecht fasziniert.

»Mama, wir brauchen einen Löffel!«

Ich lief in die Küche und schnappte mir einen Teelöffel aus der Besteckschublade und ein kleines Schälchen aus dem Geschirrschrank. Abwechselnd löffelten wir etwas von der Asche in die kleine Schüssel. Dabei entdeckten wir kleine Stückchen verbogenen Metalls, die von Zahnfüllungen oder aus seinem rechten Bein stammen mochten, das nach seinem Motorradunfall mit sechzehn genagelt worden war. Wir stießen auch auf kleine Knochensplitter, die der Krematoriumsofen nicht gänzlich verbrannt hatte.

»Mama, kann ich ein bisschen von der Asche auf die Blumen draußen streuen? Und kann ich auch ein bisschen von Chesters Asche haben?«

Henry und Chester, der alte gefleckte Kater, wurden sorgsam in dem Schälchen vermischt und in den Garten hinter dem Haus getragen. Die Clematis, die Chinesischen Lampionblumen und die Rosen, die sich wegen der Kälte alle noch im Winterschlaf befanden, bekamen etwas von dem nahrhaften Staub ab.

Liza fragte mich, ob sie etwas Asche für sich haben könnte. Da suchte ich ihr einen kleinen Beutel für Schmuck aus roter Seide, in den sie mit dem Löffel etwas von Henrys und Chesters Asche füllte. Dann beharrte sie darauf, das seidene Beutelchen am nächsten Tag mit in die Schule zu nehmen. Sicherheitshalber gab ich ihr noch eine schriftliche Mitteilung für ihre sehr verständnisvolle Lehrerin mit.

Die einsame Urne auf dem Schreibtisch verlangte nach Gesellschaft, so wie ja auch Henry im Leben immer Publikum gebraucht hatte. Also arrangierten wir ein paar Dinge rundherum: einen biegsamen 24-Karat-Goldring aus Korea (ein Geschenk seiner Mutter), eine Schneekugel mit einem goldenen Plastikbuddha (von Henrys Schreibtisch), Muscheln und Steine von Ausflügen nach Maine, eine Karte, die er mir mal zum Geburtstag geschrieben hatte, und ein Gedicht aus drei Versen, das er anlässlich unseres letzten Valentinstages verfasst hatte.

Für einen Schriftsteller hatte er nicht gerade viele Briefe geschrieben. Wir waren in unseren sechzehn Jahren allerdings auch nicht oft getrennt gewesen. Aus dem Jahr, als er so viel an der Westküste gewesen war, besaß ich einige E-Mails, aber selbst damals hatte er lieber telefoniert. Ich bedauerte das jetzt und wünschte mir, mehr Papier mit seinen Worten darauf zu besitzen.

Emily rief mich täglich an. Seit jenem Nachmittag im Januar, als sie gekommen war und Henry auf dem Küchenfußboden vorgefunden hatte, war sie in jeglicher Hinsicht aufmerksam gewesen. Ich empfand Dankbarkeit für ihre Freundschaft, auch wenn ich mir langsam Sorgen zu machen begann, dass ich ihr diese emotionalen Schulden niemals würde zurückzahlen können. Mit diesen Gedanken stellte sich auch ein gewisses Bedauern darüber ein, dass ich damals nicht Anna angerufen hatte. Denn zwischen ihr und mir hatte schon immer eine Art Gleichgewicht geherrscht, das es mir erlaubte, sie um etwas zu bitten – sei es konkrete Hilfe oder Mitgefühl –, ohne mir je zu überlegen, ob ich ihr dafür etwas zurückgeben könnte. Meine Entscheidung, Emily anzurufen, war mir so vernünftig erschienen, die Minuten, die es länger gedauert hätte, bis Anna zur Stelle gewesen wäre, waren mir so wichtig erschienen, doch die längerfristigen Folgen hatte ich nicht abgesehen.

Einige Male saßen wir mit Teebechern bei ihr oder mir zu Hause, und Emily sah mich bedauernd an (oder war es ungeduldig?) und fragte: »Wann bekomme ich meine Freundin zurück?« Ich wusste nie, was ich ihr darauf antworten sollte. Die Freundin, die sie vermisste, schien verschwunden.

Ich besuchte Emily und ihre Familie oft, aß auch bei ihnen und war dankbar, weil Liza dort fröhlich sein und spielen konnte. Emilys Haus machte einen warmen, energiegeladenen und lebendigen Eindruck, selbst wenn es unter der schönen Oberfläche auch die üblichen familiären Konflikte gab. Die Stille meines eigenen Zuhauses wirkte dagegen bedrückend. Mir war vorher nie bewusst gewesen, wie vollständig Henrys Persönlichkeit alle Räume ausgefüllt hatte.

Wenn wieder ein Wochenende anbrach, dann kuschelten Liza und ich uns unter Decken auf die Couch, die Reste unseres Rühreis vom Frühstück auf dem Tischchen neben uns. Und dann sahen wir uns SpongeBobs verrückte Abenteuer in der fröhlichen blaugrünen Unterwasserwelt von Bikini Bottom oder Timmy Turners Erlebnisse mit seinen feenhaften Paten in *Cosmo und Wanda – Wenn Elfen helfen* an. Genau das bräuchte ich auch, ein paar feenhafte Paten. Es war tröstlich, zusammen zu sein, Lizas Wangen rochen nach Pfirsich und frisch gebackenen Keksen.

Drei

Februar bis Mai 2003

Wenige Wochen nach Henrys Tod erhielt ich eine Nachricht von Maya, einer Physiotherapeutin aus dem Ort, die mir eine Gratisbehandlung anbot. Ich kannte sie gar nicht persönlich, aber trotzdem rief ich sie an und vereinbarte einen Termin. Die Vorstellung, Hilfe von einer völlig Fremden zu bekommen, hatte etwas seltsam Tröstliches. Schon am nächsten Nachmittag fand ich mich in ihrem gedämpft beleuchteten Behandlungsraum wieder.

Stumm lag ich auf ihrem Massagetisch und lauschte der CD mit Vogelgezwitscher und leisem Wellenschlag, während sie ihre mit duftendem Öl eingeriebenen Hände mit Bestimmtheit in meinen mageren Rücken grub. Sie spürte eine Stelle zwischen meinen Schultern auf, die sich weich anfühlte, als sie dagegendrückte. Mir kam sie fast vor wie ein Knopf, der mit meiner Trauer verkabelt war, denn plötzlich hatte ich das dringende Bedürfnis zu weinen. Aber es war mir dann doch zu peinlich, vor dieser Fremden mein schweres Schicksal auszubreiten. Nach einem langen Schweigen, in dem nur die Vögel, die Wellen und das Streichen ihrer Hände auf meiner Haut zu hören waren, meinte sie, es sei durchaus in Ordnung, sich während der Behandlung zu unterhalten. Ich wusste kaum, wo ich anfangen sollte, aber zum Glück musste ich gar nicht am Anfang beginnen. Ich war die junge Witwe des Ortes. Fast jeder hatte von meiner Geschichte gehört.

In der darauf folgenden Woche ging ich wieder zu ihr und unterhielt mich. Genau genommen konnte ich kaum aufhören zu reden und zu weinen. Was für eine Erleichterung, sich gehen lassen zu können und von jemand versorgt zu werden, der zwar Mitgefühl hatte, aber mich nicht zu bemitleiden schien. Mein Körper fühlte sich gestärkt an, als ich ihre Praxis verließ.

Bei meinem dritten Termin hatte ich Maya, die kleine, drahtige Frau mit dem offenen, neugierigen Blick, den vielen Sommersprossen im Gesicht, der fröhlichen Stimme und den kräftigen Händen, schon richtig ins Herz geschlossen. Wir begegneten uns im Alltag nirgends sonst, also erschien mir ihr schummriger Behandlungsraum sicher. Als ich zur vierten Behandlung kam, ersuchte ich sie, zahlende Patientin zu werden. Damit war unser Verhältnis ausgeglichen.

Maya war die Erste, mit der ich über Tomas sprach. Ich erzählte ihr von Henrys Visitationen und meinem Gefühl, er wolle in einen Körper einziehen, weil er seinen so plötzlich verloren hatte, und dass ich mich fragte, ob Tomas dieser Körper sein sollte. Es fühlte sich für mich schon verrückt an, solche Gedanken laut auszusprechen. Ich sagte Maya, dass ich Tomas fragen wolle, ob er dazu bereit wäre.

»Das klingt nach einem guten Plan«, sagte sie so gelassen, als würde ich ihr von einer Strategie für die Jobsuche erzählen. »Ich glaube auch nicht, dass du verrückt bist. Im tibetischen Buddhismus, mit dem ich mich seit einiger Zeit beschäftige, ist viel von dem Ort die Rede, an dem Henry sich jetzt befindet, in einem Zwischenreich.«

Tomas machte mir in seiner warmen Küche eine Tasse Tee.

»Henry besucht mich jeden Morgen«, sagte ich. »Ich kann es fühlen, wenn er anwesend ist. Ich weiß, das klingt verrückt, aber ich spüre ihn physisch.« Ich vermochte Tomas nicht anzusehen, also starrte ich auf den Keramikbecher in meiner Hand. Die Glasur war ein strahlendes, warmes Grün.

Jetzt keinen Rückzieher machen.

»Ich habe das Gefühl, als würde er einen Körper brauchen, um mit mir zusammen zu sein. Er mochte dich so. Er hat dir vertraut. Deshalb möchte ich dich darum bitten.«

Ich weinte. Einerseits, weil ich die Welle der Erleichterung darüber spürte, endlich mit ihm gesprochen zu haben, andererseits, weil ich mich schämte und mir sicher war, er würde glauben, ich hätte den Verstand verloren. Doch Tomas wies mich nicht ab. Er hörte zu, umarmte mich und sagte mit einem seltsamen Lächeln, dass er darüber nachdenken würde.

Am darauf folgenden Tag würde er für zwei Wochen nach Costa Rica reisen, um seine Mutter zu besuchen. Dort waren wir auch gemeinsam schon gewesen. Ich wünschte, ich hätte mitfahren können. Ich wünschte, Liza und ich könnten Tomas begleiten, um zwei Wochen am Strand zu liegen, in den blauen Himmel zu schauen und im warmen Meer zu baden. Schließlich fuhr ich nach Hause und hoffte, mich am nächsten Tag nicht wie der letzte Idiot zu fühlen.

Henry pflegte immer zu sagen, ich sei launisch und neurotisch. Das konnte ich nicht leugnen. Seit dem grauen Herbst, der auf unsere Hochzeit im April 1989 gefolgt war, hatte ich unter Depressionen gelitten. Nachdem ich zunächst mit Prozac und Zoloft gekämpft hatte, arrangierte ich mich schließlich mit Wellbutrin, das mit überschaubaren Nebenwirkungen ziemlich gut wirkte. Ein Jahr vor Henrys Tod hatte mein Arzt mir zusätzlich Celexa, ein Medikament gegen Angstzustände, verschrieben. Henry hatte darauf bestanden, dass ich diese Psychopharmaka nahm. Er meinte, meine Wut sei sonst »unkontrollierbar«.

Ich wollte meine Medikamente absetzen, damit ich vielleicht mit Tomas schlafen und dabei tatsächlich etwas fühlen könnte. Henry und ich hatten uns mit den Nebenwirkungen einigermaßen arrangiert, aber Tomas war jung. Er würde es nicht verstehen oder nicht die nötige Geduld aufbringen. Die bunten Pillen in ihren orangefarbenen Glasfläschchen in meinem Medizinschrank handelten mit mir wie abgewiesene Freunde. Es stimmte zwar, dass sie mir treue Gefährten gewesen waren, aber ich musste mich wieder wie eine junge Frau fühlen, und dazu benötigte ich eben auch die Sensibilität einer jungen Frau.

Ich hörte auf, sie zu schlucken. Unter einem milchigen, bedeckten Himmel blieb mein Geist oberflächlich betrachtet ganz ruhig. Ich wartete eine Zeit lang auf die Rückkehr der quälenden Depressionen und Angstzustände, aber stattdessen war da nur Ruhe. Ich war traurig, aber gelassen. Ich machte weiter, setzte einen Fuß vor den anderen, kümmerte mich um meine Tochter, aß ein bisschen, arbeitete und bezahlte meine Rechnungen.

Tomas würde bald zurück sein. Deshalb war ich aufgeregt. Und es erstaunte mich, dass es überhaupt etwas gab, das mich aufregte. Wenn ich seine E-Mails las, dann versuchte ich, mir seine Tage in Costa Rica vorzustellen, und zwar auf der Basis meiner Erinnerungen an unseren kurzen Besuch dort: das warme Meer, die Brise unter Palmen, den Regenwald, wo exotische Vögel zwitschern und blaue Morphofalter träge mit ihren zarten Flügeln schlagen, während sie Nektar aus bunten Blüten saugen.

Ein kalter Windstoß rüttelte an den Fenstern meines Arbeitszimmers, als versuche jemand von außen meine Aufmerksamkeit zu erregen. Instinktiv schaute ich zu der hölzernen Urne mit Henrys Asche hinüber, die vor einem Fenster stand, durch das jetzt die Wintersonne des späten Nachmittags schien. Ich hatte den Mann geliebt, dessen Asche sich jetzt in dieser Urne befand, auch wenn er ein anstrengender Gefährte gewesen war.

Plötzlich riss ich die Augen wie nach einem langen, erholsamen Schlaf weit auf.

Jetzt begriff ich.

Ich begriff die Ursache meiner Angstzustände. Ich begriff das Wesen meiner Depression. Auch wenn ein gewisser Hang zur typisch jüdischen Neurose bei mir bestimmt Veranlagung war, bestand die Ursache meiner jetzigen Ruhe in Henrys

Abwesenheit. Ein stramm aufgewickeltes Knäuel im Innern meines Körpers schien sich langsam abzuwickeln. Ich erzählte nur meiner Therapeutin davon, die dazu nachdenklich nickte.

Nachdem Tomas von seiner Reise zurück war, fuhr ich ihn besuchen. Wieder saßen wir in seiner Küche und versuchten, darüber zu sprechen, was wir vielleicht beginnen würden. Er sagte, seit Henrys Tod habe er das Gefühl, etwas würde uns zueinanderziehen, zu welchem Zweck auch immer. Und dass er schon gespannt gewesen sei, was wohl noch zwischen uns passieren würde. Dann beugte er sich von seinem Stuhl zu mir herüber und küsste mich. Das war anscheinend seine Art, meinem ungewöhnlichen Vorschlag, den ich ihm zwei Wochen zuvor gemacht hatte, zuzustimmen.

Ein paar Tage später, nach dem Austausch atemloser E-Mails, um die logistischen Fragen zu klären, saßen Tomas und ich schließlich auf dem Teppich in meinem Wohnzimmer. Liza war begeistert zum Übernachten zu Tanya gegangen. Tomas und ich aßen den Lammeintopf, den ich nach Julia Childs Anweisungen gekocht hatte. Dabei stellte ich mir vor, wie Henry von seinem Stammplatz in der Küche mir wohlwollend zunickte, denn ich hatte daran gedacht, das Fleisch ganz kurz vor dem Anbraten zu salzen. Wir tranken den Rotwein, den ich bei dem rothaarigen Weinhändler gekauft hatte. Ich saß dicht bei Tomas. Er lächelte und lehnte sich zu mir, um mich zu umarmen – jede Faser meines Körpers war erregt und verängstigt zugleich.

Ich musste ihm gestehen, wie nervös ich war. Er sagte, er sei auch aufgeregt. Das entspannte mich ein wenig. Ich hoffte, dass er daran gedacht hatte, ein Kondom mitzubringen. Als er sich wieder zu mir beugte, küsste er mich. Seine weichen Lippen schmeckten jung und frisch. Innerlich schien ich zu explodieren. Ich kann das nicht.

»Lass dich mal ansehen«, sagte er, während er mir das T-Shirt auszog. Ich betete stumm darum, dass mein über vierzigjähriger Körper ihn nicht erschreckte. Mein Bauch war flach, aber wenn ich mich vorbeugte, runzelte sich die Haut auf verräterische Weise und erinnerte an die Folgen der Schwangerschaft. Ich werde mich auf keinen Fall vorbeugen, beschloss ich.

Wieder küssten wir uns.

Oben in meinem Schlafzimmer spürte ich Henrys Anwesenheit so deutlich, als würde er zurückgelehnt im Sessel sitzen und mich beobachten. Ich hoffte, dass er verstand. Tomas meinte, als wir uns hinlegten, auszogen und unter die Decke schlüpften, er könne Henry ebenfalls spüren. Mir kam es vor, als würde mein Körper schweben. Ein neuer Mann berührte mich in meinem Bett. Mein Körper lag zwar auf dem Laken, aber mein Bewusstsein erhob sich und schwebte über dem Bett. Von weit oben konnte ich sehen, wie ein Mann eine Frau liebte, die ich selbst war. Ich spürte, wie er kam. Er seufzte. Mein Verstand kehrte in meinen Kopf und Körper auf dem Bett zurück. Ich spürte die Wärme der Bettwäsche und von Tomas Körper neben mir. Vor Erleichterung begann ich zu schluchzen. Sanft und zärtlich nahm er mich in seine Arme, und ich fühlte mich lebendig.

Nach unserer ersten gemeinsamen Nacht korrespondierten wir täglich in liebevollem Ton. Man hätte diese Nachrichten Liebesbriefe nennen können, aber ich zögerte, dieses Wort zu denken, denn es war klar, wie erreichbar und gleichzeitig unerreichbar Tomas für mich war. Weil ich spürte, dass zu viel Verpflichtung ihn verschrecken würde, versuchte ich, ihm klarzumachen, dass ich ihn nur um das bitten würde, was er von sich aus zu geben wünschte. Für den Moment war ich schon erstaunlich glücklich über seine Gesellschaft.

Ein paar Wochen danach gab ein Freund eine große Party. Weil Tomas und ich sehr bemüht waren, das, was zwischen uns lief, geheim zu halten, kamen wir in getrennten Autos – ich mit meinem dreckigen, aber immer noch noblen weinroten Station Wagon mit beheizbaren Ledersitzen und er in seinem lässigen Pickup-Truck.

Nachdem ich mich mit meinen unpraktischen, aber superschicken neuen braunen Wildlederstiefeletten zwischen den biertrinkenden, laut lachenden Rauchern auf der Veranda durchgeschoben hatte, begrüßte ich Tomas auf, wie ich hoffte, unauffällige Weise. Dann holte ich mir ein Glas Wein und setzte mich mit dem Rücken an eine Wand, sodass ich gemütlich an meinem Glas nippen und mich damit unterhalten konnte, die feiernde Menge zu beobachten. Tomas stand schweigend ein kleines Stück von mir entfernt. Als unsere Blicke sich trafen, mussten wir beide lächeln. Unser Geheimnis machte zweifellos Spaß.

Dann kam eine Frau auf hohen, schmalen Absätzen herüber, um Tomas zu begrüßen. Ich war nicht eifersüchtig, denn in meinen Augen gehörte er mir nicht. Er war eher eine Leihgabe als ein Geschenk. Fasziniert sah ich zu, wie sie ihn anlächelte und mit ihm plauderte und dabei mit ihrem süßen, jungen, in einer Jeans steckenden Po wackelte, ihre Schuhspitzen hierhin und dorthin drehte und sich immer näher zu ihm beugte. Seine frühere Freundin hatte ihr ein wenig ähnlich gesehen, erinnerte ich mich. Ob sie seine nächste würde? Wenn ich das, was sich da vor meinen Augen abspielte, richtig deutete … Ich wäre dann nur ein kurzes Experiment, eine Anomalie gewesen.

Ein Teil von mir wünschte sich, diese Geschichte würde auf Dauer funktionieren. Wir hatten viele Gemeinsamkeiten, ähnliche Interessen und Wesensgleichheiten. Doch unser Altersunterschied war geradezu lächerlich groß, und wir würden bestimmt niemals locker damit fertig. Ganz zu schweigen davon, dass ich an allererster Stelle meiner Tochter verpflichtet war. Tomas dagegen war viel zu sehr mit seinem Leben als junger Mann beschäftigt, um in dieser Hinsicht verfügbar zu sein. »Ihre Übergangsbeziehung« nannte Helen, meine höfliche, aber in ihrer Art unverblümte Therapeutin es. Ein

Teil von mir hätte sie gern widerlegt. Doch die klügere Frau in mir wusste, dass Helen den Nagel auf den Kopf getroffen hatte.

Tomas warf mir einen gequälten Blick zu, den ich mit einem Lächeln erwiderte, das ihm hoffentlich Folgendes zu verstehen gab: Entspann dich. Mir geht's gut. Du siehst gut aus, und davon wollen alle Frauen etwas abhaben.

In der Zeit, als Tomas in unserem Dachgeschoss gewohnt hatte, unterhielten wir uns oft über seine private und künstlerische Zukunft. Auf freundschaftlichste Weise führten wir auch jetzt noch solche Gespräche. So erzählte er mir, dass er sich eine groß gewachsene Schönheit wünsche, eine Muse für seine Arbeit, so wie seine frühere Freundin. Gleichzeitig machte er sich Sorgen, an jemand Uninteressantem und Oberflächlichem hängenzubleiben. Er glaubte an die Verbindung von körperlicher und geistiger Schönheit. Ich musste über seine Naivität seufzen, über die Unschuld eines gut aussehenden jungen Mannes. Auch ich hatte einmal so unschuldig gedacht und war total aus dem Häuschen, als feststand, dass ich Henry, einen ebenfalls richtig attraktiven jungen Mann heiraten würde.

»Henry ist so hübsch«, hatten meine Freundinnen geschwärmt, als wir heirateten. Die Leute sagten, wir gäben ein schönes Paar ab, und ich war stolz darauf. Als junger Frau kam mir das wichtig vor.

»Du hast solches Glück mit Henry, und er liebt dich so sehr.« Ich hatte mich vom Schicksal begünstigt und geliebt gefühlt. Bis das Wörterbuch in meine Richtung geflogen kam.

Rein körperlich passten Tomas und ich nicht so perfekt zusammen. Um uns im Stehen zu küssen, musste ich mich auf die Zehenspitzen stellen. Das gab mir das Gefühl, klein zu sein. In der Öffentlichkeit lenkte der Größenunterschied aber immerhin vom Altersunterschied ab, der sechzehn Jahre betrug.

Eines Morgens rief Anna weinend bei mir an. Seit ihrem Besuch vor einiger Zeit, als sie mir von der bevorstehenden Trennung erzählt hatte, bemühte ich mich, über die Ereignisse bei ihr auf dem Laufenden zu bleiben, obwohl ich mich mit meinem eigenen Durcheinander eigentlich schon überfordert fühlte. Für uns beide war die Arbeit eine Art Anker und Trost. Manchmal fragte ich an den Tagen, wenn unser gemeinsamer Assistent für mich arbeitete, vorsichtig danach, wie Anna wirkte, denn ich hatte sie seit dem Besuch damals kaum gesehen. Dünn, berichtete er mir. Auch er war einmal einer von Johns Studenten gewesen. Unter uns erzählte er mir, wie enttäuscht er von seinem Mentor sei. Wenn Anna und ich telefonierten, klang sie immer müde und erschöpft, manchmal den Tränen nahe. An diesem Morgen jedoch gab sie sich keine Mühe, Haltung zu bewahren. Sie klang geradezu hysterisch.

»Er ist immer noch hier«, schluchzte sie. »Und sein ganzes Zeug auch. Er schläft in der Scheune und zieht nicht aus. Ich ertrage das einfach nicht mehr.« Die Scheune war ihr gemeinsamer Arbeitsbereich und stand mitten in ihrem Garten.

»Das heißt, du musst den ganzen Tag lang neben ihm arbeiten? Was sagt er denn überhaupt? Möchte er mit dir verheiratet bleiben oder sich mit diesem Mädchen zusammentun?« Wir nannten diese Frau bewusst nicht beim Namen.

»Das sagt er nicht genau. Wie es aussieht, scheint er es sich noch zu überlegen, aber er trifft sich weiterhin mit ihr. Verdammt, ich hasse mein Leben.«

Sie weinte noch ein wenig, und ich weinte mit, wenn ich mir den unvermeidlichen Ärger rund um ihre Scheidung ausmalte. An eine einvernehmliche Trennung war da nicht einmal zu denken.

»Anna, ich glaube, du musst einfach zu ihm in die Scheune marschieren und ihn auffordern, sofort zu verschwinden. Und schaff seinen Krempel doch aus dem Haus, wenn er dich quält. Er kann nun mal nicht beides haben. Entweder ist er mit dir verheiratet, oder er macht mit diesem Mädchen rum.

Da muss er sich jetzt entscheiden. Ich finde, das solltest du ihm ruhig sofort sagen. Wenn du mich brauchst, dann komme ich auch rübergefahren und sage es ihm selbst. Aber ich denke, du schaffst das schon.«

Später am selben Tag rief ich sie an. Sie erzählte mir, dass sie seine Kleider in ein paar schwarze Müllsäcke gestopft und auf den verschneiten Rasen geworfen habe. Ein paar Tage später hatte er die Scheune geräumt und sich eine Wohnung genommen. Sie fühlte sich besser, weniger ausgeliefert, aber die nächsten Schlachten zeichneten sich schon ab. Sie suchte nach einem Scheidungsanwalt, denn sie sah keinen Grund, noch länger abzuwarten.

Im März kam mich Sara aus England für eine Woche besuchen. Sie war eine Freundin aus Collegezeiten und hatte versprochen, mir beim Durchsehen von Henrys Sachen zu helfen.

»Das wird mein Geschenk für dich sein«, sagte sie. Ich wusste, dass sie dazu in der Lage war. Von Beruf war sie Bibliothekarin, aber es entsprach auch ganz ihrem Charakter, sodass ich mich auf ihre Konsequenz und ihr Mitgefühl gleichermaßen verlassen konnte. Außerdem kannten und mochten wir uns seit über zwanzig Jahren. Sie war für mich wie eine Schwester, und ich hatte fast schon vergessen, dass wir uns einst bewusst als Freundinnen gewählt hatten.

»Vielleicht findest du Henrys Ehering«, sagte ich hoffnungsvoll, während sie sich einen Überblick über seine Ablagen im Büro verschaffte. »Ich habe schon überall danach gesucht.«

Sara und ich waren uns praktisch durch eine Naturgewalt begegnet – in einem Wolkenbruch am ersten Abend des ersten Collegejahres. Damals standen wir nach dem Einführungstreffen der künftigen Klasse von 1981 unter dem Portal eines stattlichen Lehrgebäudes des Smith College. Ich spähte in das Unwetter hinaus. Das war kein Spätsommerregen wie aus der Gießkanne eines Gärtners, sondern schien eher eine Art Rohrbruch oder ein unerschöpflicher Eimer zu sein, der über uns ausgeleert wurde. Der Weg zu meinem ein ganzes Stück entfernten Wohnheim stand bereits knöcheltief unter Wasser. Gerade als ich meine Hosenbeine hochkrempeln, die Schuhe ausziehen und barfuß loslaufen wollte, tippte mir jemand auf die Schulter. Hinter mir stand eine junge Frau mit kinnlangem, dunkelblondem Haar, Kirschmund und einem klingelnden silbernen Armband.

»Du siehst genauso aus wie jemand, den ich von zu Hause kenne«, sagte sie und klang dabei, als hätte sie ein wenig Heimweh. Anfangs kränkte es mich zwar etwas, ihr nicht wegen meiner Einzigartigkeit aufgefallen zu sein, aber letztlich fühlte ich mich doch irgendwie von ihr auserwählt. Ich tauschte mit jemand, um ihre Zimmergenossin zu werden. Nach einem Auslandsjahr kehrte ich dann in ihre WG auf dem Campus zurück. Dort hatte Sara ein wunderbares, sonniges Zimmer für mich freigehalten.

In den späten Siebzigern und frühen Achtzigern war unser Campus das reinste Treibhaus radikalfeministischer politischer Ansichten. Bei den Abendessen wurde regelmäßig lautstark über die Haltung unserer Schule zu Südafrika, über Vegetarismus, Lesben oder Literatur diskutiert. In den einzelnen Zimmern gingen die Debatten dann oft noch weiter. Wir beide waren nicht immer die besten Mitbewohner, aber in jedem Fall ein erfindungsreiches Koch-Duo.

Nach dem College fanden Sara und ich das perfekte Medium für unsere Freundschaft, denn nachdem wir den Campus verlassen hatten, begannen wir, uns Briefe zu schreiben. Zwanzig Jahre normale Post, danach E-Mail-Korrespondenz. Ob während ihres Dienstes im Friedenskorps in Afrika oder als wir heirateten und Kinder bekamen – ich wusste immer, sie würde kommen, wenn ich sie brauchte. Und nun war sie da.

Eine Woche lang arbeitete sie tagtäglich in Henrys Arbeitszimmer und rief mich nur in langen Abständen nach oben, um Papier- und Zeitschriftenstapel zu begutachten.

»Das da solltest du wegwerfen«, sagte sie leise, aber bestimmt und deutete auf einen Packen der für Henry so kostbaren Zeitungsausschnitte, die schon ziemlich vergilbt waren. Ich war bereit und sogar erleichtert, solche Stapel loszuwerden.

»Du solltest die Sache mit Tomas wirklich noch mal gründlich überdenken«, sagte sie eines Nachmittags zu mir, während wir immer noch Papiere sichteten. »Mir kommt das zu impulsiv und übereilt vor. Du bist doch für irgendwas Ernstes mit wem auch immer noch gar nicht bereit.« Dagegen konnte ich nichts vorbringen, trotzdem wusste ich, dass ich Tomas anrufen würde, sobald sie das Haus verlassen hätte.

Am letzten Tag ihres Besuchs fand Sara tatsächlich Henrys Ehering, und zwar in einer seiner zahlreichen Reisetaschen, gut versteckt in einem Innenfach. Er hatte mir gesagt, dass er ihn nicht mehr tragen wolle. Ich versuchte, das nicht persönlich zu nehmen. Ringe hatten für mich nie eine besonders wichtige Rolle gespielt, obwohl ich meinen Ehering auch weiterhin trug. Allerdings fragte ich mich, warum er sich wohl die Mühe gemacht hatte, seinen auf Reisen mitzunehmen.

Einmal besuchten Emily und ich eine Party in Tomas' Haus. Ich hatte ihr erst kürzlich mein Verhältnis mit ihm gestanden. Sie hatte mich dafür zwar nicht kritisiert, mir aber zu verstehen gegeben, dass sie an den Details nicht interessiert war. Sie hatte sich darauf gefreut, mit mir auf dieses Fest zu gehen, da wir beide mit Tomas befreundet waren. Außerdem mochte sie Partys, und wir gingen selten genug abends ohne Kinder aus.

Ich sah Tomas mit seinen Freunden lachen und wusste, dass ich nie ein Teil seiner Welt werden würde. Es hätte einfach nicht gepasst, zu viel Zeit unter Zwanzigjährigen zu verbringen – ich würde unweigerlich beginnen, mich alt zu fühlen. Genauso wenig würde Tomas Teil meines routinierten Alltags mit Kind werden wollen – viel zu viel Verantwortung für einen jungen Kerl, der am liebsten nur wenig Pläne machte und auch diese mutwillig wieder umstieß. Irgendwann in nächster Zukunft würde er bestimmt wieder mit einer jungen Frau zusammen sein wollen.

Er war wunderbar, aber oft empfand ich unsere intimen Begegnungen, als würden Augenblicke zwischen den schweren Metallplatten unserer übrigen Verpflichtungen zusammengequetscht. Ich liebte es, mit Tomas über unsere künstlerischen Ambitionen zu sprechen, über künftige Ziele. Bei solchen Themen verspürte ich Hoffnung, als hätte ich mein ganzes Leben, alle Möglichkeiten, noch vor mir. Ich wollte keinesfalls so lange mit ihm zusammenbleiben, bis ich Liebeskummer und Eifersucht empfand. Das, was von meinem klaren Verstand noch übrig war, begriff, dass nichts an unserer Beziehung längerfristig einen Sinn ergab.

Als die ältesten Gäste auf dem Fest saßen Emily und ich zusammen. Wir hielten eine Weile aus, aber schließlich hatten wir Kinder, denen wir am nächsten Morgen Frühstück machen mussten. Gegen Mitternacht packten einige von Tomas' Freunden Instrumente aus und begannen zu musizieren. Andere Gäste scharten sich um sie und begannen zu tanzen. Da begaben Emily und ich uns zu meinem Auto. Das Lachen und die Klänge von Gitarren und Schlagzeug wurden langsam leiser und vom Rauschen des Flusses vor dem Haus verschluckt.

Wir blieben in ihrer Einfahrt noch kurz in meinem warmen Auto sitzen.

»Ich vermisse Henry«, sagte Emily. »Ich vermisse die Spannung seiner Essenseinladungen, die Schlagfertigkeit, das Flirten.«

Als ich sie ansah, merkte ich, dass sie weinte.

Ich vermisste Henry aus so vielen Gründen, aber diese gehörten nicht dazu.

Tomas und ich kurvten in seinem Pick-up über holprige Straßen und mit lauter Musik zu einem nicht weit entfernten mexikanischen Lokal. Er sprach mit dem Eigentümer Spanisch, was mich verzauberte und zum Dahinschmelzen brachte, noch bevor die Suppe serviert wurde. Wenn er in seiner Muttersprache redete, war seine Gestik viel impulsiver. In so einer Umgebung, fern von den Assoziationen meines Zuhauses und fern von Henrys Küche, konnte auch ich Essen wieder genießen. Zwischen den einzelnen Gängen hielt Tomas meine Hand, und ich fühlte mich einen Moment lang verehrt. An anderen Abenden besuchten wir diskreterweise Restaurants außerhalb unseres Städtchens, von denen ich wusste, dass er sie sich niemals hätte leisten können. Es war mir immer ein wenig peinlich, wenn ich meine Kreditkarte zückte, um zu bezahlen. Was mochten sich die anderen Gäste denken? Hielten sie mich für seine große Schwester? Oder gar für seine Mutter? Oder für das, was ich wirklich war – seine viel ältere Geliebte? Ich war mir ziemlich sicher, dass Tomas sich in solchen Momenten ausgehalten fühlte. Und das verursachte auch mir Unbehagen. Ich wollte nicht, dass er sich mir gegenüber in irgendeiner Weise verpflichtet sah. Ich wollte sein Mitleid nicht. Denn davon bekam ich schon von meinen wohlmeinenden Freunden und Nachbarn genug.

Nachdem wir eines Abends vom Essen gekommen waren, lagen wir bäuchlings ausgestreckt nebeneinander auf dem großen Bett in seinem winzigen Schlafzimmer. Wir unterhielten uns, und ich genoss den Blick auf die mondhelle Nacht durch die kleinen Felder des altmodischen Sprossenfensters. Tomas streichelte zärtlich meinen Rücken, während wir plauderten. Sein Mitbewohner Nick blieb mit seiner Freundin kurz an der offenen Tür stehen, um uns auf dem Weg nach oben eine Gute Nacht zu wünschen. Tomas fuhr fort, meinen Rücken zu streicheln, und alles fühlte sich so selbstverständlich an. Mit diesem Mann zusammen zu sein, in seinem Haus, kurz bevor man schlafen geht.

Am Morgen kochte er Eier für mich, und auch das fühlte

sich gut an. Einfaches Essen, leere Marmeladengläser, heißer Tee aus zusammengewürfelten Keramikbechern, nicht zusammenpassendes Besteck. Da waren wir irgendwie gleichauf.

Oft rief ich Tomas montags an, um etwas für das kommende Wochenende mit ihm auszumachen. Für unsere Zusammenkünfte musste ich ja eine Kinderbetreuung arrangieren.

»Also, Julie«, begann er oft. »Ich weiß noch nicht, was ich machen will. Lass mich mal darüber nachdenken. Dann geb ich dir Bescheid.« Es war sinnlos, ihn in diesem Zusammenhang daran zu erinnern, dass ich ein Kind hatte und mein Leben aus Organisation, Planung und Einträgen in meinem Kalender bestand. Die Verärgerung, die ich in solchen Momenten empfand, wäre gerechtfertigt gewesen, wenn es eine verbindlichere Beziehung zu einem Mann meines Alters gewesen wäre. In so einer Situation hätte ich mehr Verständnis eingefordert. Von Tomas erwartete ich jedoch rein gar nichts. Also legte ich nach solchen Gesprächen auf, fühlte mich zurückgewiesen und hätte mich am liebsten in Luft aufgelöst.

Nachdem unsere Beziehung nun eine sexuelle war, bemerkte ich, dass Tomas seltener zu uns nach Hause kam, wenn Liza anwesend war. Vielleicht hatten wir beide das Gefühl, uns verstellen zu müssen, um unser Verhältnis vor Liza, die ein außergewöhnlich scharfsinniges Kind war, zu verbergen. Ich bedauerte diese Veränderung und hatte das Gefühl, ihr damit etwas Wertvolles zu nehmen. Sie begann nach Tomas zu fragen, nachdem er einige Wochen nicht da gewesen war. Als er schließlich wieder einmal zum Abendessen kam, freute sie sich ungemein, ihn wiederzusehen, und die beiden waren gleich wieder vertraut miteinander. In einer E-Mail schrieb Tomas mir dazu, dass er, wenn er bei mir und Liza war, in die Versuchung eines häuslicheren Daseins geriete. Das las ich zwar mit Begeisterung, wagte jedoch nicht, auf mehr zu hoffen. Wenige Tage nach dieser Mail änderte sich seine Stimmung wieder, und er wirkte vorsichtig und distanziert.

Wir sahen einander weiter, und es ging – oft auf verwirrende Weise – hin und her mit uns. Ich hatte ein paar enge Freundinnen eingeweiht, er ein paar gute Freunde. Doch in einer Kleinstadt, wo jeder weiß, wer welches Auto fährt, lässt sich so ein Geheimnis kaum bewahren.

Eines Morgens sah man Tomas' Wagen in meiner Einfahrt parken. Das war mir schon am Abend vorher aufgefallen, denn er musste bewusst so auffällig geparkt haben. Schließlich war meine Zufahrt von einer der Hauptstraßen durch den Ort bestens einsehbar. Ich überlegte, ihn um mehr Diskretion zu bitten, hielt mich dann aber doch zurück. Sollte er doch tun, was er für richtig hielt.

Von da an verbreitete sich die Nachricht rasch über den Kreis der in unser »Wie-auch-immer-man-es-bezeichnen-wollte« der letzten Monate Eingeweihten hinaus. Die Reaktionen waren nicht nur wohlwollend. Manche Leute, die nicht wussten, dass Tomas und ich schon lange vor unserer Affäre befreundet gewesen waren, meinten, er würde meinen Witwenstand für ein Abenteuer mit einer älteren Frau ausnutzen. Andere spekulierten darüber, ob die Affäre wohl schon vor Henrys Tod begonnen hätte. Auch wenn Tomas und ich es besser wussten, schmerzte es trotzdem, Gegenstand von Klatsch und Tratsch zu sein.

In gewisser Weise war es jedoch auch eine Erleichterung, sich nicht mehr verstecken zu müssen. Vielleicht wünschen wir uns letztlich doch alle, dass unsere Geheimnisse enthüllt werden.

Mein Bruder David hatte mir geholfen, die Berge von offiziellem Papierkram abzuarbeiten. Henry hatte ein vierseitiges Testament geschrieben, in dem er alles mir vermachte, doch die Sache zog sich in die Länge. Sein Vermögen blieb eingefroren, die Rechnungen waren nach wie vor unbezahlt. Es galt, noch eine letzte Hürde zu nehmen. Das Nachlassgericht verlangte, dass ein von ihm bestimmter Anwalt quasi als Vormund Liza befragte. Und zwar allein in einem abgeschlossenen Zimmer bei Gericht. Das sollte sicherstellen, dass Liza bei mir, ihrem einzigen noch lebenden Elternteil, in guter Obhut war.

In den Wochen vor dem Termin geriet ich in einen Strudel der Angst und war irgendwie überzeugt davon, dass Liza oder ich unabsichtlich etwas Falsches sagen würde und man sie mir wegnähme. In Tränen aufgelöst rief ich meinen Bruder an. David erklärte mir ganz ruhig, dass zwar kein Weg an dem Termin vorbeiführe, er jedoch überzeugt sei, dass alles gut gehen würde. Trotzdem lag ich nachts wach und machte mir Sorgen. Ich versuchte, Liza irgendwie vorzubereiten, ohne ihr Angst zu machen, aber ich merkte, dass auch ihr unwohl bei der Vorstellung war, dass ich bei dem Gespräch nicht anwesend sein dürfte.

Anfang April war es so weit, und es tobte ein heftiger Schneesturm. Kurz bevor ich losfahren wollte, um Liza zu dem Termin von der Schule abzuholen, rief Emily mich von ihrem Mobiltelefon an. Sie bat mich, ihre Tochter Zoe ebenfalls mitzunehmen, da ihr Zug aus der Stadt aufgrund der Witterung Verspätung hätte. Zu jener Zeit war ich sowieso für jede Gelegenheit dankbar, bei der ich Emily eine Gefälligkeit erweisen konnte – um ein wenig von meinem gefühlten Schuldenberg bei ihr abzutragen. Zoe war eine aktuelle Freundin von Liza. Etwas älter als sie und total unkompliziert. Als wir zu der vierzigminütigen Autofahrt zum Gericht in der Bezirkshauptstadt aufbrachen, erschien mir Zoes Begleitung daher wie ein Geschenk. Zwischendurch war das Schneetreiben so dicht, dass ich kaum etwas sehen konnte.

Auch die Anwältin hatte Verspätung, und so warteten wir auf dem kalten Flur. Zoe hielt fürsorglich ein unbeschwertes Gespräch in Gang, beschäftigte Liza mit »Ich sehe was, was du nicht siehst« und anderen Ratespielen, während ich schweigend dabeisaß und der Dinge harrte. Endlich traf die Anwältin ein – eine etwa fünfzig Jahre alte, ein wenig streng wirkende Dame in dunkelblauem Kostüm und mit zu einem strammen Knoten aufgesteckten, dunklen Haaren. Sie führte uns eine Treppe hinauf und einen langen Gang mit zahlreichen Büros entlang. Vor ihrer Tür bat sie Zoe und mich auf einer Holzbank Platz zu nehmen und winkte Liza freundlich ins Zimmer. Dann ging die Tür zu.

Ich saß nervös auf dieser Bank und versuchte zu lauschen, aber die Tür war dafür einfach zu dick. Zoe schien meine Angst zu spüren und tat ihr Bestes, um mein Schweigen durch irgendeine Geschichte auszugleichen, die sie am gleichen Tag in der Schule erlebt hatte. Zwar drang keines ihrer Worte zu mir durch, aber trotzdem war ich ihr dankbar.

Nach ein paar Minuten hatte ich das Gefühl, Zeugin eines Wunders zu sein, denn ich hörte Gelächter, genau genommen das Lachen einer erwachsenen Frau. Da wusste ich, dass Liza begriffen hatte, worum es hier ging. Sie war zwar oft ein extrem zurückhaltendes Kind, doch nun schien sie trotz allem eine tolle Vorstellung gegeben zu haben.

»Worüber hat die Dame denn so gelacht?«, fragte ich sie, als wir schon auf dem Weg zurück zum Auto waren.

»Ach, ich habe ihr bloß von Daddy erzählt, weißt du, die lustigen Sachen, die er oft gemacht hat.«

Dafür würde ich eine Rechnung über zwölfhundert Dollar erhalten. Aber wenigstens war es erledigt, das Testament gültig, und die Rechnungen konnten bezahlt werden. Ich entspannte mich ein klein wenig, weil Liza und ich jetzt als stabiles Team offiziell anerkannt waren. Henry wäre bestimmt stolz auf uns gewesen.

Eines Abends Ende April lagen wir gerade in seinem Bett, als Tomas mir sagte, er fände es besser, wenn wir nicht mehr miteinander schliefen.

»Es fühlt sich an, als würde ich mit dir etwas Unrechtes tun.«

»Du tust absolut nichts Unrechtes, aber wenn es sich für

dich so besser anfühlt, dann lass uns das machen.« Ich wusste, dass es so in mehrerlei Hinsicht leichter würde.

»Ich danke dir. Danke«, murmelte er und küsste mit so viel aufrichtiger Wärme meine Brust, dass ich mich in dieser Intimität ganz und gar geborgen fühlte. Seltsamerweise sollte das mein erotischstes Erlebnis mit ihm sein.

In der Folge versuchten wir, einander im Bett nur noch im Arm zu halten.

Das fühlte sich auch für mich besser an. Ich fragte mich sogar, ob es überhaupt eine so gute Idee gewesen war, ihn zu bitten, Henry seinen Körper zur Verfügung zu stellen. Vielleicht hatte dieser Tausch nie wirklich stattgefunden. Tomas nahe zu sein, selbst wenn es auf diese nun zurückhaltende Weise geschah, hatte mir geholfen, meinen eigenen Körper wieder in Besitz zu nehmen. Ich schwebte nicht mehr, wie es mir nach Henrys Tod vorgekommen war. Ich schien wieder fester mit beiden Beinen im Leben zu stehen.

Gerade als ich mich an unser neues Arrangement gewöhnt hatte, tauchte Tomas eines Nachmittags unerwartet bei mir zu Hause auf. Ich freute mich wie immer, ihn zu sehen. Ich stand auf der Steintreppe, und er küsste mich leidenschaftlich.

»Lass uns hinaufgehen«, sagte er. Ich war verwirrt, aber auch erregt. Männer verwirrten mich immer, nur von Henry hatte ich mich verstanden gefühlt. Als ich mit Tomas im Bett lag, war ich jedoch ganz in der Gegenwart: Ich war glücklich, das zu genießen, was gerade passierte, anstatt mir über die Bedeutung von irgendwas den Kopf zu zerbrechen. Wir lagen noch im Bett, da tauchte der Nachbarsjunge auf, der meinen Rasen mähen sollte. Wir hatten einen herrlichen, strahlenden Frühling, und das Gras wuchs jede Woche zehn Zentimeter. Von unten hörte ich den jungen Mann rufen: »Hey, wo soll ich denn den Grasschnitt hintun?« Wie zwei Teenies, die von zu früh heimkehrenden Eltern ertappt wurden, versteckten Tomas und ich uns kichernd unter der Bettdecke.

Nach diesem Besuch sah ich Tomas etwa eine Woche lang nicht. Eines Nachmittags rief ich ihn schließlich mit schlechtem Gefühl an, nachdem ich Liza zu einer Spielverabredung zu Anna nach Hause gebracht hatte. Mir blieben ein paar freie Stunden, in denen ich eigentlich Besorgungen hätte machen sollen. Tomas arbeitete gerade in seinem Atelier und lud mich ein, vorbeizukommen.

Ich vertrödelte noch eine zusätzliche halbe Stunde in seinem Haus. Dabei hatte ich gar nicht so lange bleiben wollen. Ich hatte geplant, nur kurz vorbeizuschauen, ein bisschen mit ihm auf der Veranda zu sitzen und ein Glas Wasser zu trinken, aber er hatte so unglaublich gut ausgesehen, als er neben mir saß. Außerdem wusste ich Liza bei Anna gut aufgehoben. Was sollte eine halbe Stunde also schon ausmachen, in der wir noch eben miteinander ins Bett gingen? Ich wollte mich doch nur mal wieder wie eine naive Zwanzigjährige fühlen, die nicht Mutter war und sich immer vernünftig benahm.

Das Schlimmste war, dass ich danach auch noch log. »Äh, ich bin gleich da«, sagte ich Anna am Telefon, während ich noch den Reißverschluss meines Rocks hochzog. »Es tut mir echt leid, Anna. Ich bin nur noch fünf Minuten von euch weg. Ich habe einfach die Zeit vergessen.« Sie war sauer. Und sie ließ sich nichts vormachen, das spürte ich genau. Noch mal könnte ich mir so etwas nicht erlauben.

Anfang Mai kam Irena aus New York zu Besuch. Wir hatten uns vorgenommen, in ein Museum in der Nähe zu fahren. Sie hatte sich eine kleine rote Federboa in ihre dunklen Botticelli-Locken gesteckt und trug klimpernde goldene Ohrringe. Bevor wir aufbrachen, wühlte sie in der schrecklich unpraktischen, aber traumhaft schönen Handtasche nach ihrem BlackBerry.

Tomas fuhr mit seinem Pick-up vor, und Irena musterte ihn nachdenklich.

»Er ist noch sehr jung, oder?« Aus ihrer Stimme klang keine Wertung. Es war eher eine Beobachtung.

»Ja«, antwortete ich. »Zu jung.«

»Du weißt, dass ich kein Problem mit seinem Alter habe. Ich möchte nur nicht, dass du wieder an einen egozentrischen Künstler gerätst.«

Ich bewunderte ihre Aufrichtigkeit. Denn es stimmte, dass meine Ehe mit Henry auf die Verwirklichung seiner und nicht meiner künstlerischen Ambitionen ausgerichtet gewesen war. Wir waren übereingekommen, dass Henry mit dem kommerziellen Drehbuchschreiben aufhören würde, wovon er viele Jahre lang gelebt hatte, um endlich sein erstes Buch und danach sein Umami-Buch schreiben zu können. Inzwischen akquirierte ich so viele Aufträge, wie ich eben bewältigen konnte, und kümmerte mich um alle großen finanziellen Verpflichtungen. Damals war uns das als guter Deal erschienen, und ich kannte viele Ehen, in denen es so funktionierte.

Die Zeit, die ich mit dem Vollblutkünstler Tomas verbracht hatte, rief mir meine eigenen Bedürfnisse in Erinnerung. Er war von meiner Arbeit begeistert und ermutigte mich, wieder zu malen. Er selbst lebte für seine Kunst und war in dieser Hinsicht auch ziemlich kompromisslos. Ich wusste allerdings aus Erfahrung, dass zwei solchen Menschen in einer Beziehung nur eine Wahl blieb: Der Anpassungsfähigere von beiden musste bereit sein, die Erfolgsaussichten des anderen zu erhöhen. Und nun war vielleicht meine Chance gekommen, in der neuen Familienkonstellation den Part des egozentrischen Künstlers zu übernehmen.

Vier

Ende Mai bis Juli 2003

Sobald meine Affäre mit Tomas allgemein bekannt war, erschien mir die Kleinstadt noch kleiner. Ich sehnte mich nach einer Art Flucht aus meiner beengten Welt.

Unter den vielen Kondolenzschreiben, die ich nach Henrys Tod erhalten hatte, war eine E-Mail, die mir Hoffnung auf einen solchen Ausweg gab. Sie stammte von einem Franzosen, der alljährlich in Paris das Diner Blanc organisiert. Bei diesem Happening treffen sich an einem Sommerabend mehrere Tausend Menschen mit Tischen, Stühlen und prall gefüllten Picknickkörben an einem Ort in Paris, den die Initiatoren bis wenige Stunden vor dem Ereignis geheim halten, erst dann wird er mit Hilfe von Mobiltelefonen bekannt gegeben und verbreitet. Die Teilnehmer erscheinen, bauen Klapptische auf, packen das Essen aus, und dann findet ein Festmahl statt, zu dem alle in Weiß gekleidet sind. Diese Versammlung ist illegal – und erfolgt ohne Genehmigung –, doch der Kameradschaftsgeist und die Lebensfreude, die dabei herrschen, stimmen selbst die halbherzig dagegen vorgehenden Flics (die viel geschmähten Polizisten von Paris) gnädig. Die Fotos auf der dazugehörigen Webseite zeigen glamourös in fließende Kleider und prachtvolle Hüte gekleidete Pariserinnen neben Herren in weißen Leinenanzügen. Alle winken fröhlich mit weißen Servietten, lachen und strahlen. Henry hatte geplant, im Juni daran teilzunehmen, und es mir als etwas vorgeschlagen, das wir gemeinsam unternehmen könnten – ein Grund, um nach Europa zu reisen, quasi eine Rechercheреise, um Material für sein Buch zu sammeln. Denn Le Diner Blanc war ja wohl der Inbegriff von Umami.

Im Frühsommer sehnte ich mich schon ganz verzweifelt danach, endlich einmal aus unserer Kleinstadt herauszukommen. Ich hasste es, mich selbst dabei zu beobachten, wie ich meine Wochenenden danach ausrichtete, Tomas sehen zu können. Doch gleichzeitig erschreckte mich die Aussicht auf mein künftiges Leben, die Monotonie des Witwendaseins, wenn ich mich unter der Woche nicht auf seine Gesellschaft freuen konnte. Es war mir verhasst, an meine ganz persönliche Zukunft zu denken. Meine Gedanken suchten beängstigende Orte auf, während ich wie ein gelangweiltes Zootier in meinem Haus auf und ab ging.

Also vereinbarte ich einen Termin mit Henrys Lektor und Agent, um zu besprechen, ob nicht ich versuchen konnte, das Buch zu vollenden, für das er recherchiert hatte. Auch wenn ich nicht genau wusste, wie man das macht, bot ich an, das Manuskript selbst zu verfassen. Ich präsentierte ihnen auch die Idee der Parisreise, um das Diner Blanc zu besuchen. Als ich im Zug nach Hause saß, war ich von der Aussicht auf die Planung eines Abenteuers ganz aufgekratzt.

Ich buchte also Flüge für Liza und mich. Beim Diner Blanc braucht jede Dame einen Tischherrn, daher schrieb ich einen Brief an Jean, meine Jugendliebe in Frankreich. Weil ich wusste, wie technikfeindlich er war, gab ich das Schreiben per Post auf.

Außerdem mailte ich eine Nachricht an Stefano, einen Freund in Italien, wo wir meiner Ansicht nach im Anschluss an Paris hinfahren konnten, wenn wir schon einmal so weit gereist waren. Stefano beantwortete meine E-Mail sofort. Wir konnten in der Wohnung seiner Familie in Florenz wohnen. Ich war seit Jahren, genau genommen seit Liza auf der Welt war, nicht mehr in Paris oder Florenz gewesen. Ich wusste, wie eingerostet mein Französisch war, und ich hoffte, mir würde zumindest noch ein wenig von meinem vernachlässigten Italienisch wieder einfallen. Nachdem ich geträumt hatte, in fließendem Französisch am Diner Blanc teilzunehmen, fühlte ich mich ein wenig ermutigt.

Endlich wurde es Juni. Das Wetter war wärmer geworden, die gerade noch blühenden Bäume trugen frisches Grün, meine blaue sibirische Schwertlilie blühte, und auch die Rosen standen in voller Pracht. Unsere Taschen waren gepackt. Ich verabschiedete mich von Tomas und fragte mich mit einigem Unbehagen, wie es sein würde, wenn ich zurückkäme.

Ich verreise nicht besonders gern mit dem Flugzeug. Vermutlich bin ich den physikalischen Zusammenhängen dieses Phänomens gegenüber zu skeptisch, um mich je in einem Flugzeug wohlzufühlen. Auf Anraten der aufmunternden Flugbegleiterin nahm ich mir einen Moment Zeit, um die Karte mit den Sicherheitsanweisungen aus der Sitztasche vor mir zu studieren. Ich las jeden einzelnen Absatz, auch den, in dem es nüchtern heißt, man solle die Schuhe ausziehen und die aufblasbare Rutsche hinabgleiten.

Und dann würden wir im Atlantik treiben (wenn wir überhaupt so viel Glück hätten und nicht schon vorher in Stücke gerissen würden), zwischen Wrack- und Leichenteilen, stellte ich mir vor. Haie würden uns umkreisen, dazu fünf Meter hohe Wellen. Bei dem Glück, das ich immer habe, käme wahrscheinlich noch ein Hurrikan hinzu.

Unerschüttert von der Vergeblichkeit ihres Unterfangens fuhr die Flugbegleiterin in ihrem Vortrag fort. Dank ihres französischen Akzents klang das Ganze eine Spur beruhigender.

Ich linste zu Liza hinüber, die Fliegen liebt. Sie saß im Schneidersitz, ein aufgeschlagenes Buch auf dem Schoß, sah aus dem Fenster und deutete hinaus, als wir durch die Wolkendecke stießen. Ihr unmittelbarer Sitznachbar war ein allem Anschein nach exzentrischer Typ. Er war offenbar bereit, sich mit ihr zu unterhalten, nachdem er bemerkt hatte, dass es sich bei ihr um ein amerikanisches Kind der lesenden Spezies handelte – nicht um eines, das quengelte, laut war und mit elektronischem Spielzeug nervte. Auf seinem bereits ergrauten, schulterlangen Haar trug er einen bunten, in Rot und Gold bestickten Fez. Sein Gesicht wies eine Menge vertikaler Falten auf. Seine Züge ließen mich eine Herkunft aus Neuengland vermuten, obwohl ich ihm anzusehen meinte, dass er von mir gern für einen Franzosen gehalten würde.

Nachdem die Anschnallzeichen erloschen waren, trank unser Nachbar (der übrigens James hieß und sich als sehr amerikanisch herausstellte) Rotwein und plauderte fast den ganzen Flug über mit uns. Da ich in Flugzeugen wegen des Druckausgleichs, des Fluglärms und der Sorge um die Rettungsfloße sowieso nicht schlafen kann, war ich um seine Gesellschaft froh. Während Liza also las, aß, einen Film schaute und schließlich schlief, erzählte er mir von seiner Arbeit (er war Übersetzer und kehrte vom Treffen mit einem New Yorker Verleger nach Hause zurück), von seinem großartigen Appartement ganz in der Nähe des Rodin-Museums sowie von seiner Freundin (jünger und Französin). Ich vermutete, dass sie so viel rauchte wie er – seine langen, dünnen Finger und der Geruch seiner Kleidung nach kaltem Rauch verrieten seine Nikotinsucht.

»Sie müssen Ihrer Tochter das Museum zeigen«, sagte er in väterlichem Ton und gab mir seine Telefonnummer. »Gleich im Museumsgarten gibt es dieses absolut entzückende kleine Café.« Die Vorstellung gefiel mir, auch wenn ich bezweifelte, dass aus dem Treffen etwas würde. Auf alle Fälle kritzelte ich seinen Namen und die Nummer in das Notizbuch, das ich für diese Reise begonnen hatte. An unserem ersten Tag würden wir das Museum besuchen, entschied ich. Egal ob mit James oder ohne ihn.

Nachdem wir die Gepäckausgabe passiert hatten, winkte James, der sich bereits eine Zigarette angezündet hatte, lässig ein Taxi heran. Er sah mit seiner Zigarette so souverän aus, dass ich mir wünschte, ich würde – so wie praktisch alle Leute in Frankreich – noch rauchen. Nur dass mich, wie so viele ehemalige Raucher, der Rauch wahnsinnig störte. James rauchte auf der ganzen Fahrt in die Stadt, hielt aber zumindest höflicherweise die Linke zum offenen Fenster hinaus, als wir den Flughafen verließen und durch die heruntergekommenen industrielastigen Vorstädte fuhren. Endlich traten die vertrauten Dächer der Jahrhundertwendehäuser durch den sommerlichen Dunst, und wir passierten die Stadtgrenze. James lotste den Taxifahrer in die schmale Gasse zu dem kleinen Hotel im siebten Arrondissement, das mein Bruder mir empfohlen hatte.

»Alors, à demain! Dann gehen wir ins Museum!« Er winkte zum Abschied, als das Taxi wieder anfuhr.

In unserem Zimmer zogen Liza und ich uns aus und krochen erschöpft unter die gestärkten Laken des Doppelbetts. Dann schlummerten wir eingelullt von den Geräuschen und Gerüchen eines gewöhnlichen Wochentags in Paris: Mofas knatterten durch die schmale Straße, Fetzen von Alltagsgeplauder drangen herauf, das Klappern eleganter Absätze auf dem alten Pflaster der Trottoirs, der schwache Duft von Baguettes, zerlassener Butter und frisch gekochtem Café.

»Happy Birthday, Mama«, murmelte Liza noch verschlafen und griff unter der Decke nach meiner Hand. Ich war vierundvierzig Jahre alt. Sie sechsdreiviertel. Wir waren zusammen und glücklich, das war doch ein mehr als annehmbares Geburtstagsgeschenk.

Liza und ich waren den ganzen Weg über den Pont du Carrousel bis zur Place des Vosges zu Fuß gegangen. Am rechten Seineufer kamen wir an einem großen Tiergeschäft vorbei. Wir blieben stehen, um uns die Häschen und Welpen anzusehen, die mit ihren Pfoten an der Scheibe kratzten. Dann suchten wir uns einen Weg durch schmale Gassen, bis wir schließlich den kleinen Platz mit den Rasenflächen und den vier großen, symmetrisch angeordneten Brunnen erreichten, wo wir in diesem ungewöhnlich heißen Sommer Erfrischung suchten. Wir fanden ein freies Fleckchen in der Nähe eines der Brunnen und genossen den sanften, kühlen Nebel der Wasserfontäne. Liza zog ihre Sandalen aus und bespritzte erst ihr Gesicht und dann mich mit Wasser. Dann nahm sie sich ein Stück von der Plastikschachtel, in der sich unser Imbiss befunden hatte, und begann, daraus ein kleines Schiff zu basteln. Das Plätschern der Brunnen und die Stimmen der vielen Menschen übertönten ihre leise Stimme, doch ich konnte an der Bewegung ihrer Lippen erkennen, dass sie sich selbst etwas vorsang. Ich kam mir vor, als würde ich einem Stummfilm zusehen. Ihre selbstversunkene Zufriedenheit bot mir die Chance, mich entspannt umzuschauen.

Ein Franzose in meinem Alter, ein ganz normaler Typ, ließ sich gerade ebenfalls auf dem Rasen nieder. Er sah erwartungsvoll aus und suchte mit den Augen die verwinkelten Wege ab.

Nach einiger Zeit kam Liza zu mir, um sich etwas zu trinken und eine kleine Stärkung abzuholen. Wir mussten beide lachen, als wir ein kleines Mädchen sahen, das sich die Kleider auszog und schließlich nur in Unterwäsche in einen der Brunnen kletterte. Dann kehrte Liza wieder zu ihrem selbst gebastelten Bötchen und ich zu meinem Franzosen auf dem Gras zurück. Inzwischen war eine Frau bei ihm, ebenfalls nicht hübsch, aber irgendwie faszinierend. Sie hatte langes dunkles Haar und einen schnurgeraden Pony, wie ihn wohl nur Französinnen tragen können, ohne zu streng zu wirken. Die beiden lagen verliebt beieinander, bevor sie im nächsten Moment heftig zu knutschen begannen.

Diese Franzosen! Mein Herz schlug schneller vor Bewunderung und Neid. Unverhohlen starrte ich sie an. Doch die zwei waren ganz mit sich beschäftigt und schienen mich nicht zu bemerken. Ich betete stumm, dass es mir eines Tages auch wieder so erginge. In den Armen von jemand zu liegen, der wahrhaftig glücklich mit mir war, und zwar so, wie ich war – eine vierundvierzigjährige Mutter mit einem faltigen Bauch.

Ich brauchte einen wirklich erwachsenen Mann, der mich lieben konnte, mich und meine Tochter. Liza und ich waren nur noch im Paket zu haben, als Gesamtangebot, zwei zum Preis von einem. Dieser Mann müsste gar nicht unbedingt gut aussehen (vielleicht war ich über die Sache mit der Attraktivität inzwischen hinaus), aber er musste nett sein und ein Herz, so groß wie meine Doppelgarage zu Hause, besitzen.

Meine alte Flamme Jean kam mit einem Fahrrad zu unserem Hotel, das so rostig aussah, als hätte es bereits ein bis zwei Jahrzehnte der regnerischen Pariser Winter hinter sich. Er trug ein weißes Hemd und eine hellbraune Hose. Wahrscheinlich war er zu unkonventionell und sparsam, um überhaupt eine weiße Hose zu besitzen.

Wir hatten uns kennengelernt, als ich gerade zwanzig war und mein Auslandsjahr fern vom Smith College absolvierte. Gemeinsam hatten wir in einem Grafikatelier im Hochparterre eines Hauses im 14. Arrondissement gearbeitet. Damals wohnten dort noch viele Künstler, heute war das Viertel fest in der Hand von Investmentbankern.

Er war zu dem Zeitpunkt achtundzwanzig, groß, dünn und hatte eine rotblonde Lockenmähne auf dem Kopf. Er hatte so etwas an sich, das ans 19. Jahrhundert erinnerte. In den Pausen stand er im Innenhof und rauchte Pfeife. Ich fand diese archaische Gewohnheit an einem so jungen Typ unwiderstehlich, ebenso wie die charmante kleine Lücke zwischen seinen Schneidezähnen, die zu sehen war, wenn er die Pfeife aus dem Mund nahm und lächelte. Wenn er nicht rauchte oder arbeitete, dann knabberte er an seinen Fingernägeln wie ein kleiner Junge. Monatelang beobachtete ich ihn nur und traute mich nicht, ihn anzusprechen. Er war auf eine Weise in seine Arbeit vertieft, die mich einschüchterte. Meine Bemühungen kamen mir dagegen vergleichsweise kindisch vor. Außerdem war mein Französisch noch ziemlich dürftig, und ich wusste nicht, ob er Lust hätte, Englisch zu sprechen.

Marianne, die Besitzerin des Ateliers, delegierte gern niedere Dienste. So lehrte sie mich meine ersten neuen, nützlichen Vokabeln: »la poubelle« (der Mülleimer) und »balayer« (fegen). Marianne war von üppiger Statur und besaß die dazu passende Stimme und Persönlichkeit. Ich war »la petite Américaine«. Sie war autoritär, aber auch liebevoll, allerdings gekränkt, wenn ich mal einen Tag schwänzte, und sie beharrte darauf, dass ich mehr aß.

»Tiens, tu dois déjeuner avec nous«, bestimmte sie, wenn sie ihre kleine Truppe mittags zum Essen in ein Bistro in der Nähe führte. Ich hatte damals nur wenig Geld, aber einmal schloss ich mich ihnen in der Mittagspause an, nachdem ich gesehen hatte, dass auch Jean mitkam, und ich außerdem gerade mal zwanzig Francs in der Tasche hatte. Im Lokal bestellte ich mir ein Omelette. »M'enfin, tu manges trop peu, ma petite, ça va pas!«, tönte Marianne. Sie missbilligte ein so leichtes Mittagessen, auch wenn es für mich ein echtes Festmahl war. Alle anderen aßen Steak frites. Während wir jeder ein Glas Rotwein tranken, bemerkte ich, dass Jean mit einem weichen, musikalischen Akzent fließend Englisch sprach.

Von diesem Nachmittag an wurden Jean und ich Freunde. Leider jedoch spürte ich von seiner Seite niemals besondere Zuneigung. Oder zumindest nicht die Verliebtheit, die ich empfand. Geduldig wartete ich auf irgendwelche Anzeichen und brachte oft mehr Zeit als nötig im Atelier zu, bis auch er seinen Arbeitstag beendete.

Eines Nachmittags im Frühling, meine Verliebtheit hatte ihren Höhepunkt erreicht, machte Jean Anstalten zu gehen. Ich wartete kurz, legte dann ebenfalls die Arbeit nieder und schlenderte auf, wie ich hoffte, lässige Art zur Tür hinaus. Er war mir zwanzig Schritte voraus. Ich machte einen kurzen Sprint, um ihn einzuholen.

»Jean!«

Er blieb stehen, überrascht, mich zu sehen, und dachte vielleicht, er hätte etwas vergessen. »Qu'est-ce qu'il y a?«

»Jean, kann ich Englisch mit dir reden?« Ich schwieg, und weil er es nicht eilig zu haben schien, fasste ich mir ein Herz, holte tief Luft und fuhr fort. »Könntest du dir eine kurze Affäre mit mir vorstellen?«

Er lachte freundlich, und seine Schneidezähne mit der kleinen Lücke dazwischen blitzten auf. »Was ist denn das für ein Vorschlag? Weißt du, mein Leben ist sowieso schon sehr kompliziert.« Dann erzählte er mir von seiner Freundin in Holland und von Gabrielle, seiner anderen Freundin in Paris.

»Na ja, ich bin ja bald wieder fort, im Mai«, erwiderte ich. »Also würde ich dein Leben nicht sehr lange komplizieren.«

»Alors« – er lachte – »on y pense.« Er lächelte bereitwillig, wenn auch zurückhaltend, und so gingen wir auseinander. Ich kehrte ins Atelier zurück und tat so, als würde ich noch eine Stunde lang arbeiten. Marianne war aber natürlich nicht dumm und warf mir einen strengen, wissenden Blick zu.

Ich verbrachte dieses Jahr im Haus der mysteriösen Madame de P., einer eleganten Aristokratin um die sechzig. Sie war wegen ihres Engagements in der Résistance im Konzentrationslager gewesen. Als ich sie kennenlernte, trug sie cremefarbene Seidenblusen von Yves Saint Laurent, die bis hinauf zu ihrem Schwanenhals und dem weißen französischen Haarknoten zugeknöpft waren, dazu Bleistiftröcke und Pumps von Charles Jourdan. Nachmittags empfing und entließ sie einen unsichtbaren Liebhaber in ihrem riesigen Appartement im eleganten 16. Arrondissement, während meine Freundin Katie, die zweite Studentin, die bei ihr logierte, eine kurze, aber aufregende Affäre mit Madames Tochter hatte – natürlich an anderen Nachmittagen.

Alors, daraufhin wagte auch ich das große Abenteuer – Jean ins Appartement zu schmuggeln, und zwar vorbei an den Augen der wachsamen Josepha, der spanischen Haushälterin, die ich gleichzeitig fürchtete und verehrte. Ich deckte auch noch rasch den Käfig der nervigen, weil andauernd kreischenden Papageien im Wohnzimmer mit einer Decke zu, damit sie unser Schäferstündchen nicht störten. Josephas hochgezogene Augenbrauen beim Abendessen gaben mir zu verstehen, dass sie uns all meinen Anstrengungen zum Trotz sehr wohl bemerkt hatte.

Nachdem ich in die USA zurückgekehrt war, um mein letztes Jahr am College zu absolvieren, freute ich mich immer auf Jeans große braune Kuverts, die in altmodischen Lettern adressiert und mit prachtvollen Briefmarken aus Mali, dem Senegal oder Marokko, wo er zu überwintern pflegte, frankiert waren. Zwei Jahre später fuhr ich ihn wieder besuchen. Da liebten wir uns auf dem Fußboden der Wohnung einer Freundin.

Im Laufe der folgenden Jahre korrespondierten wir immer wieder – wenn auch manchmal nur mit einem Brief pro Jahr. Unsere Freundschaft dauerte auch an, nachdem ich Henry kennengelernt hatte. Es kam noch zu ein paar – enthaltsamen – Besuchen. Er hatte inzwischen seine Pariser Freundin Gabrielle geheiratet, und die beiden waren Eltern einer Tochter.

Jean war noch dünner als früher, seine mit Grau durchsetzten Locken erinnerten mich der Farbe nach an Zimttoast. Sein Gesicht war gebräunt, und um seine haselnussbraunen Augen lag ein Kranz von Falten. Seine Nase erschien mir spitzer, sein geschwungener Mund schmaler. Das jahrzehntelange Pfeiferauchen hatte seine Zähne fleckig gemacht, allerdings nicht die beiden Schneidezähne mit der immer noch charmanten und mir so vertrauten Lücke.

Im Vergleich zu ihm musste ich wohl deutlich jünger aussehen. Gleichzeitig überschlug ich im Kopf die Menge der Döschen mit Anti-Falten-Creme, der Tuben mit Weißmacher-Zahnpasta und Packungen mit Haarfärbemittel, die ich seit meinem vierzigsten Geburtstag verbraucht hatte. Denn ich war ganz der amerikanischen Obsession von ewiger Jugendlichkeit und dem Verleugnen von Alter und Tod verfallen.

»Vous êtes tellement chic.« Jean schien unsere weißen Kleider mit leiser Ironie zu bewundern. Allerdings sahen Liza und ich tatsächlich aus, als wollten wir zu einer viktorianischen Teaparty.

Mit meiner Kamera hielt ich die Szenerie auf dem kopfsteingepflasterten Platz vor dem berühmten Panthéon fest: Damenhüte und flatternde Schals vor dem Abendhimmel, ein Mann in einem weißen Anzug und Gamaschen wie Jay Gatsby, das überschwängliche, kollektive Winken mit weißen Servietten, während das Festmahl seinen Lauf nahm. Die Polizei tauchte auf, und es gab noch mehr Jubel und Gejohle und Winken mit den weißen Servietten. Während des Banketts spielte Liza unter dem Tisch mit einem zutraulichen Hund. Ich fragte mich, ob der ganze Rummel und die vielen fremden Menschen sie vielleicht überforderten und ob sie wohl ihren Vater vermisste, der mich oft an einen verspielten Terrier erinnert hatte und mir in besonderen Momenten tatsächlich übers Gesicht geleckt hatte. Ich war jedenfalls froh, Jean an meiner Seite zu haben. Es tat gut, nach seiner Hand zu greifen, als der Abend sich dem Ende zuneigte und die Tische sich leerten.

Um Mitternacht spazierten wir mit Jean zu unserem Hotel zurück. Wir hatten verabredet, uns am nächsten Morgen an der Gare d'Austerlitz zu treffen – gemeinsam würden wir unser letztes Wochenende in Frankreich auf dem Lande verbringen, und zwar in dem Dorf, wo er mit seiner Tochter lebte.

Während unser Zug durch die ebene Landschaft fuhr, echauffierte Jean sich über die Schlechtigkeiten des Stadtlebens, über Internet, Mobiltelefone und Computer sowie ganz grundsätzlich über den erbärmlichen Materialismus der modernen Gesellschaft. Ich lächelte dazu und war froh, mein Handy und den Laptop zu Hause gelassen zu haben. Es amüsierte mich, dass ich im Vergleich zu Jean Expertin in Sachen technologischer Zauberei war, obwohl ich daheim mit meinem Computer und allen anderen technischen Geräten eigentlich eher auf Kriegsfuß stand. Während er weiter lamentierte und die Landschaft lieblicher wurde, überlegte ich, wie absolut unglücklich wir einander vermutlich gemacht hätten, wenn wir je versucht hätten, zusammen zu sein. Da war das, was wir erreicht hatten, doch um vieles besser – eine zwanzig Jahre überdauernde Freundschaft, geprägt von Zuneigung und Respekt.

Sein Zuhause war ein zauberhaftes, mit Efeu und blühenden Kletterpflanzen bewachsenes Landhaus. Seine Tochter bewohnte ein einladendes Zimmer, und trotz der Sprachbarriere begannen unsere beiden Mädchen bald miteinander zu spielen. Er führte mich zur Rückseite des Hauses und eine Holztreppe hinauf, um mir seinen Arbeitsplatz zu zeigen. Die perfekte Dachkammer für einen Künstler: darin nur ein Tisch mit sorgsam geordneten Papierstapeln und Skizzenbüchern, Modellen, Steinen und Muscheln. Ein paar seiner Arbeitsproben hingen gerahmt an den Wänden. Außerdem gab es noch einen durchgesessenen aber gemütlichen alten Ohrensessel. Ein guter Ort, um zu leben. Etwas Ähnliches sollte ich für mich finden.

Mit Jeans Frau Gabrielle trafen wir uns bei unserer Rückkehr nach Paris am Bahnhof. Sie war immer in der Stadt geblieben, in ihrem kleinen Appartement. Die Franzosen haben einfach interessante Lösungen für die Probleme des Zusammenlebens und der Ehe. Sie war zierlich, mit langen, dunklen Haaren und diesem schnurgeraden Pony. In ihrer gestärkten weißen Bluse und dem dunklen Rock wirkte sie elegant und urban. Außerdem überragte sie mich auf ihren modischen schwarzen Plateausandalen um einige Zentimeter. Im nahen Jardin des Plantes aßen wir Pariser Hotdogs und schwitzten dabei angesichts der rekordverdächtigen Hitzewelle, die damals gerade ganz Europa heimsuchte.

Ich war nie neidisch auf Gabrielle gewesen, auch wenn ich die Wahl, die sie getroffen hatte, verstand, denn ich hatte mich mit Henry ja auf ein ähnliches Arrangement eingelassen. Sie lebte das halbe Jahr über allein und war mit einem Mann verheiratet, dem seine Kunst über alles ging, mit Ausnahme seiner Tochter. Noch ein egozentrischer Künstler, den ich geliebt hatte oder eigentlich immer noch liebte, weil er mich – wie auch Tomas – immer ermutigt hatte, meine eigene Kreativität auszuleben.

Wir verabschiedeten uns auf dem vor Hitze beinahe glühenden Trottoir, und Liza und ich gönnten uns ein wohlverdientes Taxi für den Rückweg zum Hotel. Dort mussten wir packen, bevor es am nächsten Morgen nach Italien ging.

Stefano, mit dem ich seit vielen Jahren befreundet war, fuhr uns vom Flughafen Pisa zur Wohnung seiner Familie, die sich unmittelbar vor der Porta Romana in Florenz befand. Dort würden wir die kommende Woche verbringen. Am nächsten Morgen erwachten wir spät in der schwer auf der Stadt lastenden Hitze. Erholung bot uns das nächstgelegene Caffè-Gelateria mit hausgemachtem Eis in mindestens zwanzig verschiedenen Geschmacksrichtungen. Uns fiel nichts ein, was dagegen sprach, um zehn Uhr früh mit dem Eisessen zu beginnen.

Danach suchten wir die Brancacci-Kapelle mit den berühmten Fresken von Fra Filippo Lippi, Fra Angelico und Masaccio auf. In diesen Malereien begegnen einem vertraute Gesichter: der Mann, der einem gerade ein Stück Parmesan abgeschnitten hat, die freundliche Schuhverkäuferin von vorhin. Es scheint, als hätte sich der florentinische Genpool seit der Renaissance nicht verändert.

Bei einem früheren Besuch viele Jahre zuvor hatten Henry und ich ein Caffè aufgesucht und waren gleichzeitig auf das Gesicht des Barista aufmerksam geworden. Mit seinem langen, dunklen Haar, der klassischen Nase und den großen schwarzen Augen wirkte er wie ein zum Leben erwachtes Porträt von Fra Angelico. Nach ein paar Campari-Cocktails hatten Henry und ich uns noch in einem benachbarten Restaurant ein riesiges Bistecca alla fiorentina gegönnt. Danach waren wir ziemlich betrunken auf der für eine Woche gemieteten Vespa zum Haus eines Freundes gefahren. Ich hatte meine Arme fest um Henrys Taille geschlungen, während wir über das Kopfsteinpflaster rumpelten. Dabei hatte ich mich wie Claudia Cardinale in *8½* gefühlt, jung und bezaubernd.

Henry und ich hatten in einem bestimmten Restaurant genau zehn Jahre zuvor gegessen, und nun war ich mit Liza hier. Bei dem Versuch, es aus dem Gedächtnis wiederzufinden, hatte ich mich in den schmalen Gassen verlaufen. Liza beschwerte sich, was ganz ungewöhnlich für dieses Kind war, das bislang die perfekte Reisegefährtin abgegeben hatte. Schließlich hatte ich sie kreuz und quer durch Florenz, in Museen und Kirchen geschleppt, um Kunst zu betrachten, allerdings hatte ich sie dabei immer wieder mit Gelati-Pausen bestochen.

»Mama, wann sind wir endlich da?«, quengelte sie.

»Es lohnt sich, Lizzie, ich versprech's dir. Du wirst schon sehen.« Ich machte ihr keinen Vorwurf, denn wir waren beide erledigt. Die Aussicht auf ein kaltes Getränk und ein denkwürdiges Mahl hielten mich davon ab, einfach in die nächste Pizzeria einzubiegen und die Suche abzublasen. Doch endlich stießen wir auf den kleinen Platz, an den ich mich erinnerte. Liza und ich fanden an einem kleinen Tisch im Schatten der Markise Platz.

Beim letzten Besuch hatte Henry Colli di pollo ripieni bestellt. Die gefüllten Hühnerhälse waren senkrecht serviert worden. Kopf und Kamm von einem Kranz aus sautiertem Gemüse umgeben, sodass es aussah, als hätten die Tiere Kopf und gefiederte Schultern durch den weißen Teller gesteckt. Die Wirkung war makaber gewesen, und der Schrecken in den

Gesichtern unserer vegetarischen Begleiter zum Mittagessen muss Henrys Erwartungen noch übertroffen haben. Ich hatte mit dem Stolz der Gattin ebenfalls herzlich lachen müssen, obwohl ich den Anblick auch als abschreckend empfand. Henry war wieder einmal in seinem Element. Er machte sich einen Spaß daraus, die Köpfe auf seinem Teller herumzuschieben und dazu gackernde Geräusche zu machen, während unsere Freunde entsetzt zurückwichen.

An diesem Tag würde es jedoch keine Hühnerhälse geben.

»Wir nehmen zwei Mal Pomodoro in gelatina und danach Polpettone.« Die Tomatensülze war eine Spezialität dieses Restaurants. Unsere weißen Teller wurden mit Kegeln aus karmesinroter Sülze serviert, die in kleinen Seen aus hellgrünem Olivenöl zitterten. Liza und ich hatten unseren Spaß daran, die glibberige Masse mit Gabeln zu zerteilen. Mit seinem Essen zu spielen, ist nur eine der vielen Freuden, die es mit sich bringt, mit einer sechsjährigen Epikureerin zu speisen. Mit weißem, ungesalzenem Toskanabrot tunkten wir die Tomatensülze und das Öl auf. Dazu benutzten wir unsere Finger, mit denen wir uns die vollgesaugten Brotstückchen in den Mund stopften.

Der nächste Gang, Polpettone, lässt sich nur unzureichend mit Hackbraten übersetzen. Er entspricht schon gar nicht dem amerikanischen Meat Loaf (den ich liebe, vor allem mit einem ordentlichen Klacks Senf). Hier handelte es sich jedoch eher um eine Fleischpastete. Wir aßen die dicken Scheiben schweigend und andächtig.

Ganz und gar zufrieden zeichnete Liza ein Stillleben von den Resten ihres Mittagessens und ihrem Glas Cola (eine seltene Ausnahme als Belohnung) mit Buntstiften auf das Tischtuch aus Papier.

Während wir unser Dessert, einen leichten, aber im Geschmack kräftigen Schokoladenkuchen verspeisten, verführte ein Mann am Nachbartisch, der elegante, helle Wildlederslipper mit Quasten trug, seine Begleiterin. Die Schuhe erinnerten mich an ein ähnliches Paar, das Henry einst besessen hatte.

»Wir haben nie die Wildschweinwürste probiert!«

Als Liza und ich das Restaurant verließen, musste ich an diesen Satz denken, Henrys Lieblingszitat aus dem japanischen Film *Tampopo*. Der Gangster in einem der vielen Handlungsstränge des Films stößt diese Worte sterbend gegenüber seiner weinenden Geliebten aus. Beide sind weiß gekleidet, doch seine Jacke ist mit dem frischen Blut aus zahlreichen Schusswunden befleckt.

Mitleid mit Henry wallte augenblicklich in mir auf, weil er dieses Essen nicht hatte genießen, nicht mit seinem Zeigefinger in die Soßen hatte tauchen oder von den Resten auf meinem Teller hatte naschen können.

Eine Woche später fuhr Stefano uns zurück zum Flughafen. Am Gate verabschiedeten wir uns. »Allora ciao, Giuliettina«, sagte er, umarmte mich fest und küsste mich auf beide Wangen. Dann schnappte er sich Liza und hob sie hoch, weit nach oben, was sie liebte. Ich dankte ihm für seine Gastfreundschaft und gab ihm noch ein paar allerletzte Tipps für den Umgang mit Frauen. Mir war alles recht, was unser Einsteigen verzögerte, denn vor der Rückkehr nach Hause graute mir.

Mein Kühlschrank war leer, bis auf eine Schüssel Obstsalat und einen Zettel von Cathy, auf dem sie uns willkommen hieß und sich bei mir dafür bedankte, dass sie in unserer Abwesenheit unseren Pool hatten benutzen dürfen. Ich nahm mir eine kleine Portion und naschte davon, während ich versuchte, im Haus wieder heimisch zu werden, und durch den Stapel mit der Post blätterte.

Am nächsten Tag rief ich Tomas an, und wir verabredeten ein Treffen. Ich fühlte mich ausgeglichen, zwar müde von der Reise, aber ansonsten gestärkt. Weil weder Tanya noch Emily

Liza bei sich übernachten lassen konnten, rief ich Cathy an. Das war sie mir, Obstsalat hin oder her, nach drei Wochen Poolbenutzung durchaus schuldig, wie ich fand.

Sie las gerade in der Hängematte auf ihrer Veranda liegend ein Buch, als ich eintraf. Sobald ich mit Lizas Übernachtungstasche die Stufen zu ihrem Haus heraufkam, lief sie mir entgegen und umarmte mich. Cathys Umarmungen hatten mir schon immer Unbehagen bereitet. In jenem Moment jedoch kam sie mir als Babysitter überaus gelegen. Ich hatte keine Lust, lange auf ihrer Veranda zu verweilen.

»Ich bin auf dem Weg zu Tomas. Hoffen wir mal, dass die Abwesenheit sein Herz gut gestimmt hat«, scherzte ich. Cathy umarmte mich noch einmal, bevor ich zu meinem Auto zurückging.

Ich war bester Stimmung, als ich die Straße neben den Bahngleisen entlangfuhr. Die Aussicht auf die Berge und den Fluss war herrlich, und ich hörte dazu die Allman Brothers. Während ich bei *Stormy Monday* mitsummte und mich an meine Jugend Mitte der Siebziger erinnerte, fiel mir ein, dass Tomas damals gerade mal geboren war. Duanes Gitarre klang ebenso herzzerreißend wie der Text des Songs, und ich ermahnte mich – solange noch Zeit dazu war –, keine unrealistischen Erwartungen zu hegen.

Später lagen wir im Dunkeln beieinander. Auf der ein paar hundert Meter entfernten Hauptstraße raste hörbar, aber wegen der Bäume unsichtbar, ein Krankenwagen vorbei. Die Sirene des Fahrzeugs ließ mich sofort an den Nachmittag zurückdenken, als Henry gestorben war.

»Ich vermisse ihn immer noch so, dass ich es kaum aushalte. Wie lange wird das wohl noch so gehen?«

Tomas erwiderte sanft: »Vermisst du denn alles an ihm?«

Ich schwieg. Der Mann stellte mir eine ehrliche Frage. Da verdiente er auch eine ehrliche Antwort. »Nein, das tue ich nicht, aber ich fühle mich schuldig, wenn ich das denke.«

»*Du* musst dich nicht schuldig fühlen.«

»Wie meinst du das?«

Tomas blickte zur Decke. Ich war mit einem Mal alarmiert. Da war offenbar etwas, das er mir sagen musste.

»Tomas, bitte, ich möchte, dass du es mir sagst.«

»Es gab da eine Frau in Kalifornien«, sagte Tomas. »Ich dachte, du hättest von ihr gewusst. Du kamst irgendwann mal rein, und deine Miene vermittelte mir den Eindruck, du wüsstest Bescheid, und ihr beide hättet das geklärt. Aber jetzt wird mir klar, dass du gar nichts weißt.«

Aber ich wusste genau, um welche Frau es ging. Henry war damals gerade von einem seiner Trips an die Westküste zurück. Während er seinen Koffer auspackte, erzählte er mir von den Gerichten, die er probiert, und den Leuten, die er getroffen hatte.

»Ich habe da diese Frau kennengelernt, du wirst sie bestimmt sehr mögen. Sie lebt mit ihren zwei Kindern in Portland. Sie ist zierlich, genau wie du. Sie strickt sogar gern. Ihr Haus ist ein einziges Chaos. Ich schätze mal, das passiert, wenn man geschieden ist.«

»Läuft da irgendwas zwischen euch?«, hatte ich Henry gefragt, und es überlief mich eiskalt. Allein schon zu wagen, ihm diese Frage zu stellen, empfand ich als schockierend.

»Nein, nichts«, antwortete er.

»Gibt es noch mehr, das ich wissen müsste?«, fragte ich Tomas, während die Dunkelheit seines Zimmers sich über uns zu verdichten schien.

»Ja, da gibt es noch was«, sagte er, »aber ich denke, du solltest mit anderen Leuten darüber sprechen. Ich weiß nicht alles, aber da ist noch mehr.«

Ein paar Augenblicke verstrichen mit Schweigen. »Tomas, ich habe das Gefühl, ich würde noch hinter ein paar sehr finstere Dinge kommen, stimmt das?«

»Ja.«

Erstaunlicherweise schliefen wir danach ein.

Am Morgen schlüpfte ich aus Tomas' Bett und zog mich mit meinem Mobiltelefon ins Badezimmer zurück. Kühles Morgenlicht fiel zwischen den überdimensionalen Blättern einer tropischen Topfpflanze herein. Ich setzte mich auf den Klodeckel und rief Emily an. Eine Ahnung sagte mir, dass die Anspannung, die ich in den vergangenen Monaten an ihr gespürt hatte, von irgendeiner Last herrühren mochte, die sie mit sich herumgeschleppt hatte und die sogar größer sein mochte als das Durchleben von Henrys letzten Augenblicken mit mir. Sie begann zu weinen, nachdem ich ihr gesagt hatte, was ich wusste. Ich hatte sie überrumpelt, aber es bedurfte keines heftigen Drängens, um die ganze Wahrheit aus ihr herauszuholen. Sie musste sich gefühlt haben wie eine zugekorkte Flasche voller Geheimnisse.

»Cathy war's«, sagte sie mit erstickter Stimme. »Cathy und Henry hatten eine Affäre. Mindestens zwei Jahre lang. Wir haben in seinem Computer am Morgen nach seinem Tod alle ihre E-Mails gefunden.«

Ich hörte zu, während sie von den panischen Entscheidungen berichtete, die am Morgen nach Henrys Tod getroffen worden waren – an jenem Morgen, als ich eine Frau hatte aufschreien hören. Wessen Stimme war das gewesen? Matthew hatte die unangenehmen Beweise auf Henrys Computer so verwischt, dass ich sie in dieser harten Zeit nicht finden würde. Mitten in diesem Chaos war Cathy aufgetaucht. Sie wolle bei den Vorbereitungen für die Trauerfeier helfen, hatte sie gesagt. Matthew stellte sie zur Rede, und sie ergriff die Flucht. Später zitierte man sie zurück, um ihre Briefe aus Henrys Postfach zu löschen.

Ich hörte zu, und mein Gehirn war so weit auf wie ein Scheunentor. Ich war ganz ruhig. Da hockte ich auf dem Klodeckel, lauschend, und war mein eigener innerer Beschützer, der überlegte, was ich angesichts all dessen, was ich da erfuhr, empfinden sollte.

Mein erster Gedanke war: Ich muss mein Kind von dort wegholen. Liza befand sich im Haus einer Frau, die eine lange Affäre mit meinem inzwischen verstorbenen Ehemann gehabt hatte. Einer Frau, die ihr eigenes Kind benutzt hatte, um sich täglich Zutritt zu meinem Heim zu verschaffen, die sich in mein Leben geschlichen, mein Essen gegessen, an meinem Pool gesessen und sich als Freundin ausgegeben hatte. Einer Frau, die einen verdammten Obstsalat in meinem Kühlschrank hinterlassen hatte.

Eine Kugel wäre zu schnell, zu gnädig gewesen. Ich wünschte mir stattdessen ein Schwert, um sie von oben bis unten aufzuschlitzen und dann mit hundert weiteren Hieben ihren Körper in kleine Würfel zu schneiden. Danach wollte ich die blutigen, zuckenden Reste aus Haut, Muskeln und leblosen Innereien auf dem Rasen vor ihrem Haus verteilen, und zwar in Form des Wortes »Ehebrecherin«.

Henry konnte ich ja nicht mehr umbringen, da er praktischerweise bereits tot war.

Zweiter Teil

Sturm

Ich kann mich diesem beunruhigenden Gefühl des Wiedererkennens nicht entziehen, das mich bei *Jane Eyre* überkommt (und das unzählige andere Leserinnen mit mir teilen müssen) – damit meine ich nicht, dass ich mich in dem Roman wiedererkenne, sondern dass ich etwas anderes darin erkenne, und zwar die Geheimnisse und den Wahnsinn und die Heldin, die lernen muss, ihr wahres Ich und das einiger anderer zu offenbaren.

Justine Picardie, *My Mother's Wedding Dress*

Fünf

Juli 2003

Wenn man das Unmögliche ausgeschlossen hat, dann muss, was übrig bleibt, mag es noch so unwahrscheinlich erscheinen, die Wahrheit sein.

Sherlock Holmes

Vor mir stieg die Hitze in Wellen vom Asphalt auf.

Verfluchtescheißenochmal.

Ich umklammerte das Lenkrad so fest, dass ich den Wagen verzog.

Ich wollte diese Frau verdammt noch mal umbringen.

Die Straße neben den Bahngleisen verlief schnurgerade.

Sie aufschlitzen vom Kopf bis runter zu ihrer verdammten …

Schwindel überkam mich, als ich auf den perfekt zurückweichenden, verschwindenden Punkt starrte.

Ein Sommertag, zwei Jahre zuvor.

Ich hatte vorbeigeschaut, um Cathys Nachbarin Jenny zu besuchen. Erschöpft ließ ich mich auf einen ihrer Deckchairs fallen und nahm dankbar ein Glas Limonade entgegen. Ihre Kinder rannten durch den Garten. Ich staunte darüber, welche Energie sie in der drückenden Hitze aufbrachten. Die Rosenblütenblätter welkten an den Büschen, und der Rasen verdorrte vor unseren Augen. Obwohl wir im Schatten saßen, musste ich mir den Schweiß von der Stirn wischen.

»Weißt du, er ist andauernd da drüben«, sagte Jenny und

deutete mit dem Kinn auf Cathys Haus, dessen Pfefferkuchendach über den gemeinsamen Zaun ragte. Sie ließ sich mit ihrer Limonade in einen anderen Sessel fallen. »Du glaubst doch nicht, dass da irgendwas läuft, oder?« Sie sah mich an und schien sich schon für den bloßen Gedanken zu schämen.

Cathy? Die Frau, die Henry »eine hagere alte Vettel mit zu großen Titten und hängenden Schultern« genannt hatte? Nach seinem Schönheitsstandard waren das schwerwiegende ästhetische Verfehlungen, nur eine Stufe über dicken Fesseln. Ganz zu schweigen davon, dass Cathy so bizarr und frostig sein konnte. Meine Miene schien Erstaunen auszudrücken.

Jenny, die allem Anschein nach eng mit Cathy befreundet war, beantwortete sich ihre Frage selbst. »Ja, nein. Kann nicht sein, nicht wahr?«

Und dann das hier.

Vor einem Jahr, sechs Monate vor seinem Tod.

Ich war an jenem Abend mehrmals in Henrys Arbeitszimmer gekommen und wieder gegangen, während er ein langes Telefonat führte. Er nannte sie mehrmals in besänftigendem Ton beim Namen, was darauf hindeutete, dass es sich um ein wichtiges Gespräch handelte. Endlich legte er auf.

»Warum musst du all ihre blöden Probleme lösen?«, fragte ich leicht irritiert. »Du solltest lieber Zeit mit deiner Familie verbringen, statt endlos lang mit ihr zu quatschen.«

Er und ich führten damals überhaupt keine wichtigen Gespräche mehr. Wir redeten darüber, ob wir endlich einen Elektriker kommen lassen sollten, der die alten über Putz verlegten Leitungen reparieren sollte, darüber, ob er oder ich Liza von der Nachmittagsbetreuung holen würde, wer am Wochenende zum Essen käme und was wir am Abend äßen. Überhaupt war das Essen unser letzter Weg zu einer gewissen Nähe.

Ich schwieg und sah Henry wütend an, während es in meinem Kopf ratterte. Dann kamen Worte aus meinem Mund, die mich selbst schockierten.

»Oder hast du etwa eine Affäre mit Cathy?«

Henry lächelte sanftmütig und erwiderte mit einer Sekunde Verzögerung: »Nein, hab ich nicht.«

Er war ein verdammter Lügner. Und ich war eine verdammte Idiotin.

Mein Nacken prickelte trotz der Klimaanlage im Auto. Ich hatte diese Hässlichkeit geschehen lassen, direkt vor meiner Nase. Ich hatte sie nicht sehen wollen, aber sie war immer da gewesen. Jetzt durchschaute ich ihre Persönlichkeit und verstand, warum ich mich in ihrer Gegenwart immer so unbehaglich gefühlt hatte. Ein Teil von mir hatte ihr nie über den Weg getraut. Warum hatte ich nicht auf meine innere Stimme gehört?

Auch ihre plötzlich erwachte Religiosität ergab jetzt einen Sinn – als eine Art vorgezogene Buße. Ich lächelte bitter über diese verdrehte Logik. Besuch den Gottesdienst, schleim dich beim nichts ahnenden Pfarrer ein, sing im Chor, schick dein Kind in die Sonntagsschule, und vielleicht wird es dann hinterher nicht ganz so schlimm, wenn alle Welt von deinem Ehebruch erfährt und dahinterkommt, was für eine verdammte, verlogene Schlampe du eigentlich bist. Heuchelei gehorcht offenbar einer ganz eigenen eleganten Logik.

Es bereitete mir Schmerzen wie von einem Sonnenstich, wenn ich daran dachte, wie viele Mahlzeiten wir gemeinsam eingenommen hatten, während ihre Affäre im Verborgenen bereits im Gange war. Wie stolz hatte Henry am Grill Steaks zubereitet, während wir vier uns scheinbar offen über unsere Hoffnungen in Bezug auf unsere Töchter, unsere Arbeit, über Bücher und Musik, über unsere Pläne für die Zukunft ausgetauscht hatten.

Und immer wieder hatten Cathy und ich ohne unsere Männer Zeit miteinander verbracht. Einmal hatte sie beispielsweise darauf bestanden, anlässlich meines Geburtstags mit mir und ihrer Nachbarin Jenny auszugehen. Ich hatte in meinem Arbeitszimmer sogar noch das Polaroidfoto aufgehoben, dass der Kellner in dem mexikanischen Restaurant damals gemacht hatte: wir drei Arm in Arm, ich in der Mitte und mit einem riesigen, lächerlichen Sombrero auf dem Kopf.

An einem freien Nachmittag war ich sogar einmal mit Cathy Klamotten einkaufen gegangen. Wir waren zu Old Navy im Einkaufszentrum gegangen, um T-Shirts und Jeans zu probieren. Es hätte lustig sein sollen, aber letztlich war ich verstimmt, weil ich bemerkte, dass ihre Kleidergröße eine unter meiner lag. Es fühlte sich an wie ein schlechter Tag an der Highschool, von dem man sich vor allem gemerkt hat, wie fett man sich fühlte. Danach ging ich nie mehr mit ihr zum Shoppen.

Und den vielen Sport hatte sie vielleicht auch nicht für sich getrieben, sondern um Henry zu gefallen, der seine Frauen gern schlank hatte. Wie oft im Verlauf unserer Ehe hatte ich mich fett gefühlt und mich selbst gehasst – am liebsten hätte ich mir meine kränkenden Dellen und Pölsterchen selbst wegoperiert. Und dass ich sehen konnte, wie Henry selbst um die Mitte herum reichlich ansetzte, minderte meinen Kummer nicht im Geringsten.

Er war ein elender Scheißkerl, der mir das Gefühl gab, nicht ganz richtig zu sein. Er bestand darauf, dass wir sie dauernd einluden, an jedem verdammten Wochenende. Und dann thronte sie an unserem Pool und sah mit ihren supertief ausgeschnittenen Bikinitops, aus denen ihre Titten herausquollen, wie ein verdammter Pornostar aus.

Dann war da noch dieser Tag, als ich in Henrys Arbeitszimmer kam und bemerkte, dass die Bettwäsche auf dem Gästedoppelbett irgendwie zerknittert aussah. Ich bemerkte sogar einen kleinen feuchten Fleck – wie leicht angetrocknete Spucke vom Mittagsschlaf. Ich bot ihm an, die Sachen gleich zu waschen. Nein, beharrte Henry, er würde sie selbst waschen.

Was für ein Idiot. Immerhin hatten sie es nur in seinem Büro getrieben und nicht in unserem Schlafzimmer. Jetzt fragte ich mich, ob ich damals zu Hause gewesen war, vielleicht unten gearbeitet hatte. Alles war möglich.

Seit Januar war sie so scheißfreundlich zu mir.

Cathy und ich hatten in diesen letzten Monaten seit Henrys Tod oft zusammen gegessen. Ich hatte mir ihre Buchempfehlungen angehört, während ich ihren hilfsbereit zur Verfügung gestellten Hackbraten, ihr Kartoffelpüree und den zu weich gekochten Brokkoli gegessen hatte. Danach hatten wir uns oft auf ihrer Couch einen Film angesehen und dazu becherweise Tee getrunken. Ausgerechnet auf der Couch, die als stumme Zeugin sicherlich einiges miterlebt hatte.

Auf einmal fand ich mich in Cathys stiller Straße wieder, parkend vor dem süßen Haus in viktorianischem Zuckerbäckerstil. Ich konnte sie sogar sehen, entspannt in ihrer Hängematte lesend.

Er ist andauernd da drüben.

Voller Ekel wurde mir plötzlich klar, dass ich Amy oft nach der Schule bei uns gehabt hatte, während Steve noch bei der Arbeit war und Cathy und Henry es wahrscheinlich auf ihrer Couch, in ihrem Gästezimmer oder wo auch immer sie zu vögeln pflegten trieben.

Meine Autotür schlug mit einem befriedigenden, nach deutscher Wertarbeit klingenden, dumpfen Knall zu. Ich ging die Stufen zu ihrer Veranda hinauf. Sie legte das Buch weg und lächelte, dann fielen ihre Mundwinkel herab, und sie sah besorgt drein. Mein Gesicht fühlte sich an wie versteinert.

»Komm mit«, sagte ich zwischen meinen zusammengebissenen Zähnen. »Wir werden uns unterhalten. Sofort.« Sie kletterte aus der Hängematte, und ich führte sie auf den leeren, unbefestigten Parkplatz eines Nachbargebäudes. Dort standen wir schweigend einen Moment lang nebeneinander, und ich versuchte, Ordnung in meine Gedanken zu bringen. Sie sah mich erwartungsvoll an.

»Ich habe von deiner Affäre mit Henry erfahren.«

»Julie, ich muss mich setzen.« Sie ließ sich auf einen Baumstumpf sinken, und ihr ohnehin schon blasses Gesicht verlor alle Farbe.

Verdammtemistschlampe. Ich ballte eine Hand und hätte ihr am liebsten ins Gesicht geschlagen. Aber schon die Vorstellung, ihr Gesicht zu berühren, war unerträglich. Ich wollte sie nie wieder anfassen. Eigentlich wollte ich auch nicht so dicht bei ihr stehen, aber das würde ich noch aushalten müssen. Und ich hoffte inständig, es wäre unsere letzte derart intime Situation.

»Was?«, fragte ich und war vor lauter mühsam bezähmtem Zorn fast starr. »Was hast du dir dabei gedacht?«

Sie murmelte eine Antwort. Sie sei so schwach gewesen, Henry habe sie dazu überredet, es täte ihr leid, so schrecklich leid.

Schieb's nur auf den toten Kerl. Wie nett, wie praktisch.

»Der verdammte Obstsalat in meinem Kühlschrank. Hast du etwa gedacht, wenn du ganz, ganz besonders nett zu mir bist, dann verzeihe ich dir, falls ich es rauskriege?«

Sie nickte schwach.

»Du bist eine verdammte Nutte.« Ich hatte dieses Wort vorher noch nie einer Frau ins Gesicht gesagt. Mein Mund fühlte sich danach grässlich an, wie beschmutzt. Es war, als hätte ich in eine finstere Höhle in meinem Inneren gegriffen und eine schleimige, schwammige Kreatur herausgezogen.

»Meine Zuneigung zu dir war aber echt –«, fing sie an.

»Was meinst du mit *echt*? An dir gibt es nichts Echtes. Wie kannst du im Rahmen einer Freundschaft Zuneigung für eine Frau empfinden und gleichzeitig mit ihrem Ehemann vögeln? Welche Sorte Frau macht das und hält sich noch für eine Freundin? Eine Psychopathin, wenn überhaupt. Du kotzt mich an. Du bist wie Gift.«

Sie schaute auf ihre Füße hinunter. »Weißt du, Henry hat mich nie geliebt, ihm lag nicht einmal wirklich etwas an mir. Dich hat er geliebt, immer nur dich.«

»Und was für eine Liebe soll das bitteschön gewesen sein?«

Kein Wunder, dass ich zwölf Jahre lang diese verdammten Psychopharmaka geschluckt habe.

Ich fragte mich, wie viele andere es gab.

Definitiv waren es mehrere. Vielleicht war die Frau, die ich schreien gehört hatte, eine davon.

»So.« Ich sah sie durchdringend an, zwang mich zum Blickkontakt. »Und das wird jetzt als Nächstes passieren. Du hast eine Woche, es deinem Mann zu sagen, sonst übernehme ich das für dich. Denn freiwillig hättest du es ihm wohl nicht erzählt – oder?«

»Ich werde es tun«, erwiderte Cathy rasch und hatte wohl entschieden, meine Frage nicht zu beantworten. Ihr Kopf sackte noch ein Stückchen tiefer. Sie sah mich mit dem Ausdruck eines reumütigen Kindes an, zerknirscht, aber immer noch hoffend, sich irgendwie rauszuwinden.

»Julie, ich flehe dich an, um unserer Kinder willen, können sie sich weiter …«

Sie begreift es nicht, kein bisschen, dachte ich. Ein Schwert. Genau das brauche ich. Vielleicht wäre der Tod durch einhundert Schnitte noch zu gnädig.

»Mein Kind wird sich nie mehr im selben Raum aufhalten wie du oder dein Kind, wenn ich es irgendwie verhindern kann. Und gib dafür ja nicht mir die Schuld. Er und du, ihr habt das zu verantworten. Das ist dein verdammter Fehler. Und jetzt, jetzt werde ich meine Tochter holen gehen.«

Ich drehte mich um und lief zu ihrem Haus zurück. Sie blieb inzwischen auf dem Baumstumpf sitzen.

Henry, du kannst dich verdammt glücklich schätzen, dass du schon tot bist.

Aber er war ein kluger Mann gewesen, mit einem großartigen Talent für dramatisches Timing. Noch vor sieben Monaten hatte Henrys Tod wie eine zufällige medizinische Katastrophe gewirkt, eine Tragödie, die mir und Liza so viel Leid gebracht hatte. Hunderte Gäste bei seiner Trauerfeier. Jetzt wirkte es eher wie *Gesprengte Ketten.*

In Cathys Haus war es ebenso malerisch wie draußen, und es roch vertraut. Nach Kaffee, Toast, der *New York Times* vom Morgen und schwach nach Ammoniak von ihrem bevorzugten Küchenreiniger.

Ich rief nach Liza, die sofort mit Amy oben auf dem Treppenabsatz erschien, als hätte sie die Dringlichkeit aus meiner Stimme herausgehört. Ungewöhnlich prompt kam sie die Treppe heruntergelaufen. Ihre Übernachtungstasche hing bereits ordentlich gepackt am Geländerpfosten. Ich schnappte mir die Tasche, nahm Liza fest bei der Hand, zog sie durch die Tür nach draußen, auf den Gehsteig und über die Straße bis zu unserem Auto. Stumm stieg Liza ein. Ich knallte die Tür zu.

Cathy hockte immer noch auf dem leeren Parkplatz auf der anderen Straßenseite.

Der Wahnsinn verfolgte mich in Gestalt eines zerbeulten roten Pick-ups. Der Fahrer, ein Säufer, dem die Wampe unter dem fleckigen Unterhemd hervorquoll, knallte sich hinters Steuer seiner Karre mit den nicht zum Rest passenden Türen. Der kaputte Auspuff röchelte. Der Typ griff nach der Bierdose im Becherhalter, schlürfte sie leer, wischte sich mit seinem haarigen Handrücken über den Mund und schmiss die leere Dose auf die Straße, wie um meine empfindsame Naturfreundinnen-Seele zu treffen. Die Dose rollte noch ein Stück weit, und in meinem Kopf schepperte es auch. Vielleicht war ich ja wirklich verrückt.

Meine Hände am Steuer zitterten, aber das Auto fuhr geradeaus weiter, bis zur einzigen Kreuzung mit Ampel in unserem Ort. Ich realisierte gerade noch rechtzeitig, dass sie auf Rot stand, und trat auf die Bremse.

»Mama, warum bist du so wütend?«

»Es ist gerade etwas Schreckliches zwischen Cathy und mir passiert. Cathy hat etwas Furchtbares getan. Ich kann ihr nie mehr trauen. Es tut mir so leid, aber ich fürchte, du kannst dich nicht mehr mit Amy zum Spielen verabreden.«

Liza begann zu weinen. Sie und Amy waren seit ihrem zweiten Lebensjahr befreundet. Ich weinte mit – aus Verwirrung und Wut. Was tat ich meinem Kind da an? Aber was sollte ich sonst machen? Die Ampel schaltete auf Grün.

Bring uns nach Hause, und zwar heil, und dann errichte die Barrikaden. Bring uns heim, schließ die Fenster, schieb schwere Möbel vor die Türen, um diesen verrückten Typen da hinter mir draußen zu halten.

Ob Henry über mich lachte? Er hatte uns beide fast in den Wahnsinn getrieben, die verdammte Schlampe und mich. Vielleicht machte ihm das Spaß. Bestimmt tat es das. Schließlich war es ein Spiel.

»Mama, was hat Cathy denn gemacht?«

»Das kann ich dir jetzt nicht sagen, aber eines Tages werde ich es tun. Nur jetzt kann ich das nicht.«

»Wenn sie sagen würde, dass es ihr leid tut, würde das etwas nützen?«

»Nein, weil das, was sie gemacht hat, so schlimm ist, dass ich ihr nie wieder trauen kann. Ich kann mich nie mehr darauf verlassen, dass sie auf dich aufpasst.«

»Hat sie dir etwas weggenommen?«

Ich schwieg kurz und fragte mich, ob Liza etwas wissen konnte.

»Ja, das hat sie.«

Als wir das Haus betraten, sah ich, dass es zu spät war. Der Wahnsinn war bereits mit der heißen Juliluft durch die Schiebetür geschlüpft und verbreitete sich jetzt überall. Er drang in jedes Zimmer ein.

Meine Ehe war gestorben. Ich ließ Liza in der Küche stehen

und lief die Treppe hinauf in mein Schlafzimmer. Vor der Frisierkommode zog ich meinen Ehering ab und ließ ihn in meine Schmuckkassette fallen. Das Szenario meiner Ehe schien größtenteils eine Illusion gewesen zu sein.

Ich erinnerte mich an die vielen Male in den letzten Jahren, als ich keine Lust auf Sex mit Henry hatte. Ich hatte mich regelrecht von ihm abgestoßen gefühlt. Da war irgendetwas Unaufrichtiges, fast Schmieriges gewesen, das ich nicht auf den Punkt hatte bringen können. Mir schien es beinahe, als hätte ein Fremder vom Körper des Mannes Besitz ergriffen, den ich seit sechzehn Jahren kannte. Ihn nur zu küssen, fühlte sich schon an wie eine Vergewaltigung. Ich hatte mich sexuell zurückgezogen – wie um mich vor dem Betrug zu schützen, den mein Körper wohl bereits erkannt hatte. Jetzt konnte ich ehrlich sein. Ich hasste ihn. Ich verabscheute ihn. Und ich liebte ihn immer noch.

Ich rief Cathy an vier aufeinanderfolgenden Tagen an. Es war, als spräche ich in eine tote Leitung. Sie sagte nichts, obwohl ich sie quälte, um eine Reaktion von ihr zu erzwingen. Ich tobte.

»Ist Ehebruch in deiner Kirche nicht eine ganz, ganz schlimme Sünde?«

»Ist das nicht eigentlich überall eine ganz, ganz schlimme Sünde?«

»Dann hatte Henry also irgendwelche hypnotischen Fähigkeiten?«

»Und das ist deine Erklärung für eine Affäre über fast drei Jahre?«

»Zwei, drei Jahre lang hast du's nicht geschafft zu sagen: ›Nein, das ist falsch, wir müssen damit aufhören‹?«

»Was soll das gewesen sein? Das Ende des freien Willens?«

»Ein verdammter Obstsalat sollte die Sache wieder ins Lot bringen?«

Es war unbefriedigend und zum Verrücktwerden. Mein Zorn war wie ein Tier, verwundet und um sich beißend. Er wollte rotes Fleisch. Er wollte Rache. Er konnte seine Zähne nirgendwo hineinschlagen.

Ich musste an all die Male denken, als es mir nicht gelungen war, zu Henry Nein zu sagen. Als er einen neuen Computer kaufen wollte, eine neue Tasche für seinen Computer, neue Schuhe zum Radfahren, ein neues Rad, wenn er schon wieder ein kostspieliges Abendessen veranstalten wollte.

Am vierten Tag legte sie endlich den Hörer auf, mitten in einer meiner Tiraden.

Gut. Das musste sowieso ein Ende haben. Denn es wäre so leicht gewesen, mich mit meiner Wut selbst zu zerstören, wenn sie mir nichts entgegengesetzt hätte. Ich musste mir einen Funken Selbstachtung bewahren.

Dann rief Steve, Cathys Ehemann, den ich in den ersten Tagen fast vergessen hatte, mich an. »Könnten wir diese Dinge nicht für uns behalten? Um der Kinder willen?«

Das war meine empfindliche, verwundbare Stelle – meine Tochter. Ich stimmte ihm zu. Ja, das klang vernünftig, warum sollte alle Welt davon erfahren? Mein eigenes Schamgefühl plädierte dafür, es geheim zu halten.

Doch dann, etwas später, malte ich mir die Zukunft aus.

Wir lebten in einem sehr kleinen Ort.

Unsere Häuser lagen nur fünfhundert Meter auseinander.

Es würde Anlässe in der Schule geben, Konzerte, Begegnungen im Supermarkt oder in der Drogerie, bei der Reinigung oder in dem kleinen Delikatessenladen, in dem ich nachmittags immer Gebäck für Liza kaufte, im Spielzeugladen an der Main Street, wo wir jeden Samstag hingingen, um von der Inhaberin, die praktisch als Großmutter aller Kinder des Städtchens fungierte, umsorgt zu werden.

Außerdem gäbe es private Einladungen. Wenn niemand Bescheid wüsste, würde man auch weiterhin Cathy und Steven mit mir einladen, weil sie zu unserem gesellschaftlichen Umfeld gehörten. Dann würde ich mich am selben Tisch mit ihnen wiederfinden oder neben ihnen auf dem Rasen bei einer Grillparty. Ich wäre gezwungen, sie anzusehen, sie zu begrüßen und nett mit ihr zu plaudern. Wie sollte ich in einem solchen Szenario unsere Mädchen auf Abstand zueinander halten?

Es wird mich zermürben, dachte ich.

Ich werde den Verstand verlieren.

Ich werde ein völlig verlogenes Leben führen müssen.

Ich kann mich nicht verstellen. Das schaffe ich einfach nicht. Schon immer war ich eine wahnsinnig schlechte Lügnerin. Also Schluss mit dem Schwindel.

Innerhalb der kleinen Gruppe, die das Geheimnis seit Januar gehütet hatte, herrschte Aufruhr. Zu diesem Zirkel gehörten Matthew und seine Frau, Emily und ihr Mann, Irena, Anna, Tomas und seine ehemalige Freundin, weil sie alle am Morgen des 9. Januar ins Haus gekommen waren, um bei den Vorbereitungen für die Trauerfeier zu helfen. Sie hatten sich darauf geeinigt, vorläufig zu schweigen, damit ich mich von dem Schock, den Henrys Tod für mich bedeutete, erst einmal erholen sollte. Matthew hatte die Trauerfeier für seinen besten Freund organisieren und dabei außer mit seiner eigenen Trauer auch noch mit dem Schock und der abgrundtiefen Enttäuschung fertig werden müssen. Matthew und seine Frau waren über viele Jahre unsere Freunde gewesen. Niemand aus der Gruppe hatte damit gerechnet, dass Tomas mir die Augen öffnen würde. Aber wie so oft im Leben läuft eben nicht immer alles nach Plan.

Emily fragte mich, ob sie nun auch mit unseren anderen Freunden offen reden könne. Sie sagte mir, dass diese Monate mit dem Geheimnis sie emotional ausgelaugt hätten. Sie habe sich wie eine Lügnerin gefühlt. Ich verstand, was sie meinte.

Und natürlich war da auch ein wenig Rache im Spiel.

Emily war empört über die letzten Monate – schweigend war sie gezwungen gewesen, Cathy freundlich zu begegnen.

Anna war so wütend, dass es perfekt zu ihrem wieder flammend rotem Haar passte. Auch sie meinte, es sei Zeit für den scharlachroten Buchstaben aus der alten Hawthorne-Erzählung.

Der Klatsch erledigte die Sache rasend schnell. Nun war Cathy in unserer kleinen Gemeinde komplett geächtet. Auf dem Spielplatz vor der Schule stand sie allein, im Supermarkt wich man ihr aus, aber auch für mich blieb noch genug Schande übrig. Das Gefühl, gebrandmarkt zu sein, traf mich unvorbereitet. Mitleidige Blicke und unaufrichtiges Bedauern angesichts meiner jüngsten Tragödie. Ich fühlte mich gedemütigt und war mir sicher, dass alle über den Skandal sprachen, der nun mein ganzes Leben ausmachte. Ich hatte tatsächlich das Gefühl, vor den Scherben meiner Existenz zu stehen. Die Hölle ist tatsächlich eine Kleinstadt.

Steve rief mich an, kurz nachdem das Gerücht die Runde gemacht hatte. »Du hast mich angelogen. Du hast mir gesagt, du würdest die Angelegenheit für dich behalten. Möchtest du wirklich, dass unsere Töchter davon erfahren?«

»Ich habe meine Meinung eben geändert«, giftete ich zurück. »Das steht mir ja wohl frei. Außerdem ist das absolut keine Privatangelegenheit. Henry und deine Frau haben ihr Geheimnis bewahrt, indem sie jeden, alle unsere Freunde, belogen haben. Aber ich werde nicht weiterlügen.«

»Du bist schon eine Lügnerin.«

»Was du nicht sagst. Und die Lügnerin in deinem Haus, die dich jahrelang betrogen hat, was ist mit der?«

Aber er hatte die Wagenburg bereits errichtet. Er würde bei Cathy bleiben – sein Ehegelübde sei ihm heilig. Da wies ich ihn darauf hin, dass Cathy sich um ihr Ehegelübde nicht viel geschert hatte.

»Ich werde versuchen, ihr zu verzeihen, und ich glaube, das solltest du auch.«

»Es ist mir scheißegal, was du glaubst, dass ich tun sollte. Ich werde ihr dann verzeihen, wenn ich es für richtig halte.«

Cathy schickte mir E-Mails. Schließlich war sie Autorin, und eine gute noch dazu. Sie bot mir eloquente Entschuldigungen dafür an, was sie und Henry Schreckliches getan hätten. Sie erklärte mir, sie sei entschlossen, die Liebe und das Vertrauen ihres Ehemannes zurückzugewinnen. Sie warf mir aber auch vor, ihren Ruf im Ort zu ruinieren.

Jeder von uns befand sich in seinem eigenen Schützengraben.

Ich muss von hier weg, dachte ich.

Schließlich rief ich Henrys Psychiaterin Leslie Burns an. Er war die letzten eineinhalb Jahre seines Lebens regelmäßig zu ihr gegangen. Wegen seiner Ängste, hatte er mir gesagt. Er könne nicht arbeiten, habe Panikattacken und leide unter Schlafstörungen. Sie hatte ihm Medikamente verschrieben, allerdings andere, als ich sie nahm. Unser Haus war die reinste Apotheke gewesen.

Leslie Burns willigte ein, sich mit mir zu treffen, aber nur, weil ich Henrys offizielle Erbin war – das wollte sie allerdings schwarz auf weiß sehen.

Ich kam mittags an der Grand Central Station an, winkte mir ein Taxi heran und machte es mir auf dem Rücksitz bequem.

Dann hob ich den Blick, um dem Fahrer die Adresse zu nennen. Es war ein sehr attraktiver Mann. Dunkle, glänzende, zur Seite gescheitelte Haare. Dunkle, weit auseinanderstehende, leicht schläfrig wirkende Augen. Olivfarbener Teint, hohe Wangenknochen. Seiner Fahrerlizenz war zu entnehmen, dass er wohl erst kürzlich aus Osteuropa immigriert war. Seine eleganten Hände ruhten wie zwei wunderschöne, gelangweilte Models auf dem Lenkrad. Wie Tomas' Hände, allerdings weicher, nicht an harte Arbeit gewöhnt. Unsere Blicke trafen sich im Rückspiegel, als ich ihm die Adresse an der Upper East Side nannte.

Plötzlich fühlte sich die Luft im Taxi total überhitzt an. Ich wollte mit ihm reden. Ihm sagen, er solle rechts ranfahren, damit wir es auf dem Rücksitz treiben könnten. Er musterte mich unangenehm lange im Rückspiegel. Ich wühlte in meiner Handtasche nach dem Portemonnaie, entschied mich nach kurzem Zögern jedoch für den Lippenstift. Als ich aufblickte, trafen sich unsere Blicke wieder.

Es kam mir vor, als würde die Zeit sich dehnen, wie an dem Tag, als Henry gestorben war und die letzten fünf Minuten seines Lebens sich scheinbar endlos hinzogen. Die Fahrt verlief in absolutem Schweigen, nur das Rumpeln der alten Karosserie auf der Straße und der Verkehr von draußen waren zu hören.

Endlich und zugleich viel zu bald hielt er vor einem Sandsteinhaus in einer eleganten, von Bäumen gesäumten Straße. Ich bezahlte und trödelte so lange wie möglich. Als ich ausstieg, sah er mich und ich ihn an. Ich wünschte mir eine Stunde mit diesem Mann irgendwo in einem Hotelzimmer. Ich wollte mich nicht mit ihm unterhalten oder auch nur seinen Vornamen wissen. Gleichzeitig fragte ich mich, ob Henry sich so gefühlt hatte, wenn er den Frauen nachstellte.

Ich blieb ein wenig länger als nötig draußen stehen und sortierte meine Taschen. Der Fahrer zögerte ebenfalls, und ich sah ihn erneut in den Rückspiegel blicken, das Taxi im Leerlauf. Schließlich wandte ich mich zur Tür der Praxis um. Als ich noch ein letztes Mal zurückschaute, sah ich ihn langsam wegfahren.

In der Praxis gab es nur das leise Geräusch des Rauschgeräts und einen Stapel Zeitschriften. Ich strich meinen Rock glatt, zog an meinem Tank Top und richtete mir das Haar, als hätte ich tatsächlich diese Stunde in einem Hotelzimmer erlebt.

Leslie Burns lehnte sich in ihrem bequemen schwarzen Ledersessel zurück und legte die Füße auf die Couch. Sie war eine unförmige Frau, die noch dazu Overalls trug. »Er hat Sie geliebt, wissen Sie«, versicherte sie mir. »Er wollte Ihre Ehe nicht gefährden. Er hat Sie und Liza geliebt, und dieser Teil seines Lebens hat ihm sehr viel bedeutet.«

Ich fragte mich, ob sie mich belog, nur damit ich mich besser fühlte.

»Aber was ist mit diesem anderen Teil seines Lebens, mit Cathy und anderen Frauen?«, fragte ich. »Hätte er mir jemals davon erzählt, oder wäre es auf ewig so weitergegangen?«

»Ich glaube, er wollte Ihnen das mit Cathy sagen. Wissen Sie, er hat schon sechs Monate gebraucht, um nur mir von Cathy zu berichten. Als er sie das erste Mal erwähnte, entschuldigte er sich nicht dafür.« Leslie verlagerte ihren ausladenden Körper auf dem Sessel. Ich konnte den Blick nicht von ihrem Overall abwenden. Während all meiner vielen Jahre Therapie hatte ich nie einen Seelenklempner in irgendwas anderem als einem geschmackvollen Business-Outfit gesehen.

»Im Laufe der Zeit wurde klar, dass seine Beziehung zu Cathy sein Leben zerstörte. Er wollte sie beenden, aber er hatte Angst, Ihnen davon zu erzählen. Er hatte Angst, Sie würden ihn verlassen und Liza mitnehmen.«

Darauf, dass ich ihn verlassen hätte, können Sie Gift nehmen, dachte ich wütend.

Ich ließ meinen Blick über die Wände schweifen und entdeckte beruhigende Diplome von Ivy-League-Universitäten. Ich würde diese Frau jetzt aushorchen.

»Ich glaube, die anderen Frauen – denn es gab mehrere – waren etwas Vorübergehendes, eine Möglichkeit, seine Beziehung mit Cathy zu beenden und zu Ihnen zurückzukehren. Ich habe versucht, ihm dabei zu helfen.«

Sie erzählte mir, Henry habe Anzeichen einer narzisstischen Persönlichkeitsstörung aufgewiesen. Was Cathy anging, hielt sie eine Borderline-Erkrankung für möglich. Frauen mit Borderline-Syndrom sind emotional instabil und extrem hilfsbedürftig. Oft flüchten sie sich in dramatische Gesten, um sich Liebe und Aufmerksamkeit zu sichern.

Mir blieb vor Staunen der Mund offen. Ach du heilige Scheiße.

Leslie erläuterte mir, dass beide Diagnosen häufig bei Menschen mit geringem Selbstwertgefühl anzutreffen wären, das wiederum aus emotionalen Traumata in der Kindheit herrühren konnte.

»Henry sprach oft von dem schwierigen Verhältnis zu seiner Mutter«, sagte Leslie. »Sie hat ihn vergöttert und ihm eine große Verantwortung für das Glück der Familie aufgebürdet. Das ist eine klassische Konstellation.«

Leslie schilderte mir, dass Menschen mit dieser narzisstischen Persönlichkeitsstörung als Erwachsene oft charismatisch und extrovertiert auftreten, doch in ihrem Innern und in ruhigen Momenten sich ihres vorgetäuschten Charakters durchaus bewusst sind. Im Unterschied zur selbstbewussten Figur, die sie nach außen hin abgeben, stecken sie eigentlich voller Selbsthass. Solche Menschen ertragen keine Einsamkeit, weil sie dann gezwungen sind, sich ihrem wahren Selbst zu stellen, das sonst hinter der Fassade versteckt ist. Gleichzeitig beschert ihnen die vorgetäuschte Persönlichkeit aber vielleicht viele Freunde, Sexualpartner und eine erfolgreiche Karriere.

»Traurigerweise belohnt unsere Gesellschaft ein solches Verhalten oft«, sagte Leslie seufzend. »Täuschungsmanöver sind keine Seltenheit«, fuhr sie fort. »Ich habe einen anderen Patienten in einer vergleichbaren Situation. Solche Menschen haben Affären, als wollten sie diejenigen, die sie wirklich lieben, auf die Probe stellen, fast um zu beweisen, dass sie deren Liebe nicht verdienen.«

Ich erinnerte mich daran, wie charmant Henry war, als wir uns kennenlernten, wie aufmerksam. Anfangs war ich misstrauisch gewesen, aber er hatte mich für sich eingenommen. Die gleiche Strategie hatte offensichtlich auch bei Cathy und anderen funktioniert.

Henrys Kindheitserlebnisse berechtigen ihn nicht, als Erwachsener ein unmoralisches Arschloch zu sein. Wie viel Verständnis soll ich denn noch für ihn aufbringen? Auch ich war als Jugendliche unglücklich, aber das ist doch kein Freifahrtschein für Lügen, Betrügen und Stehlen.

Leslie redete weiter. »Erwachsene mit Borderline- oder Narzissmus-Syndrom sind gleichermaßen hilfsbedürftig, beide sind extremen Gefühlsschwankungen unterworfen, und beide nehmen die Wirklichkeit oft verzerrt wahr.«

»Du beachtest mich zu wenig.« So hatte Henry sich oft beklagt. »Du solltest mehr Zeit damit verbringen, deine Aufmerksamkeit mir zu schenken, und dir weniger Sorgen um Liza machen.«

Zwei wirklich gestörte Typen hatten sich gefunden und die Bedürfnisse des jeweils anderen befriedigt. Henry hatte in Cathy eine bereitwillige Verehrerin und sie in ihm ein Objekt ihrer Liebe mit einem unstillbaren Hunger nach Aufmerksamkeit.

Leslie beugte sich zu mir vor. »Julie, ich hoffe, es stört Sie nicht, wenn ich Sie das jetzt frage – was hätten Sie denn getan, wenn Henry Ihnen von Cathy erzählt hätte?«

»Ich hätte mich so schnell scheiden lassen, dass er nicht mehr gewusst hätte, wo ihm der Kopf steht«, gab ich giftig zurück. Aber das war nur so dahingesagt. In Wirklichkeit wusste ich nicht, was ich getan hätte.

»Es tut mir leid, das zu hören«, sagte Leslie. Sie senkte kurz den Blick. Ich sah, dass es sie wirklich betrübte. Sie hatte ihn unterstützt und gehofft, er könne sein Leben wieder in Ordnung bringen.

Ich fragte mich, ob sein Tod wirklich ein zufälliges medizinisches Ereignis oder nicht eher die unmittelbare Folge seiner Entscheidungen war. Ich verließ die Praxis mit einer neuen Einstellung zu Henry und Cathy. Ich war noch nicht bereit, ihnen zu verzeihen – meine Wut war noch nicht verraucht. Aber zu meiner eigenen Überraschung tat Henry mir leid. Er war gestorben, bevor er Gelegenheit gehabt hatte, den Schaden wiedergutzumachen.

Matthew hatte mich seit Henrys Tod täglich angerufen und aufgemuntert – »will nur mal hören, wie es geht«. Nachdem ich Cathy zur Rede gestellt hatte, rief ich ihn an, um nach der Festplatte zu fragen. Ich hatte ihm damals Henrys Computer überlassen und mir nicht vorstellen können, ihn noch mal zu brauchen. Matthew hatte alles kopiert und überließ mir drei CDs mit Henrys Tagebuch, den Notizen für das Umami-Buch und seiner Korrespondenz. In den Monaten zuvor hatte ich Matthew hin und wieder nach Kopien der Daten auf der Festplatte gefragt, aber er war immer irgendwie vage geblieben, hatte zwar versprochen, mir die Daten zu geben, aber wohl gehofft, ich würde es irgendwann vergessen. Weil ich davon ausging, dass es viel sein würde, hatte ich die CDs lieber am Tag zuvor im Copyshop abgegeben, anstatt die Daten zu Hause auszudrucken. Außerdem hatte ich mir überlegt, den ganzen Packen zu nehmen und gleich an meine Therapeutin Helen zu schicken, ohne einen Blick hineinzuwerfen. Dann konnten wir uns die Sachen gemeinsam in einem geschützten Raum ansehen. Ich hatte den adressierten Umschlag bereits bei mir im Auto.

Der Copyshop ist ein ziemlich vertrauter Laden, in dem einen die Leute gut kennen. Er liegt zwischen einem kleinen Feinkostgeschäft (mit gutem Kaffee und fantastischem Thunfischsalat) und einer Werkstatt, in der ich mein Auto reparieren lasse. Als an einem Februarmorgen mein Wagen nicht ansprang, spielte ich die gestresste hilflose Dame, und schon kam Tony mit dem Starterkabel heraus. In der gleichen Ecke befinden sich auch der Supermarkt, das Postamt, die Drogerie und ein Wollladen, wo ich schon Unsummen für Strickgarn ausgegeben habe.

Als ich den Copyshop betrat, nahm ich mit Erleichterung die Klimaanlage wahr, dann das vertraute Kreischen und Zwitschern sowie das Geräusch von Krallen auf Metall aus dem Käfig mit den zwei bunten Papageien, die alle Kunden lautstark begrüßten. Eigentlich mag ich den andauernden Lärm eingesperrter Vögel nicht, aber in diesem Laden wurde er zusammen mit den Geräuschen der Kopiergeräte und dem Brummen der Klimaanlage zu einer Art beruhigendem weißem Rauschen.

Die Wände des Geschäfts waren mit Hunderten Schnappschüssen von Kunden, arrangiert zu einer riesigen Collage, bedeckt. Manche Paare hatten sich einen Spaß daraus gemacht, ihre Köpfe aus den Bildern zu schneiden und zu tauschen, was oft witzig aussah.

Ich erkannte viele der Gesichter. Ich suchte nach einem bestimmten vertrauten Gesicht und entdeckte Henry an der Wand rechts von mir. Er trug auf dem Bild seinen Lieblingsanorak und eine Mütze und sah mich mit seinem gewinnenden Grinsen an. Ich spürte das Verlangen, hinzugehen und das Foto von der Wand zu reißen. Als die Frau meine Rechnung tippte, fragte ich mich, ob jemand einen Blick auf die Seiten geworfen hatte, als sie ausgedruckt und zusammengeheftet worden waren.

Was für eine schreckliche Pflicht Henry seinem Freund aufgebürdet hatte. Matthew hatte seinen besten Freund verloren, und schon am nächsten Morgen musste er Henrys Müll beseitigen, damit ich nicht darauf stieß. Dieser Müll befand sich jetzt in dem Kuvert in meiner Hand.

Ich nahm mein Paket und steuerte auf die Tür zu. Dabei erfüllte mich eine gewisse Erleichterung darüber, dass mein Foto es nie an eine Wand des Ladens geschafft hatte. Das bisschen Privatsphäre, das mir noch geblieben war, fühlte sich auf einmal extrem kostbar an.

Die Hitze traf mich mit voller Wucht, als ich das kühle Refugium des Ladens verließ. Ich öffnete die Autotür und setzte mich auf den Fahrersitz. In den paar Minuten, die ich weg gewesen war, hatte der Wagen sich aufgeheizt, und die Hitze schien meinen Verstand aufzuweichen. Ich fühlte mich sicher und geborgen in meinem Auto, inmitten des Chaos aus leeren Saftpäckchen, Süßigkeitenpapier und Kekskrümeln. Henry hatte mich oft für das Durcheinander im Auto getadelt.

Weißt du was? Leck mich, du Arschloch, dachte ich. Das ist jetzt mein verdammter Wagen, und wenn ich ihn zumüllen will, was willst du verdammter toter Scheißkerl dann dagegen machen?

Ich schaute auf den Packen, der Henrys Tagebuchaufzeichnungen enthielt, und in einem Anfall von gruseligem Schwindel öffnete ich den Umschlag. Ich sah die erste Textseite unter dem durchsichtigen Plastikdeckel. Meine Finger waren feucht und klebrig, meine Zunge fühlte sich rau und trocken an. Ich schlug den Deckel auf und begann zu lesen. Der Eintrag war von Anfang August 1999. Damals lebten wir bereits gute zwei Jahre in unserer Kleinstadt.

Wir fallen richtig übereinander her. Nein, nein. Zuerst kam ich rein und verlangte ein Glas Wasser, das sie mir holen ging. Ich überlegte, sie in der Küche zu küssen, aber die Küche hatte ich ja schon gehabt, die langweilte mich. Ich sah ihr zu, und sie fragte mich, was ich denken würde. Ich sagte, ich würde mir gerade überlegen, wie klasse es wäre, irgendwo allein zu sein. Im Urlaub in einem Landhaus. Vögeln und lesen, allein und zusammen. Das schien sie glücklich zu machen. Wir setzten uns ins Esszimmer. Ich saß ihr gegenüber am Tisch, und dann fragte ich, ob ich sie küssen könne. Sie sagte ja. Wir begannen, uns zu küssen. Als wir mal Pause machten, fragte ich sie, woran sie gerade dächte. Sie verzog das Gesicht und sagte etwas wie, ich denke gar nicht, ich habe nur Schiss. Das verdammte Haus ist so offen, wie man es sich nur vorstellen kann. Ich komm mir vor, als würde ich auf der Main Street »trockenvögeln«. Jeden Moment kann ein FedEx-Bote reinplatzen. Dann schlägt sie vor, sich einen gemütlicheren Platz zu suchen. Also gehen wir ins Fernsehzimmer. Ich leg sie auf den Rücken auf die Couch, beuge mich über sie und reibe mich an ihrem Schritt. Sie schaut kurz überrascht zu mir auf und macht dann mit. Danach dreht sie mich um, und jetzt liege ich auf dem Rücken. Sie reibt sich an mir. Das fühlt sich toll an, bis mir das Reiben der Klamotten an der Unterseite meines Du-weißt-schon-was brennt. Ich frage, ob wir nicht nach oben gehen können. Sie sieht ein bisschen unbehaglich drein. Ich beschließe, sie ein wenig zu drängen. Endlich sagt sie ja. Wir gehen rauf. Sie schaut nach links in ihr Schlafzimmer, wo sie mit ihm schläft, und ins Kinderzimmer. Ich muss sagen, dass ich ihren Sinn für Tabus bewundere. Es ist klar, dass wir keinen der beiden Räume nehmen werden. Schließlich schiebe ich sie in das fast leere Zimmer, das sie mal als Büro benutzt haben. Wir beginnen uns wieder zu küssen. Sie kniet sich zu meinen Füßen, öffnet meinen Hosenschlitz und nimmt mich in den Mund. Wow. Fühlt sich an wie damals als Teenager. Elektrisierend. Ich komm mir vor, als wäre eine Elektrode an meine Eichel angeschlossen. Ich ziehe meine Hose aus. Dann ihre. Wir befummeln uns noch ein paar Minuten auf dem Holzfußboden. Zwischen meinem vierzigjährigen Arsch und diesem Hartholzboden ist nur ein alter Flickenteppich. Noch dazu ist das Zimmer nah am Dachvorsprung, was bedeutet, dass die Fenster praktisch bis zu meinem Arsch runterreichen. Ich schaue hinaus und zum Nachbarhaus. Eine alte Dame steht in ihrer Küche beim Plätzchenbacken. Wer zum Teufel ist das denn?, sage ich. Ach, das ist Mrs. Kettle, sagt sie mit vollem Mund. Äh, Mrs. Kettle beobachtet uns. Denk dir nichts, sie ist praktisch blind. Da macht sie sich um jeden verdammten Furz Sorgen, nur nicht um diese alte Dame, die mir praktisch bis in den Dickdarm guckt? Ich kann sie jedenfalls sehen. Mit trüben Augen lächelt sie mir zu. Ich komme nicht, aber wir machen noch ein bisschen rum. Am Ende kuscheln wir uns auf dem Fußboden aneinander. Ich mache einen auf

Clark Gable. Wir knutschen. Dann brechen wir auf, um unsere Töchter abzuholen.

Ich schloss die Mappe – mein Mund stand offen – und schnappte nach Luft. Sobald ich genügend Luft in meinen Lungen hatte, heulte ich, bis mir der Kopf wehtat. Meine Brust schmerzte, als wäre sie mit einem von Henrys geliebten Küchenmessern in zwei Hälften zerschnitten worden.

Von meinem Handy aus rief ich Tomas an und konnte kaum sprechen.

»Julie, vergiss nicht, dass nichts davon real war, als es passierte. Es war auch nicht real, als er es aufschrieb. Und es ist auch jetzt nicht real.«

Ich glaubte zu verstehen, was er meinte. Dass Henrys Schreiben, Denken und Handeln während seiner Affäre mit Cathy eine Art Phantasie waren. Dass alles, was zwischen den beiden passierte, Teil eines Spiels war. Aber es war doch etwas passiert, denn die beiden hatten diese Dinge getan.

Der Henry in diesem Tagebuch war mir völlig fremd, quasi ein fiktionaler Charakter. Das war nicht der Mann, der bei Champagner in einem romantischen Restaurant um meine Hand angehalten hatte, nicht der Mann, der bei unserer Hochzeit versprochen hatte, mich in Ehren zu halten, und auch nicht der Mann, der mir zärtliche Liebesbotschaften geschrieben, mit mir die Wehen durchgestanden und unser weinendes und schlafendes Kind herumgetragen hatte. Nicht einmal der Mann, mit dem ich mich gestritten hatte, war je so kaltschnäuzig gewesen. Welcher Mann war nun real? War meine Ehe überhaupt real gewesen?

»Liebst du mich noch?«, hatte er gefragt. »Ich glaube nicht, dass du mich noch liebst. Findest du mich noch attraktiv?« Ich hatte darauf immer mit Ja geantwortet.

Jetzt saß ich im Auto, hypnotisiert von den Lichtern am Armaturenbrett, beruhigt vom Brummen des Motors und der Klimaanlage, bis ich mich so weit gefasst hatte, dass ich die

Mappe erneut aufschlagen konnte. Ich las, als ob ich eine Tüte Mailänder Kekse von Pepperidge Farm auf einen Sitz aufäße. Als ich fertig war, verspürte ich den gleichen Anflug von Übelkeit.

Es ist, als würde man Henry Miller lesen. Auch wenn mir schwindelig war, nachdem ich Henrys Tagebucheintrag zu Ende gelesen hatte, musste ich an ähnliche Passagen aus Millers Romanen denken. Sicher waren einige Geschichten von Miller über seine sexuellen Eroberungen Bullshit und die reinste Männerphantasie, aber immerhin exzellent geschriebener Bullshit. Ich muss zugeben, dass Seite 484 der unzensierten Grove-Taschenbuchausgabe von *Sexus* zu meiner Lieblingslektüre beim Masturbieren gehört.

Aber so, wie Henry Miller sein eigenes Leben als Ausgangspunkt benutzte, so besaß auch die Tagebuchaufzeichnung meines Henry in all ihren Details etwas Wahres. Ich konnte mir die Szene in dem ungenutzten Zimmer in Cathys Haus lebhaft vorstellen. Ich war selbst schon darin gewesen und hatte von dort zum Haus der alten Dame hinübergeblickt.

Tief durchatmen.

Ich war bereit, mich den E-Mails meines Henrys zu stellen.

Sechs

14. bis 18. Juli 2003

Die Hitzewelle hielt an. Menschen starben daran. Und während ein Ventilator Luft wie heiße Wellen auf meine verschwitzte Haut blies, starb auch ich ein wenig, als ich da saß und den Stapel E-Mails las, die Henry hinterlassen hatte.

25. Januar 2003, 9:32 h
Okay, lass uns in etwa einer halben Stunde darüber reden. Soll ich rüberkommen, oder willst Du mir mailen?

Ich konnte mich nicht daran erinnern, was ich an jenem Januarmorgen gemacht hatte, als er Cathy diese Mail schickte. Vielleicht war ich schnell losgelaufen, um Milch und Eier zu holen oder um zur Post und danach zur Bank zu gehen. Aber nein, um 9.32 Uhr hätte ich all das schon erledigt gehabt und musste an meinem Arbeitsplatz gesessen und auf den Bildschirm geblickt haben, so wie an dem Tag, als er starb. Ich versuchte, mir Bilder der anderen Realität heraufzubeschwören, die er sich mit Cathy errichtet hatte und deren Anzeichen zu erkennen ich mich geweigert hatte.

Ich war wie der Bubble Boy, dieser Junge mit den schrecklichen Allergien auf seine Umgebung, der in einer Art abgeschlossenem Plastikgehäuse sein Leben fristen musste. Ich war allergisch auf meine Ehe geworden. Im Laufe der Zeit hatte ich die Wände meiner Blase immer weiter verdickt, bis ich nicht mehr durch sie hindurchsehen und nur noch meine absolut begrenzte häusliche Umgebung – Mutterrolle, Arbeit, Wäsche, den Garten, die Schule und den Spielplatz – wahrnehmen konnte.

Ihr Ehebruch folgte seinem eigenen kleinstädtischen Alltagsrhythmus. Henry schickte ihr morgens eine E-Mail, duschte sich, las die Zeitung, zog sich in sein Arbeitszimmer zurück und ging dann um die Mittagszeit weg. Oft sagte er mir, er ginge Lebensmittel einkaufen. Manchmal erzählte er mir sogar, er würde auf einen Kaffee bei Cathy vorbeischauen und danach Liza von der Schule abholen. Da ich Cathy ja nicht als Bedrohung wahrnahm, freute ich mich sogar über die gewonnene Arbeitszeit. Steve fuhr alltags meist mit dem Mittagszug zum Arbeiten in die Stadt. Dadurch blieben Henry und Cathy drei Stunden bis zum Schulschluss um fünfzehn Uhr, wenn nicht mehr, falls ich das Abholen übernahm.

Ich stand auf und ging in meinem kleinen Büro auf und ab. Dann blieb ich vor dem Ventilator stehen, um mich von dem weißen Rauschen und dem Luftzug beruhigen zu lassen. Ich schloss die Augen und versuchte, mir all die Tage der letzten Jahre meiner Ehe vorzustellen. Die Details waren größtenteils so flirrend und verschwommen wie dieser heiße Tag. Die Hitze trieb mich in den Garten hinter dem Haus, wo ich mir vom Anblick der letzten duftenden, von der Sonne ausgebleichten, in voller Blüte stehenden Rosen ein wenig Besänftigung erhoffte. Denn am liebsten hätte ich vor Zorn alles zerfetzt, was mir als Erinnerung an die mit Henry verbrachten Jahre geblieben war.

Was ist real?, fragte ich mich. Was davon soll ich überhaupt aufheben? Die Liebesbriefe und Gedichte, die Henry mir geschrieben hat? Die Bilder in unseren Fotoalben? Ist irgendwas davon tatsächlich passiert? Bedeutet es überhaupt irgendwas?

Liza bedeutete etwas. Alles. Vielleicht war sie das einzig Reale. Sie wäre ein Anfang für mich. Aber wie und wann sollte ich ihr das jemals erklären können? Dass ihr Vater sie zwar geliebt hatte, aber eben nicht genug, um sie nicht zu verraten? Er war sorglos, ja skrupellos mit uns umgegangen. Ich kehrte ins Haus zurück, um der glühenden Hitze zu entgehen.

Das Innere des Hauses war wie eine dunkle Höhle, und das kam mir gelegen.

Zurück an meinem Schreibtisch, fuhr ich fort, die E-Mails zu lesen. Henry und Cathy diskutierten über Steves Zugfahrplan, die Termine meiner Yogastunden und die Kinderbetreuung. Sie besprachen den Kauf von Gleitmittel. Cathy äußerte sich zu unserer Paartherapie und sorgte sich, dass ihre Nachbarin Jenny ihnen auf die Schliche gekommen sei. Henry beschwerte sich über meine Wutanfälle. Cathy war neidisch auf unsere bescheidenen Ferien und Restaurantbesuche. Sie fragte Henry in ihren Steuerangelegenheiten um Rat. Außerdem beschwerte sie sich, wenn ihr Mann sich in der Nähe ihres Computers herumtrieb. Henry schrieb darauf zurück: »Mach ihm einen Blowjob, dann hast du deine Ruhe.«

In ihren abendlichen Mails verglichen Henry und Cathy ihre Erfahrungen mit Ambien, Xanax und Klonopin – Medikamenten, die sie gegen Schlafstörungen und Angstzustände nahmen. Ich meinte aus ihrem geistreichen Geplauder zur Schlafenszeit eine gewisse Konkurrenz herauszulesen.

Sie schwärmten davon, was für tollen Sex sie am Vortag gehabt hätten. Und wie mittelmäßig Sex in der Ehe im Vergleich dazu wäre.

Am 11. Februar 2002 schrieb Henry:

> Wir haben erfreulichen Sex, der wunschgemäß endet (ich habe da meine Prinzipien), aber er ist für mich nicht mehr »aufregend«. Ich denke, dass man es im Vergleich zu den meisten Ehen sogar für tollen Sex halten könnte, aber im Vergleich zu Dir und mir ist es eben nur Sex zwischen Eheleuten, die einander gut, vielleicht zu gut kennen. Beim Sex, den Du und ich miteinander haben, prickelt es die Wirbelsäule entlang und bewegt bis ins Mark. Wir gehen an die Grenzen und darüber hinaus. Und wenn es nach mir geht, wird es immer noch besser werden.

Das zu lesen, kränkte mich mehr, als ich mir je hätte ausmalen können. Jedes Wort ein Stich in meine Brust. Ich hatte ihn schon lange vor seinem Tod verloren. Ich hatte eine Liebe verloren, die einmal Mittelpunkt meines Lebens gewesen war. Ich kam mir vor wie der Soldat in der Anfangsszene aus der Schlacht am D-Day in dem Film *Der Soldat James Ryan*. Darin sucht der Soldat nach dem Arm, der ihm gerade abgerissen wurde, bevor eine weitere Granate ihn von den Beinen holt.

Das war ein Teil meines Erbes. Was sollte ich damit machen? Was für Schlüsse daraus ziehen? Die Blase platzte. Die Blase, die ich kreiert hatte, um mich und Liza zu schützen.

Immerhin schien auch sonst niemand vor Ort es bemerkt zu haben, die große, kolossale Sache – die Affäre zwischen Henry und Cathy. Niemand aus dem Kreis der mit uns befreundeten Paare hatte auch nur die leiseste Ahnung. Cathys Nachbarin Jenny und ich hatten zwar an jenem Sommertag in ihrem Garten darüber spekuliert, dann aber beide scherzend die Idee verworfen. Schließlich flirtete Henry mit jeder Frau, die ihm über den Weg lief. All meine Freunde von hier hatten ehrlich schockiert reagiert.

»Aber er hat dich doch so geliebt. Zumindest hat er das immer gesagt. Ich versteh das nicht«, so hatte sich einer nach dem anderen entsetzt geäußert. Ihre Fassungslosigkeit war mir ein kleiner Trost. So fühlte ich mich weniger wie die letzte Idiotin, aber auch nur ein bisschen weniger. Vor allem fühlte ich mich, als hätte mich ein Laster angefahren.

Ich bemühte mich verzweifelt, meinen Zorn auf die Zeit zwischen neun und fünfzehn Uhr zu beschränken, während Liza mit Annas Sohn Leo ein Sommercamp in der Nähe besuchte. Das gelang mir nicht immer. An vielen Abenden sah Liza mich in meinem Arbeitszimmer weinen. Und man weiß, dass man am Tiefpunkt ist, wenn einen die eigene Erstklässlerin zu trösten versucht.

Ich las weiter, weil ich einfach nicht aufhören konnte. Ich war angewidert, außer mir, aber auch gierig. Ich musste verstehen, mir eine Vorstellung davon machen können, wie sein Leben in diesen letzten Jahren gewesen war. Außerdem wollte ich begreifen, warum ich mich zu einem Mann hingezogen gefühlt hatte, der ein solches Unheil angerichtet hatte. Es fühlte sich an wie der unwiderstehliche, voyeuristische Kick, den man beim Lesen trashiger Klatschpresse empfindet. Das war der Teil von mir, der in der Schlange an der Supermarktkasse verstohlene Blicke auf die Schlagzeilen von *People* und *US Weekly* wirft und sich auf die Lektüre beim Friseur freut. Und dieser Teil meines Selbst konnte gar nicht genug bekommen von dieser ganz persönlichen Kleinstadt-Horrorshow. Wie schlimm würde es wohl noch werden? Wie tief würde meine Erniedrigung reichen? Wo würde das alles enden?

Und wie hatte er das alles bewältigt? Vielleicht wäre ich niemals dahintergekommen, wenn er nicht gestorben wäre. Obwohl ich – je länger ich darüber nachdachte – zugeben musste, dass die Hinweise allgegenwärtig gewesen waren, nur ich anscheinend beschlossen hatte, sie zu ignorieren. Vielleicht bat er mich sogar indirekt, es herauszufinden, indem er alles so sorglos auf seinem Computer beließ, in ordentlich beschrifteten Ordnern. Die meisten Ehemänner gehen vorsichtiger zu Werke. Und sie fallen nicht tot auf den Küchenboden, bevor sie Zeit hatten, ihre Korrespondenz verschwinden zu lassen.

Vielleicht wäre es so lange weitergegangen, bis seine Therapeutin ihn dazu gebracht hätte, es mir zu sagen. Vielleicht hätten wir dann so lange mit der Paartherapie weitergemacht, bis er mich überzeugt hätte, ihm noch eine Chance zu geben, während er die ganze Zeit über mit seinen Affären weitermachte. Dann hätte ich mich wohl noch weiter in meine Blase zurückgezogen, bis ich vielleicht eines Tages außer mir vor Wut gegen ihn rebelliert hätte, mit einem Fluchtweg bei der Hand.

Diese Blase war keine gute Idee.

Es war ein seltsamer Trost, als ich herausfand, dass Henry mit Cathy mindestens so oft gestritten hatte wie mit mir. Die Auseinandersetzungen müssen bei ihr zu Hause oder in einem Auto stattgefunden haben. Die E-Mails, die sich auf ihre Konflikte bezogen, waren kurze und gereizte Schlagabtausche.

So schrieb Henry etwa am 11. Februar 2002:

> Eine Sache, die mich kränkt, ist, dass Du es nicht schaffst, in der Öffentlichkeit oder vor anderen Deine natürliche Zuneigung zu mir zum Ausdruck zu bringen. Manchmal kommt es mir vor, als hättest Du mich gerade ausgeschlossen oder Deine Einstellung mir gegenüber geändert.

Wie genau er sich das wohl vorgestellt hatte, dass Cathy ihre »natürliche Zuneigung« zu ihm in der Öffentlichkeit zeigen sollte? Erwartete er ernsthaft, dass sie sich bei einem Fest inmitten von Freunden an ihn schmiegte?

> Etwas anderes, das mich wirklich nervt, ist Deine Gewohnheit, mir vorzuwerfen, ich würde Deine Gefühle nicht respektieren. Und dass Du mir nicht zugestehen willst, in einer Auseinandersetzung eine Auszeit zu verkünden, sondern mir vorwirfst, Themen auszuklammern, und Dein Beharren darauf, ein Opfer meiner Was-auch-immer zu sein, wenn es Dir gerade passt.

Diese Anschuldigungen passten zu jedem einzelnen Streit, den Henry und ich in den sechzehn Jahren unseres Zusammenlebens hatten. Das war wirklich wie eine Art bizarres Paralleluniversum. Die Wut, ihre Ängste, seine intellektuelle Besserwisserei, mit der er seine eigene Unsicherheit zu kaschieren suchte.

> Das mit dem Sex ist das Schlimmste. Ich kapiere nicht, warum Du und Steve auf einmal so viel Sex haben müsst,

und warum Du solchen Spaß daran hast. Hast Du jetzt mehr Sex mit Steve? Lässt sich das irgendwie mit dem vergleichen, was wir zusammen haben?

Natürlich nicht, antwortete sie. Aber er musste wieder und wieder von ihr hören, dass er der aufregendste und beste Liebhaber überhaupt sei und dass vermutlich keine anderen zwei Personen das miteinander hätten, was sie verband.

Während ich zu Hause war, gearbeitet habe, Mama war, die Rechnungen bezahlt und seine verdammte Wäsche gemacht habe. Manchmal sogar während ich auf ihre Tochter aufgepasst habe.

Ich musste aufstehen und noch ein bisschen herumgehen, vor allem fort von diesem Stapel E-Mails. Ich umrundete den Pool und versuchte dann, mich mit ein bisschen Gartenarbeit abzulenken. In der Hocke machte ich mich daran, einen Löwenzahn auszureißen, der sich zwischen meinen Rosensträuchern aus dem Boden gewagt hatte. Aber ich war zu ungeduldig, um die lange Wurzel mit einem Werkzeug auszustechen. Als ich daran riss, hielt ich nur die halbe Wurzel in meiner zur Faust geballten Hand. Noch dazu verletzte ich mich an einem Rosendorn und schüttelte versehentlich die wenigen noch verbliebenen Blütenblätter vom Strauch.

Cathys seltsame Heuchelei war nun für mich besser nachzuvollziehen. Es passte perfekt, dass eine so unsichere, bedürftige Frau, die so nach Bestätigung gierte, in der Lage war, eine lange Affäre mit täglichem Betrug vor sich zu rechtfertigen und gleichzeitig im Kirchenchor zu singen. Angewidert warf ich den Löwenzahn auf den Rasen.

Dann lachte ich mein erstes finsteres Lachen. Irgendwann musste ich einfach anfangen zu lachen, weil ich vom vielen Weinen schon völlig ausgelaugt war.

Emily schien von den Folgen, die Tomas' Enthüllung zeitigte, traumatisiert. Inzwischen bedauerte ich zutiefst, sie an dem

Nachmittag, als Henry starb, angerufen zu haben. Ich bedauerte ebenfalls, dass ich sie quasi überfallen hatte, als ich sie von Tomas' Haus aus anrief. Mein Geheimnis für sich behalten zu müssen, hatte sie schon genug strapaziert. Es zu enthüllen, war so gewesen, als würde man das entscheidende Stück Holz aus einem ohnehin schon labilen Damm entfernen. Plötzlich ergoss sich ein Schwall verschiedenster Emotionen über scharfkantige Felsen.

Ich hatte in Emily an Henrys Todestag und in den Monaten danach eine starke Frau gesehen und dieses Bild von ihr auch gebraucht. Doch nun erblickte ich etwas anderes. Sie wirkte verletzlich und erschüttert. Ich bedauerte alle Gefälligkeiten, die ich von ihr erbeten hatte und wahrscheinlich noch erbitten würde. Ich wünschte mir, etwas für sie tun zu können – wieder ihre glücklichere, unterstützende Freundin zu sein, die ich gewesen war, bevor all das Schreckliche passierte. Aber ich war keine Lebensretterin. Genau genommen lief immer noch Wasser in mein Schiff, und das ziemlich schnell. Ich konnte nicht viel mehr tun, als auf mich und Liza zu achten. Denn ich war allein, während Emily mit Justin einen phantastisch fürsorglichen Ehemann besaß.

»Wann bekomme ich meine Freundin zurück?«, fragte Emily mich immer noch, wenn auch schon seltener. Ich brachte es nicht übers Herz, ihr zu sagen, dass die Freundin, mit der sie vor Henrys Tod Zeit verbracht hatte, die Frau in der Blase, endgültig verschwunden war. Ganz allein und ohne die Blase dazustehen, das war schrecklich. Als sie mir erzählte, sie sei mitten in der Nacht aufgewacht, vor Sorge wegen einer bevorstehenden Ausstellung, und er habe eine Stunde lang beruhigend auf sie eingeredet, da erinnerte ich sie leise daran, dass ich, wenn ich mitten in der Nacht aufwache (was fast täglich passiert), allein bin und mich nur mit einem Blick auf mein schlafendes Kind trösten kann.

Emily meinte, sie wolle in meinem Haus Salbei verbrennen, um es zu reinigen. Sie brachte mir ein hübsch zusammengebundenes Büschel davon, ein Mitbringsel von ihrer kürzlich absolvierten Reise nach New Mexico. Insgeheim dachte ich, Exorzismus wäre vielleicht eher angebracht als Salbeirauch.

Ich fragte mich auch, was ich irgendwann einmal Kaufinteressenten über unser Haus sagen sollte.

Ähm, der Typ fiel tot auf den Küchenboden, genau hier, da, wo Sie gerade stehen, aber kein Grund zur Sorge, er ist jetzt ein ziemlich harmloser Geist, gibt nur manchmal Ratschläge beim Kochen und rumort ein bisschen in den Leitungen, rüttelt an Fensterläden und solche Sachen.

Ich hatte nichts gegen das Verbrennen von Salbei oder was auch immer, wenn Emily sich dadurch in meinem Haus wieder wohler fühlte. Sie ging mit dem in einer Muschelschale vor sich hin kokelnden Kraut durch die Zimmer und wedelte mit einer Hand, als wolle sie etwas verscheuchen und Henry mit dem Rauch zum Fenster hinausblasen. Ich glaubte jedoch nicht, dass der stärkste Salbei aus dem heiligsten Pueblo von New Mexico in der Lage wäre, Henry jetzt schon hinauszujagen. Er befand sich in irgendeinem sonderbaren Fegefeuer, war wohl in unserem Haus gefangen und gezwungen, mit anzusehen, wie alles in Scherben ging, insbesondere sein Ruf in der Öffentlichkeit, den er so genossen hatte. Eines Tages würde ich dieses Haus verlassen müssen, meine Kisten fest zukleben und so schnell ich konnte davonrennen, um sicherzustellen, dass Henry hinter mir zurückblieb.

Doch im Moment wünschte ich mir, dass Emily sich wohlfühlte. Ich wollte immer noch gern Zeit mit ihr verbringen. Sie war meine Freundin, und ich mochte sie und zählte auf sie, selbst wenn ihre Stimmungsschwankungen und ihre Empfindlichkeit mir an manchen Tagen Angst machten, weil sie mich an meine eigene prekäre Lage erinnerten.

Ich spürte Henry in der Küche an mir vorüberstreifen, während ich unser Abendessen, das ein ziemlich bescheidenes war, kochte.

»Ach, fick dich doch, du Arsch«, murmelte ich und rührte die Hörnchennudeln im kochenden Wasser um. »Lass mich bloß in Ruhe, ich hab zu tun.« Liza und ich waren zu dieser Form von schneller Küche zurückgekehrt. Denn ich brachte kaum die Kraft auf, jeden Tag eine Packung mit Pasta aufzureißen. Immerhin waren es Bionudeln. Ein gewisses Niveau wollte ich doch halten. Und wenigstens aßen wir etwas. Ich sinnierte über meine früheren Gefühle, als ich Henrys Gegenwart im Winter gespürt hatte – hatte er da versucht, mich zu warnen? Na, das war jedenfalls verdammt spät. Jetzt stehe ich mit deinem Riesenhaufen Scheiße da. Bist du nun zufrieden?

Ich fuhr vor den Tropfen kochenden Wassers zurück, die mein aufgebrachtes Rühren hatte aus dem Topf spritzen lassen.

Ich wünschte, du hättest mich einfach verlassen und wärst mit dieser verrückten Schlampe durchgebrannt. Das hatte sie doch gewollt.

Oder nein, warte, es ist doch besser, dass du tot bist.

Cathy musste auf eine richtige Beziehung zu Henry gehofft haben. In ihren E-Mails war von ihrer heftigen Liebe die Rede, ihrem Wunsch nach einer tiefen Bindung, was sie nicht zugegeben hatte, als ich sie auf dem Parkplatz in der Nähe ihres Hauses zur Rede gestellt hatte. Damals war sie nur bereit gewesen, mir zu sagen, sie hätte erkannt, dass Henry nicht ernsthaft zu ihr stand. Sie hatte die Affäre vor ihrem Mann und ihren engsten Freunden geheim gehalten und alles riskiert, während sie darauf wartete, dass Henry endlich einen Entschluss fasste. Ich musste wieder grimmig lachen.

Liza kam hungrig in die Küche. »Mama, warum lachst du über die Nudeln?«

Auch wenn es schien, als hätte Cathy etwas Längerfristiges im Sinn gehabt, ließ Henrys Korrespondenz vermuten, dass er nicht geplant hatte, seine Lebenssituation zu ändern. Im Gegenteil schienen ihn die Geheimnisse, die er hatte, zu erregen. Ihm gefiel wohl die Vorstellung, alles haben zu können, selbst wenn das zu einem Chaos in seinem Innern führte, das ihn dazu brachte, eine Therapeutin mit einem Stundensatz von zweihundert Dollar aufzusuchen.

Als Cathy ihn drängte, seine Liebe zu ihr explizit unter Beweis zu stellen, antwortete er ihr mit dieser Nachricht.

29. Dezember 2001
Ich möchte, dass Du weißt, dass meine Gefühle für Dich seit meiner Rückkehr nicht weniger geworden sind … Ich habe, was Dich angeht, ein tolles Gefühl. Ich habe ein tolles Gefühl, wenn ich daran denke, was wir haben, unser Leben, jeder für sich und wir beide zusammen. Ich kann mir nicht vorstellen, dass Du nicht Teil meines Lebens bist … es war uns bestimmt, zusammen zu sein. Ich habe auch viel Zeit damit verbracht, über Dich nachzudenken und Dinge zu tun, die mir großes Vergnügen bereitet haben, etwa das Aussuchen der Ohrringe für Dich oder das Aufspüren Deines Weihnachtsgeschenks (das immer noch nicht eingetroffen ist).

Beim Lesen der E-Mails kam ich dahinter, dass nach unserer Silvesterparty 2001/2002 (als Cathy zu mir sagte, sie plane, sich »die Kante zu geben«) noch ein weiteres heimliches Drama seinen Lauf nahm.

2. Januar 2002
Ich möchte, dass Du diese unglaubliche Eifersucht zügelst. Mein privates Umfeld ist mir sehr wichtig, und auch wenn Du darin die wichtigste Person bist, werden mir Deine Versuche, Freundschaften, die ich pflege, zu kontrollieren oder zu kommentieren, weil Du sie als Bedrohung empfindest, jetzt wirklich zu viel.
Du hast mir dermaßen zugesetzt, dass ich Mühe hatte, mich überhaupt zu amüsieren. Dabei dachte ich, wir würden in der Lage sein, unsere intime Beziehung die ganze Party über

zu genießen, so, wie wir es besprochen hatten. Doch Du warst so aggressiv und außer Kontrolle, dass ich dachte, Du würdest alles auffliegen lassen, d. h. die Tatsache, dass wir ein Verhältnis haben. Ich mag es, wie sehr Du mich liebst, und ich mag es, wie sehr ich Dich liebe. Ich mag es auch, wenn wir beide in der Lage sind, diese Liebe zum Ausdruck zu bringen. Was ich jedoch nicht mag, das ist, wenn Du irrational und grenzenlos eifersüchtig bist und Deinen Zorn benutzen willst, um mich zu kontrollieren. Das funktioniert nicht und wirft uns nur zurück. Es ist auch der einzige Grund, warum unsere Beziehung sich nicht in die Richtung weiterentwickelt, die Du Dir wünschst.

Cathy reagierte auf Henrys Analyse mit einer Flut von Selbstvorwürfen. Sie warf sich vor, ihre ganze Beziehung zerstört zu haben. Sie entschuldigte sich dafür, zu viel getrunken zu haben. Sie fühlte sich gedemütigt und fragte sich ängstlich, was die anderen Partygäste von ihrem Benehmen halten mochten. Später am selben Tag tröstete Henry sie:

Du hast zwischen uns nichts ruiniert. Und um all die anderen, die außer uns da waren, solltest Du Dir keine Gedanken machen. Es gibt nichts, wofür Du Dich schämen müsstest. Die Leute haben gemerkt, dass Du betrunken warst, aber sie hielten Dich auch für glücklich. Ich denke, dass es ihnen sogar gefallen hat, dass wenigstens einer seine Hemmungen abgelegt hat.
Gönn Dir mal ein paar Tage Auszeit und tu Dir was Gutes.
Ich liebe Dich.

Ob betrunken auf meiner Wohnzimmercouch oder später kotzend über meiner Kloschüssel im Gästebad – Cathy hatte dabei weder glücklich noch hemmungslos gewirkt. Damals verstand ich nicht, warum sie absichtlich dafür sorgte, dass es ihr so schlecht ging.

Inzwischen wusste ich, warum sie sich ins Vergessen getrunken hatte. Sie musste sich elend, einsam, verwirrt, zerrissen und vielleicht sogar schuldig gefühlt haben, wenn auch nicht schuldig genug, um nicht mehr zu versuchen, Henry ganz für sich zu haben. Vielleicht hatte sie gehofft, ihn zwingen zu können, ihr seine Aufmerksamkeit zu widmen, sein Leben für sie neu auszurichten. Wenn es ihr nur schlecht genug ginge, dann würde er mich vielleicht verlassen und sich um sie kümmern.

Damit hatte Henry also zwei sehr unglückliche Frauen am Hals – das war eine ganze Menge.

Innerhalb der folgenden Monate oszillierte ihre Beziehung zwischen Obsession und Eifersucht. Cathy beschrieb ihre Energien als so harmonisch, dass es klang, als würde sich einer vom anderen ernähren. Diese Vorstellung von einem quasi kannibalischen Festmahl ließ mich erschauern. Beziehungen solcher Art nehmen nie ein gutes Ende, weder in der Literatur noch im wahren Leben.

Nachdem er ihre Eifersucht kritisiert hatte, brachte Henry seine eigene unvernünftige Eifersucht zum Ausdruck, und wenige Wochen später steckten sie wieder im schönsten Kampf über das Wesen und die Zukunft ihrer Beziehung. Obwohl er selbst die offensichtlichen Konflikte in seinem Leben ignorierte, schäumte Henry geradezu vor Wut:

> **15. März 2002**
> Ich muss Dir sagen, dass ich jetzt wahnsinnig wütend auf Dich bin. Dauernd muss ich daran denken, dass meine Gefühle niemals eine Rolle spielen. Nie fragst Du mich, was ich will, und Du gibst Dir auch keine Mühe, mir zu versichern, dass Du unsere Beziehung fortsetzen willst. Ich fühle mich ungemein betrogen.

Ich konnte gar nicht anders als festzustellen, dass Henrys Beschwerden über Cathy identisch mit Cathys Beschwerden über ihn waren. Und natürlich auch mit meinen über Henry, was die Ursache vieler unserer Auseinandersetzungen war.

Meist machten wir alles so, wie er es wollte, unterwarfen uns seinem Terminplan. »Alle Ideen von mir sind gute Ideen«, pflegte er zu scherzen, doch für mich klang das nie wie ein Spaß.

In den folgenden Wochen eskalierten die Auseinandersetzungen in ihrer Korrespondenz immer mehr, und mit dem Streit gingen Schwermut und Depression einher. Henry und ich hatten in dieser Zeit dauernd gestritten. Henry behauptete, ich sei überempfindlich, hypersensibel. Er sagte, ich bräuchte mehr Medikamente. Nach einigen überspitzten Konflikten lenkte ich schließlich ein. Ich gab ihm recht und nahm alles auf meine Kappe. Ich würde meine Ärztin um andere Medikamente bitten. Henry beschrieb dieses private Thema in einer seiner Mails an Cathy.

Es stimmte, dass ich im April 2002 in schlechter Verfassung gewesen war – verunsichert und reizbar, zudem litt ich an Schlafstörungen. Ich erinnerte mich daran, mit ihm zu meiner Therapeutin in die Stadt gefahren zu sein. Ich erinnerte mich daran, wie besorgt er mit ihr gesprochen hatte. Er hatte so fürsorglich und überlegt gewirkt. Damit hatte er sogar meine Therapeutin für sich eingenommen und getäuscht.

Nun nahm ich seit fast sechs Monaten keine Psychopharmaka mehr. Ich hatte mich ohne die Antidepressiva, die seiner Ansicht nach so unerlässlich gewesen waren, durch die schreckliche Zeit unmittelbar nach Henrys Tod gekämpft. Und so schlimm meine derzeitige Verfassung auch sein mochte, meine Gedanken waren so klar wie noch nie.

Sara, meine Freundin aus College-Tagen, rief mich aus England an. Sie würde in ein paar Wochen in die USA reisen und mich gerne auf der Insel in Maine treffen, wo wir jeden Sommer hinfuhren. Anna und Leo würden sich das gemietete Sommerhaus mit Liza und mir teilen. Sara und ich sprachen über die ersehnten Ferien. Dann gab ich ihr eine kurze Zusammenfassung der jüngsten Katastrophe.

»Er hat es gemacht wie in dem Film *Das Haus der Lady Alquist*«, meinte sie bitter.

Ich versuchte, mich rasch an den Inhalt des Thrillers zu erinnern, den ich Jahre zuvor einmal mit meinem Vater gesehen hatte. Ingrid Bergman wird darin von ihrem Ehemann, dem attraktiven und charmanten Charles Boyer, grausam bis an den Rand des Wahnsinns getrieben, weil er hinter irgendwelchen Juwelen her ist, die auf dem Dachboden versteckt sind. Gegenstände verschwinden und Gaslaternen flackern ohne ersichtlichen Grund, als würde es spuken.

Verbittert dachte ich an die Fahrten zu meiner Therapeutin und an die zahlreichen Medikamente, die ich geschluckt hatte. Dann fiel mir meine Verzweiflung ein, als ich mit Henry über den bellenden Hund von nebenan gestritten hatte.

Der kleine kläffende Terrier hieß passenderweise Rebell.

Schon an dem Tag, als wir das Haus besichtigten, bellte Rebell.

»Henry, das ist ein schönes Haus«, sagte ich, während der Hund wie irr durch den Nachbargarten tobte. »Ein schönes Haus, aber ich kann dir schon jetzt sagen, dass dieses Gebell mich wahnsinnig machen wird.«

»Ach, zerbrich dir doch darüber nicht den Kopf. Er wird schon damit aufhören, sobald er uns kennt.«

Vom Tag unseres Einzugs an kläffte der Terrier durchgehend acht Stunden lang, solange seine Besitzer bei der Arbeit waren. Das ging Tage und Wochen so, bis mich eine Art Irrsinn packte. Es war wie die chinesische Wasserfolter.

Wenn Menschen andere mit ihren schlecht erzogenen Haustieren quälen, dann sagt das einiges über sie selbst aus. Daher machte ich mir in Bezug auf unsere Nachbarn, Mr. und Mrs. Caine, auch keine allzu großen Hoffnungen. Ich befürchtete, sie würden sich unter Berufung auf irgendeine selbst zusammengesponnene, krude Sonderregel berechtigt fühlen, ihren

Rebell über die gesamte Nachbarschaft zu stellen – zum Teufel mit dem Allgemeinwohl. Henry war in einer konservativen Kleinstadt aufgewachsen, also vermutete ich, er würde am besten wissen, wie man so etwas anpackte. Ich bat ihn, mit den Leuten zu reden.

Doch Henry weigerte sich. »Warum können wir an unserem neuen Wohnort nicht in Frieden leben? Wir sind doch gerade erst hergezogen. Du verstehst das nicht. Der Hund wird mit dem Gebell aufhören, sobald er sich an uns gewöhnt hat. Deine Reaktion ist total überzogen.«

»Henry, ich habe dir gesagt, dass ich das nicht aushalten würde. Und jetzt sage ich dir noch einmal, dass es mich verrückt macht.«

Henry sagte, ich müsse Geduld haben. Also hatte ich Geduld. Aber selbst wenn ich alle Türen schloss, konnte ich an meinem Arbeitsplatz das ununterbrochene Gekläff noch hören.

Ich rief die frühere Besitzerin unseres Hauses an. Sie seufzte bitter. »Ach, dieser schreckliche Nachbar, Mr. Caine!«, stieß sie hervor. »Sein Hund hörte niemals auf zu bellen.« Sie erzählte mir, die Nachbarn hätten frech und stur reagiert, nachdem sie sie wiederholt gebeten hatte, den Hund doch tagsüber im Haus zu halten. Ich fragte sie gar nicht, ob das der Grund gewesen war, warum sie das Haus verkauft hatte. Aber als ich aufgelegt hatte, war mein erster Impuls, unsere Sachen zu packen und das Haus zum Verkauf anzubieten.

Nach ein paar Monaten, in denen Rebell weiterhin bellte, hegte ich mörderische Gedanken und fragte mich manchmal flüchtig, ob man mir auf die Schliche käme, wenn ich den Hund vergiftete. Ein Schokokeks oder ein Fleischbällchen würden bestimmt nicht auffallen. Diese Überlegungen quälten mich. Denn bis dato hatte ich Tiere immer gemocht. Wenn ich vernünftig darüber nachdachte, sagte ich mir, dass die Besitzer und nicht der einsame Hund die eigentlich Verantwortlichen waren.

Als ich die Nachbarn anrief, reagierten sie erwartungsgemäß gereizt und unhöflich. Ein anderer Nachbar bot an, sich einzuschalten. Er sagte, er kenne die Caines schließlich schon seit Jahren, aber auch er konnte nicht viel ausrichten.

Es wurde Herbst, dann Winter. In den kalten Monaten war Rebell vornehmlich im Haus. In Erwartung des Frühlings setzten Henry und ich unseren Streit darüber, ob man verstärkt gegen die Nachbarn vorgehen sollte, weiter fort. Sobald es wärmer wurde, setzte Rebells Gebell wieder ein.

An einem Wochenende im Frühsommer 2000 kam Irena aus der Stadt zu Besuch. Ich wusste, dass sie nie so ganz verstanden hatte, warum wir hier herausgezogen waren. Also wollte ich ihr unser neues Leben im bestmöglichen Licht präsentieren. Zu bieten hatten wir einen Pool mit bescheidenen Ausmaßen sowie eine beneidenswerte Aussicht auf den Fluss. Meine Gartenarbeit machte sich auch langsam bezahlt. Und trotz des Risikos in Form von Gebell, erschien es mir ratsam, draußen zu bleiben, sodass diese beiden Vorzüge optimal zur Geltung kamen. Wir machten es uns auf der Terrasse bequem und sahen einem hoffentlich beschaulichen Nachmittag entgegen, während Liza bei Cathy zu Hause mit Amy spielte.

Da stürmte Rebell aus dem Haus der Caines in den Garten und bellte und bellte und bellte. Nach ein paar Minuten sah Irena mich fragend an. Eine tiefe Verlegenheit erfasste mich und wuchs beständig. Dafür hatten wir die Stadt verlassen? Wir hatten dem relativ erträglichen Lärmpegel des Stadtverkehrs mit seinen gelegentlichen Sirenen und lauten Stereoanlagen entsagt, um uns von diesem unablässigen Lärm peinigen zu lassen? Ich versuchte, das Gebell zu ignorieren und unsere Unterhaltung fortzusetzen. Eine Stunde verging, doch das Kläffen dauerte an.

»Ist das immer so?«, fragte Irena schließlich mit sorgenvoll gerunzelter Stirn.

Ich vermochte ihr nicht zu antworten. Die Wahrheit – dass der Umzug in dieses Haus möglicherweise der schlimmste

Fehler meines erwachsenen Lebens war und dieser infernalische Hund die aussagekräftigste Metapher für diesen Irrtum – schmerzte einfach zu sehr. Ich hatte die Annehmlichkeiten der Großstadt und meine engste Freundin zurückgelassen. Die Frau, die fast zehn Jahre lang mein Cheerleader gewesen war. Hier hatte ich keine vergleichbare Freundin, mit der mich eine so lange und bedeutungsvolle Geschichte verband. Verzweiflung packte mich, und ich spürte Tränen aufsteigen. Das Gebell wurde zum zentralen Ereignis in meinem Kopf und verdrängte alles andere – den Blick auf den Fluss, den glitzernden Pool, die Rosen in ihrer ganzen Pracht. Die Anstrengung, die es mich kostete, ruhig zu bleiben, lenkte mich dermaßen ab, dass ich mich weder auf das, was Irena sagte, noch auf meine Erwiderungen konzentrieren konnte. Eine Flut von Erniedrigung und Zorn explodierte und schoss hinauf bis zu meinen Augenhöhlen, die ich mit einem Mal stechen und pochen spürte. Das waren die Vorboten einer Migräne, die mich in Phasen extremer Belastung heimzusuchen pflegte.

»Dieser verdammte Hund!«, schrie ich. »Ich halte das nicht mehr aus. Er zerstört mein Leben! Ich werde noch wahnsinnig!« Irena blickte mir entgeistert nach, als ich die Einfahrt hinunterstürmte. Sie lief mir über die Hauptstraße nach, doch ich bog bereits in die Einfahrt der Caines ein und war schon an ihrer Tür. Ich klingelte wieder und wieder, aber niemand machte auf. Inzwischen schluchzte ich, und meine Brust hob und senkte sich sichtlich. Irena versuchte, mich zu beruhigen. Ich klingelte noch ein paarmal, fügte mich dann in meine Niederlage, und so kehrten wir schließlich nach Hause zurück. Das Gebell begleitete uns, als wir hineingingen.

Dann kam Henry zurück, der für das am Nachmittag geplante Barbecue eingekauft hatte.

»Dieser verdammte Hund!«, brüllte ich ihn an. »Er hat zwei Stunden lang ununterbrochen gekläfft, während Irena und ich versucht haben, draußen zu sitzen! Ich halte das nicht mehr aus. Du musst hingehen und mit denen reden, weil ich diesen verdammten Bullshit keinen Tag länger ertrage!«

Henry sah mich voller Wut und Abscheu an. Während Irena perplex danebenstand, packte er mich am Arm und zerrte mich in den Flur, wo er mich an die Wand drängte. »Du bist außer dir, du bist verrückt und außer dir. Das ist irrational, wie du das siehst, total irrational. Es ist doch nur ein Hund.«

»Ich habe dir gesagt, dass ich das nicht aushalten würde, weil ich wusste, dass ich es nicht ertragen könnte. Warum verteidigst du diese Leute, anstatt mir zu helfen? Auf mich gehen sie ja nicht ein. Warum kannst du nicht machen, was die Sache des Ehemannes ist, und dich mit ihnen auseinandersetzen? Warum tust du das nicht?« Ich schluchzte wieder. »Warum?« Ich fühlte mich so schrecklich allein. Ich war zwar verheiratet, gleichzeitig aber einsam und isoliert. Ich hielt mich selbst schon für verrückt und wie aus dem Gleichgewicht geraten. An jenem Tag merkte ich, dass es keinen einsameren Zustand gibt, als wenn man in einer Ehe allein ist.

Später am selben Nachmittag kamen Cathy und Steve mit Amy und Liza sowie andere Freunde aus dem Ort zum Barbecue. Ich kam meinen Pflichten als Gastgeberin nach. Irena schien von der nachmittäglichen Szene immer noch irritiert. Irgendwann sah ich sie ein Vieraugengespräch mit Henry führen. Sie redete mit ernster Miene und sehr bestimmten Gesten, während Henry zuhörte, die Rolle des wie immer gut gelaunten Gastgebers für den Moment jedoch abgelegt zu haben schien.

Nach jenem Wochenende sah ich Irena eine ganze Zeit lang nicht.

»Ich verstehe nicht, warum wir so auseinanderdriften«, lamentierte ich eines Abends, als ich mit Henry im Bett lag. Zu diesem Zeitpunkt hatten wir bereits einen Anwalt eingeschaltet, um mit den Caines klarzukommen (der Anwalt versicherte uns übrigens, dass es bei einem Gutteil seiner Mandate um bellende Hunde und um Zäune ging). Außerdem besuchten wir einen Therapeuten, den Cathy uns empfohlen hatte. Das Thema Hund kam dort sofort und auch später immer wieder zur Sprache. Für mich war es eines von vielen Beispielen dafür, wie Henry meine Gefühle und deutlich formulierten Bedürfnisse ignorierte. In seinen Augen bewies es, wie unvernünftig und überzogen ich reagierte und dass ich stärkere Medikamente benötigte. Außerhalb der Praxis des Therapeuten war Henry deutlich weniger diplomatisch. Er sagte mir, ich sei verrückt. Als ich an Irena dachte, begann ich wieder zu weinen, was ich damals häufig tat. »Sie war jahrelang meine beste Freundin, und jetzt kommt es mir vor, als würde sie mich nicht sehen wollen. Ich habe hier draußen keine Freundinnen wie Irena, Henry. Ich weiß nicht einmal, ob ich hierhergehöre. Ich fühle mich so allein.«

»Cathy ist doch eine Freundin, oder etwa nicht?«, sagte er.

»Ich werde aus Cathy nicht schlau«, antwortete ich, setzte mich im Bett auf und drehte mich zu Henry. »Ich fühle mich in ihrer Nähe irgendwie nicht wohl. Sie ist so extrem, manchmal sehr warmherzig und dann wieder eiskalt. Und sie und ich unternehmen sowieso nie etwas allein. Das ist nicht wie bei richtigen Freundinnen. Und wir würden nie so viel Zeit miteinander verbringen, wenn Liza und Amy nicht so eng befreundet wären.«

»Also ich finde, du solltest Cathy eine Chance geben«, sagte Henry nachsichtig. »Ich finde, du solltest dir ein paar neue Freundinnen suchen. Du brauchst Irena gar nicht.«

An einem dieser brütend heißen Julitage rief ich Irena an. Sie sagte mir, sie hätte es damals bemerkt – das zwischen Henry und Cathy. Ihr Vorteil war gewesen, dass sie von außerhalb in unsere kleine Stadt kam. An jenem Wochenende vor drei Jahren hatte sie Henry und Cathy beobachtet und eins und eins zusammengezählt. Ohne dass ich oder jemand anderer es bemerkt hätte, stellte sie Henry unverblümt zur Rede.

»Ich sagte zu ihm: ›Was läuft da zwischen dir und dieser Frau?‹ Und er meinte: ›Ist es so offensichtlich?‹ Daraufhin sagte ich: ›Ich will nichts darüber hören, denn ich möchte nicht deine Mitwisserin sein. Julie ist eine meiner besten Freundinnen. Deshalb will ich, dass du diese Sache hier aus der Welt schaffst und mir Bescheid sagst, wenn es vorbei ist.‹ Da meinte er: ›Irena, dir ist doch wohl klar, dass meine Ehe beendet ist, wenn das hier rauskommt.‹ Das klang für mich wie eine Drohung. Wenn ich es dir gesagt hätte, hätte er mich für die Folgen verantwortlich gemacht. Deshalb konnte ich nicht bei dir sein, solange er diese Geschichte laufen hatte«, fuhr Irena fort und erinnerte sich an ihre Unentschlossenheit und die Wut auf Henry. »Ich wusste einfach nicht, was ich machen sollte – ich befand mich in einer dermaßen schlechten Position. Es kam mir vor, als würde ich dich, jedes Mal wenn wir uns sahen, belügen.«

Während ich ihr zuhörte, erinnerte ich mich an ein seltsam zäh verlaufendes gemeinsames Mittagessen in jener Zeit. Da hatte Irena mir sehr pointierte Fragen gestellt: Ob ich in meiner Ehe glücklich sei, ob ich Henrys Karriere als Autor wirklich aus Überzeugung unterstütze, ob ich mich von ihm geschätzt und anerkannt fühle, ob ich nicht insgeheim von einer eigenen Karriere träume. Diese forschenden Fragen hatten mich zu einem Bekenntnis meiner Loyalität veranlasst, das sich jedoch alles andere als echt anfühlte. Dennoch gab ich mein Bestes, um eine Vision von Henry und mir auf einem Weg hin zu gemeinsamen künftigen Zielen zu entwerfen.

»Ich wollte nicht, dass du durchmachst, was ich gerade ausgestanden hatte, denn ich hatte meine Scheidung eben erst hinter mir«, sagte Irena und erinnerte mich damit an das schmerzliche Drama, das ich als ihre Freundin mit angesehen hatte. Mich schauderte bei der Vorstellung, ich hätte mich mit Henry gerichtlich auseinandersetzen müssen. War er doch ein Mann, der es kaum ertrug, einen gewöhnlichen Streit zu verlieren.

»Ich hoffte, er würde die Geschichte mit Cathy einfach rasch beenden, und das Ganze wäre nur ein kleiner Makel einer langen Ehe. Am meisten fürchtete ich mich jedoch davor, dass, wenn ich dir erzählen würde, was ich wusste, du ihn verteidigen und mir widersprechen würdest, und das wäre für immer das Ende unserer Freundschaft gewesen.«

An dieser Stelle musste ich traurig eingestehen, dass sie mit ihrer Vermutung wahrscheinlich richtig gelegen hatte. Ich hätte Henry sicher weiter verteidigt, denn es war Teil meines verkrampften Lebens, Rechtfertigungen und Entschuldigungen für sein Verhalten zu finden.

»Trotz allem weiß ich, dass er dich geliebt hat, Julie«, sagte Irena. »Das weiß ich bestimmt. Darum hat er die Affäre auch geheim gehalten. Ich machte mir auch Sorgen, ob er dich je freigegeben hätte, wenn du selber dahintergekommen wärst und die Scheidung gewollt hättest. Er hätte dir den Abgang nicht leicht gemacht. Denn er wollte weder dich noch Liza verlieren.« Mein Leben in diesen letzten Jahren unserer Ehe hatte etwas von einer Blase, die man von einem zu engen Schuh an der Ferse bekommt – es ist der unzureichende Versuch des Körpers, eine Schutzschicht über eine Wunde zu legen. Jetzt muss ich die Blase aufstechen, den damit verbundenen Schmerz ertragen und dann ein anderes Leben probieren, eines, das mir besser passt.

Sieben

Ende Juli 2003

Die Tage schlichen dahin, die Hitzewelle dauerte an. Wenigstens war Liza außer Haus und so sicher vor den meisten meiner unberechenbaren Wutausbrüche. Anna und ich fuhren die Kinder abwechselnd morgens zum Sommercamp und nachmittags zurück nach Hause. Eines Morgens kam Anna überraschend noch einmal wieder, nachdem sie die Kinder weggebracht hatte. Sie trug einen großen braunen Umschlag bei sich.

»Was ist da drin?«, fragte ich misstrauisch. Wir schienen ja beide vom Pech verfolgt. Da gab es keine unschuldigen Päckchen. Wir sahen eine wie die andere schrecklich aus, erschöpft und elend. Ich hatte wieder aufgehört zu essen, und auch sie wirkte ziemlich hager. Wenn uns nach schwarzem Humor zumute war, nannten wir es die Tod-und-Scheidungs-Diät.

Anna streckte mir den Umschlag hin. »Das sind alle E-Mails, die sich John und seine kleine Schlampe geschrieben haben«, sagte sie und bestätigte damit meine Befürchtung. »Ich wollte dich bitten, ob du sie für mich aufheben kannst. Mir tut es zu weh, sie im Haus zu haben. Aber vielleicht brauche ich sie noch.«

Ich nahm ihr das Päckchen ab, und wir suchten einen Platz ganz oben auf einem Regal in meinem Arbeitszimmer, damit ich nicht versucht wäre, es aufzumachen. Schließlich hatte ich selbst genug Giftmüll zu sichten.

Dann gingen wir in die Küche, wo ich jedem von uns ein Glas Eistee eingoss. Schweigend saßen wir am Tisch und umklammerten unsere beschlagenen Gläser.

Anna drehte das Ende ihres roten Zopfes und ergriff schließlich das Wort. »Julie, hast du eigentlich schon mal daran gedacht, in die Stadt zurückzuziehen?«

»Ich glaube, dass ich den Verstand verliere, wenn ich hier noch sehr viel länger bleibe«, murmelte ich und malte mit dem Finger eine Skyline auf mein beschlagenes Glas. Anschließend drückte ich das kalte, feuchte Glas an meine Wange.

Ach, wenn es doch so was wie den Beamer aus *Raumschiff Enterprise* gäbe und man Liza, mich, die Katzen und unsere ganzen Sachen in ein hübsches, nicht zu teures Dreizimmer-Appartement in Brooklyn beamen könnte. Vielleicht mit einem kleinen Garten, so wie die Wohnung, in der ich mit Henry lebte, als Liza geboren wurde.

»Mein Bruder sagt, ich soll nicht davonlaufen«, meinte ich und spürte, wie mir die Tränen kamen. »Er sagt, ich muss Geduld haben und das erste Jahr durchstehen. Aber ich weiß nicht, wie viel von diesem elenden Mist ich noch ertrage.«

»Ja, ich weiß genau, was du meinst«, sagte Anna und lachte bitter. Sie kam zu mir und umarmte mich. »Ich hasse es hier inzwischen auch. Und dann habe ich noch das große Haus am Hals.«

Das Gefühl, dass wir beide mit der gleichen schrecklichen Einsamkeit zu kämpfen hatten, tröstete mich so weit, dass ich aufhören konnte zu weinen.

»Aber was soll's«, sagte sie, »nach der Scheidung kann ich es mir sowieso nicht mehr leisten.«

»Ich habe ein bisschen Angst davor, Liza gerade jetzt zu entwurzeln«, und bei der Vorstellung, wie viele tausend Kleinigkeiten mit einem Umzug einhergingen, wurde mir leicht schwindelig.

»Es wäre sicher hart«, sagte Anna. »Aber ich wette, wir würden das hinkriegen«, fügte sie mit einem plötzlichen Strahlen hinzu.

Wir hatten schon für unsere Reise nach Maine im August ausgeklügelte Listen geschrieben, was einzukaufen und einzupacken war. Wir waren regelrechte Listen-Queens. Deshalb fragte ich mich, ob wir einen Umzug zurück in die Stadt ebenso managen könnten. Wir würden Listen schreiben und uns die Aufgaben teilen. Denn diese Frau war absolut zuverlässig, selbst wenn ihr Leben, genau wie meines, gerade in Scherben ging. Sofern wir uns entschließen würden, es zu machen, würden wir es auch durchziehen. Aber ich war nicht bereit dazu, noch nicht.

»Lass uns einfach weiter darüber nachdenken«, sagte Anna und sah mich aufmerksam an, denn sie hatte meine Unsicherheit gespürt. »Versprich mir nur, *dass* du darüber nachdenken wirst.«

Spätabends, als Liza schon längst in meinem Bett schlief, saß ich noch hellwach und wieder einmal lesend in meinem Arbeitszimmer. Und dann fiel mir vor Staunen wirklich die Kinnlade runter. Dass ich so etwas von einem Mann hören musste, der stolz auf seine Selbsterkenntnis und sein ausgeprägtes Verständnis von der menschlichen Seele gewesen war.

> Ich fühle mich nicht wegen Dir hin und her gerissen. Ich bin allerdings hin und her gerissen, wenn ich darüber nachdenke, was unsere Beziehung mit meinem Zurechtkommen mit meiner Ehe zu tun hat.

Ein wenig hin und her gerissen? Ach, wirklich? Wie konnte er nur so abgeklärt daherreden? War das möglich, dass er nicht begriff, welchen Schaden sein Verhalten, auch wenn es im Geheimen stattfand, unserer Ehe und seiner Tochter zufügte?

Ich hatte nie Spaß daran, Hasch zu rauchen oder sonstige Drogen zu nehmen, obwohl ich an der Highschool natürlich ein paar Anläufe nahm, um cool zu sein. Schließlich hatte ich aber die Verwirrung, die Drogen nun mal hervorrufen, zu hassen begonnen. Genauso ungern schlüpfte ich in irgendwelche Rollen. Mir reichte schon der tägliche Kampf, um mein wahres Ich zum Vorschein zu bringen. Aber offensichtlich gefiel es Henry, irgendwelche Spielchen zu spielen.

Mein Bruder David schickte mir eine Mail, auf die er gestoßen war, als er Monate zuvor Henrys Finanzen gesichtet hatte. Damals hatte er sie nicht ganz verstanden, er hatte nicht einmal gewusst, an wen Henry sie gerichtet hatte. Aber er hatte sich genug zusammengereimt, um daraus zu schließen, dass er sie zu jenem Zeitpunkt nicht an mich weiterleiten konnte. Der Inhalt war zu heikel.

Als ich die Nachricht, die vom 20. September 2002 datiert war, las, konnte ich mir die dazugehörige Situation ungefähr vorstellen. Henry schrieb:

> Ich dachte, wir wären uns, als wir heute auseinandergingen, darüber einig gewesen, dass wir versuchen wollten, hinsichtlich unserer Beziehung einige winzige Schritte vorwärtszukommen. Ich erwarte ja nicht, dass es wieder so wird wie früher. Ich erwarte jedoch, dass wir letztlich wieder zu körperlicher Intimität zurückkehren, weil es doch das ist, was wir beide wollen. Sollte jedoch alles unverändert sein, wäre ich Dir sehr böse.

Er versuchte sich in zahlreichen Rollen und gab sich mal verwirrt, mal verführerisch, dann wieder flehend, verdammend oder kampflustig. Wie er ihr am Ende dieser Nachricht drohte, das hatte etwas sehr Kaltes an sich – »wäre ich Dir sehr böse«.

Cathy schickte Henry daraufhin eine Nachricht, in der es hieß, wie sehr sie sich freue, ihn nach Monaten, in denen sie nicht miteinander gesprochen hatten, wiederzusehen. Sie bestand allerdings darauf, dass sie ihre sexuelle Beziehung nicht wiederaufnehmen dürften. Sie schrieb etwas im Stil von »nein, nein, nein, das dürfen wir nicht«, was doch erst recht eine Aufforderung darstellt.

Ich fragte mich, ob Henry sich darauf gefreut hatte, sie wieder rumzukriegen, damit er sie hinterher so richtig verachten konnte. Denn eindeutig hatte es ihm Spaß gemacht, sie zu vögeln, richtig viel Spaß.

Die Fortsetzung dieser Korrespondenz war nicht erhalten. Ich konnte mir also nur ausmalen, wie das Drama weitergegangen war. In ihren Telefonaten mit mir hatte Cathy sich zugutegehalten, ihre sexuelle Beziehung im Sommer vor seinem Tod beendet zu haben. Henrys Therapeutin wiederum hatte mir gegenüber angedeutet, Henry hätte die Affäre beenden wollen. Es gab keine Möglichkeit, die Wahrheit jetzt noch herauszufinden.

Wenn ich mich daran erinnerte, wie Cathy über Henrys Leichnam gebeugt geschluchzt hatte, schien es mir mehr als wahrscheinlich, dass die Geschichte noch an seinem Todestag mitnichten beendet war, nicht im Geringsten. In seinen Augen hatte das Spiel nichts von seinem Reiz verloren, und vielleicht hatte sie bis zuletzt gehofft, dass er mich doch noch für sie verlassen würde.

Auch wenn die meisten E-Mails zwischen Cathy und Henry verloren oder irgendwann nach Aufdeckung der Affäre gelöscht worden waren, so besaß ich noch genügend andere Mails aus den Monaten vor seinem Tod. Denen widmete ich mich als Nächstes. In einem langen Brief erleichterte Henry sein Gewissen bei Christine, der Frau in Kalifornien. Von ihr hatte erst Henry und später Tomas mir berichtet. Es war die strickende Geschiedene, mit Exmann, zwei Kindern und dem chaotischen Haushalt. Für sie idealisierte Henry Cathy in seinem Bericht. Es ist ja immer schön, wenn man seinen eigenen Geschichten auf den Leim geht, außerdem konnte er sich sicher sein, dass Christine Cathy niemals begegnen würde. Henry war also das, was mein Englischlehrer an der Highschool einen »unzuverlässigen Erzähler« genannt hatte.

Es gab eindeutig hübschere Frauen als Cathy in unserem Städtchen. Doch ihre Verfügbarkeit und die Bereitschaft, ein riskantes Spiel nach seinen Regeln mitzuspielen, müssen das mehr als wettgemacht haben. Das Risiko dürfte sogar der Schlüssel gewesen sein, der Kick für den schlimmen großen Jungen.

22. Oktober 2002

Christine,

na gut, hier also etwas zu meinen Freundinnen oder die Geschichte meiner Untreue. Ich fürchte mich immer noch ein wenig, Dir das alles zu erzählen. Es fühlt sich fast an, als würde ich Dir das Gewehr aushändigen, mit dem Du mich dann im dritten Akt erschießt … aber was soll's.

Ich hatte in den letzten drei Jahren fünf sexuelle Beziehungen und noch ein paar romantische Affären, die von ein paar Treffen bis zu einer dauerhaften Sache reichten. Am Beginn meiner Beziehung zu Julie, noch bevor wir heirateten, hatte ich eine Affäre und ein paar Beinah-Sachen laufen.

Dann war erst einmal praktisch nichts, bis vor drei Jahren, als ich diese Frau namens Cathy kennenlernte. Ich spielte damals mit meiner Tochter auf dem Spielplatz (und machte gerade einen Kopfstand für sie), als diese hübsche, schwarzhaarige, blauäugige Frau mit ihrer eigenen Tochter auftauchte und mit mir zu plaudern begann.

Etwa sechs Monate lang umwarb sie mich per E-Mail. Dann stellte ich sie bei einem Mittagessen gewissermaßen zur Rede, und etwa einen Monat später fingen wir an, miteinander zu schlafen. Wir haben uns fast drei Jahre lang regelmäßig getroffen. Das war wie eine zweite Ehe. Wir sahen uns täglich. Unsere Töchter waren beste Freundinnen. In gewisser Weise sahen wir einander mehr als unsere jeweiligen Ehepartner. Es war aber auch eine chaotische Beziehung, weil Cathy emotional sehr instabil ist.

Was uns zusammenhielt, war der Sex. Der war wirklich erstaunlich. Also hatten wir zumindest davon reichlich.

Dann gab es einen Riesenkrach im vergangenen Mai. Ich habe mit ihr Schluss gemacht. Da war sie richtig sauer auf mich. Irgendwann wollte ich den Kontakt wiederaufnehmen, da wollte sie dann nicht mehr. Und so ging es immer weiter. Schließlich entschied ich, die Verbindung zu ihr völlig aufzugeben. Das war nicht leicht, aber ich glaube, ich habe die Abhängigkeit beendet.

Und sonst? Da gab es eine kurze Affäre mit einer PR-Managerin in New York, in die ich ziemlich heftig verliebt war. Wir hatten schon ein paarmal miteinander geschlafen, als sie mir plötzlich die kalte Schulter zeigte. Leider war sie einerseits hochsensibel, andererseits unfähig, ihre Gefühle auszudrücken. Ich vermute, sie hatte sich, nachdem wir zusammen im Bett waren, mehr von unserer Beziehung versprochen, vielleicht sogar, dass ich meine Frau verlassen würde.

Dann war da noch der kurze Flirt mit einer großen Blondine in Sonoma im letzten Sommer. Wir sind bei einer Party aufeinander aufmerksam geworden. Sie stand damals gerade irgendwie zwischen zwei Beziehungen, und wir machten uns ein paar schöne Tage zusammen. Sie besaß ein wunderschönes Haus auf einem Hügel, mit toller Aussicht, Jacuzzi und Swimmingpool. Für jemand mit einem so schönen, sportlichen Äußeren besaß sie jedoch wenig Körpergefühl, daher empfand ich den Sex mit ihr als ein wenig unbefriedigend. (Ich mag es am liebsten, wenn meine Partnerin es richtig genießt, aber das setzt Selbsterfahrung und eine gewisse Technik voraus. Schließlich kann man als Mann ja nicht alles selbst machen.) Andererseits war sie eine warmherzige und liebevolle Person, sodass wir eine schöne Zeit hatten.

Ach ja, zu Hause gibt es noch eine Frau, die ich im Fitnessstudio kennengelernt habe. Sie besitzt einen herrlichen Körper. Sie trainiert fünfmal die Woche, macht zehn einarmige Liegestützen hintereinander und ist trotzdem gertenschlank. Allerdings ist sie nicht so intelligent wie ich das bei meinen Affären eigentlich schätze.

Ansonsten war da noch die Frau, die mich in ihrem Mercedes mitgenommen hat. Es war witzig, mit ihr herumzuflirten,

aber bei mir hat es nicht so richtig gefunkt. Im Sommer lernte ich dann noch eine fünfundzwanzigjährige Argentinierin kennen, mit der ich einen scharfen Flirt erlebte. Trotz ihrer Jugend ist sie »eine alte Seele«, wie du es nennst, und eine »Reisegefährtin«. Sie wollte nicht sofort Sex mit mir, sondern möchte lieber mal irgendwo gemeinsam Urlaub machen, und dann dort eine Affäre mit mir haben.
Als ich kürzlich in Willapa, Washington, war, riss eine Frau mich beim Frühstück auf. Wir plauderten nur ein paar Minuten miteinander, doch später entdeckte ich, dass sie mir an der Rezeption des Hotels eine Nachricht hinterlassen hatte, in der sie mich für denselben Abend zum Essen einlud.
Als ich heute im Regen durch Haight-Ashbury lief, vermisste ich auf einmal meine Frau ganz schrecklich.
Wie sieht Dein Zeitplan für morgen aus? Ich denke, dass ich mich morgen früh gleich mal zum Flughafen nach Oakland aufmache und den Flieger am Nachmittag nehme. Kannst Du mich abholen oder soll ich mir ein Taxi nehmen? Wie viel Zeit hast Du denn am Donnerstag für mich?

Voller Wut knallte ich die E-Mail auf meinen Schreibtisch und heulte vor Wut und aus Scham darüber, dass ich von alldem nichts bemerkt hatte. Ich lief endlos im Garten auf und ab und riss noch mehr Unkraut aus.

Vielleicht wollte ich das früher nicht sehen, aber jetzt würde ich es mir genau vornehmen, Quadratzentimeter für Quadratzentimeter. Ich habe es satt, mich wie die größte Idiotin der Stadt zu fühlen. Es kann doch wohl nicht sein, dass ich die einzige Frau in einer solchen Lage bin, dachte ich. So etwas muss doch jeden Tag vorkommen, so wie es auch Anna passiert ist. Nur dass die meisten dieser Arschlöcher nicht tot umfallen und den ganzen Müll einfach zurücklassen.

Ich stapfte in mein Arbeitszimmer zurück. Das Organisationstalent in mir – das Listen anlegte, Rechnungen bezahlte, seine

Arbeit termingerecht lieferte, Wasser für unzählige Spaghetti-Mahlzeiten kochte, kontrollierte, dass Liza ihre Hausaufgaben machte und frische Wäsche anzog –, diese Person begann ein Forschungsprojekt. Ich nahm mir einen neuen linierten Block aus dem Schrank mit dem Arbeitsmaterial, schrieb eine Liste und begann, die Frauen durchzutelefonieren.

Ich entdeckte Christines Telefonnummer und hinterließ ihr eine Nachricht. Dann wandte ich mich wieder Henrys langem Brief zu und suchte gleichzeitig nach den Nummern anderer Frauen in seinem Adressbuch.

Wieder ein schwüler Nachmittag. Liza war von ihrem Tag im Sommercamp zurück, aber ich fühlte mich nicht in der Lage, ihr eine Mutter zu sein. Stattdessen saß ich allein in meinem Büro und dachte über das letzte Jahr nach, das Henry und ich zusammen verbracht hatten. Im Hintergrund hörte ich die Geräusche des Fernsehers aus dem Wohnzimmer. SpongeBob fungierte seit Monaten als Lizas zuverlässiger Babysitter. Das Fernsehen war eine akzeptable Ablenkung von der Trauer nach Henrys Tod gewesen, jetzt bewahrte es sie vor dem Horror, der sich in meinem Arbeitszimmer zutrug.

Ich war schon lange vor Henrys Tod abgelenkt gewesen. In meiner Ehe, sogar wenn wir miteinander schliefen. In der vertrauten Umarmung unter den Decken war ich im Kopf meine To-do-Listen durchgegangen. Wenn ich dann die Augen aufschlug, sann ich über den glitzernden Staub auf den Fensterscheiben nach, über das Mondlicht, das von draußen hereinfiel, und das alles, während er sich in mir befand und dafür sorgte, dass ich kam. Ich war oft müde, auch zu müde, um mit ihm zu streiten. Umso härter traf mich jetzt die Erkenntnis. Natürlich hatte es Anzeichen für sein unmögliches Verhalten gegeben, aber ich hatte mich wohl unbewusst entschlossen, sie allesamt zu ignorieren. »Ich möchte, dass du mehr meine Freundin und weniger meine Ehefrau bist«, hatte er mir im vergangenen Herbst mehrmals gesagt.

»Du solltest Liza weniger und mir mehr Aufmerksamkeit widmen.« Das war sein Mantra seit ihrer Geburt gewesen.

Jetzt war selbst mir klar, dass Henrys allseits bekannte Neigung zum Flirten kein unschuldiger Zeitvertreib, sondern eine vielfach erprobte und extrem erfolgreiche Masche war, mit der er nicht nur unser unmittelbares Umfeld (Hunderte Menschen auf seiner Trauerfeier!) für sich eingenommen, sondern auch weibliche Bewunderer in allen Winkeln des Landes erobert hatte. Ich schlug mit der Faust so fest auf den Schreibtisch, dass es wehtat, denn das war immer noch besser, als damit gegen eine Wand zu hauen.

Ich hatte gefürchtet, der Wahrheit ins Auge zu sehen, weil einfach so viel auf dem Spiel stand. Ich hatte Angst vor dem Alleinsein gehabt. Jetzt war ich allein. Ich hatte sein an sich unerträgliches Verhalten toleriert, weil ich fürchtete, ohne ihn nicht leben zu können. Aber hier war ich und lebte durchaus ohne ihn.

14. Februar 2002
Ich habe heute in Gedanken Deinen ganzen Körper mit Küssen bedeckt, vor allem die rosafarbenen, empfindlichen Stellen. Und ich habe ein Geschenk zum Valentinstag für Dich, das am Ende meines Penis' auf Dich wartet. Ich kann es kaum erwarten, es Dir zu geben.

Henry hatte innerhalb von Minuten dieselbe Valentinsbotschaft an Cathy und Mandy (die abweisende PR-Managerin, von der in seinem Brief an Christine die Rede gewesen war) geschickt. Über diese Form von Effizienz musste ich grinsen. Was für eine simple Sache: Markieren, Kopieren und Einfügen.

Ich hatte diese schmuddelige Valentinsnachricht übrigens nicht erhalten. In jenem Jahr hatte Henry mir eine selbst gemachte Karte mit einem extra für diesen Anlass geschriebenen Gedicht geschenkt, dazu ein prächtiges Arrangement aus

Rosen, Iris, Disteln, Euphorbia und Hortensien – lauter Lieblingsblumen von mir. Ich fragte mich, welches Valentinsgeschenk wohl authentischer gewesen war.

Jahre zuvor, Liza war damals gerade erst geboren, gingen Henry und ich zu einer Party in Mandys Appartement in Uptown Manhattan, wo sie mit ihrer langjährigen Freundin Dinah wohnte. Mandy und Dinah gehörten für uns in jener Zeit zur Kategorie »Freunde von Freunden«. Ich saß auf ihrer Couch, schaukelte Liza auf meinem Schoß und versuchte, gleichzeitig an einem Glas zu nippen, ohne den Wein überallhin zu verschütten. Das weite graue Kleid, das ich trug, gab mir nicht gerade das Gefühl, schlank oder hip zu sein, aber immerhin kaschierte es meinen weichen Bauch nach der Schwangerschaft und allfällige Babyspucke und Milchflecken, die für mein neues Leben so bezeichnend waren.

Unter diesen etwa zwanzig Leuten standen Mandy, Dinah und Henry an der Küchentheke auf der anderen Seite des Raumes dicht beieinander, lachten und unterhielten sich. In einem anderen Kontext, in dem ich die Frauen als heterosexuell eingestuft hätte, wäre mir vielleicht die Frage durch den Kopf gegangen, ob beide es auf Henry abgesehen hatten. Mandy war eine große Brünette mit schmalen Lippen und männlichem Aussehen. Nicht gerade Henrys Typ, hätte ich vermutet. Ich saß mit meinem Baby da und fühlte mich gleichzeitig langweilig und gelangweilt. Wie ein unbequemes Gepäckstück in einer Zimmerecke. Verzweifelt wünschte ich mir, endlich nach Hause gehen zu können.

»Armani-Anzüge stehen Mandy ganz ausgezeichnet«, verkündete Henry eines Tages, als er mit Hosen und Hemden von einem seiner gelegentlichen Einkaufstrips zu Neiman Marcus in New Jersey zurückkam. Da stellte ich mir Mandy als seine lesbische Shopping-Freundin vor, so wie Anna davon erzählte, mit ihren »schwulen Ehemännern« Klamotten kaufen zu gehen. Gemeinsame Einkaufstouren waren doch etwas total Harmloses. Ich musste schließlich nicht alle seine Freunde mögen, redete ich mir gut zu, ebenso wenig wie Henry all meine Bekannten gefielen. Sollte er doch ruhig mit dieser Freundin einkaufen gehen, dann musste ich mich wenigstens nicht mit ihr auseinandersetzen.

Ich hoffte vielmehr, er würde sich mit etwas mehr Engagement an die Jobsuche machen und dabei Gelegenheit haben, diese perfekt geschnittenen Hosen und Hemden zu tragen, die er mir stolz präsentierte, damit ich ihn darin bewundern sollte.

Als Henry mir erzählte, Mandy und Dinah hätten sich getrennt, machte ich mir darüber nur kurz Gedanken. Zu dem Zeitpunkt hatte ich ein Kleinkind und war mit der Mutterrolle und meiner Arbeit ziemlich ausgelastet. Ansonsten drang nicht viel von der Außenwelt zu mir durch.

Wieder ein paar Monate später erwähnte Henry, Mandy habe einen neuen Job in Australien angenommen. Die andere Seite der Erdkugel würde wohl weit genug weg sein.

Zwei Jahre danach, 2001, kehrte sie nach einer weiteren gescheiterten Beziehung, diesmal mit einem Mann, den sie vorgehabt hatte zu heiraten, in die USA zurück.

»Sag mal«, meinte Henry damals, »kann ich Mandy zum Abendessen zu uns einladen?«

»Sie hat mich immer total ignoriert. Ich mag sie wirklich kein bisschen und will sie auch nicht hier haben.«

»Kann ich ihr das so ausrichten?« Er lachte.

»Nur zu«, erwiderte ich eiskalt.

»Hattest du eine Affäre mit Henry?«

Einen Augenblick lang herrschte Stille in der Leitung.

Suchte die PR-Managerin etwa nach einer glaubwürdigen Ausflucht?

»Nein, ich hatte keine Affäre mit ihm. Wir standen uns nur sehr nahe«, sagte sie schließlich. »Wir waren gute Freunde.«

»Ich erinnere mich daran, dass ihr gemeinsam einkaufen wart. Mehr war da also nicht? Nur gute Freunde?«

»Ich war nach dem 11. September ziemlich fertig. Ich hatte alles von meinem Küchenfenster aus gesehen. Es war der Horror. Und Henry hat mir sehr geholfen, gleich nachdem ich wieder in mein Appartement durfte.«

Henry hatte mir von ihrer Wohnung in Battery Park mit Blick auf die Twin Towers erzählt. Sie saß morgens mit der *New York Times* beim Kaffee, als die Flugzeuge eins nach dem anderen in die Türme rasten.

»Es ist schrecklich, dass du das durchmachen musstest, aber ich muss jetzt wissen, was zwischen dir und Henry war.«

»Ich glaube, wir haben eine Nacht im selben Bett geschlafen, aber ohne Sex.«

Wo gab es denn so was?

Ich habe aber nicht inhaliert. I did not have sexual relations with that woman.

Aha. Die Clinton-Masche.

Auf so ein Märchen konnte ich nichts antworten. Henry hatte mir jedenfalls nichts von einem geteilten Bett erzählt, nur dass er ihr geholfen hätte, wieder in ihre Wohnung zu kommen. Und von der unheimlichen Aussicht auf Ground Zero. Er sagte, eine Freundin sei bei ihr. Mich rief er aus der Stadt an und erzählte, er würde in einem Zimmer seines Collegeclubs in Midtown übernachten. Ich wollte ihm das glauben, also tat ich es auch. Ich war beschäftigt, machte mir Gedanken über die wirklich wichtigen Dinge, wie Geld verdienen oder die Erziehung unseres Kindes. Na gut, ich war eine Idiotin.

Während der panischen Tage und Wochen nach dem 11. September blieb ich zu Hause, immer in der Nähe meiner Tochter. Ich konnte an nichts anderes denken, außer dass ich in ihrer Nähe sein musste. Als Henry mir berichtete, Mandy dürfe nicht in ihre Wohnung, bot ich nicht an, sie bei uns aufzunehmen. Sie tat mir leid, vielleicht hatte ich auch ein schlechtes Gewissen, weil sie mir nicht willkommen war, aber nach wie vor wollte ich sie nicht in meinen vier Wänden haben. Ich wollte Henry vertrauen, dass er ihr helfen würde, in ihre eigene Wohnung zurückzukommen, damit Liza und ich in unserem Zuhause unbehelligt blieben.

Dabei hatte ich Henrys Fähigkeit außer Acht gelassen, jegliche Situation – selbst eine nationale Tragödie – zu seinem Vorteil zu nutzen.

Es vergingen ein paar Tage, bevor Christine, die strickende Geschiedene in Kalifornien, mich zurückrief. Auch sie hinterließ eine Nachricht auf meinem Anrufbeantworter. Sie sei mit ihren Söhnen auf einem Campingausflug gewesen, wolle aber durchaus mit mir sprechen.

»Was zum Teufel haben Sie sich dabei gedacht, etwas mit einem Mann anzufangen, der verheiratet war und ein Kind hatte?«, fragte ich. Mit schwitzenden Händen umklammerte ich die Kante meines Schreibtisches und war froh, dass diese Frau so meilenweit weg war, dass keine Gefahr bestand, ich würde sie ohrfeigen. »Sie haben wohl kein bisschen an mich gedacht, oder? Wie würden Sie sich fühlen, wenn eine Frau Ihnen so etwas antun würde?«

Sie legte nicht auf, was mich schon mal beeindruckte. Stattdessen entschuldigte sie sich leise.

Sie erzählte mir, wie sie Henry bei einem Gourmet-Event kennengelernt hatte, als er dort für sein Buch recherchierte. Sie war damals erst kurze Zeit vom Vater ihrer noch ziemlich kleinen beiden Jungs geschieden. Ihr Freund hatte sie kaltschnäuzig verlassen, als ihre Mutter das Endstadium einer Krebserkrankung erreicht hatte. Henry war also genau im richtigen Moment in ihr Leben getreten und musste ihr etwas angeboten haben, das sich wie echter Trost anfühlte. Seine wunderbaren selbst gekochten Essen, die mich einst für ihn eingenommen hatten, verfehlten ihre Wirkung auch bei ihr nicht.

»Anfangs verriet Henry mir nicht, dass er verheiratet war.

Und er trug auch keinen Ehering. Als ich nachbohrte, gab er es zwar zu, behauptete aber, Sie und er hätten ›eine Vereinbarung‹.«

»Ich kann Ihnen versichern«, unterbrach ich sie schnippisch, »dass es keinerlei ›Vereinbarung‹ gab.«

»Mein Freund und ich führten damals eine offene Beziehung, also kaufte ich Henry die Geschichte zunächst ab. Aber er tat mit seinem Privatleben so geheimnisvoll. Also reimte ich mir relativ schnell zusammen, dass er gar nichts mit Ihnen abgesprochen hatte. Eigentlich waren wir auch nur wenige Monate eng befreundet. Im Oktober lernten wir uns kennen, und in sexueller Hinsicht war es ungefähr bis Weihnachten auch schon wieder vorbei.«

Das war das Weihnachten gewesen, als Liza und ich nach Seattle geflogen waren, um Henry dort zu treffen. Zwei Wochen später war er in der Küche zusammengebrochen. Sein letzter Dezember schien inzwischen schon so lange her zu sein. Ebenso wie der Herbst, in dem er sich mit Christine getroffen hatte.

Plötzlich jedoch hatte ich den Morgen des 8. November 2002 überraschend klar wieder vor Augen. Henry und ich saßen im Auto und fuhren über die Route 9 zu einer Privatschule, auf die wir Liza zu schicken hofften.

Mit der staatlichen Schule an unserem Wohnort lief es nicht gut. Liza wurde von einigen Mädchen aus ihrer Klasse gemobbt, und die Schulleitung ging weder entschieden noch feinfühlig damit um. Schließlich hatte ich selbst mit der Mutter von einem der Mädchen gesprochen, was auch eine bescheidene Wirkung gezeitigt hatte, aber der Schaden war bereits angerichtet. Liza hasste die Schule, dabei ging sie doch erst in die erste Klasse. Wir hatten also noch eine mehr als elfjährige Schullaufbahn vor uns.

Deshalb waren wir damals unterwegs, um uns die einzige Alternative in unserer Gegend anzusehen, die etwa vierzig Autominuten von uns entfernt lag. Die beiden Töchter von

Emily gingen dorthin, wie auch die Kinder einiger anderer Bekannter. Die Kontroverse Privatschule contra öffentliche Schule war ziemlich aufgeheizt, besonders an einem Ort, an dem sich die seit Generationen Einheimischen ohnehin von den erst kürzlich zugezogenen Stadtflüchtern abgrenzten. Daher hatten auch wir ein schlechtes Gewissen wegen unserer beabsichtigten Abtrünnigkeit. Als ich Cathy eines Nachmittags beim Abholen unserer Töchter aus der Schule leise von unserem Vorhaben berichtete, verzog sie missbilligend das Gesicht bei der Vorstellung, dass unsere Mädchen vielleicht bald getrennte Schulen besuchen würden. Dabei hatte Cathy selbst Jahre an einer elitären Privatschule und im Anschluss daran in einem noch viel nobleren Internat verbracht. Deshalb ärgerte ich mich auch besonders über ihre Reaktion.

Ich mochte damals zwar gar nicht daran denken, wie Henry und ich uns eine Privatschule leisten sollten. Ein gelegentlicher Babysitter und die Mittagsbetreuung an der staatlichen Schule gingen eigentlich schon an unsere Grenzen, aber ich hoffte, das Geld irgendwie zusammenzukratzen. Mit etwas Unterstützung unserer Familien und ein wenig Sparen sollte es gehen. Allerdings war Henry definitiv niemand, der gut sparen konnte, was mich ohnehin permanent beunruhigte. Das ganze Vorhaben machte mir also bereits genug Sorgen, während ich den heftigen Verkehr auf der Route 9 beobachtete, als plötzlich Henrys Mobiltelefon klingelte.

Er nahm das Gespräch an. Ich hasste es, wenn er ohne Headset telefonierte, während er über diese volle Autobahn raste. Was mich jedoch sofort irritierte, war die Intimität, mit der ich ihn reden hörte. Ich erkannte sogleich, dass er mit einer Frau sprach. Mit entsprechenden Gesten versuchte ich ihm zu bedeuten, dass er das Gespräch beenden solle. Er ignorierte mich.

»Hör auf zu telefonieren, Henry«, zischte ich. »Das ist jetzt wirklich nicht der rechte Moment. Es ist gefährlich und noch dazu verboten.«

Wütend beendete er das Gespräch und riss den Wagen mit einem waghalsigen Manöver auf den Seitenstreifen des befahrenen Highways.

Sobald das Auto stand, packte er mich an der Schulter. »Warum bist du nur so ein verdammt selbstsüchtiges Miststück? Kapierst du nicht, dass es meiner Freundin schlecht geht? Sie ruft aus Kalifornien an! Ihre Mutter liegt im Sterben! Warum kapierst du das nicht? Ich hasse dich, wenn du so bist!«

Seine Wut machte mir Angst. Ich dachte, er würde mich schlagen. Der Fahrtwind der vorbeirasenden Autos ließ das unsere erzittern. Ich begann ebenfalls zu zittern, obwohl es im Wagen warm war und ich meinen neuen Lammfellmantel trug.

Wir waren lange genug verheiratet. Wir wussten, ohne dass wir es aussprechen mussten, dass wir für die bevorstehende Schulbesichtigung eine gewisse Harmonie ausstrahlen sollten. Nach einer Minute, in der ich mich zwar schämte, zugleich aber immer noch wütend war, steuerte Henry auf die Straße zurück. Den Rest der Strecke legten wir in eisigem Schweigen zurück.

Sobald wir die Schule betreten hatten und auf die für Neuaufnahmen zuständige Dame getroffen waren, zog Henry eine Show ab, die mich mindestens ebenso beeindruckte wie zuvor sein Zorn. Auf einen Schlag gab er sich warmherzig und charmant, aufgeschlossen und begeistert und stellte jede Menge kluger Fragen. Wir waren die perfekten engagierten Eltern, die für ihr geliebtes Kind eine wundervolle Schule besichtigten.

Jetzt war mir klar, dass die Anruferin damals Christine gewesen sein musste.

23. Oktober 2002

Du bist nicht die erste Frau, mit der ich so etwas tue. Aber ich befinde mich auf einer Art Suche und habe das, wonach ich

Ausschau halte, noch nicht gefunden. Aber Du hast so etwas, diese Mischung aus Intelligenz, Offenheit und physischer Schönheit, das mich sofort anspricht. Bis jetzt habe ich noch niemanden wie Dich kennengelernt. Das Ganze hat so etwas von Aktion und Reaktion. Ich schlage einen Ton an und der, den Du daraufhin spielst, klingt richtig und echt.
Vielleicht findest Du mein Verhalten unromantisch. Doch ich gebe mir große Mühe und investiere viel in unser emotionales Verhältnis. Ich weiß, dass ich in Dir mindestens eine neue Freundin finden werde, und meine Freundschaften dauern lebenslang. Ich denke, Du weißt aber, dass ich mehr will. Ich will eine sehr intime Freundschaft und einen Dialog, der auch körperliche Liebe einschließt.
Ich möchte Dein Kumpel sein. Ich möchte, dass Du Dich mit mir wohlfühlst und zärtlich mit mir sein kannst, wenn Deine Kinder gerade nicht in der Nähe sind. Ich möchte, dass wir unser Zusammensein genießen, weil wir wirklich wir selbst sein können. Egal, ob ich mit anderen Frauen geschlafen habe … Ich denke, diese Dinge sollten dann für einige Stunden keine Rolle mehr spielen. Lass uns doch lieber nur auf das schauen, was uns zueinander treibt.
Liebe Dich,
Henry

Christines Reaktionen auf seine Komplimente, den teuren Schmuck, den er ihr schenkte, die selbstgekochten Mahlzeiten, allein schon, dass er ihre Küche aufräumte und die Spülmaschine einräumte. Wie jede andere gestresste Alleinerziehende glaubte sie sich natürlich im siebten Himmel. Ich wäre ja selbst außer mir vor Begeisterung gewesen, wenn Henry mich nach der Rückkehr von seinen Reisen dermaßen mit Aufmerksamkeit überschüttet hätte. Stattdessen redete er sich auf seine Erschöpfung raus. Wenn er nach Hause kam, waren das eigentlich sogar die schlimmsten Tage in jenem Jahr.

In ihren E-Mails an Henry klang Christine übrigens meist

müde und erschöpft. Ihre Mutter lag im Sterben, sie hatte die beiden kleinen Jungs, ihr Freund war drauf und dran, sie zu verlassen, vielleicht weil er keine Lust hatte, sich um zwei kleine Kinder kümmern zu müssen, ihr Haus war ein einziges Chaos, und es sah ganz danach aus, dass sie es ohnehin nicht würde halten können. Nachdem sie von einem dreistündigen Kurs für geschiedene Eltern zurück war, bemerkte sie in einer Mail an Henry, dass sie nur jedem raten könne, verheiratet zu bleiben. Wahrscheinlich war das nicht ganz die Message, die er sich erhofft hatte.

Als Matthew Christine am Morgen nach Henrys Tod anrief, war sie für ihn einfach nur ein weiterer Name in dem umfangreichen Adressverzeichnis.

»Ich habe Matthew von den Affären erzählt«, erinnerte Christine sich. »Ich war mir sicher, dass Henry nachlässig gewesen war und alles gut einsehbar zurückgelassen hatte. Ich habe ihm aufgetragen, alles vor Ihnen zu verbergen. Und ich wusste, dass es eine ganze Menge zu verbergen gab.«

Am Ende unseres ersten Gesprächs hatte ich den Eindruck, ich hätte mir Christine als Freundin aussuchen können, wenn wir uns unter anderen Umständen kennengelernt hätten.

»Das war Henrys Albtraum«, sagte sie, »dass Sie und ich uns begegnen und hervorragend miteinander auskommen würden, uns zum Reden in eine Ecke zurückzögen und strickten und ihn total vergäßen.«

Wir mussten beide lachen, und ich spürte, dass sie recht hatte. Unser Lachen überbrückte die Kluft zwischen uns.

Ich bat Christine, mir ein Foto von sich zu schicken. Daraufhin mailte sie mir eine JPEG-Datei. Bevor ich sie öffnete, sagte ich mir selbst, das wird jetzt eine süße kleine Brünette sein.

Und tatsächlich war sie eine zierliche, hübsche Frau, etwa in meinem Alter, die beim Lächeln viele Zähne zeigte, mit dunklen, kurzen Locken und sanften Zügen. Sie hätte meine Cousine sein können – oder Cathys hübschere Schwester.

Ich hatte seltsamerweise das Gefühl, etwas verloren zu haben, denn ich musste zugeben, dass ich Christine mochte. Sie hatte sehr viel Humor. Sie war klug und witzig, und ich wollte sowieso jeden mögen, der sich fürs Stricken begeistern konnte.

»Hey, diesen Monat bin ich in einer Strickzeitschrift abgebildet und halte da ein Paar Handschuhe hoch«, erzählte sie mir nicht ohne Stolz. Später fuhr ich zu meinem Wollladen in der Stadt, kaufte mir ein Exemplar der Zeitschrift und bewunderte wieder ihr sympathisches, offenes Gesicht. Henry hatte in Bezug auf uns recht gehabt – wir kamen prima miteinander aus. Und als ich Henrys lange, vertrauliche E-Mail an sie noch einmal las, da beneidete ich sie um die Fähigkeit, ihn so aus der Reserve gelockt zu haben, dass er ihr derart viele seiner Geheimnisse anvertraut hatte.

Doch was passiert mit einem in dem Moment, wenn man entscheidet, dass es in Ordnung ist, mit jemandem zu schlafen, der verheiratet ist und ein Kind hat? Christine war nie bereit oder in der Lage, mir ihre Gedanken über den Moment mitzuteilen, als sie diese Grenze überschritt.

Ich hatte durchaus eine Vorstellung von dieser Erfahrung. Einmal, noch Jahre bevor ich Henry kennenlernte, hatte ich dieses Tabu selbst gebrochen.

Roberto und ich hatten uns jahrelang im Stillen zueinander hingezogen gefühlt. Wir sahen uns fast täglich, weil wir beide zu einer Clique ehemaliger Collegefreunde an der Upper West Side gehörten. Wir gingen zu Partys in verrauchten Wohnungen am Riverside Drive. Wir aßen zusammen in billigen Restaurants. Wir tranken Bier im Golden Rail an der 110. Straße und Broadway, und an den Wochenenden gingen wir tanzen.

Roberto war mit Annette verheiratet. Dabei war auch eine Greencard im Spiel gewesen (er kam aus Italien), aber seine Frau liebte ihn hingebungsvoll. Die beiden hatten keine Kinder. Roberto war Akademiker durch und durch, er arbeitete damals an seiner Doktorarbeit im Fach Linguistik.

Im September 1984 fuhr Annette für drei Wochen nach Chicago, um dort zu forschen. Schon am nächsten Nachmittag rief Roberto mich im Büro an, um zu fragen, ob ich mit ihm am Abend ins Kino ginge. In einem kleinen Filmkunstkino in meiner Gegend wurde gerade ein Wim-Wenders-Festival veranstaltet. Ein Kinobesuch war mir ein absolut willkommener Anlass, um mein schreckliches Appartement zu verlassen. Klein, billig, aber hart verdient nach Jahren zur Untermiete und in Wohngemeinschaften, das war meine hässliche, schlauchförmige Vierzimmerbehausung an der Ecke Broadway und 107. Straße, mit Blick auf einen schwach beleuchteten Innenhof. Der einsame männliche Bewohner des Appartements auf der gegenüberliegenden Seite liebte es, in meine Fenster zu starren. Die Jalousien, die ich daraufhin anbrachte, um für ein wenig Privatsphäre zu sorgen, schlossen leider auch den Großteil des ohnehin kargen Tageslichts aus. Und der einzige männliche Dauergast in meiner sonnenlosen Wohnung war Chester, mein imposanter gefleckter Kater.

Chester half mir, der Mäuse und Schaben Herr zu werden. Letztere brachten mich mit ihren Fühlern und kackbraunen haarigen Füßen dazu, um zwei Uhr morgens aufzuschrecken. Meinen keuchenden Schreien folgten lange Jagden. Chester war ein Muster an Geduld. Er vermochte stocksteif stundenlang neben der Heizung zu sitzen, bis die Schabe sich wieder hervorwagte. Chesters zuckender Schwanz teilte mir schließlich mit, dass unser Feind sich rührte, darauf folgte häufig der Einsatz von Insektenschaum, dem Telefonbuch von Manhattan oder eines Schuhs, je nachdem, was am schnellsten zur Hand war.

Roberto und ich sahen uns *Alice in den Städten, Im Lauf der Zeit* und *Der amerikanische Freund* an. Nach dem Kino aßen wir Reis, Bohnen und Ochsenschwanzragout im La Rosita, einem kleinen Restaurant an der nördlichen Ecke meines Blocks. Aus dampfenden Schalen tranken wir Café con leche und aßen unser Ragout, während die letzten Fliegen des Sommers träge an den vom fettigen Dampf milchigen Scheiben summten. Danach begleitete er mich nach Hause und kam oft noch auf eine Tasse Tee mit hinauf. Dann unterhielten wir uns über den gerade gesehenen Film, seine endlose Dissertation in Linguistik (es ging darin unter anderem um Noam Chomsky, den ich bis heute nicht verstehe). Als uns die Filme ausgingen, suchten wir gleich das Restaurant auf.

Am Abend bevor seine Frau zurückkam, stand er um Mitternacht vor meiner schon halb geschlossenen Wohnungstür und gestand mir endlich, was ihn bewegte. Er lehnte sich an die Tür und sagte, er wolle nicht gehen. Daraufhin machte ich die Tür noch einmal ganz auf und ließ ihn herein. Auf die anfängliche Euphorie nach der endlich gestillten sexuellen Sehnsucht folgten einige Migräneanfälle, die meinen Verstand regelrecht lähmten. So stolperte ich einmal mit halbmondförmiger Sehstörung in beiden Augen den Broadway hinauf zum Laden an der Ecke. Außerdem konnte ich oft bis drei Uhr morgens nichts einschlafen. Auch wenn ich mich total verliebt hatte, war ich offenbar einer Affäre mit einem verheirateten Mann nicht gewachsen. Nach einem Monat beendete ich unser Verhältnis.

Roberto flehte mich an, ihm Zeit zu geben. Wir begannen, uns wieder zu sehen. Zu Weihnachten schenkte er mir ein Paar langer schwarzer Spitzenhandschuhe. Ich hatte, aus Angst, es könnte Annette in die Hände fallen, nichts für ihn. Die Migräne kehrte mit noch größerer Heftigkeit zurück – Sehstörungen wie ein verschneites Fernsehbild, Schmerzen, Übelkeit. Ich bat Roberto, sich zu entscheiden und Annette die Affäre zu gestehen.

Das tat er auch, doch dann sagte er zu mir, er könne sich nicht entscheiden. Er sagte, er liebe Annette nicht, doch gleichzeitig schätzte er die Sicherheit und Bequemlichkeit. Er wüsste nicht, ob unsere Beziehung funktionieren würde. Ich sagte ihm, das wisse ich auch nicht, wir müssten es eben ausprobieren, aber ich könne so nicht weitermachen. Also beendete ich die Affäre und unsere Freundschaft. Danach sprachen wir nie mehr miteinander und sahen uns auch nicht wieder.

Am Valentinstag riss ich begierig den weißen Umschlag auf, den ich in meinem Briefkasten vorgefunden hatte, und hoffte wohl, er wäre von Roberto, den ich immer noch heftig vermisste. Die Karte darin zeigte ein mit schwarzer Tinte hingekritzeltes Herz, das mit toten Kakerlaken verziert war. Ihre Fühler und Beine waren sorgsam mit Klebstoff befestigt.

Die Karte kam von Annette. Sie nannte mich darin eine Schlampe und Hure. Diese Kraftausdrücke erinnerten mich an Streitereien auf der Highschool. Aber ich bekam auch Angst bei der Vorstellung, dass eine Frau, die nur zwanzig Blocks von mir entfernt wohnte, mich aus tiefster Seele hasste und mir vielleicht etwas antun würde, wenn sie mich zu Gesicht bekäme. Gleichzeitig empfand ich ihre Wut als gerechtfertigt.

Ich überlegte, wie viel Mühe sie auf das Basteln der Karte verwendet hatte. Stammten die Kakerlaken aus ihrer Küche? Hatte sie sie gesammelt oder eine Falle dafür ausgeleert?

Still trauerte ich um meine verlorene Liebe und hoffte immer noch, er würde seine Meinung ändern und zu mir zurückkehren. Ich hatte jedoch meine Lektion gelernt, der Schmerz ließ allmählich nach, und eineinhalb Jahre später lernte ich Henry kennen. Diese kurze Affäre war die schmerzlichste Erfahrung meiner jungen Jahre, und ich habe die Karte jahrelang aufgehoben – als Mahnung an einen Weg, den ich nie mehr einzuschlagen gedachte.

Christine aus Kalifornien musste Ende dreißig oder Anfang vierzig gewesen sein, keine unerfahrene Fünfundzwanzigjährige. Und obwohl sie echtes Bedauern über ihr Verhalten zum Ausdruck brachte, blieb sie vage und ausweichend, wenn ich auf Einzelheiten drängte. Sie schien zu verstehen, dass sie mir eine Erklärung schuldete, doch ab einem bestimmten Punkt prallte ich auf eine Mauer.

In unseren Gesprächen versuchte sie, den sexuellen Aspekt der Beziehung herunterzuspielen. Vielleicht wollte sie mir auf diese Weise Schmerzen ersparen. Und es stimmt ja auch, dass Sex manchmal einfach nur Sex ist. Manche bezahlen schließlich auch dafür. Er ist nicht immer interessant oder bedeutsam, doch aus Henrys E-Mails war deutlich herauszulesen, wie scharf er darauf gewesen war, ihre sexuelle Beziehung fortzusetzen. Christine gab mir zu verstehen, dass sie sich eher intellektuell zu Henry hingezogen gefühlt hatte, dass ihre Gespräche ihr wichtig gewesen waren und dass diese Unterhaltungen sogar Einfluss auf die Richtung ihrer kreativen Arbeit genommen hatten.

Sie entschuldigte sich für diese Gespräche. Sie gestand mir, dass sie inzwischen verstand, wie falsch es gewesen war, sich emotional so intensiv auf den Austausch mit Henry einzulassen. Sie begriff diese intellektuelle Beziehung als ebenso falsch wie die sexuelle, weil beides für ihn eine immense Ablenkung von seiner Ehe gewesen war.

Doch je länger ich darüber nachdachte, desto wütender machte es mich. Die emotionale Nähe in ihrer Beziehung innerhalb der wenigen Monate war groß genug gewesen, um meine Ehe an jenem Morgen im Auto auf der Route 9 erheblich zu beeinträchtigen. Da Cathy mal Teil seines Lebens und dann wieder davon ausgeschlossen war, hatte Christine zumindest zeitweise Henrys Bedürfnis befriedigt, Mittelpunkt der Welt zu sein.

Meine Gespräche mit Christine fühlten sich nie »abgeschlossen« an. Es kam mir vor, als gäbe es da noch etwas, das sie mir sagen müsse. Doch da es mir an Henrys Charme mangelte, vermochte ich es nicht aus ihr herauszulocken. Trotzdem rief ich Christine eines Morgens aus meiner Küche noch mal an, als ich gerade eine Pause beim Einpacken der Lebensmittel für unseren Ferienhausaufenthalt auf der Insel in Maine einlegte. Ich konnte es gar nicht erwarten, wieder wegzukommen. Auf dem Tisch lagen Stapel mit Bettwäsche und Handtüchern. Oben hatte ich schon Unmengen an Kleidung rausgesucht. Denn das Wetter ist dort oben selbst im August unberechenbar, also hatte ich vor, von Fleecejacken bis zu Badesachen praktisch alles mitzunehmen. Es tat auch gut, so beschäftigt zu sein.

»Es tut mir so leid, dass du dich jetzt mit den Folgen von Henrys Verfehlungen herumschlagen musst. Und ich bedaure zutiefst, welche Rolle ich in diesem fiesen Durcheinander spiele«, sagte Christine.

Fies. Das ist ein Wort, das Kinder benutzen, um eine Schüssel Pudding zu beschreiben, die auf dem Küchenboden gelandet ist, oder den übelriechenden Inhalt ihrer Windeln. Ich spürte ihren Wunsch, mit mir und dieser ganzen erbärmlichen Geschichte abzuschließen und ein glücklicheres Kapitel in ihrem Leben zu beginnen.

Mir war solcher Luxus allerdings nicht vergönnt. Aus Gründen, die auch mir gerade erst dämmerten, musste ich noch viel tiefer graben. Und dieses Graben hatte nichts Kathartisches, sondern war in jeglicher Hinsicht schrecklich. Trotzdem hatte ich mit jedem Tag, der verstrich, deutlicher das Gefühl, die Fassaden des vergangenen Lebens herunterreißen zu müssen, bevor ich überhaupt ein neues beginnen konnte. Ich wusste, dass Christine mit ihren vertraulichen Geständnissen fertig war und nun zu ihrem eigenen Leben zurückkehren wollte. Was auch immer es noch aufzudecken gab – ich musste woanders danach suchen.

Ich fragte mich, wie viele weitere Menschen, darunter vielleicht sogar enge Freunde, mir nicht sagten, was sie wussten, um mich zu schonen.

Und wem konnte ich selbst vertrauen? Auch wenn es sich anfühlte, als würde ich mir selbst mit einem Skalpell in der Brust herumstochern, so war ich am nächsten Morgen, kaum dass Liza wieder im Sommercamp war, bereit, in mein Büro zurückzukehren und die Liste der Frauen weiter abzuarbeiten.

Am anderen Ende der Leitung vernahm ich eine sympathische Frauenstimme.

»Hier ist Julie. Henrys Frau.«

Ellen, die drahtige Sportlerin, die zehn einarmige Liegestützen absolvieren konnte, begann zu weinen.

»Ich habe schon so oft an Sie gedacht«, schluchzte sie. »Ich habe von Henrys Tod gehört. Aber ich bin nicht zur Aufbahrung oder zur Trauerfeier gegangen.« Ich hörte sie seufzen. »Weil ich wusste, dass ich dort nicht hingehörte.«

Unter Tränen berichtete Ellen mir, dass Henry, nachdem sie sich im Fitnessstudio kennengelernt hatten, mit ihr geflirtet und ihr den Hof gemacht habe. Ihre Mutter, die bei ihr im Haus lebte, sei damals sehr krank und pflegebedürftig gewesen. So waren die täglichen Besuche im Fitnessstudio für sie eine willkommene Auszeit vom anstrengenden Alltag. Sie und ihr Mann hätten eine harte Zeit durchgemacht.

Ellen sagte, Henry hätte zweimal mit ihr geschlafen. Von Schuldgefühlen geplagt habe sie es ihrem Mann gestanden, eine Paartherapie begonnen und ihre Termine im Fitnessstudio so verlegt, dass sie Henry dort nicht mehr traf.

»Es ist reine Neugier«, sagte ich, »aber wie sehen Sie aus? Oder nein, verraten Sie es mir nicht. Ich wette, Sie sind zierlich und brünett.« Es stimmte.

Am Tag nach diesem Telefonat rief Ellen mich noch mal zurück. Sie weinte wieder und bat mich, ihr zu verzeihen. Ich hatte bereits alle E-Mails gelesen, die sie Henry geschrieben hatte. Aus ihren Briefen konnte man auf eine gewisse Leichtgläubigkeit schließen, aber vielleicht wäre ich in ihrer Situation ebenso naiv gewesen. Henry hatte sich bei Christine in Kalifornien über Ellens fehlende Intelligenz beklagt, dabei war sie nicht ahnungsloser als ich zu Zeiten meiner Ehe. Und auch wenn er sie in intellektueller Hinsicht nicht als ebenbürtig betrachtete, so war sie ihm doch auf allen anderen Gebieten überlegen. Sie besaß ein funktionierendes Gewissen und war zu authentischen Gefühlen in der Lage. Rasch war ihr klar geworden, was richtig und was falsch war und worin ihre eigene Schuld bestand. Außerdem stellte sie sich ihrer Verantwortung innerhalb ihrer Ehe und auch mir gegenüber.

Ich wünschte Ellen alles Gute. Ich sagte ihr, dass ich hoffte, in ihrer Ehe würde alles wieder ins Lot kommen. Dafür bedankte sie sich bei mir. Das Leben konnte weitergehen, für uns beide.

Es überraschte mich, wie schnell mein Zorn nach unseren Gesprächen verflogen war. Vielleicht war ich ja nur zu erschöpft und abgestumpft. Aber ich verspürte hauptsächlich Mitleid für diese Frau, die kurzzeitig in den Sumpf meiner Ehe gestolpert und Henrys Charme erlegen war. Sie wusste nichts von Cathy, und selbst wenn sie über längere Zeit eine Rolle in seinem Leben gespielt hätte, hätte Henry ihr wohl weder von Cathy noch von Christine oder irgendeiner anderen erzählt. Sie war für ihn nur ein Spielzeug gewesen. In meinen Augen war Ellen fast eine Art unschuldige Zuschauerin, die sich kurz von etwas hatte in Versuchung führen lassen, das Henry ihr zu einer Zeit, als sie von ihren eigenen Verpflichtungen total erschöpft gewesen war, scheinbar offeriert hatte. Ich stellte fest, dass Henry ziemlich gut darin gewesen war, verletzliche Frauen zu finden. In Liebesdingen und Betrügereien, wie auch bei vielen anderen Dingen, ist gutes Timing einfach alles.

Als Nächstes schickte ich eine E-Mail an Alicia, die Argentinierin, die Henry in seinem Brief an Christine erwähnt hatte.

Ich besaß nur eine E-Mail vom 3. Dezember 2002, die sie an Henry geschrieben hatte. Meine Freundin Sara hatte bei ihrem Besuch im Frühling einen Ausdruck davon zusammengefaltet auf dem Grund einer seiner Reisetaschen gefunden. Ohne seine Bedeutung ganz zu erfassen, hatte sie den Zettel für mich aufgehoben und ihn mir geschickt, nachdem ich ihr von Henrys Affären erzählt hatte. Die Betreffzeile sprach bereits Bände: »Re: My North American Boyfriend.«

In ihrer Mail, die in gestelztem Englisch verfasst war, erklärte Alicia Henry, sie würde gern über »meine Sex-Gewohnheiten« mit ihm plaudern. Sie schlug einen Termin zum Telefonieren vor und nannte ihm ihre Telefonnummern.

Ich selbst war ihr zweimal begegnet, auf Partys. Eine davon hatte im Sommer desselben Jahres in unserem Haus stattgefunden. Sie war eine Freundin von Tomas' Exfreundin Lindsay, die in diesem Fall unbewusst als Kupplerin fungiert hatte.

Ich schickte Alicia also eine Mail, und zu meiner Überraschung antwortete sie umgehend. Unsere Korrespondenz war durch ihr dürftiges Englisch etwas eingeschränkt, aber wir schafften doch einige Runden. Ihr Leben schien ziemlich chaotisch und traurig zu verlaufen. Sie studierte an der Uni und lebte mit einem Mann zusammen, doch sie beschrieb die Beziehung als schwierig und unglücklich.

»Eigentlich ist gar nichts passiert«, meinte sie. Ob das stimmte? Waren Henrys Phantasien von einer künftigen Affäre reine Wunschvorstellungen gewesen? Eindeutig hatten die beiden sich darüber ausgetauscht und vorgehabt, diesen Austausch auch fortzusetzen. Aus der Schilderung ihrer Beziehung und ihrer Kultur schloss ich, dass in Argentinien Untreue etwas lockerer gehandhabt wird. Ich vermutete, dass auch Henry darauf gesetzt hatte. Seine Traumfrau sollte von irgendwo außerhalb der USA kommen – immerhin gelten wir weltweit als besonders prüde, und die Verfehlungen eines Bill Clinton und anderer stehen dazu nicht einmal im Widerspruch.

Mit einer Mischung aus Verbitterung und Amüsement wurde mir in diesem Zusammenhang plötzlich klar, wie groß die Ähnlichkeit zwischen Henry und unserem früheren Präsidenten war, besonders hinsichtlich der strikten Abgrenzung verschiedener Lebensbereiche voneinander. Beide hatten ihre Ehebrüche und deren Vertuschung auf vergleichbare Weise gehandhabt.

In dieser schrecklichen ersten Woche, nachdem ich von Henrys Affären erfahren hatte, war mir der tägliche Austausch mit Tomas ein willkommener Trost gewesen. Ich wusste ja, dass er es selbst auch nicht leicht hatte, nachdem er mir die Augen geöffnet und mich schonend darauf vorbereitet hatte, dass da noch einiges zutage kommen könnte. Einige der Leute, die schon über unser Verhältnis die Nase gerümpft hatten, verurteilten ihn jetzt erst recht. Ich fühlte mich trotzdem befreit und war ihm dankbar.

Am Wochenende lud Tomas Liza und mich zu einer Tanzveranstaltung in einer Art Scheune auf dem Gelände eines Sommercamps in der Nähe ein. Eine Band machte Livemusik, und wir tanzten übermütig wie bei einem vorgetäuschten Boxkampf, was perfekt war, um den aufgestauten Ärger der vergangenen Woche loszuwerden. Dazu warf Tomas Liza in die Luft und wirbelte sie herum. Ich kannte eine Menge Leute unter den Gästen und spürte mit Unbehagen, dass man Tomas und mich schön langsam als Paar betrachtete. Nach einer Weile war Liza müde, Tomas und ich schwitzten. Also gingen wir nach draußen, um uns ein wenig abzukühlen und die herrliche Umgebung zu genießen. Liza nutzte das letzte Tageslicht und schloss sich ein paar anderen Kindern zum Spielen an. Da bemerkte mich die zehnjährige Tochter einer Freundin. Sie sah erst mich, dann Tomas, dann wieder mich an.

»Geht ihr etwa miteinander?«, fragte sie und schaute weiter zwischen uns beiden hin und her.

Ich war mir unsicher, wie ich auf ihre Frage antworten sollte, denn die direkte und unverblümte Art, für die Kinder ja berühmt sind, ist etwas, das ich eigentlich immer unterstütze. Aber ich wusste selbst nicht genau, was Tomas und ich da eigentlich miteinander hatten. Wir versuchten eine Beziehung zu führen, die sich so traditionellen Kategorien wie »miteinander gehen« eigentlich entzog. Da meine Reise nach Maine kurz bevorstand, hatte ich das Gefühl, es könnte eine unserer letzten Begegnungen dieser Art sein. Denn der Herbst würde mit Sicherheit Veränderungen mit sich bringen.

Doch zu meinem Erstaunen und meiner Erleichterung überspielte Tomas die Peinlichkeit der Situation. Er machte einen Schritt an meine Seite, legte liebevoll den Arm um mich und sagte: »Ja! Na klar tun wir das!«

Jetzt hatte ich noch eine Frau auf der Liste. Sie hieß Eliana und war in dem Brief an Christine nicht erwähnt worden. Nachdem die Neuigkeit die Runde gemacht hatte, war Matthew auf mich zugekommen, um mir zu berichten, was er inzwischen über Henrys Frauengeschichten wusste. Er erinnerte sich, dass sie ihn früh am Morgen nach Henrys Tod angerufen hatte. Sie war auch diejenige gewesen, die ich von meinem Schlafzimmer aus hatte schreien hören.

Nachdem ich sie in Henrys Adressbuch gefunden hatte, wartete ich noch ein paar Tage, bevor ich versuchte, sie anzurufen. Ich hatte sie mir bis zum Schluss aufgehoben. Und ich brauchte ein wenig Zeit, um den nötigen Mut zu fassen.

Acht

Ende Juli 2003

Ich war Eliana nur ein einziges Mal begegnet, ein paar Monate vor Henrys Tod.

Und zwar an jenem Novembertag 2002, als ich mit Henry über die Route 9 zur Besichtigung der Privatschule für Liza fuhr. Es war ein willkommener Anlass, mal wieder abends auszugehen. Lindsay, Tomas' Exfreundin, hatte uns zu ihrer Geburtstagsfeier eingeladen. Ich fand ja, dass sie im Sommer davor auf ziemlich schäbige Weise mit ihm Schluss gemacht hatte, als er gerade in unserem Dachgeschoss wohnte. Und da man bei getrennten Paaren ja unweigerlich Partei für eine Seite ergreifen muss, waren wir eigentlich enger mit Tomas befreundet.

Unsere Kleinstadt bot wenig Stoff für Dramen. Lindsay besaß jedoch das Talent, sich ihr eigenes zu inszenieren, und ich freute mich, dabei sein zu dürfen. Der Abend war als Kostümfest geplant. Kinder waren mit eingeladen, und da Liza zufällig ein blaues Trägerkleid besaß, schlug ich vor, dass wir als Charaktere aus *Alice im Wunderland* gingen.

»Ich hasse Kostümfeste«, meinte Henry daraufhin missmutig. »Was für eine Nerverei.«

»Ja, schon gut, aber es ist nun mal Lindsays Geburtstag, und sie wünscht sich eben eine Kostümparty. Sogar Tomas kommt. Können wir ihr also nicht einfach ihren Willen lassen?«

»Diesem Mädel lässt jeder andauernd ihren Willen.«

»Da könntest du allerdings recht haben.«

Ich schloss die Knöpfe am Rücken von Lizas blauem Rüschenkleid und schlüpfte selbst in ein weinrotes Samtkleid, eines meiner Lieblingsstücke im Vintage-Look. Dazu setzte ich mir eine Krone auf, die ich aus Brokatresten und glitzernden Bändern selbst genäht hatte. Ich war ziemlich stolz auf meine Kostüme in letzter Minute. Henry hatte sich widerstrebend bereit erklärt, sich auf Nachfrage als die Grinsekatze auszugeben, nachdem ich ihm klargemacht hatte, dass sein Lächeln Verkleidung genug wäre. Er war auf der Autofahrt noch brummig, doch ich selbst musste, trotz meiner gemischten Gefühle in Bezug auf die Gastgeberin, zugeben, dass ich mich auf den Abend freute. Graue Novemberstimmung sickerte ins Haus, jeden Tag ein bisschen mehr davon, und sie war die Vorbotin der herannahenden Isolation des Winters. Jeder Abend, den wir außer Haus in Gesellschaft verbrachten, war ein Abend, an dem Henry und ich weder streiten noch uns in unsere jeweiligen Arbeitszimmer verkriechen konnten. Eine Party wäre vielleicht Anlass für ein wenig Familienzusammengehörigkeit.

Als wir die von Lärm erfüllte, volle Wohnung betraten, fiel mir sogleich eine schlanke Frau mit Haar wie Ebenholz ins Auge, die komplett schwarz gekleidet und offenbar für den Tisch mit Essen und Getränken zuständig war. In New York wäre ihr Aufzug kein bisschen aufgefallen, in unserem kleinen Ort war es jedoch ein düsterer Hingucker. An den Handgelenken trug sie schwarze Lederarmbänder mit Nieten. Im Schein der Lampe über ihr schimmerten ihre Haare blauschwarz. Ihre Augen waren mit dunklem Kajal und reichlich Mascara geschminkt. Falls das ein Kostüm der Gefolgsleute von Lord Voldemort darstellen sollte, war es gelungen, doch die Selbstverständlichkeit, mit der sie auftrat, ließ vermuten, dass sie immer so herumlief. Sie lächelte mir zwar zu, aber sie wirkte auf mich ziemlich unterkühlt.

Andere Attraktionen füllten den Raum. Eine Frau trat als Reinkarnation des jungen Elvis auf, mit Hüftschwung und blauen Wildlederschuhen sang sie eine zu Herzen gehende Version von *Heartbreak Hotel*. Jesus wandelte in weißen Gewändern und Ledersandalen durch die Gästeschar. Tomas wirkte als Mafioso erschreckend echt. Unter ein fleckiges Unterhemd hatte er sich ein Kissen gestopft, die Haare zurückgegelt. Als ich mich zu einem Lächeln zwang, machte er einen Scherz darüber, dass er seine Dämonen austreiben wolle, und deutete mit seiner Bierdose in Richtung der Gastgeberin.

Lindsay, das gerade fünfundzwanzig gewordene Geburtstagskind, war so hübsch wie immer. Jeder war zumindest ein bisschen in dieses hübsche Goldköpfchen verliebt gewesen, als sie und Tomas in die Stadt gezogen waren. Auch an diesem Abend wurde sie den Erwartungen gerecht. Sie trug ein Kleid mit chinesischem Stehkragen, das ihre langen Beine gut zur Geltung brachte. Dazu hatte sie noch eine antike Zigarettenspitze in der Hand. Mit der anderen strich sie ihr hochgestecktes blondes Haar glatt und wirkte vor Aufregung ganz nervös. Erwartungsvoll ließ sie mich und Henry ihr Kostüm erraten. »Anaïs Nin«, verriet sie uns schließlich mit einem angedeuteten Schmollmund ihrer scharlachrot geschminkten, glänzenden Lippen, weil keiner von uns die berühmte zierliche, dunkelhaarige Autorin erotischer Literatur des frühen 20. Jahrhunderts in ihr erkannt hatte. Aha. Wir lächelten.

Ich seufzte und wünschte mir auf einmal auch eine lange Zigarettenspitze mit einer brennenden Zigarette darin. Doch ich hatte schon Jahre zuvor mit dem Vorsatz, eine gute Mutter zu sein, mit dem Rauchen aufgehört. Da war wieder dieses mir nur zu bekannte Bedürfnis, mich am liebsten in Luft aufzulösen. Ich nahm Liza bei der Hand und steuerte mit ihr auf die Ecke zu, in der ich Emily und ihre Kinder entdeckt hatte.

Auch zu Emilys Kostüm gehörte eine Zigarettenspitze. Sie hätte eine überzeugendere Anaïs Nin abgegeben, dachte ich insgeheim, mit ihrem kinnlangen dunklen Haar und dem roten Lippenstift. Sie wirkte wie ein Mitglied der Pariser Boheme, die Emily so bewunderte. Sie blühte während des

Geplauders regelrecht auf. Ihre Wangen waren von der Wärme in dem vollen Raum gerötet, der sonst ein stilles Studio war, in dem Lindsay uns Yogastunden erteilte. Einen Moment lang fragte ich mich, ob Emily das Leben in unserer Kleinstadt wohl niemals langweilig würde. Für eine nichtberufstätige Mutter musste es doch etwa in Berkeley viel aufregender sein. Mit den ganzen Ökoläden, Frauengruppen, progressiven Schulen und echter politischer Aktivität. Bei uns gab es eigentlich nichts Vergleichbares, obwohl durchaus viel darüber debattiert wurde, was man tun könnte, um die Welt für unsere Kinder zu retten. Ansonsten war man aber viel zu beschäftigt damit, sein Haus umzugestalten.

Es war eine gelungene Party: Lindsay war eine perfekte Gastgeberin, es gab reichlich zu essen und zu trinken, auch Musik, und die Gäste waren locker genug, um zu tanzen. Ich war wohl das einzige Problemkind im Raum.

Nachdem ich Liza bei ihren Freundinnen gelassen hatte, trat ich an den Tisch mit den Getränken und bekam von der Frau in Schwarz ein Glas Rotwein gereicht. Sie lächelte wieder. Ich erwiderte die Geste schwach und zog mich rasch in meinen Winkel zurück. Der Wein nahm dem Tag und meiner Unzufriedenheit mit der Welt rasch etwas von ihrer Schärfe. Henry, der gut gelaunt herumgegangen war (seine Brummigkeit hatte sich dank Wein und Gesellschaft rasch verflüchtigt), tauchte kurz auf und verschwand dann wieder, um sich unter die Leute zu mischen. Ich war froh, mit Emily und ein paar anderen etwas abseits zu stehen, während unsere Kinder auf einem Haufen Jacken herumkletterten.

In einer Gesprächspause warf ich noch mal einen Blick in Richtung der Dunkelhaarigen. Sie und Henry unterhielten sich und lachten. Als unsere Blicke sich trafen, verengte er seine Augen zu schmalen Schlitzen, wie zum Schutz gegen die bunten Partylichter über ihm, und grinste wie irr. Die perfekte Grinsekatze.

Lizas Stimme ließ mich meinen Blick von ihm losreißen.

»Was hast du gesagt, Süße?«, fragte ich und versuchte, den Partylärm auszublenden.

»Können wir jetzt nach Hause gehen, Mama?« Genau das hatte ich mir auch gerade gedacht.

»Was hältst du von Eliana?«, fragte Henry mich ein paar Tage später. Er sah von dem Papierwust auf seinem Schreibtisch auf, während ich ihm seine Post hinhielt. Ich schaffte es nicht, den Stapel frisch eingetroffener Kuverts auf den sowieso schon chaotischen Haufen ungeöffneter Rechnungen zu legen. Es war eine der vielen Gelegenheiten, bei denen ich froh war, dass wir getrennte Konten besaßen.

»Wer ist denn Eliana?«

»Die Frau, mit der ich mich auf Lindsays Party so lange unterhalten habe.«

»Die Frau in Schwarz? Ich fand, sie sah etwas unheimlich aus. Wer ist sie denn überhaupt?«

»Lindsay hatte sie zum Helfen engagiert. Und Tomas kennt sie auch. Ich will nächste Woche mal mit ihr mittagessen gehen. Ich habe mir überlegt, sie zu fragen, ob sie mir bei meinem Buch helfen kann. Als Assistentin, weißt du. Was hältst du von der Idee?«

»Was ist denn aus der Idee geworden, dafür eine gescheite Englischstudentin von einem der Colleges in der Gegend zu engagieren?«, erwiderte ich spitz und staunte über seine Unverfrorenheit. »Besitzt diese Frau irgendwelche wissenschaftliche Erfahrung? Versteht sie überhaupt etwas von Essen? Ist sie eine professionelle Autorin?« Ich wich von seinem Schreibtisch zurück und wünschte mir geradezu verzweifelt, nach unten in mein Arbeitszimmer zurückkehren zu können, bevor ein Streit ausbrach.

»Sie ist keine richtige Autorin«, sagte Henry. »Sie wäre eher so etwas wie eine –«, er schwieg kurz und suchte nach dem passenden Ausdruck, »spirituelle Ratgeberin.« Henry sah mich fast wehmütig an, gleichzeitig aber auch provozierend. Irgendwie verschmolzen diese beiden Gesichtsausdrücke zu einer Art Herausforderung.

»Eine ›spirituelle Ratgeberin‹? Seit wann gibst du, Mr. Rational, Sohn Voltaires, denn etwas auf ›spirituelle Ratgeber‹? Wo ich dich noch nicht mal dazu bringen kann, einen Yoga-Fortsetzungskurs zu machen.«

Das wurde mir wirklich zu dumm. Die schwarzhaarige Frau mit den schwarzen Nietenarmbändern als Assistentin? Im Hinblick auf sein Buchprojekt war das die lächerlichste Idee, die er je vorgebracht hatte. Ich wollte raus aus seinem Büro, auf der Stelle, bevor ich explodierte, doch ich stand wie paralysiert auf der Türschwelle. Einerseits frustriert, andererseits aber auch erfüllt von einem plötzlichen, geradezu paradoxen Mitleid für Henry, der auf einmal so traurig und verloren dreinblickte.

»Ich fühle mich blockiert«, fuhr er fort. »Mir scheint, ich kann einfach nicht mit dem Schreiben beginnen. Deshalb brauche ich ein bisschen Hilfe, um mich zu organisieren und zu sammeln.« Einen Moment lang herrschte Schweigen, während wir beide auf die ungebändigten Papierstapel blickten. »Und warum musst du alles immer so negativ sehen?«

»Ich war heute mit Eliana mittagessen«, berichtete Henry mir eines Abends in der darauffolgenden Woche, als er nach dem Essen von seinem Stuhl am Küchentisch aufstand. Liza löffelte noch an ihrem Eis, das sie zum Nachtisch bekommen hatte. »Ich denke wirklich, dass sie meine bisherigen Forschungsergebnisse großartig ordnen könnte.«

Ich stellte den Wasserhahn ab und legte den Schwamm und die Pfanne, die ich gerade damit bearbeitet hatte, aus der Hand. Er ging bereits über den Flur zur Treppe. Ich folgte ihm in sein Büro hinauf und ärgerte mich darüber, Liza allein in der Küche sitzen zu lassen.

»Hör mal, Henry, du hast mich vorher gefragt, und ich habe dir gesagt, was ich davon halte. Aber warum fragst du mich überhaupt nach meiner Meinung, wenn dich eigentlich gar nicht interessiert, was ich denke?«

Mit finsterer Miene setzte er sich an seinen Schreibtisch.

»Henry, das hier ist einfach Wahnsinn.« Ich ließ meinen Blick über das Papierchaos auf seinem Tisch schweifen. Und er besaß einen langen Tisch mit einer Platte von gut zwei Metern. Aber davon war nichts mehr zu sehen. Wenn man sagt, dass die Natur das Vakuum meidet, dann hatte sein Arbeitszimmer sich praktisch in einen Regenwald verwandelt, in dem es kein Fleckchen bloßer Erde mehr gab. Seit unserer Unterhaltung in der vergangenen Woche waren neue Stapel mit ungeöffneter Post und Zeitschriften aus dem Boden geschossen, und das in einem Zimmer, das rundherum mit maßgefertigten Regalen ausgestattet war.

»Ehrlich, ich verstehe nicht, was du den ganzen Tag über tust. Ich meine, ich stehe auf, gehe in mein Büro und arbeite. Ich besuche Cathy nicht auf einen Kaffee. Ich mache keine Mittagsschläfchen, ich gehe auch nicht dreimal pro Woche ins Fitnessstudio. Ich arbeite, kümmere mich um Liza und gehe einmal die Woche zum Yoga.« Ich schwieg und hoffte, vernünftig, nicht aber hysterisch oder wütend geklungen zu haben.

»Ich kann dieses Chaos nicht für dich in Ordnung bringen«, fuhr ich dann fort und verschränkte die Arme – einerseits vielleicht um mich zu schützen, andererseits auch, weil ich doch aufgebracht war. »Und jetzt geraten wir nur in Streit darüber. Aber ich bin wirklich davon überzeugt, dass du eine intelligente und fähige Person brauchst, nicht irgendein ausgeflipptes Mädel mit schwarzen Nietenarmbändern.«

»Du bist ja schon aus Prinzip gegen alles, was ich vorschlage.« Seine Unterlippe schob sich vor wie bei einem verwöhnten Kind, das trotz allem meine Zustimmung hören will, bevor es sich danebenbenimmt.

»Ja, okay, dann mach einfach so weiter, weil es ja so ausgesprochen gut funktioniert«, sagte ich. »Nur will ich diese Frau nicht in meinem Haus. Und beklag dich bloß nicht bei mir, wenn du den Ablieferungstermin für dein Buch nicht einhalten kannst. Ich gehe jetzt wieder runter. Ich will Liza bei ihrem Nachtisch Gesellschaft leisten, und außerdem muss ich noch ein paar Dinge erledigen, ehe sie schlafen geht.«

Bevor wir uns erneut über Eliana streiten konnten, war sie schon weg. Henry erzählte mir, sichtlich enttäuscht, dass Eliana beschlossen hätte, wieder aus der Gegend weg und nach Hause zurückzuziehen. Mir war egal, wo sich dieses Zuhause befand, Hauptsache es war weit weg.

»Sie ist ein harter Brocken, nicht wahr?«, sagte Matthew und lachte gezwungen. Er war gekommen, um mir die Fotodateien auf Henrys Computer zu zeigen, die zuvor nicht sichtbar gewesen waren. Ich sah mir das Bild von Eliana an, in voller »Königin der Nacht«-Montur und mit einem provozierenden Blick hinter einem Vorhang aus dunklem Haar, und musste seufzen. Immerhin verstand ich jetzt Matthews stoisches Auftreten bei Henrys Trauerfeier. Er hatte all das damals schon gewusst und mich damit noch verschont. Dafür war ich ihm dankbar. Ich denke, wir waren beide froh, das Fenster auf dem Computer wieder schließen zu können. Elianas Bild hatte sich ohnehin bereits in mein Gehirn eingebrannt.

»Zwischen Henry und dieser Frau war irgendwas Sexuelles«, bemerkte Matthew leise. »Ich habe ein paar der E-Mails gelesen. Sieht so aus, als hätte Henry sie bei seinen letzten beiden Recherche-Reisen nach Kalifornien im vergangenen Herbst getroffen.« Als hätte er meine Gedanken gelesen, fügte er noch mit dem für ihn typischen Sarkasmus hinzu: »Weißt du, ich stelle mir da so ein paar erbärmliche Nummern in Hotelzimmern vor.«

Ich versuchte, mir das Schlimmste auszumalen, damit ich einfach auf alles gefasst wäre.

Später saßen Matthew und ich auf der Veranda. Die Hitze und meine Furcht davor, mit Eliana in Verbindung zu treten, bereiteten mir Unbehagen.

»Henry hatte definitiv keine spirituelle Seite«, sagte Matthew kopfschüttelnd und schaute auf den Steinboden. »Er tat das alles als irrationales Zeug ab. Ich habe immer mal wieder versucht, ihm ein Buch dazu ans Herz zu legen. Ich dachte, das könnte ihm helfen. Ich hätte ihm gewünscht, glücklich zu sein.« Er sah mich unvermittelt an. »Ich wollte, dass ihr beide glücklich seid. Ich mochte euch beide. Ein paar Mal hat er, glaube ich, versucht, mir zu erzählen, was da zwischen ihm und Cathy vor sich ging, aber ich habe ihm das Wort abgeschnitten, weil ich nichts davon hören wollte. Du warst schließlich auch mit mir befreundet. Genau das habe ich ihm gesagt.«

Ich dankte Matthew für seine Loyalität und sein Einstehen für unsere Ehe. Wieder packte mich heftiger Zorn, obwohl ich versuchte, ruhig zu bleiben. Wie im Fall von Irena hatte Henry auch hier einen Menschen, der mir sehr nahestand, in eine Lage zu bringen versucht, die ihn gezwungen hätte, mich anzulügen.

»Er und ich haben im letzten Jahr kaum noch Zeit miteinander verbracht«, fuhr Matthew fort. »Er rief mich nur selten an. Dabei konnte ich genau sehen, dass etwas in seinem Leben fehlte. Er konnte ziemlich selbstzerstörerisch sein, das war schon auf dem College so, wo wir alle zu viel getrunken und Drogen genommen haben.«

»Er liebte es ja, solche Geschichten von damals zum Besten zu geben, nicht wahr?« Ich schloss kurz die Augen und erinnerte mich an die Abenteuer aus seiner Collegezeit, von denen er mir erzählt hatte (in der schillerndsten ging es darum, wie er am Flughafen von Syracuse aus den Sechzigern übrig gebliebenes LSD von einem namenlosen Dealer erstanden hatte). Aber ich musste auch an unsere erste gemeinsame Zeit, noch vor Lizas Geburt, denken, als wir zusammen Partys und Bars besucht hatten.

Kaum hatten wir die dreißig überschritten, wurden wir braver. Ich hatte ohnehin nie viel getrunken. Henry hörte sogar ein Jahr lang ganz damit auf, und als er wieder anfing, trank er nur noch mäßig. Die Therapie schien lehrreich gewesen zu sein – einmal gestand er mir, dass er den Alkohol quasi zur Selbstmedikation benutzt hatte. Er sagte selbst, er habe endlich gelernt, maßvoll zu trinken. Rückblickend fragte ich mich nun jedoch, warum er darauf bestanden hatte, wöchentlich eine Abendeinladung zu geben. Vielleicht war das sein Versuch gewesen, sich etwas aus jener Anfangszeit zu bewahren, diese Atmosphäre des unbeschränkten Überflusses.

»Vielleicht« – Matthew seufzte voller Bedauern – »wenn man bedenkt, wohin das alles geführt hat, wäre es sogar besser gewesen, er hätte sich auf den Alkohol beschränkt.«

Ich dachte über die ganze Palette seiner Abhängigkeiten nach – Drogen, Alkohol, Ehebruch. Und jedes Mal ging er aufs Ganze.

An diesem Punkt der Geschichte hoffte ich, dass mich eigentlich nichts mehr schockieren könne, dass ich wirklich bis auf den tiefsten Grund hinabgestiegen war. Inzwischen betete ich (ich, die Skeptikerin) nur noch, dass Henry zumindest insofern an mich gedacht hatte, als er Kondome benutzt hatte. Eliana wirkte einfach so, als hätte sie eine Menge Abenteuer, jedenfalls mehr als ich in den vergangenen sechzehn Jahren, während derer ich durchweg eine treue Gattin gewesen war.

Schließlich rief ich unseren Hausarzt an, um einen HIV-Test zu machen.

»Ich bin so froh, dass Sie sich melden«, sagte der Arzt und seufzte hörbar.

Es stellte sich heraus, dass Henry Anfang Dezember ebenfalls einen Test gemacht hatte, also einen Monat vor seinem Tod. Die ärztliche Schweigepflicht hatte den Mediziner daran gehindert, mich anzurufen und mir ebenfalls zu einem Test zu raten. Ich erinnerte mich daran, dass Henry es gleich nach seiner Rückkehr von der Westküste vermieden hatte, mit mir zu schlafen. Er sei so erschöpft, hatte er als Entschuldigung vorgebracht. Und er sah damals ja tatsächlich müde aus.

Also hatte er vielleicht immerhin so weit Sorge um mich getragen, dass er das negative Ergebnis seines HIV-Tests hatte abwarten wollen. Ich fragte mich, was er wohl getan hätte, wenn der Test keine ganz und gar erschreckende Nachricht, aber immerhin doch so etwas wie eine Geschlechtskrankheit erbracht hätte. Hätte er das hingenommen und gehofft, mich noch nicht angesteckt zu haben? Hätte er gewartet, bis eindeutige Symptome aufgetreten wären, bevor er mir seine Untreue gestanden hätte? Wie krank hätte ich werden müssen, bis er etwas zugegeben hätte? Vielleicht war es auch Angst und nicht nur Erschöpfung gewesen, die man Henry Anfang Dezember angesehen hatte. Er musste damals begriffen haben, wie gefährlich dicht vor dem Auffliegen sein ganzer Betrug war.

Der Arzt riet mir dennoch, mich zur Sicherheit ebenfalls testen zu lassen, und sorgte auch für rasche Ergebnisse, die zum Glück alle ohne Befund waren. Irgendwie hatten mich also wundersamerweise doch mindestens zehn Kugeln verfehlt.

Die Nummer in Henrys Adressbuch stellte sich als der Privatanschluss von Elianas Schwester in Kanada heraus. Diese Schwester gab mir eine andere Nummer in einer benachbarten Stadt. Diesmal hatte ich Eliana gleich persönlich dran.

»Ich habe schon mit deinem Anruf gerechnet, denn in den vergangenen Tagen habe ich deine Gegenwart ganz deutlich gespürt.« Ihre Stimme hatte etwas Luftiges, etwas von einem Singsang, und jeder ihrer Sätze schien nach oben zu schweben. Ich assoziierte damit eine Handleserin oder eine Frau, die in eine Kristallkugel blickt.

»Du hast also mit mir gerechnet?!« Schon brüllte ich sie an, obwohl ich mir doch vorgenommen hatte, ruhig zu bleiben. »Was soll das denn heißen? Hast du vielleicht auch schon an mich gedacht, als du Henry in einem gottverdammten Hotelzimmer gefickt hast?«

Sie legte nicht auf. Wie Christine hörte sie mich an. Und sie entschuldigte sich leise.

Jetzt konnten wir vielleicht zu irgendeinem Ergebnis kommen. Ich hatte mich ausgebrüllt, und wir begannen, uns normal zu unterhalten. Nach diesem ersten Gespräch war ich einige Monate lang nicht dazu bereit, mit ihr zu sprechen, doch noch am selben Tag fingen wir an, per E-Mail miteinander zu kommunizieren:

> Seit dem Moment, in dem er starb, habe ich Deine Energie visualisiert und das, was Du durchmachen musst. Schon an jenem Tag wusste ich, dass Du die Fährte aufnehmen und irgendwann nachfragen würdest. Allerdings hatte ich nicht so bald mit Dir gerechnet. Danke, dass Du den Mut dazu aufgebracht hast.
> Es gibt spirituelle Dimensionen und Aktionen dieser Beziehung zwischen ihm, Dir und mir, die das Verstandesmäßige übersteigen. Ich kann Dir nur offenbaren, was ich in meiner Freundschaft zu ihm gespürt und erfahren habe. Ich bitte Dich, Dir anzuhören, was für Dich relevant ist, um zu verstehen, und den Rest einfach loszulassen.

Eliana bediente sich einer Sprache, mit der ich mich schwertat – dieses poetische New-Age-Vokabular erzeugte bei mir Unwohlsein. Die Ausdrücke waren mir von der »Arbeitsgemeinschaft für ganzheitliche Ernährung« am College und aus vielen Yogakursen geläufig, sodass ich sie zwar verstand, aber dennoch absolut nicht mochte. Ich hatte nämlich noch gelernt, in klaren, vollständigen Sätzen mit Subjekt und Prädikat zu schreiben. Ich hatte auch gelernt, Inhalte grafisch darzustellen, und versuchte das mit einigen von Elianas Formulierungen. Doch das war, als würde ich durch einen verwilderten Wald spazieren, durch Gedankengänge, die völlig zugewachsen waren.

Ich war perplex. Schließlich hatte Henry sich stets unverhohlen verächtlich über die New-Age-Bewegung geäußert.

Mein Entschluss, nur Milch, Eier, Fleisch und Gemüse biologischer Herkunft zu kaufen, ärgerte ihn ebenso wie Emilys gelegentlichen Berkeley-geprägten Auslassungen über Astrologie, Göttinnen und die spirituellen Aspekte des Yogaunterrichts. Hatte er denn auf einmal völlig den Verstand verloren, dass er sich auf eine Beziehung mit einer Frau einließ, die in ihrem Denken so wenig rational war?

So bedeutete etwa für sie der Begriff »Sphäre« keine runde Kugel, keine gesellschaftliche Gruppe oder den Bereich eines geopolitischen Einflusses. Vielmehr war es für sie eine Art spirituelle Kraft. Desgleichen war eine »Verstopfung« nichts, was die Nase, die Atemwege oder den Blutkreislauf betraf, sondern eine Art emotionales und spirituelles Phlegma. Sie sprach von Visionen, Energiewellen und paranormalen Dingen mit der gleichen Gewissheit, mit der ein Wissenschaftler statistische Daten wiedergibt. Ich wusste einfach nicht, was ich von dieser Frau halten sollte. Ich wusste allerdings, dass ich Henry am liebsten eine gescheuert hätte. Einen kräftigen Arschtritt hätte ich ihm obendrein noch verpasst.

Welche Rolle auch immer sie sonst noch gespielt haben mochte, auf alle Fälle war Eliana wohl eine aufmerksame Beobachterin von Henrys letzten, sorgenvollen Monaten gewesen. In jener Zeit hatte er zumindest in Bezug auf sein Buch eine Krise durchlitten und verzweifelt versucht, sich mit Cathy zu arrangieren beziehungsweise sich von ihr zu lösen, bevor ich hinter ihre Affäre gekommen wäre.

Ich spekulierte über die verloren gegangene Korrespondenz zwischen Cathy und Henry. Was genau hatte sich zwischen den beiden in den letzten sechs Monaten seines Lebens wohl ereignet? Hatte Cathy gedroht, mir alles zu sagen? Denkbar war vieles, aber ohne Beweise konnte Cathy sich bedeckt halten – wohingegen mir nur Spekulationen blieben, ohne jegliche Hoffnung, je die Wahrheit zu erfahren. Am ehesten konnte ich noch darauf hoffen, über diese Frau einen gewissen Einblick in seine Welt zu bekommen.

Ich musste zugeben, dass Elianas Stimme besänftigend und sympathisch klang. Aber trotz ihrer vagen, ätherischen Sprache war sie doch ganz offensichtlich darauf bedacht, mir nicht gleich alles zu enthüllen. Erst würde ich ihr beweisen müssen, dass ich damit umgehen konnte. Ich war auf sie angewiesen, wenn ich erfahren wollte, was sie wusste. Denn inzwischen wollte ich alles wissen. In Henrys Denkweise hatte sich etwas gewandelt, und egal, ob es an der Angst lag, weil das Buch sich nicht von selbst schrieb, oder an einem tiefen Verlorenheitsgefühl – er hatte sich jedenfalls um Rat an diese Frau gewandt, und sie hatte ihm Antworten gegeben.

Eliana hatte sich ihm gegenüber vorurteilsfrei, emanzipiert und von Konventionen unbehelligt präsentiert. Mir sagte sie, sie würde seit Jahren so leben und betrachte sich als Freigeist, der seine Entscheidungen folgenlos träfe und nach Belieben Beziehungen zu Männern und Frauen einginge. Allerdings sagte sie auch, sie wolle diesen Weg in der Folge von Henrys Tod überdenken.

Eliana hatte mit ihm, wie sie sagte, noch an seinem letzten Abend telefoniert. Ich musste ihn sogar mit ihr sprechen gesehen haben, denn ich war ein paarmal in seinem Büro, während er seine Papiere sortierte.

Als sie mir ihre E-Mail-Korrespondenz schickte, konnte ich sehen, dass die beiden in seinen letzten Tagen und nach unserer Silvesterparty noch wichtige Ideen hinsichtlich der Zukunft ausgetauscht hatten.

So schrieb Eliana ihm am 3. Januar, also fünf Tage vor seinem Tod:

> Nun, dies kann eine lange Entdeckungsreise werden … auf dem Pfad der Spiritualität sind Gefühle ein Teil unseres Seins, den wir lernen müssen zu beobachten, zu dem wir aber auch auf Distanz gehen müssen … Gefühle reflektieren unsere inneren Möglichkeiten, Wahrheiten, Werte, Ehre zu erkennen, d. h. sie unterscheiden sich von den Spielchen,

> die wir Menschen in emotionalen Sphären spielen ... Wenn wir uns unseres Verhaltens wahrhaft bewusst sind, sobald ein Gefühl wie Wut entsteht, wenn wir uns selbst treu sind und unser Innerstes auf die denkbar stärkste Weise nähren wollen, dann muss dies dadurch geschehen, dass wir erspüren, was dieses Gefühl uns bringt, dann müssen wir uns selbst auf kreative Weise den Raum gewähren, es durch uns hindurch- und loszulassen und Frieden zu finden, Ruhe, inneres Gleichgewicht ... Ich arbeite daran, mir die Gefühle genau anzusehen, die bei mir ausgelöst werden, wenn ich mit Dir zusammen bin. Ich erlaube mir selbst, mit ihnen zu schwingen und doch die Liebe immer weiter fließen zu lassen.

Meine erste Reaktion war, dass es sich hier um nichts anderes als um einen Haufen Bullshit handelte. Wobei Eliana das erfahrene Surfergirl war, das auf dieser Shitwelle ritt, und Henry der blutige Anfänger, der ganz außer sich war, weil er den neuesten Surfer-Shop entdecken durfte und all die tollen Sachen darin, die er noch nie ausprobiert hatte.

Als ich versuchte, das Ganze etwas großzügiger zu betrachten, da fand ich, ihre Mail hätte auch die Einleitung einer Yogalehrerin sein können, und zwar zu den Themen Loslassen und Mitgefühl. Mit diesen beiden Konzepten hatte ich definitiv auch zu kämpfen, aber ich schätzte sie trotzdem. Auf ihre Weise (die sich von der meinen deutlich unterschied, wie ich zugeben musste), versuchte Eliana ihm zu erklären, welch immensen Schaden wir uns und anderen zufügen, wenn wir nicht lernen, unsere Gefühle zu meistern und uns stattdessen viel zu stark am Ergebnis einer Situation orientieren.

Ich musste daran denken, was Matthew gesagt hatte. Dass Henry kein spirituelles Leben besessen habe. Aber vielleicht hatte sich kurz vor seinem Ende in dieser Hinsicht noch etwas bei ihm verändert. Vielleicht hatte er sich so tief ins Chaos hineingeritten, dass er nun versuchte, sich selbst auf eine neue

Art und Weise zu begreifen. Nachdem er die Geduld der anderen Frauen in seinem Leben überstrapaziert hatte, war ihm in Eliana zumindest eine bereitwillige Zuhörerin begegnet. Seine lange Antwort per E-Mail geriet ihm jedoch zum ichbezogenen Lamento über seine Wut auf Christine, die ihre sexuelle Beziehung zu ihm abgebrochen hatte.

> Ich bin im Moment blockiert, wie Du zu sagen pflegst. Es liegt nun mal nicht in meiner Natur (genauso wenig wie in der Natur von irgendjemand, den ich kenne), Gefühle zu transzendieren. Das gestehe ich ganz freimütig. Ich will auch nichts transzendieren; vielmehr will ich mich direkt mit ihnen auseinandersetzen und sie aufarbeiten.
> Aber ich versuche zu lernen, Dinge loszulassen (wozu Du mich ja drängst). Im Moment habe ich sowohl mit Cathy als auch mit Christine emotionale Schwierigkeiten, das gebe ich zu. Das ist nichts, was ich kontrollieren könnte. Ich versuche nur, mich nicht dazu hinreißen zu lassen, auf der Basis dieser Gefühle zu agieren, was für mich etwas völlig Neues darstellt.
> Christine war höchstwahrscheinlich aus vielerlei Gründen sauer auf mich: (1) weil ich auch andere Frauen treffe,
> (2) weil ich auch andere Frauen treffe, die jünger sind,
> (3) weil sie von ihrer Freundin gehört hat, dass ich dächte, sie sei in mich verliebt (was ich so nicht gesagt habe).

Darauf folgte eine Tirade über Cathy, die meinen Verdacht bestätigte, dass ihre Beziehung noch den ganzen Herbst hindurch und bis zu seinem plötzlichen Tod weiterging. Er schilderte ihr eine Szene auf der letzten Silvesterparty seines Lebens.

> Was Cathy betrifft, will ich Dir ein paar hässliche Dinge schildern.
> Ich schätze, es war meiner eigenen Dummheit geschuldet,

dass ich jene E-Mails nicht gelöscht habe (blöd, ich weiß). Aber dass sie nach sieben Monaten noch so viel Hass aufbringen konnte, das ist einfach zu viel.
Anfangs dachte ich noch, es würde in Ordnung kommen. Ich ließ ihr auf meiner Party viel Raum. Irgendwann packte sie mich am Arm und bat mich, einer ihrer Freundinnen noch Champagner zu bringen. Aber eigentlich klebte sie die ganze Zeit über an ihrem Mann oder unterhielt sich mit zwei Freundinnen, die die gleiche Kirche besuchen wie sie. Ansonsten redete sie mit niemand.
Sie trank reichlich und bekleckerte am Ende die beiden schon erwähnten Freundinnen mit Wein. Ich reichte ihr einen Stapel Papierservietten und fragte sie scherzhaft, ob sie gleich einen größeren Vorrat davon benötige, woraufhin sie nur ein »Nein« fauchte. Da wusste ich, dass die Dinge nicht zum Besten standen. Als sie sich anschickte zu gehen, sah sie wirklich müde und erschöpft aus. Ich fragte sie sehr freundlich, ob irgendwas nicht in Ordnung sei, und sie antwortete: »Mit wem?« Dann fügte sie noch hinzu, ich solle mich um meinen Papierkram kümmern, um zu verstehen, was nicht in Ordnung sei. Ich denke, das war ein Hinweis auf die E-Mails, die sie entdeckt hatte. Ich fragte noch, ob sie mich treffen wolle, um darüber zu reden, aber sie schnaubte nur und sagte: »Nein.« Als sie kurz darauf herkam, um sich zu verabschieden, tat sie das wieder auf extrem unfreundliche Weise, und nachdem ich aufgestanden war, um sie und ihre Familie zur Tür zu begleiten, knallte sie mir diese vor der Nase zu.
Ein Teil von mir wünscht sich geradezu verzweifelt, sie anzurufen und die Sache in Ordnung zu bringen … aber ich weiß, das wäre sinnlos, und dass ich einfach mit der Situation leben muss. Was ich lernen muss und bereits gelernt habe, indem ich Dir zugehört habe, ist, dass es keine Möglichkeit gibt, die Sache mit »Vernunft« zu lösen. Die Täuschung oder Projektion, derer ich mich bedient habe, solange wir uns

regelmäßig sahen (eigentlich bis am Morgen vor fünf Tagen in meinem Kopf das Licht ausging), bestand darin, zu glauben, sie sei wie ich ... ihre seelische Verfassung würde der meinen gleichen. Doch das stimmt nicht. In Wirklichkeit ist sie psychisch labil. In Wirklichkeit fühlt sie eindeutig zu engherzig. Sie ist einer der steifsten, furchtsamsten und engstirnigsten Menschen, die mir je begegnet sind.
Und im größeren Zusammenhang? Dass ich so viel Energie in diese beiden Frauen investiere, hat von meiner Seite wohl schon etwas Pathologisches. Ich muss diese Energie bei mir behalten und sie für meine Frau und meinen neuen Ehemann/Freund – also für Dich, bewahren. Anstatt mich heute von obsessivem Grübeln gefangen nehmen zu lassen, ist es mir gelungen, diese negative Energie zum Nachdenken über einen positiven Ausweg für mich selbst aufzuwenden. Das bedeutet in der Tat eine Verhaltensänderung, und dafür muss ich Dir danken.

Mit noch größerer Verwirrung nahm ich zur Kenntnis, dass Henry sie offensichtlich als seinen männlichen Partner betrachtet hatte, was ja doch einiges über dieses sexuell-emotionale Verhältnis verriet. Eliana hatte in ihrer Beziehung auf eine Weise die Kontrolle übernommen, die für ihn neu war. Wohl auch deshalb hörte er derart auf sie, wie er das bei seinen anderen Geliebten oder mir, seiner Frau, nie getan hatte. Eine Minute danach hatte er ihr diese Nachricht geschickt:

Süße Eliana,
ganz ehrlich, Du brauchst die andere Mail nicht zu lesen. Sie diente eigentlich nur dazu, die Dinge für mich zu klären. Ich kann Dir gar nicht sagen, wie viel leichter ich mich jetzt fühle. Leichter und so klar wie Wasser ... wie ein flüssiger Kristall. Wenn Du sie doch lesen möchtest, dann lies nur die letzten paar Zeilen – das ist der wichtigste Teil.

Draußen schneit es. Ich mache mich zum Schlafengehen bereit. Die Welt ist leise, und ich empfinde durch irgendein Wunder ein wenig Frieden. Wir sind gut füreinander.
In Liebe, Henry

Ein flüssiger Kristall? Das waren ganz neue Töne von Henry. Er war über ein Jahr bei seiner Therapeutin in Behandlung gewesen. Und Leslie Burns hatte mir zwar bei unserem Treffen viel erzählt, doch dieser mysteriösen Frau mit ihren Nietenarmbändern war ein vergleichsweise tieferer Einblick in Henrys Persönlichkeit gelungen. Eliana hatte ihm auch gestattet, echte Hoffnung darauf zu entwickeln, dass es ihm gelingen könnte, sein Leben in Ordnung zu bringen. Sie sagte ihm, das sei ein hartes Stück Arbeit, und dass er sich dafür wirklich ins Zeug legen müsse. Er versuchte immer noch, seine Affären vernünftig zu begründen, suchte nach wie vor nach Ausreden, aber er begann auch zu verstehen, dass nur er eine Veränderung bewirken konnte. Vielleicht hegte er, zumindest ein paar Tage lang, diese Hoffnung. Und dann starb er.

Es hatte versteckte Hinweise auf Henrys kurze Beziehung zu Eliana gegeben. Während unserer letzten gemeinsamen Weihnachtsferien, in Seattle, waren Henry und ich einmal ohne Liza mit dem Auto unterwegs. Nach der obligatorischen Tour zu dem Outdoor-Ausstatter REI bestand er darauf, einen Abstecher zu einem Sexshop zu machen, von dem er gehört hatte. Er war sich sicher, dass das ein Spaß für uns beide wäre, und reagierte enttäuscht, weil ich es an der nötigen Begeisterung fehlen ließ. »Mein Gott, du hast so überhaupt nichts Abenteuerlustiges an dir, Julie.«

Sein Beharren war mir nicht nur unangenehm, ich empfand es zudem natürlich als extrem unsexy.

Er muss dann ein anderes Mal während unseres Aufenthalts zu dem Laden gefahren sein. In der letzten Woche seines Lebens kam ich einmal in sein Arbeitszimmer, als er gerade am Schreibtisch saß. Ich bemerkte eine kleine, unbeschriftete, geriffelte Kiste, die offen auf einem Stuhl stand. Ein Blick hinein ließ mich den farbenfrohen Inhalt sehen: Handfesseln aus rotem Leder und andere Sexspielzeuge. Er hatte oft vorgeschlagen, dass wir in unserer sexuellen Beziehung solche Spielsachen verwenden sollten, aber da ich in unseren letzten Jahren an Sex, oder zumindest an Sex mit ihm, nicht besonders interessiert war, fand ich die Idee nicht allzu ansprechend. Meine Zurückhaltung wirkte sich natürlich atmosphärisch nicht gerade entspannend aus – aber ein Teil von mir traute ihm einfach nicht. Doch die Vorstellung, als Spielverderberin dazustehen, ging mir gegen den Strich, und ich hoffte sehr, dass das neue Jahr wieder einen gewissen Spaß und Spontaneität in unsere Ehe bringen würde.

»Was ist denn das?«, fragte ich und schaute von der Kiste auf.

Henry lachte. »Schau doch mal rein.« Ich zog einen schwarzen, nietenbesetzten Ledergürtel heraus. Bei genauerem Hinsehen bemerkte ich in der Mitte einen Metallring, an dem wohl ein Dildo befestigt werden sollte.

Plötzlich fühlte ich mich so albern und ausgelassen wie schon seit Jahren nicht mehr. Ich probierte den Dildogürtel über meine Jeans an. Auf der Stelle hatte ich mich in ein toughes S & M-Mädchen verwandelt. Oder in eine Miniversion der furchtlosen Samantha aus *Sex and the City*, die ja auch alles mindestens einmal ausprobiert. Er lachte wieder und schaute von seinen Papieren auf.

»Ich frage mich, was die Leute wohl sagen würden, wenn ich damit die Main Street entlangspazieren würde.«

Henry lachte noch einmal, aber diesmal war es ein schallendes, aufgesetztes Lachen, das mit seinem gezwungenen Klang den Bann auf der Stelle brach. Auf einmal fühlte ich mich dumm und unbehaglich mit diesem Gürtel. Ich zog ihn aus und war froh, ihn wieder in der Kiste verstauen zu können. Das Verkleidungsspiel war vorbei, ich kehrte an meine Arbeit zurück.

Nach einer harten Woche und nachdem ich seine Hälfte ihrer E-Mail-Korrespondenz gelesen hatte, war Eliana bereit, mir die Geschichte ihrer Beziehung zu Henry zu erzählen. Sie sagte, Henry habe mich als hilfebedürftig und verletzlich geschildert, was ihre anfängliche Zurückhaltung mir gegenüber erklärte. Doch im Verlauf unseres Kontakts bekamen wir beide ein umfassenderes Bild voneinander.

Angetörnt von ihren Nietenarmbändern hatte Henry Eliana auf Lindsays Party angesprochen. Er war vor allem an ihrem Wanderleben interessiert. Eliana besaß damals kein festes Zuhause, sondern zog, Freunde besuchend, von einem zum anderen, je nachdem, wo ihre Beziehungen sie hinführten. Dabei war ihr Leben auf sexuelle Abenteuer ausgerichtet. Sie war glücklich mit diesem Lebensstil und verheimlichte ihn auch nicht vor ihren Partnern, obwohl sie erzählte, einige von ihnen seien damit weniger gut klargekommen.

Nach ihrem gemeinsamen Mittagessen sprachen Eliana und Henry einige Male miteinander, während sie an der Ostküste blieb. Sie sagte, er habe sofort Interesse an einer sexuellen Beziehung signalisiert. Henry erzählte Eliana auch von Cathy, von ihrer Hilfebedürftigkeit und ihrem besitzergreifenden Wesen. In seiner Beziehung zu Cathy war die Missstimmung eskaliert, und er suchte nach einem Ausweg in ein anderes, freieres Leben. Eliana fragte nach, ob nicht auch seine Reisen an die Westküste in ihm überhaupt den Wunsch geweckt haben könnten, ein anderes Leben zu führen, in einer anderen Art von Ehe. Einer Art von Ehe, in die ich nie eingewilligt hatte.

Eliana erzählte mir, sie habe am Tag vor Henrys Tod am eigenen Leib Schmerz verspürt und das deutliche Gefühl gehabt, er sei ebenfalls krank. Zu einem anderen Zeitpunkt in meinem Leben hätte ich so eine Geschichte rasch abgetan, aber nach meinen eigenen unzähligen »Visitationen« war ich offener für die Vorstellung, dass man manche Erfahrungen nicht mit rein rationalen Begriffen erfassen konnte. Ehrlich gesagt, war es für mich sogar eine Erleichterung, ihr über Henrys Besuche schreiben zu können. Sie nahm diese Berichte ebenso gelassen auf wie schon die Physiotherapeutin Maya.

Ich versuchte, mir Henry und Eliana zusammen vorzustellen. Bei seiner vorletzten Reise in den Westen, Ende November 2002, hatte Henry mich täglich angerufen.

»Ich vermisse dich und Liza so«, pflegte er zu sagen, bevor er auflegte. »Ich kann es gar nicht erwarten, nach Hause zu kommen.«

Er hatte mich oft auf Autofahrten angerufen. Da konnte ich hören, wie auf irgendeinem Küstenhighway die anderen Autos an ihm vorüberrasten. Dann berichtete er mir, was er am jeweiligen Tag gegessen und welche Leute aus der Food-Szene er getroffen hatte. Eliana erzählte mir, sie habe während einiger dieser Gespräche neben ihm gesessen und habe mit angehört, was er für intime Unterhaltungen mit mir geführt hatte. Sie war im wahrsten Sinne des Wortes der Reisegefährte gewesen, nach dem er sich gesehnt hatte.

In L. A. packte er all sein Spielzeug aus, und ich war begeistert. Es war schon eine Weile her gewesen, dass ich einen witzigen Spielkameraden gehabt hatte, vor allem einen, dem diese Welt noch neu war. Am Anfang war ich diejenige, die sich fesseln ließ. Es war interessant, weil es für mich schon länger her war und ich mich erst wieder daran gewöhnen musste, loszulassen, zu vertrauen und ihm die Kontrolle zu überlassen.
Als er die Fesseln anlegte, da erblickte ich jedoch sein innerstes Wesen. Wie mir das auch schon bei vielen anderen Männern passiert ist. Vor allem bei denen mit einem Dominanzproblem.
Er sagte, es sei die intensivste Erfahrung gewesen, die er je gemacht hätte. Und ich glaube wirklich, dass er zum ersten Mal in seinem Leben die innere Kraft von jemand spürte, der ihm ebenbürtig war.

Eine Welle der Übelkeit erfasste mich, nachdem ich das gelesen hatte. Die Kluft zwischen der Realität unserer Ehe und dem, was er sich gewünscht hatte, war so tief wie der Grand Canyon. Vor meinen Augen verschwamm alles. Ich legte meinen Kopf auf die Tischplatte. Erst einmal brauchte ich frische Luft.

Der Nachbarshund Rebell kam bellend aus seinem Haus gerannt. Ich hob einen kleinen Stein auf, warf ihn gegen den Zaun, der uns voneinander trennte, und Rebell lief davon. Ich versuchte, Unkraut auszureißen, was mir normalerweise ein geradezu kathartisches Vergnügen bereitet. Doch der Hund kam in einem Bogen zurückgerannt und begann wieder anklagend zu bellen. Endlich erschien Mr. Caine und scheuchte Rebell wieder hinein.

Vielleicht wäre ich ohne ihn besser dran. Ich erinnerte mich an einen Nachmittag vor neun Monaten, als ich in meinem herbstlichen Garten hinter dem Haus stand und mir dieser absolut radikale Gedanke in den Sinn gekommen war. Das war nur wenige Augenblicke nach einer unserer letzten lautstarken Auseinandersetzungen am Telefon. Während Henrys Gedankenwelt sich an der Westküste neuen Ideen geöffnet hatte, hatte die meine sich in jenem letzten Jahr, als er so oft abwesend war, ebenfalls geöffnet und mir kurze Momente der Einsicht beschert.

Wir hatten sechzehn gemeinsame Jahre mit reichlich Tumult hinter uns. Ich hatte Henry geliebt und mich ihm verbunden gefühlt, auch wenn er mich inzwischen körperlich und seelisch abstieß, denn dieses Versprechen hatte ich schließlich vor meiner Familie, meinen Freunden und einem gütigen Rabbi gegeben. Nein, es wird wieder besser werden, dachte ich, wir machen nur gerade eine ziemlich schwierige Phase durch. An jenem Nachmittag verdrängte ich den schrillen Gedanken: Vielleicht wäre ich ohne ihn besser dran. Doch vielleicht habe ich zu einem späteren Zeitpunkt, nach ein paar weiteren Streits, angefangen, auf mich selbst zu hören und mir zu überlegen, dass Liza und ich es allein schöner hätten. Auch wenn Irena, die erfahrene Veteranin auf diesem Gebiet, sicher recht hatte – es wäre eine fürchterliche Scheidung geworden.

Ein amüsanter Gedanke kommt mir: dass Henry vom Großen Boss persönlich aus dem Spiel gekickt wurde, von der starken Hand und dem mächtigen Arm, an den ich mich von all den Passah-Essen her erinnerte, auf den Küchenboden niedergestreckt. Vielleicht war das der Typ gewesen, der nicht davor zurückschreckte, Flüsse mit Blut zu füllen und Heuschreckenschwärme auf seine Feinde loszulassen. Als ich darüber nachdachte, musste ich lachen. Ein gutes Zeichen.

Eliana erzählte mir, dass Henry oft über unsere Ehe und unser Leben hier, in dieser langweiligen Kleinstadt gesprochen hatte. Obwohl er sich einerseits eine Familie, Unterstützung durch einen Partner und Erfolg in der »wirklichen Welt« gewünscht hatte, war da gleichzeitig ein Verlangen nach Freiheit gewesen.

Sie beschrieb mir einen Abend in Los Angeles. Sie gingen in ein Restaurant, und während sie noch an der Bar saßen, flirtete Henry mit einer attraktiven Frau, gleichzeitig machte Eliana den Ehemann dieser Frau an. Henry berichtete Eliana von seinen Vorstellungen unsere Ehe offener zu gestalten, aber natürlich erwähnte er mir gegenüber nichts dergleichen. Er wusste, dass ich so eine Form der Ehe nicht wollte. Ich fand die Variante, die wir lebten, schon schwer genug.

Eliana sagte, Henry habe ihr gestanden, sich manchmal wie ein nutzloses Familienmitglied zu fühlen, »nicht gut genug«. Das fand ich empörend. Waren das nicht faule Ausreden eines Feiglings und Lügners? Beziehungsweise der Versuch, schlechtes Benehmen, das er aus lauter Trägheit nicht änderte, zu rechtfertigen?

Ich hätte mir solche Geständnisse niemals anhören können, egal, wie aufrichtig er sie vorgebracht hätte. Dafür gab es einfach zu wenig Vertrauen und Hoffnung auf eine gemeinsame

Zukunft. Denn das machte eine glückliche Ehe doch aus: der Glaube an eine gemeinsame Zukunft und die gleiche Weltsicht.

Eliana gestand mir, sie hätte grundsätzliche Probleme mit Grenzen. Zugleich habe sie aber auch noch nie ein Verhältnis mit einem verheirateten Mann gehabt, der ein Kind hatte und in einer so konventionellen Welt lebte wie wir. Sie schrieb mir, dass die Beziehung zu Henry ihr gezeigt habe, welche Folgen es habe, wenn man Grenzen missachtete. Sie würde diesen Fehler kein zweites Mal begehen. Ohnehin sei sie dabei, ihr Leben radikal zu ändern.

Ich spürte, wie meine anfängliche Abneigung gegen diese Frau schwand. Sie war mir kein bisschen ähnlich, und doch hatte ich im Laufe der Zeit das Gefühl, wir würden uns näherkommen und eine echte Bindung zueinander aufbauen, die ich durchaus schätzte. Mir gefiel die Vorstellung, dass es in ein und derselben Welt eine Frau wie mich und eine wie Eliana geben konnte und dass wir in der Lage waren, uns zu verständigen.

Wir begannen, einander über unsere Familien zu schreiben. Sie erzählte von einer Nichte, die sie sehr mochte, und erkundigte sich in einer Weise nach Liza, die mir zeigte, dass sie etwas von Kindern verstand. Aus ihren Gesprächen mit Henry wusste sie viel über mich. Sie sagte, er habe mich in meiner Rolle als Mutter bewundert, auch mein Verständnis von Ehre sowie die Disziplin, mit der ich arbeitete. Dabei habe er seine eigene Unkonzentriertheit beklagt. Als Henry sie zum ersten Mal fragte, ob sie ihm helfen wolle, sein Buch zu strukturieren, habe sie erwidert, sie verstünde nicht, warum er sich mit seinem Hilfeersuchen nicht an mich gewandt habe. Ich erwiderte darauf, dass Henry und ich damals kaum noch zu einem friedlichen Gespräch in der Lage gewesen waren, von einer gedeihlichen Zusammenarbeit ganz zu schweigen. Trotzdem freute es mich natürlich zu hören, in welcher Hinsicht Henry mich bewundert hatte.

Sie äußerte auch die ersten hoffnungsvollen Worte in Bezug auf ein künftiges Leben, das ich mir momentan noch nicht vorstellen konnte. Es war die Vorstellung, dass die Ereignisse auch eine Art Geschenk für mich sein konnten, die Chance für einen Neubeginn, die Chance, frei zu sein.

> Du hast mich nach Orientierung gefragt. Vertrau darauf, dass sie sich einstellen wird. Auch wenn es vielleicht einige Zeit dauern wird. Vielleicht erkennst Du die Zeichen auch erst, wenn sie Dich erreicht haben. Aber Dein Instinkt wird Dir sagen, wann es so weit ist. Sie werden Brücken für Dich schlagen. In Deiner Heilung wirst Du finden, was du speziell für Dich brauchst. Auf Deine ganz eigene Weise. Du wirst diese Dinge wieder wie von selbst anziehen, denn Du besitzt diese Gabe. Sei nur ganz klar in Deinen Wünschen.

Ich berichtete Eliana, ich sei im Begriff, nach Maine zu reisen, aber ich hoffte, unsere Korrespondenz nach meiner Rückkehr wiederaufzunehmen. Denn selbst wenn sie mir ihre eigene Version der Dinge schilderte, so hatte ich nun doch ein klareres Bild von Henrys letzten Monaten.

Ich hatte von meinem Austausch mit Eliana viel gelernt. Viel deutlicher sah ich jetzt, dass ich mich in meiner Ehe abgeschottet hatte. Ich hatte gelernt, dass es ungeheuer lohnend sein konnte, seine Gedankenwelt jemand anderem zu öffnen, der so anders war als ich. Jetzt hatte ich das dringende Bedürfnis, etwas Neues für mich zu beginnen und mich zu heilen.

Heilung würde allerdings vollständige Vergebung voraussetzen. Und dazu war ich noch nicht bereit. Cathys langes Verhältnis mit Henry, ihre Missachtung meiner Familie und der Idee von Freundschaft widerten mich an. Ich war immer noch zu wütend, um Henry zu verzeihen. Aber es war durchaus schon erfrischend, gezwungenermaßen einen Blick auf Henrys dunkle Seite zu werfen, um zu erkennen, wie verfahren unsere Situation als Paar gewesen war. Dieser Mann hatte mir so oft gesagt, ich hätte eine verzerrte Wahrnehmung von der Realität. Jetzt war ich in der Lage zu erkennen, dass meine Version von der Wirklichkeit völlig in Ordnung gewesen war. Mein Fehler hatte darin bestanden, ihm zu erlauben, bei mir Zweifel daran zu säen, was ich doch mit eigenen Augen sah. Es war eine Geschichte von Täuschung und Selbsttäuschung gewesen.

Meine Therapeutin Helen vertraute mir in unserer letzten Sitzung vor den Sommerferien im August eine eigenartige Episode an. Sie erinnerte sich an eine Einzelstunde, die sie mit Henry hatte, bevor er zu seiner letzten Reise an die Westküste aufgebrochen war.

»Henry sagte am Ende dieser Stunde zu mir: ›Mir wird immer klarer, dass Risiko mein Lebenszweck ist.‹ Diese Aussage über sich selbst zu machen, das ist schon was. Ich war mir nicht sicher, worauf er damit hinauswollte. Er war soeben im Begriff, mein Behandlungszimmer zu verlassen und hatte die Hand schon an der Türklinke – wir Therapeuten nennen diesen Moment Türklinken-Therapie. Da fragte Henry mich noch, ob ich es für möglich hielte, mehr als eine vertrauliche Beziehung zu haben. Nun hatte ich eine Ahnung, worauf er anspielte, also sagte ich ihm, wir könnten das Thema in eurer nächsten Paarsitzung aufgreifen. Aber natürlich kam es zu keiner Paarsitzung mehr, denn einen Monat später war Henry ja bereits tot.«

Inzwischen frage ich mich, ob es Eliana vielleicht gelungen wäre, Henry dazu zu bringen, reinen Tisch zu machen. Und vielleicht wollte er in seiner letzten Sitzung bei Helen diese Idee einfach einmal antesten. Und zwar am sichersten gemeinsamen Ort, den wir besaßen, im Behandlungszimmer unserer Therapeutin. Dort, wo man dafür bezahlt, Geheimnisse miteinander zu teilen.

Zwar hatte ich mir gewünscht, alles in absoluten Kategorien zu sehen. Hier richtig, da falsch, gut und böse. Doch jetzt war mir klar, dass ich mich mit etwas Grauem, Verwickeltem würde arrangieren müssen. Selbst wenn ich ein Jahr lang täglich mit Christine oder Ellen oder Eliana reden würde, käme ich nicht wirklich dahinter, was mit Henry, mit unserer Ehe und mit mir, die ich mich daran geklammert hatte, passiert war. Ich musste mitten hinein in dieses graue, verwickelte Etwas und mir meinen eigenen deutlich sichtbaren Weg durchs Chaos bahnen. Und auch wenn ich zwischendurch gelegentlich Dankbarkeit für meine »zweite Chance« empfand, so war ich die meiste Zeit über doch wütend und untröstlich.

An einem schrecklich heißen frühen Morgen gegen Ende Juli fand mich Anna in meinem Arbeitszimmer auf und ab tigernd. Ich war noch im Nachthemd, mein Haar zerzaust und verschwitzt. Weinend telefonierte ich mit meinem Bruder.

Ich war an jenem Morgen eigentlich an der Reihe, die Kinder in ihr Sommerlager zu fahren, aber eindeutig außerstande, mich irgendwohin zu begeben. Anna seufzte, und ihre Miene verriet Verbitterung. Eine Minute lang stand sie nur da und musterte mich, während ich weitertelefonierte, dann machte sie auf dem Absatz kehrt und verschwand in der Küche. Ich beendete das Gespräch mit David, blieb in meinem Arbeitszimmer sitzen und betete stumm, dass Anna mir dieses eine Mal noch aus der Patsche helfen würde. Ich wusste, dass ich mich unfair benahm. Ihr Leben war auch ein einziges Chaos. Ihre Scheidung in vollem Gange, und sie und ihr künftiger Exmann John stritten um ihren Besitz und den Kindesunterhalt. Doch in jenem Moment empfand ich meines als chaotischer, oder jedenfalls zu katastrophal, als dass ich innerhalb der nächsten zehn Minuten einsatzbereit hätte sein können.

Ich hörte mit Erleichterung, dass sie sich um die Kinder und deren Ausrüstung für den ganzen Tag kümmerte. Sie beruhigte Liza, die mein Zustand irritierte. Die Kühlschranktür ging mehrmals auf und zu, und ich hörte mit Erleichterung, wie sie wohl einen Mittagsimbiss für Liza zusammenstellte, und zum Glück auch mir sehr willkommenes Kinderlachen.

Rasche Schritte in Richtung hintere Veranda. Die Fliegengittertür ging auf, blieb durch das an einer Schnur festgebundene alte Gewicht für ein, zwei Sekunden offen und knallte dann zu. Nun war es still im Haus. Einen Moment später hörte ich Annas Autoreifen auf dem Kies meiner Einfahrt knirschen.

Ich starrte, immer noch im Nachthemd, schwitzend und weinend aus dem Fenster, als Anna wieder in der Tür zu meinem Büro erschien. Ich hatte gar nicht bemerkt, dass eine halbe Stunde vergangen war. Sie ließ mir einen Moment Zeit, um ihre Anwesenheit zu realisieren, dann richtete sie das Wort an mich.

»Julie. Ich musste das Mittagessen für deine Tochter herrichten, weil du dazu nicht in der Lage warst. Ich musste dein Kind zur Ferienbetreuung fahren, weil du dazu nicht in der Lage warst. Ich musste sie zum Abschied in den Arm nehmen, weil du dazu nicht in der Lage warst.«

Sie machte eine Pause, aber ihre Sorge war unbegründet. Sie besaß meine volle Aufmerksamkeit.

»Julie, ich hab dich lieb, und ich möchte dir helfen, aber es gibt Grenzen für das, was ich tun kann. Du musst dich zusammenreißen. Denn wenn du dein ganzes Leben davon bestimmen lässt, dann hat er gewonnen, aber er *soll nicht* gewinnen.«

Ich schaute sie an. Ich öffnete den Mund, um nach Luft zu schnappen. Ich war erschöpft, mein Kopf schmerzte, es pochte heiß in meinen Schläfen. Und ich hatte das Gefühl, meine Schädeldecke würde im nächsten Moment explodieren. Wieder begann ich zu weinen.

»Du hast recht. Ich bin eine Chaotin«, sagte ich. »Alles ist ein Chaos. Aber wie konnte er mir das antun? Das ist so beschissen, Anna, und es geht immer weiter und weiter. Wann hört es je auf?«

»Das weiß ich auch nicht, Süße, und ich stelle mir die gleiche Frage, jeden Tag.«

Sie umarmte mich, was ich bitter nötig hatte, und strich mir das feuchte Haar glatt.

»Aber ich gelobe Besserung«, sagte ich, und Annas sauberes Tanktop wurde von meinen Tränen, meinem Rotz und Schweiß ganz feucht. »Ich fange jetzt gleich damit an, in dieser Minute. Das verspreche ich.«

»Ich weiß, dass du das tun wirst«, sagte Anna mit einer Zuversicht, die ich dankbar registrierte. »Du hältst mehr aus als das hier. Das weiß ich einfach. Was du jetzt brauchst, ist eine schöne lauwarme Dusche, ein bisschen Zeit für dich und etwas zu essen. Hier hast du ein Taschentuch.« Ich versuchte, meine Tränen abzuwischen und meine laufende Nase zu putzen.

»Es wird wieder besser werden, ja?«, fragte ich sie, als würde ich eine große Schwester anflehen. »Sag mir nur, dass es nicht mehr schlimmer kommen kann.«

Sie lächelte, begann zu lachen, und dann lachte ich auch. Einfach, weil es sich gut anfühlte, mal wieder zu lachen.

Anna und ich trafen die letzten Vorbereitungen für unsere drei Wochen in Maine. Wir waren schon im Jahr davor gemeinsam dorthin gefahren. Damals war Henry an der Westküste unterwegs gewesen, und John hatte sich entschieden, zu Hause zu bleiben. Nie hätten wir gedacht, dass diese Ferien in Maine praktisch eine Art Probelauf für unser künftiges Leben wären. Vorräte und ein paar Küchenutensilien waren bereits in Schachteln verstaut, die ich mir im Lebensmittelladen besorgt hatte. Unsere Kleider und Bettwäsche waren in Seesäcke verpackt. Ich war fast reisefertig.

Die Strecke zu Tomas' Haus war mir absolut vertraut. Ich war mir sicher, nach meiner Rückkehr aus Maine eine andere Frau in seinem Leben vorzufinden, vielleicht sogar jemand, den er bisher vor mir geheim gehalten hatte, um mich nicht zu kränken. Aber ich wünschte mir, dass wir als Freunde auseinandergingen.

Wir standen auf der Wiese hinter seinem Atelier, wo es ein bisschen schattig war.

Er erzählte mir, er habe sich wegen mir einiges anhören müssen. Manche Leute hatten ihn beschuldigt, meine Lage als einsame, verzweifelte Witwe auszunutzen.

Davon wusste ich bereits. Mir waren dieselben Gerüchte zu Ohren gekommen. »Du hast mich nicht ausgenutzt. Ich habe nichts getan, was ich nicht tun wollte. Du und ich, wir wissen das, auch wenn die anderen davon keine Ahnung haben.«

Manchmal habe mein Gefühlschaos ihm Angst gemacht, sagte er. Auch das wusste ich. Ich dankte ihm dafür, dass er mich länger auf meinem Weg begleitet hatte, als wir beide das eigentlich geplant hatten.

Ich sagte ihm, ich würde ihn lieben. Er sagte mir, er würde mich lieben. Also liebten wir einander, was in gewisser Weise nach wie vor von Bedeutung war.

»Ich glaube«, sagte ich, »eines Tages werden wir beide besser verstehen, was in diesen letzten Monaten passiert ist.«

Er nickte.

Ich verspürte heftige Trauer, Verlust, aber auch eine gewisse Freiheit. Jetzt konnte ich damit beginnen, seine Welt, die eines Achtundzwanzigjährigen, zu verlassen. Und er konnte die entgegengesetzte Richtung einschlagen, um zu finden, was immer er als Nächstes suchte.

Er gab mir eine Schieferplatte von einem Haufen in seinem Hinterhof. Ein Überbleibsel der Renovierung. »Ein unbeschriebenes Blatt sozusagen, ja?«, sagte er lächelnd. Erfreut nahm ich das Geschenk in Empfang.

Zu Hause angekommen, schrieb ich mit einer von Lizas bunten Kreiden darauf: *Alles wird besser, alles wird leichter.* Dann stellte ich die Schieferplatte auf meine Küchentheke.

Dritter Teil

Wind

In der Bucht

Von Henry für Julie zum Geburtstag, 1996

Ein nebelverhüllter Meeresarm, eine Bucht
In Granit gefasst. Der kleine Finger vom Geist Gottes
Ruht dunstig in der Gesteinshöhle
Der Teetasse des Kind-Planeten. Auf der Insel

Werden wir als wir selbst geboren. Verdoppelt durch
Deine Schwangerschaft spähst du durchs Fernrohr
In die Earl-Grey-Milchigkeit, dein fotografisches
Gedächtnis ist gesegnet mit einem kurzweiligen Panorama
unangestrengter Nichtigkeit.

Und das Meine sucht die Küste mit der Beliebigkeit eines
Labradors ab
Gefangen von hündischer Bewunderung
Für die erodierten, verlassenen Behausungen der Purpur-
schnecke.
Seeigel, Strandschnecken und andere winzige Kolosse,

Die lebten, um den Fluss der Zeit zu belegen. Ich bete,
Dass uns das, was wir im Innehalten gezeugt haben, ein
Segen sein wird.
Dass die Zeichen, die wir an diesem Meeresarm über-
sehen,

als erhabene Anagogen bereits in ein Tablett mit Sand
geschrieben sind,

Hinter uns, von einem größeren, unsichtbaren Felix
mundi,
der gerade um die Doppelhelix unserer Liebe wächst,
unser Anteil an den zahlreichen Zimmern der Zukunft.

Neun

August 2003

Blauer Himmel, Federwolken, ein perfekter Augusttag. Ich stand barfuß im frisch gemähten Gras und hängte Wäsche auf. Dabei trug ich nur einen Baumwollslip und ein altes Tanktop. Das hatte mir meine Mutter in dem Sommer gekauft, als ich aufs College ging, und es war immerhin von Calvin Klein. Durch unzählige Wäschen war es inzwischen nicht mehr schwarz, sondern dunkelgrau.

Die Wäscheleine war zwischen zwei arthritischen, von Flechten bedeckten Holzapfelbäumen gespannt. Eine nach der anderen nahm ich die Wäscheklammern aus einer alten, oben aufgeschnittenen Plastikmilchflasche. Die Klammern waren so grau und verwittert wie die Dachschindeln aus Zedernholz auf dem Bauernhaus gleich den sanften Hügel hinunter, wo es zwischen Wildrosensträuchern und Disteln lag.

Anna war eine kleine wandernde Gestalt, die ich nur an ihrem leuchtend roten Strohhut erkannte, während sie bei Ebbe den Wattstrand entlanglief. Ihr Sohn Leo und meine Liza trödelten in bunten Badesachen und mit Schirmkappen hinter ihr her. Dabei füllten sie ihre Plastikeimerchen mit einer Kollektion aus kleinen Blaukrabben, Einsiedlerkrebsen und Strandschnecken. Ein schlammiges, chaotisches Abenteuer. Wir mussten die Kinder danach immer mit dem Gartenschlauch abspritzen und all ihre Sachen waschen. Die Kinder liebten es, sich selbst mit dem aufgerollten grünen Schlauch nasszuspritzen, und ich freute mich wieder auf das Ritual des Wäschewaschens. Wäre es nach mir gegangen, hätte ich jeden Tag um die Mittagszeit auf dieser Insel Kleider aufhängen oder abnehmen können.

Das Wetter ist hier ziemlich unbeständig. Das Bettzeug und Handtücher, T-Shirts, Shorts und Sommerkleider, die gerade noch im Seewind flattern und knattern, können innerhalb einer Stunde wieder tropfnass geregnet oder wegen eines plötzlich aufsteigenden, erbsensuppendicken Nebels klamm und unsichtbar sein. Das mochte ich an diesem Ort schon immer. Man muss auf jegliche Kontrolle verzichten und einfach genießen, was gerade kommt.

Manchmal dauert es einige Tage, bis man alle Kleider getrocknet hat. Da hänge ich sie auf, laufe eine halbe Stunde später schon wieder los, um sie abzunehmen, weil Regenwolken aufziehen. Sobald dann der Sturmwind weht, hänge ich sie wieder raus. In längeren Feuchtperioden fahre ich auch schicksalsergeben zum münzbetriebenen Waschsalon auf der anderen Seite der Insel und benutze dort einen Trockner. Aber dann fühle ich mich irgendwie hintergangen. Wäscheaufhängen ist meditatives Ritual und Spiel zugleich, aber nie Hausarbeit, zumindest hier nicht.

Henry und ich haben begonnen, in dieses Haus zu fahren, als Liza ein Jahr alt war. Ich mochte es schon in jenen frühen Jahren der Elternschaft, die Wäsche aufzuhängen, während mein Baby mir um die Füße herumkrabbelte. Liza gefiel es, nasse Wäschestücke aus dem Weidenkorb zu ziehen oder Grashüpfer zu verfolgen, die sie mit ihren Patschhändchen zu fangen versuchte.

Henry hat nie wirklich gelernt, sich hier zu entspannen. Die Einsamkeit machte ihm Probleme, und nach ein paar Tagen dürstete es ihn nach Geselligkeit. Er organisierte dann Dinnerpartys für unsere kleine Runde von Freunden auf der Insel. Er brauchte Fahrten von der Insel, um für diese Events einzukaufen, um wieder Kontakt zur »echten Welt« aufzunehmen und sich eine tagesaktuelle *New York Times* zu besorgen. Zwei Sommer zuvor hatte er darauf bestanden, für eine Einwahlmöglichkeit ins Internet extra zu bezahlen, und dann viele Tage drinnen vor seinem Laptop verbracht. Er sagte mir, er würde recherchieren und schreiben, aber jetzt dachte ich, dass er wahrscheinlich vor allem mit Cathy korrespondierte.

Glücklicherweise vermiesten mir meine neuen Erkenntnisse die Insel nicht. Ich war glücklich damit, die Wäsche aufzuhängen, im Wald oder an den rosa Klippen spazieren zu gehen, die Felsen und das Meer zu malen, zu überlegen, ob ich Tomas' Küsse vermisste, die Wäsche abzunehmen, Makkaroni mit Käse für die Kinder zu kochen, abends Monopoly zu spielen, Pfannkuchen zu backen und noch mehr Wäsche aufzuhängen.

Anna und ich waren jeweils im eigenen Auto und voll bepackt mit Ausrüstung und Lebensmittelvorräten die Küste hinaufgefahren und hatten nur in Portland einen Zwischenstopp eingelegt, um Freunde zu besuchen. Die letzte Etappe führte uns bis zum Dock, wo wir darauf warteten, die Autofähre zu nehmen. Das Lebenstempo verringert sich automatisch, wenn man am Fähranleger ankommt – Hektik bringt hier nichts. Anna und ich verkürzten uns das einstündige Warten mit Krabbenbrötchen von einem nahen Restaurant, während die Kinder am Ufer spielten. Irgendwann entdeckten sie die sich nähernde Fähre in der Ferne. Wenn man auf die Rampe fährt, gewinnt man auch mental Abstand zum Rest der Welt. Ich ließ alle Sorgen bezüglich meiner Arbeit zurück und auch das Chaos zu Hause. Sobald wir an Deck geparkt hatten, waren wir alle vier ganz zappelig vor lauter Vorfreude.

»Ich kann's gar nicht erwarten, den großen Gezeitenpool wiederzusehen!«, schrie Liza über den Lärm des Schiffsmotors hinweg. Sie und Leo begannen schon, ihre erste abenteuerliche Jagd nach Meeresgetier zu planen. Anna und ich lächelten, entzückt vom Enthusiasmus der Kinder. Der Wind peitschte ihren roten Pferdeschwanz wie eine Fahne am Mast herum. Trotz der tagelangen Autofahrt wirkte sie so entspannt, wie ich sie seit Monaten nicht mehr gesehen hatte. Ich hoffte, ihre fortdauernde Scheidungsschlacht würde sich nicht allzu negativ auf unsere Zeit hier auswirken.

Nachdem wir unsere Vorräte ausgepackt und die Betten bezogen hatten, fanden wir rasch zu einer lockeren Routine. Anna und ich standen früh auf, um Kaffee zu kochen und Frühstück zu machen, während die Kinder sich noch beim Spielen die Zeit vertrieben. Manchmal versuchten Anna und ich, auf der unebenen Wiese vor dem Haus Yoga zu machen. Liza und Leo sahen uns amüsiert zu und probierten gelegentlich auch den »streckenden Hund«, bevor wir alle den Weg hinunter zu unserem Gezeitenpool liefen, um ein paar Krebse zu fangen. Um die Mittagszeit herum hängte ich die tägliche Wäsche auf, und bis dahin hatten wir uns meist auch irgendein Programm für den Nachmittag überlegt.

An den ersten Nachmittagen begnügten wir uns mit Erkundungen und einfacher Unterhaltung – da gab es Raupen und Schmetterlinge zu bestimmen, jede Menge trichterförmige Spinnweben im hohen Gras, eine angeschwemmte, bunt bemalte Lobster-Boje. Den Weg entlang waren Himbeeren und Äpfel zu pflücken. Reiher und Kormorane flogen zum Fressen in unsere Bucht, und gelegentlich thronte auch ein Adler auf einer der hohen Tannen. Eines Nachmittags veranstalteten die Kinder mit Einsiedlerkrebsen ein Rennen auf unserer Terrasse. Nur leider schienen die Krebse davon nichts mitbekommen zu haben, denn sie liefen kreuz und quer, wie es ihnen passte. An anderen Tagen breiteten Leo und Liza sich mit ihren Spielsachen auf der Wiese aus, oder wir lasen ihnen vor, während wir in der Hängematte lagen.

Selbst zur Schlafenszeit hatten wir es nicht einsam, weil wir alle vier die Treppe, die mit ihren schmalen, steilen Stufen eher einer Leiter glich, hinaufstiegen. Im ersten Stock gab es drei Schlafzimmer, die alle nebeneinander lagen. Die Kinder teilten sich das am Ende, Anna nahm das mittlere, und ich schlief in dem, das ich immer mit Henry bewohnt hatte. Ein knorriger Ahorn mit kleinen, grausilbernen Blättern klopfte mit seinen Zweigen sanft an die Scheiben. Die Besitzer des Hauses hatten in der Nähe einen neuen Baum gepflanzt, weil sie mit dem

Absterben dieser alten Baumpersönlichkeit rechneten, doch ich hoffte, dass ihr noch ein paar Jahre vergönnt sein würden. Jedes Jahr, wenn wir uns zum Aufbruch zusammenpackten, wünschte ich ihr einen guten Winter und ein glückliches Wiedersehen, nur für alle Fälle. Wenn ich mich dann, mitten im Winter und zurück in New York, nach dem Meer, dem Haus und der Bucht sehnte, dann war es das Rascheln des trockenen Eichenlaubs in meinem eigenen Hof, das mich tröstete.

An einem Morgen fuhr ich mit Liza unseren alten Freund Jim besuchen. Jim ist Ende sechzig und kam ursprünglich wie ich als Sommerferiengast auf die Insel. Inzwischen lebt er das ganze Jahr über hier. Er führt ein ruhiges Leben und vertreibt sich die Zeit mit Glaskunst. Jim besitzt eines dieser für Neuengland so typischen Gesichter, das auch aus einem Roman von Nathaniel Hawthorne stammen könnte: länglich, von senkrechten Falten zerfurcht und mit einem buschigen weißen Haarschopf – man denkt sofort an einen pensionierten Schiffskapitän. Ich habe ihn stets in denselben Kleidern gesehen: einer abgetragenen Hose, die einmal weiß gewesen sein muss, dazu ein ebenso abgetragenes blassblaues, kurzärmeliges Button-down-Hemd, das von Flecken übersät ist; an den Füßen Segelschuhe aus Leder oder alte weiße Turnschuhe. Aber all das sieht an ihm so würdevoll aus wie ein Smoking an anderen Männern. Als wir uns dem Haus mit dem üppigen Gemüsegarten nähern, kommen seine beiden betagten Jack-Russell-Terrier angetrottet, um uns zu begrüßen.

Zusätzlich zu seinen kunsthandwerklichen und gärtnerischen Talenten war Jim auch noch ein ausgezeichneter und experimentierfreudiger Koch. Er und Henry hatten sich über andere Freunde kennengelernt und am Herd Freundschaft geschlossen. Er führte uns in sein Haus, in dem man sich fühlte wie an Bord eines Schiffes: überall waren Schiffsutensilien, Muscheln, getrocknetes Seegras, interessante Steine, Bücher und Kunstgegenstände verteilt. Liza war von einem

Thermometer auf seiner Küchentheke besonders fasziniert. In dem hohen Glaszylinder befanden sich mit bunten Flüssigkeiten gefüllte Kugeln, die je nach Temperatur aufstiegen oder absanken. Jim nahm Liza bei der Hand und führte sie auf seine rückwärtige Terrasse, damit sie die Kois in seinem rechteckigen Seerosenteich füttern konnte. Ich begleitete Jim zurück in die Küche, wo er mir ein Glas Wein anbot und ich ihm von den Ereignissen im Juli berichtete. Obwohl er einer älteren, diskreteren Generation angehört, ist Jim einer der offensten und unerschütterlichsten Menschen, die ich kenne, und noch dazu mit einem trockenen Humor gesegnet.

»So, so, verstehe, dann war Henry also ein schlimmer Junge«, sagte er in seinem rauen Bariton.

»Ja, das kann man wohl sagen«, meinte ich seufzend.

»Weißt du, ich habe ihn übrigens gesehen«, bemerkte Jim ganz sachlich.

»Ach?«, machte ich. »Erzähl doch mal. Mir ist er ganz oft erschienen, aber ich wusste nicht, dass er auch bei anderen vorbeigeschaut hat.«

»Nun, lass mich mal nachdenken«, sagte er und begann, das Mittagessen vorzubereiten. »Ja, eines Morgens saß ich in meinem Wagen, ich kam gerade von der Post, und da schaue ich nach rechts und sehe ihn auf dem Beifahrersitz. Er lächelte mich an. Es gab nur dieses eine Mal. Ich war froh, ihn zu sehen, denn ich vermisse ihn.«

»Henry war vielleicht nicht der beste Ehemann, aber ein guter Freund. Auf seiner Trauerfeier waren wahnsinnig viele Leute, die sehr an ihm gehangen haben. Ich habe auch sehr an ihm gehangen.«

»Ich wünschte, er wäre netter zu dir gewesen, meine Kleine«, sagte er und drückte liebevoll meine Hand. Eine Zeit lang standen wir einfach schweigend da, dann trugen wir den Mittagsimbiss hinaus auf die Veranda, wo er eine festliche Tafel gedeckt hatte. Lizas Augen leuchteten beim Anblick von Räucherlachs und Salat aus selbstgezogenen Tomaten.

Im Laufe der Jahre war ich Teil eines Freundeskreises auf der Insel geworden. Dieser bestand aus anderen Familien mit Kindern in ähnlichem Alter. Lauter Künstler, Schriftsteller, Musiker und Lehrer in den Sommerferien. An manchen Tagen trafen wir uns alle am Sandstrand der Insel, wo wir bei Ebbe nach Sanddollars suchten und ich mein Talent als Architektin ausleben konnte. Ich half, raffinierte Burgen und Kanäle zu bauen, in die wir für kurze Zeit die Einsiedlerkrebse setzten, die in den flachen Wellen herumliefen. Liza war mutig genug, um im eiskalten Wasser zu schwimmen, und einmal pro Urlaub gelang es ihr, auch mich zu einem kurzen Bad zu überreden. Am Spätnachmittag waren wir dann wieder zu Hause, machten uns etwas zu essen und spielten irgendein Brettspiel. Anna und ich hatten Ruhe, während wir das Essen kochten und danach die Küche aufräumten, bevor der Anruf ihres künftigen Exmannes kam, der sich allabendlich meldete, um mit Leo zu sprechen. Wenn ich den Anruf entgegennahm, begrüßte ich John möglichst geschäftsmäßig, bevor ich das Telefon weitergab. Aber es war unübersehbar, dass selbst diese kurzen Störungen von außen Anna stressten.

Ich versuchte, so gut ich konnte, mein Leben zu Hause auszublenden. Ich war ja nicht nur von meiner Arbeit getrennt, sondern auch von meinen E-Mails. Das Handy funktionierte nur an einer bestimmten Stelle auf der Wiese, was einen – besonders bei stürmischem Wetter oder Regen – von langen Telefonaten abhielt. Ich meldete mich alle paar Tage bei Tomas, doch unsere Gespräche dauerten nur kurz.

»Ich hoffe, du kommst viel raus, um zu malen«, sagte er mit echtem Interesse, was mich freute. Er erzählte mir von seinen Vorbereitungen für eine Ausstellung im Herbst. Wir sprachen nicht viel über unseren Abschied Ende Juli und auch nicht über die anderen Ereignisse der vergangenen Wochen. Ich hoffte, dass wir bei meiner Rückkehr noch Freunde sein würden.

Meine Collegefreundin Sara kam mit ihrer Familie aus England. Seit einigen Jahren verbrachten wir hier jeweils zwei Wochen im August miteinander. Sie wohnten in einem Ferienhaus ganz in der Nähe.

Bei unserer ersten gemeinsamen Unternehmung spazierten wir auf die andere, wildere Seite der Insel, die aufs offene Meer hinausgeht, und zwar an eine Stelle, die die Einheimischen Hero Beach nennen. Die Landschaft ist zwar heldenhaft, aber es ist kein Strand im engeren Sinne, mit Sand und Wasser, das sich zum Schwimmen eignet.

Ein Professor, der hier den Sommer zu verbringen pflegt, hat mir einmal erklärt, wie die Insel entstanden ist. Ein Stück von Schottland ist auf eine kleine Ecke des nordamerikanischen Kontinents gekracht. Am Hero Beach ist dieser ursprüngliche Aufprall noch sichtbar, wie bei einem Schaubild auf dem Discovery Channel. Der rosafarbene Granit erinnert mich an ein explodiertes Erdbeersoufflé, das sich über die Klippen aus kohlschwarzem Basalt verteilt hat. Als ich mit dem Meer vor und dem Himmel über mir dort stand, hatte ich das Gefühl, Zeugin von etwas Elementarem zu sein. Ich versuchte, mir die Geräuschkulisse damals vorzustellen. Es muss noch viel lauter gewesen sein als die Brecher, die heute gegen die Klippen donnern. Nach jeder Welle saugt das Meer das Wasser wieder weg und gibt Millionen schimmernder, runder Kiesel frei, die aneinanderschlagen.

Unser Mittagessen waren Sandwiches mit Erdnussbutter, Käse und Tunfisch. Essen auf der Insel war ein weiteres Abenteuer, denn es gab dort keinen richtigen Laden. Wir hatten alles mitgebracht und orderten nach zwei Wochen Nachschub von einem Lebensmittelgeschäft auf dem Festland. Milch, Eier und andere Grundnahrungsmittel kauften wir von einer Inselfamilie, die in den Sommermonaten in einem auf Zementblöcken aufgebockten, ausrangierten Wohnwagen einen Laden improvisierte. Es war also nicht besonders komfortabel, aber dafür machte die Besitzerin köstlichen Himbeerpie.

Die Kinder – Saras zwei Töchter, ihr jüngerer Sohn, Liza und Leo – kraxelten die Felsvorsprünge hinauf und hinunter. Unseren Lieblingsfelsen hatten wir »das Gehirn« getauft. Der riesige Brocken war so hoch wie ein zweistöckiges Haus, rosafarben und zerklüftet. Von seiner Spitze aus hatte man einen großartigen Blick auf die wogende See, auf die unregelmäßigen, fernen Ausläufer der Insel, auf andere kleine Inseln und auf die mit sturmzerzaustem Seegras bewachsenen Felsen, auf denen sich bei Ebbe Seehunde sonnten.

Sara und ich saßen dicht beieinander auf einem anderen rosa Felsen und beobachteten Anna und die Kinder.

»Er hat dich geliebt, weißt du«, sagte Sara, als hätte sie die essenzielle Frage gehört, die mich die letzten Wochen über gequält hatte. »Egal, was er getan hat. Er hat dich geliebt. Aber er flirtete eben gern.« Sie schwieg kurz und blickte hinaus aufs Meer, bevor sie fortfuhr. »Er hat sogar mit mir geflirtet.«

»Du machst Witze.«

»Ich glaube, er hat mit jeder Frau geflirtet, die er attraktiv fand. Wäre ich ein anderer Typ Frau und hätte ich ihm Interesse signalisiert, hätte er die Sache sicher weiterverfolgt.«

»Ja, er ließ nichts unversucht. Ich schätze mal, das war sein Grundsatz.«

»Aber ich weiß, dass er trotzdem *dich* geliebt hat.« Obwohl Sara nicht zur Überschwänglichkeit neigt, ergriff sie meine Hand und drückte sie fest. »Er hat dir all diese Gedichte geschrieben. Wann immer ich mit ihm geredet habe, sprach er voller Bewunderung von dir. Lass dir nicht alles kaputt machen, was ihr in den letzten sechzehn Jahren hattet. Das würde keinem von euch gerecht.«

»Ich bin mir wirklich nicht sicher, ob da noch etwas übrig ist, an dem es sich lohnt festzuhalten. Ich versuche immer noch zu verstehen, was für eine Liebe das war, die er vermutlich für mich empfunden hat.« Ich sah weg, weil ich merkte, dass mir die Tränen kamen und ich mich so verlegen, einsam und verängstigt fühlte. »Sara, du hast so ein Glück, jemanden zu haben, der loyal und anständig ist.« Sara legte einen Arm um mich, und ich lehnte mich kurz an ihre Schulter.

»Ich bin so froh, meine Tochter zu haben«, sagte ich, als Liza gerade mit Hilfe von Saras großen Töchtern die Spitze des »Gehirns« erklomm. »Ich weiß nicht, wie ich es ohne sie in den letzten Monaten überhaupt geschafft hätte, morgens aufzustehen. Und nur sie wäre es wert, diesen ganzen Schlamassel noch mal zu durchleben.«

Die Kinder kamen den Felsen heruntergeklettert und schienen aufbruchbereit für den Heimweg. Sara fragte mich, ob ich gern ein bisschen Ruhe zum Malen hätte. Erleichtert nahm ich ihr Angebot an und sah ihnen zu, wie sie alles zusammenpackten und sich auf den Weg machten. Als sie im Wald verschwunden waren, war ich auf einmal allein und genoss es. Das war ein anderes, beschwingteres Alleinsein, als wenn ich zu Hause in meinem Büro arbeitete.

Zuerst explodierte mein Kopf fast vor Tatendrang. Ich lief herum, ging nah an die Brandung heran, arbeitete gleichzeitig an verschiedenen Bildern und zog mich ein Stückchen zurück, als die Flut kam. Die Sonne vertrieb die letzten Wolken und die Dunstschleier. Die Hitze und die Müdigkeit nach dem Essen schafften mich. Ich hörte auf zu malen und saß einfach mit dem Blick aufs Meer da. Irgendwann fielen mir die Augen zu.

Ich musste mich kurz hinlegen. Die Felsen waren warm, und ich schloss erneut die Augen. Der Motor eines Fischerboots auf Hummerfang war brummend vor dem Hintergrund der Brandung zu hören. Der warme Stein heizte auch meinen Körper auf. Ich dachte daran, wie Tomas meinen Busen geküsst hatte, wenn ich in seinem Bett lag. Die Trauer über diesen Verlust war schmerzlich und lustvoll zugleich. Ich schob eine Hand in meinen Slip. Der Hummerfischer holte seine Reusen herauf, leerte sie, versenkte sie wieder, und bald wurde das Motorengeräusch vom Lärm der Wellen geschluckt.

Nach einem kurzen Nickerchen begann ich, meine Malutensilien einzupacken. Ich dachte über etwas nach, das Eliana mir in einem ihrer Briefe geschrieben hatte. Dass Henrys Tod ein Segen, eine Befreiung für mich gewesen sei.

Mary Oliver fragt am Ende ihres Gedichts *Der Sommertag*: »Sag mir, was gedenkst du mit deinem einen wilden und kostbaren Leben zu tun?« Was würde ich mit meiner einen wilden und kostbaren Freiheit tun?

Der Sommertag

Mary Oliver

Wer hat die Welt gemacht?
Wer hat den Schwan, den Schwarzbär gemacht?
Wer hat die Grashüpferin gemacht?
Ich meine diese Grashüpferin –
Diese, die aus dem Gras emporgesprungen ist,
die jetzt Zucker aus meiner Hand frisst,
die ihre Kiefer nicht auf und ab, sondern vor und zurück bewegt –
die sich mit ihren riesigen, komplizierten Augen umsieht,
nun hebt sie ihre hellen Vorderbeine und wäscht sich damit gründlich das Gesicht.
Dann klappt sie ihre Flügel aus und schwebt davon.
Ich weiß nicht genau, was ein Gebet ausmacht.
Ich weiß allerdings, wie man Acht gibt, wie man sich fallen lässt
Ins Gras, wie man niederkniet im Gras,
wie man gesegnet innehält, wie man durch die Felder streift,
denn so habe ich den ganzen Tag verbracht.
Sag mir, was hätte ich sonst tun sollen?
Stirbt nicht letztlich alles und nur allzu bald?
Sag mir, was gedenkst Du mit deinem einen wilden und kostbaren Leben zu tun?

Zehn

September 2003

Am letzten Samstag im November 1986 lud eine Freundin mich zu einer frühen Weihnachtsparty ein. Ich war froh, ausgehen zu können, und zog mich extra hübsch an. Ein einsames, aber lehrreiches Jahr war seit meiner Affäre mit dem verheirateten Roberto vergangen. Abgesehen von einem demoralisierenden One-Night-Stand war ich enthaltsam gewesen. Umso mehr brannte ich jetzt darauf, jemand Neuen kennenzulernen.

Während wir von der U-Bahn zur Wohnung der Gastgeberin in einem Appartementhaus in der Rivington Street liefen, erzählte meine Freundin Carrie mir, sie könne es gar nicht erwarten, ihre Freundin Sally zu treffen, die ich bestimmt auch mögen würde. Sie sagte, Sally habe einen großartigen neuen Freund.

Wir begaben uns gleich zu der improvisierten Bar an der Küchentheke, um uns jede ein Glas Wein zu besorgen. Carrie stellte mich Sally vor, die schlank war und elegant wirkte. Ihr dunkles Haar war modisch asymmetrisch geschnitten und fiel ihr über ein Auge. Dazu trug sie noch aufregenden, scharlachroten Lippenstift.

Ihr neuer Freund war mittelgroß, mit dunklen Locken, einem olivfarbenen Teint, hohen Wangenknochen und dunklen, mandelförmigen Augen. Wenn er lachte, nahm ein breites Grinsen sein ganzes Gesicht ein. Beim Sprechen richtete er seine ungeteilte Aufmerksamkeit auf sein Gegenüber. Seine Konzentration war schmeichelhaft und irritierend zugleich, denn er beugte zusätzlich den Kopf ein wenig vor, als wollte er in dem überfüllten, rauchgeschwängerten Raum einen vertrauteren Rahmen schaffen. Seine schmalen Hände hatten etwas Zartes und Elegantes. Er zog an der Zigarette in seiner Linken und hielt das Weinglas in seiner Rechten leicht affektiert nur mit Daumen, Zeige- und Mittelfinger. Er trug Kakihosen und ein weißes Hemd und wirkte kein bisschen wie die Sorte Mann, die mich nur als Konversationspartner beachtete. Ich war weder dünn noch glamourös, sondern im Grunge-Stil gekleidet und von eher üppiger Statur. Mein dunkles Haar war eine krause Mähne. Dazu trug ich schwarze Klamotten und viel schwarzen Kajal. Ich rauchte und studierte dabei sein fröhlich adrettes Erscheinungsbild mit schwermütigem Ernst.

Zu meinem Erstaunen kam er in meine Richtung geschlendert und begann ein Gespräch.

»Wohnst du hier irgendwo in der Nähe?«, fragte er.

»Nein, ich wohne uptown«, antwortete ich und starrte ihn entgeistert an. Weil ich nicht erwartet hatte, mit diesem Mann ins Gespräch zu kommen, fühlte ich mich total unvorbereitet. Um irgendwas zu tun, schnippte ich die Asche meiner Zigarette in das inzwischen geleerte Weinglas und freute mich am Zischen der verlöschenden Glut. Ich liebte das Rauchen, denn für in Gesellschaft eher schüchterne Mädchen, die wie ich ihre Hände sonst nie hätte ruhig halten können, war es das reinste Gottesgeschenk.

»In welcher Straße denn?«, forschte er weiter.

Als ich ihm die genaue Lage meines garstigen Appartements direkt an der Bahnlinie nannte, wurde sein Lächeln so strahlend wie die Lichterketten, die jemand kreuz und quer vor die Fenster der Wohnung drapiert hatte.

»Hey, dann leben wir ja im selben Viertel. Da sollten wir doch mal zusammen essen gehen.« Ich warf einen Blick zu Sally hinüber, die mit meiner Freundin Carrie offenbar in ein fröhliches Geplänkel vertieft war. Sicher wäre sie nicht erbaut, wenn ich mit ihrem charmanten, attraktiven und möglicherweise flatterhaften Freund zu Abend äße. Ich machte einen

Schritt von ihm weg, murmelte eine Ausrede und stellte mein Glas mit der Asche auf die Küchentheke.

Unbeirrt platzierte er sein Glas auf der Fensterbank, griff in die Tasche, in der er praktischerweise einen Stift parat hatte, schrieb mit einer eleganten, schwungvollen Schrift seinen Namen und seine Telefonnummer auf eine Papierserviette und reichte mir diese mit einem unendlich breiten Grinsen.

»Ruf mich einfach an, und dann gehen wir essen.«

Mit Jungs dieser Sorte war ich durch. Wieder zu Hause, rief ich meine Highschool-Freundin Chandra an und erzählte ihr von diesem unglaublich gut aussehenden, aber unsteten Typen, der versucht hatte, mit mir anzubandeln, während seine Freundin drei Schritte neben uns stand. Wir waren uns einig, beide mit Jungs dieser Sorte durch zu sein. Trotzdem warf ich die Serviette nicht weg, sondern ließ sie mit einem Stapel unbezahlter Rechnungen auf meinem Schreibtisch liegen, bis ich irgendwann merkte, dass ich seine Handschrift sowieso nicht lesen konnte und seinen Namen bereits vergessen hatte.

Ein paar Samstage später bat Chandra mich, sie ebenfalls zu einer Weihnachtsparty zu begleiten. Sobald ich das Appartement, ein Penthouse mit einem Schlafzimmer und im Vergleich zu meiner Behausung ungeheuer luxuriös, betreten hatte, überkam mich sofort eine Mischung aus Übelkeit und Unbehagen über mein Außenseiterdasein. Ich wandte mich ab, kramte nach einer Zigarette und fragte mich, wie lange Chandra wohl zu bleiben gedachte. Sie unterhielt sich mit Freunden auf der Terrasse, und die gestikulierende Hand, in der sie ihre Zigarette hielt, zeichnete eine orange glühende Spur in die Luft.

Ich bemerkte, dass ich nicht allein im Flur stand. Auf der anderen Seite des Raumes war ein dunkelhaariger Mann mit olivfarbenem Teint. Er trug eine Kakihose, ein weißes T-Shirt und einen altmodischen grauen Pullover. Ein hübscher, adretter Bursche, wie die Jungs von Amherst, die ich während meiner Jahre am Smith College immer gemieden hatte. Seine dunkle Haut und der Vintage-Pulli verliehen ihm jedoch das gewisse Etwas. Ich versuchte noch, herauszufinden, was genau das war, als er mich ansah, strahlend lächelte und in fragendem singendem Tonfall meinen Namen nannte.

»Ich bin Henry, erinnerst du dich?« Er streckte mir mit geübter Geste, die ihre ansprechende Wirkung nicht verfehlte, seine elegante Hand hin.

Der Serviettenmann. Ohne seine Freundin mit dem asymmetrischen Haarschnitt und dem scharlachroten Lippenstift hatte ich ihn gar nicht erkannt.

»Ach, jetzt erinnere ich mich«, antwortete ich. Der Zufall, dass dieser Mann mir erneut begegnete, schien mir eine gewisse Bedeutung zu haben. »Bist du mit – entschuldige, ich habe ihren Namen vergessen – mit deiner Freundin hier?«

»Kann ich dir ein Glas Wein bringen?«, fragte er, anstatt zu antworten. »Geh nicht weg, ich bin gleich wieder da«, fügte er noch lächelnd hinzu. Er machte sich auf den Weg Richtung Bar, während ich wartete. Ich trat aus dem dämmrigen Flur ins Wohnzimmer und ließ meinen Blick über die Gästeschar schweifen. Sally war nirgends zu sehen. Ein leises, geheimnisvolles Kribbeln breitete sich zwischen meinen Rippen aus. Vielleicht haben sie sich getrennt. Vielleicht ist er gar nicht flatterhaft. Vielleicht. Ich fühlte mich auf einen Schlag ausgelassen und als etwas Besonderes.

Henry kehrte mit zwei Gläsern Rotwein zurück. »Wir haben eine schwierige Zeit hinter uns«, begann er nüchtern und gab mir einen kurzen Abriss seiner dreimonatigen Beziehung zu Sally. Am Schluss meinte er mit einem genervten Blick: »Außerdem braucht sie immer ewig, bis sie fertig ist, bis sie sich geschminkt und entschieden hat, was sie anzieht – das macht mich ganz verrückt.«

Ich nickte und wusste nicht recht, was ich darauf sagen sollte. Einerseits war ich froh, selbst keine solche Modeexpertin zu sein, andererseits wäre ich es gerne gewesen, wenn ich es mir hätte leisten können.

»Heute Abend haben wir uns wieder gestritten, weil sie so lange gebraucht hat«, fuhr Henry fort, »also bin ich irgendwann alleine gegangen.« Er lächelte mich an. »Und ich bin froh darüber.«

Wir tauschten uns darüber aus, wie wir auf diese Party gekommen waren – er hatte zusammen mit der Gastgeberin das College besucht, ich war mit ihr auf der Highschool gewesen.

Jetzt fühlte ich mich wie das glücklichste Mädchen der Welt. Sally war nicht da, aber wir beide, am Schnittpunkt zweier sich tangierender Bekanntenkreise. Damit bot sich uns erneut die Chance, einander kennenzulernen.

Er erzählte humorvoll, aber auch ein wenig verbittert von seiner Zeit am College, wo er eine unglückliche Beziehung erlebt hatte. Er beschrieb mir eine schöne, kluge Frau, die er angebetet und mit der er zusammen gewesen war, obwohl ihre reichen Eltern es missbilligt hatten. Sie wollten keinen Schriftsteller als Schwiegersohn, und genau das war sein ambitioniertes Berufsziel.

»Das müssen ja vielleicht Snobs gewesen sein!«, schlug ich mich auf seine Seite, als er die Eltern des Mädchens, das aus Greenwich, Connecticut, stammte, schilderte. Ich dachte mir, dass meinen Eltern ein kluger Autor als Schwiegersohn eventuell gefallen könnte, falls ich jemals heiratete, was ich jedoch nicht tun würde, denn die Ehe war eine überholte Institution und schlecht für Frauen.

Wir unterhielten uns angeregt über unsere Lieblingsbücher. Gabriel Garcia Márquez war damals sehr angesagt. Ich hatte *Die Liebe in den Zeiten der Cholera* gerade ausgelesen und plagte mich mit *Die Brüder Karamasow*.

Er erzählte mir voller Begeisterung von dem Dichter Joseph Brodsky. Mir war es ein bisschen peinlich, wie unbeschlagen ich in der zeitgenössischen Lyrik war. Ich konnte gerade mal ein, zwei Zeilen Yeats zitieren, die ich mir aus einem Yeats-Seminar am College gemerkt hatte: »Ehrfurchtsvoll hält meine Hand Traumesbücher ohne Zahl …«

Er berichtete mir von einem Buch, das er seiner Collegeliebe geschenkt hatte. Eine Ausgabe von Shakespeares *Macbeth*, illustriert von Salvador Dalí. »Das Buch hätte ich ihr niemals geben sollen. Ich bin mir sicher, sie wusste es nicht richtig zu schätzen.«

»Wahnsinn. Salvador Dalí?« Ich war in einer Wohnung aufgewachsen, in der Kunstbücher, aber auch alle anderen Bücher wie kostbare Juwelen behandelt wurden. »Das Buch hätte ich auch gern einmal gesehen. Zu schade, dass du es verschenkt hast.«

»Vielleicht sollte ich ihr schreiben und sie bitten, es zurückzugeben. Aber das würde so schäbig aussehen.« Er seufzte und fügte dann, wie angespornt von meinem Interesse, hinzu: »Aber ich habe ihr etwas noch viel Wertvolleres geschenkt.«

»Was denn?«, fragte ich.

»Meine geliebte alte Tante hat mir einen Ring gegeben, ein Familienerbstück, der als Verlobungsring für meine Zukünftige gedacht war. Aus Gold und mit einer Perle in der Mitte. Der Ring hat sogar eine tolle Geschichte. Willst du sie hören?«

Ich wollte.

»Also.« Henry trat einen Schritt näher auf mich zu und beugte seinen Kopf so zu mir, dass er den Lärm all der Leute, die sich um uns herum drängelten, aussperrte. Auf dem Flur war es in der halben Stunde, die wir uns nun schon unterhielten, ziemlich voll geworden. »Mein Großvater hat die Perle in einer Auster gefunden, als er sie öffnete – er arbeitete als Koch in einem Restaurant. Er war nicht sehr reich und wollte seiner Frau gerne etwas schenken, also ließ er einen Juwelier die Perle zu einem Ring verarbeiten, den er ihr dann schenkte. Es ist ein ganz ungewöhnlicher Ring. Er sieht aus wie eine goldene Klaue, die diese große Perle hält.« Er formte die Finger seiner linken Hand zu Krallen. »Vielleicht sollte ich ihn von ihr zurückverlangen. Ich frage mich, ob sie ihn überhaupt noch besitzt. Meine Tante hatte sich wirklich gewünscht, dass er einmal meiner Frau gehören sollte. Aber dann trennten wir uns, und sie tat sich am Ende unseres letzten Jahres mit diesem anderen zusammen. Ich war am Boden zerstört. Inzwischen ist sie mit noch einem anderen verheiratet, lebt in Cincinnati und hat schon ein paar Kinder.«

»Wirklich?«, fragte ich stirnrunzelnd. »Da muss sie aber ganz schön jung angefangen haben.« Wir waren lauter New Yorker Mitte zwanzig. Auf dieser Party war kein Mensch verheiratet, und Kinder hatte schon gar niemand. »Aber egal. Ich glaube sowieso nicht an die Ehe. Meiner Ansicht nach ist das eine überholte Institution, die den Frauen nur schadet.«

Er lachte. »Stimmt schon, die ganze teure Ausbildung, und jetzt macht sie nichts außer Windeln zu wechseln.«

Wir zogen beide an unseren Zigaretten.

»Ich sollte diesen Ring wirklich von ihr zurückverlangen«, wiederholte er und sah mich eindringlich an. Als ob meine Meinung in dieser Frage maßgeblich wäre, fragte er: »Was meinst du?«

Ich wusste nicht, was ich sagen sollte. Er schien immer noch untröstlich über den Verlust dieser Frau, dieses Buchs und dieses Rings. Ich musste daran denken, wie gern ich so bedeutungsvolle Geschenke von einem Mann bekäme, der so lieben konnte, wie er diese Frau geliebt hatte.

»Vielleicht könntest du ihr schreiben und sie fragen, wie sie dazu steht«, sagte ich und hoffte, gleichzeitig hilfreich und diplomatisch zu klingen. »Ich wette, dass sie dir nach so langer Zeit den Ring zurückgeben würde, vor allem wo es doch ein Familienerbstück ist.« Ich war jetzt vollkommen fasziniert von dem Mann, dem Buch, dem Ring, seiner Collegefreundin und sogar von der geliebten alten Tante.

Henry und ich verließen die Party gemeinsam und gingen zu Fuß nach Uptown. In einer kleinen Bar an der Amsterdam Avenue bestellte ich mir spontan einen Scotch, obwohl ich solche harten Sachen sonst nicht trinke, aber ich hoffte, mir dadurch die Aura einer toughen, abenteuerlustigen Frau zu verschaffen. Ich kippte den Drink und bestellte mir gleich noch einen, während ich redete und redete. Über weitere Lieblingsbücher, meinen Job, meine Familie, was auch immer, um die Momente des Schweigens zu füllen. Obwohl es in dieser lärmenden Bar in der Weihnachtszeit alles andere als leise war.

Henry beugte sich zu mir und küsste mich.

»Nur um dich zum Schweigen zu bringen«, scherzte er später oft.

Er erzählte mir ein wenig von seiner ungewöhnlichen Kindheit, die er bedauernd seine »Vom Millionär zum Tellerwäscher«-Geschichte nannte. Die ersten Lebensjahre hatte er in einer luxuriösen Ausländergemeinde im koreanischen Seoul verbracht. Mit Köchen, Dienern, einem Fahrer und seiner Kinderfrau oder Amah namens Kunja. Sein Vater arbeitete damals als Geschäftsführer für Texaco California. Seine wesentlich jüngere Mutter war eine hübsche Koreanerin. Nachdem der Vater früh in Ruhestand gegangen war, hatte er sich mit seiner Frau, Henry, zwei älteren Halbbrüdern sowie einem jüngeren Bruder und einer jüngeren Schwester wieder in der Kleinstadt niedergelassen, in der er selbst einst aufgewachsen war. Dort hatte er fortan mehr oder weniger das Leben eines Einsiedlers geführt.

»Und natürlich«, bemerkte Henry voller Bedauern, »bedeutete es das Ende von Köchen, Dienern und Fahrern, ganz zu schweigen von meiner geliebten Amah.« Wohl aufgrund des Alkohols fügte er noch sehr ehrlich hinzu: »Ich glaube nicht, dass meine Mutter sich je von dem Schock erholt hat, den dieser Umzug für sie bedeutete.«

Nach zwei weiteren Scotchs und als es am schwarzen Winterhimmel schon ein wenig hell wurde, taumelten wir die letzten Blocks bis zu meinem Appartement. Auch wenn ich normalerweise nackt schlief, legte ich diesmal Wert auf Pyjamas, damit nichts passierte. Der ganze Whiskey ließ uns sowieso nur noch genügend Energie, um ein bisschen zu knutschen, bevor wir einschliefen. Als wir gegen Mittag aufwachten, war ich verwirrt, aber auch begeistert, seine offenen Augen vor mir zu sehen. Trotz eines Riesenkaters machte ich uns Frühstück und schickte ihn dann nach Hause.

Als er weg war, setzte ich mich an meinen gebrechlichen runden Tisch und heulte. Ich fühlte mich zu diesem Mann sehr hingezogen, aber ich war auch immer noch dabei, mich von der Affäre mit dem verheirateten Roberto zu erholen. Ich war entschlossen, mich nie wieder auf die Rolle der »anderen Frau« einzulassen. Nach einem Sonntagsessen in der Wohnung meiner Eltern weinte ich noch ein wenig ins Spülbecken, während ich das Geschirr abwusch. Ich erzählte meiner Mutter von dem Mann, den ich kennengelernt hatte. Dass es mir wie ein Wink des Schicksals erschienen war, als ich ihn ein zweites Mal traf. Wie viel besser er mir auf den zweiten Blick gefallen habe, aber auch, dass ich so ein Durcheinander kein zweites Mal durchstehen könne.

Meine Mutter hatte das Fiasko mit dem Verheirateten noch gut im Gedächtnis. Nachdem ich die Affäre mit Roberto beendet hatte, war ich vier schlimme Tage lang bei meinen Eltern untergekrochen und hatte die Zeit fast ausschließlich weinend zusammengekauert auf dem Bett meiner Kindheit und in die fadenscheinigen Reste meiner gehäkelten, mit Seidenband eingefassten Babydecke gekuschelt verbracht.

Meine Mutter bestärkte mich. Die einzige Lösung war, Henry nicht wiederzusehen, bis er sich von seiner Freundin getrennt hätte.

Am Montagmorgen rief Henry mich in meinem Büro an.

»Ich würde dich gern sehr bald wiedersehen«, sagte er selbstsicher.

»Ich mag dich wirklich gern«, antwortete ich, »und ich habe mich am Samstag auch großartig unterhalten, aber ich denke, dass wir uns trotzdem nicht wiedersehen können.«

Entschlossen erklärte ich ihm, dass er die Sache mit Sally beenden müsse, wenn er mich wiedersehen wolle.

»Bitte gib mir Zeit«, drängte er. »Ich werde alles regeln. Darf ich dich denn wenigstens zum Essen ausführen?«

Es mag Frauen geben, die einer solchen Versuchung widerstanden hätten, aber Besuche in guten Restaurants waren bei meinem damaligen Gehalt so selten, dass ich seine Einladung annahm. Henry ging mit mir zu Raoul's, einem Bistro in SoHo. Dort bestellte er Froschschenkel, was mir ein wenig affektiert erschien, aber er aß sie dann ziemlich lässig. In späteren Jahren, als er wusste, dass ich darüber lachen würde, machte er sich regelmäßig einen Spaß daraus, Sachen wie Froschschenkel oder Oktopus zu essen und dabei ein Beinchen oder ein Tentakel wie eine Schlangenzunge aus seinem Mund herausschnellen zu lassen. Nach unserem ersten gemeinsamen Restaurantbesuch hielt er mir den Mantel, während ich mich verzweifelt abmühte, elegant in die Ärmel zu finden. Beim Hinausgehen hielt er mir die Tür auf. Ich nahm mir ein Taxi und hoffte, dass er die Sache mit Sally rasch beenden würde.

Danach telefonierten wir fast täglich. Eines Abends war ich mutig genug, ihn zu fragen, ob er mit mir zu Abend essen wolle. Er sagte, er könne nicht, weil er »etwas Wichtiges« zu erledigen hätte. Am nächsten Tag erzählte er mir, er habe die Beziehung zu Sally beendet. Ich war so verwirrt und hingerissen, dass ich ihn gar nicht nach den Details fragte. Es genügte, dass er sich für mich entschieden hatte. Obwohl ich mir, wenn ich an Sally dachte, vorstellte, was für ein schrecklicher Abend das für sie gewesen sein musste. Ich wog meine Freude gegen ihren Kummer ab und genoss eigensüchtig, was mir wie ein lange überfälliger Glücksfall erschien.

Und dann schliefen wir natürlich miteinander, und um mich war es geschehen.

Am Ende unseres ersten Monats als neues Paar hatte er eine Knieoperation wegen einer alten Verletzung. Damals, in den

Zeiten vor arthroskopischen Operationen, war eine Bändersache eine große Operation am offenen Knie. Während seines fünftägigen Krankenhausaufenthalts besuchte ich ihn täglich und brachte ihm irgendwelche Leckereien. Nach seiner Entlassung humpelte er auf Krücken durch die Stadt, während ich seinen Computer, einen original Macintosh 128 (Henry war immer schon auf dem neuesten technischen Stand), zwischen meinem Appartement an der Upper West Side und seiner neuen Wohnung an der Ecke East Second Street und Avenue B hin und her trug. Ich kümmerte mich voller Begeisterung um ihn und war auch begeistert davon, mit einem Mann zusammen zu sein, der ebenfalls mit mir zusammen sein wollte, der so aufmerksam war, der mich so oft zum Lachen brachte und mir häufig sagte, wie sehr er mich liebe. Wir fanden sogar eine Möglichkeit, uns in einem Einzelbett zu lieben, während er seine Kniebandage trug.

Unsere Beziehung entwickelte sich, und ich übersah die gelegentlichen Warnsignale geflissentlich. Da war zum Beispiel dieser Abend, als er zu einer Lyrik-Lesung ging und versprochen hatte, sich um neun in meiner Wohnung einzufinden.

»Warte auf mich«, sagte er, »wir können zusammen essen.« Schließlich kreuzte er um ein Uhr nachts sturzbetrunken auf, nachdem ich den ganzen Abend panisch neben dem Telefon verbracht hatte.

Es gab auch hitzige Debatten über Politik, bei denen ich merkte, dass unsere Ansichten von unseren sehr unterschiedlichen Herkunftsfamilien geprägt waren. Aber diese Streitgespräche waren auch beglückend, weil sie uns klarmachten, wie jung, lebendig, nachdenklich und von uns selbst überzeugt wir waren.

Besonders bemühte ich mich, mein Außenseitergefühl zu ignorieren, als wir das erste Mal upstate reisten, um seine Familie in der Kleinstadt, in der er aufgewachsen war, zu besuchen. Bei den folgenden Malen war es übrigens genauso.

Ich war dort mit der emotionalen Distanz zwischen Henrys sehr zurückhaltendem ältlichem Vater, einem typischen Neuengländer, und dessen jüngerer koreanischer Ehefrau konfrontiert. Sofort ins Herz schließen konnte ich dagegen die gleich nebenan wohnende zerknitterte Tante Rose.

Rose war mit ihren zweiundsiebzig noch ziemlich vital. Bis zu ihrem Tod im Alter von sechsundachtzig Jahren las sie täglich die *New York Times* und war über alle aktuellen Ereignisse bestens informiert. Sie war »mütterlicher« als Henrys Mama selbst, deren klägliches Englisch nach dreißig Jahren in den Staaten wie die trotzige Ablehnung eines amerikanischen Lebens wirkte, das sie sich zu führen weigerte. Rose backte Apple Pie und Bananen-Muffins in ihrer perfekt erhaltenen Küche aus den Vierzigerjahren, in der sogar noch ein alter, nach wie vor funktionsfähiger grüner Eisschrank der Marke Westinghouse stand. Sie war sparsam, wie es die Leute, die die Große Depression durchlitten haben, oftmals sind. Uns, ihren »Kindern« gegenüber (sie selbst hatte keine bekommen können), war sie jedoch herzlich und großzügig.

Ich spürte, wie sehr und auch verbittert Henrys Mutter das bequeme Leben mit Dienern, Köchen, Fahrer und Nanny vermisste, das sie in Seoul zurückgelassen und gegen ein Kleinstadtdasein eingetauscht hatte, in dem man ihren halbkoreanischen Sohn in der Grundschule Schlitzauge schimpfte. Ich war selbst ein Kind der Großstadt und konnte ihr diese Einstellung nicht verübeln – der Ort wirkte tatsächlich heruntergekommen, mit seiner stillgelegten Eisenbahnlinie und der ramponierten Main Street. Gleichzeitig bot die Landschaft der Umgebung eine herrliche Aussicht auf sanfte Hügel und vereinzelte Farmen. Oft ging ich dort in Begleitung des Familienhundes spazieren.

Was mich irritierte, war Henrys Bewunderung für seinen Vater, eine fast kindliche ehrfürchtige Liebe. Denn eigentlich ist kein Elternteil so perfekt, dass ihm so etwas zustände. Schon gar nicht, nachdem er einen Umzug erzwungen hatte, der nur seine eigenen Wünsche berücksichtigte. Auch wenn das in seiner Generation durchaus üblich war. Ich schloss daraus, dass vielleicht meine Familie die Anomalie darstellte, denn meine berufstätige Mutter hatte derart weitreichende Entscheidungen gleichberechtigt mit meinem Vater gemeinsam gefällt.

Beim Abendessen schien der Tisch das Schlachtfeld zu repräsentieren. Als es Abend wurde, stellte Henrys Mutter zweierlei Gerichte auf den Tisch – amerikanisch zubereitetes Fleisch mit Kartoffeln sowie eine Auswahl koreanischer Spezialitäten. Das Ergebnis war ein bedrückender Überfluss, die zwei kompletten Mahlzeiten schienen sich wie zwei benachbarte, einander aber nicht gerade freundlich gesonnene Nationen gegenseitig den Platz auf dem Tisch streitig zu machen.

Ein trauriger Geruch durchdrang das Haus – nach Moder, Fett, saurer Milch, süßlichen Raumlufterfrischern und irgendwas Unbestimmbarem. Liza versuchte, als sie größer wurde, dieses Duftgemisch zu identifizieren. Für mich war es der Geruch von Enttäuschung.

An dem Punkt in unserer Ehe, als wir überlegten, aus der Stadt wegzuziehen, da schlug Henry, vielleicht in einem kurzzeitigen Anfall von Nostalgie, vor, in seine Heimatstadt zurückzuziehen. Er überlegte, auf einem Stück der hundert Morgen, die seine Familie dort besaß, ein eigenes Haus zu bauen.

»Henry«, sagte ich daraufhin, »lass mich das ganz deutlich machen, bevor du auch nur einen Schritt weiter planst. Ich werde niemals in diese Stadt ziehen oder so nah bei deiner Mutter leben wollen. Keinesfalls. Das wird einfach nicht passieren.«

Die Stadt, für die wir uns letztlich entschieden, war uns wie ein annehmbarer Kompromiss erschienen, denn sie lag etwa auf halber Strecke zwischen seinen Eltern und New York. Ich pflegte eine, wie ich hoffte, höfliche, aber abgeklärte Beziehung zu seinen Eltern und verbrachte, wenn ich dort war, meine Zeit bei Tante Rose. Als sie 2001 starb, war ich untröstlich über diesen Verlust, denn sie war meine einzige bedeutende Verbindung zu Henrys Familie gewesen. Ich spürte, dass Henry mit ihrem Tod einen starken emotionalen Halt in seinem Leben verloren hatte, eine moralische Instanz, jemand, der ihn verstand, liebte und für den er auch bereitwillig zu Opfern bereit war.

Wir waren etwa sechs Monate zusammen, als ich mich eines Abends mit Henry und Eric, einen seiner engsten Collegefreunde, in einem Restaurant in der Nähe ihrer gemeinsamen Wohnung im East Village traf. Henry saß mit dem Rücken zu mir, als ich eintrat. Eric lächelte mir entgegen. Aufgekratzt hielt ich Henry von hinten die Augen zu. Es würde wohl trotzdem keine zu große Überraschung für ihn sein. Meine Geste war schlicht als Scherz gemeint.

Eric ließ seinen liebevollen Blick nicht von mir, während er Henry zuflüsterte: »Es ist nicht Michelle, also mach dich nicht zum Idioten.« Die riesige unbeantwortete Frage warf einen Schatten auf den Rest des Abends.

Es stellte sich heraus, dass Michelle seine Physiotherapeutin war, eine Frau, die Henry mir bereits ziemlich detailliert beschrieben hatte, ohne ihren Namen zu nennen. Sie legte bei seinen wöchentlichen Terminen, die er schrecklich schmerzhaft geschildert hatte, schwere Sandsäcke auf sein operiertes Knie. Ja, die beiden hatten eine Affäre, aber es sei nichts Ernstes, versicherte er mir.

»Ich verspreche dir, dass das nie wieder vorkommen wird«, sagte Henry.

Und bald danach schien es uns auch wieder richtig gutzugehen. Ich überließ ihm einen Schlüssel zu meiner Wohnung, in der wir oft tollen Sex hatten. Ich war verliebt. Er versicherte mir, mich zu lieben. Ich wurde Teil seines Freundeskreises. Matthew, einer seiner besten Freunde vom College, lebte mit seiner Frau ganz in der Nähe, und wir unternahmen oft zu viert etwas.

Henry und ich schmiedeten Pläne. Wir reisten zusammen nach Frankreich und Italien. Plagten uns in unseren schlecht bezahlten Jobs und träumten von einer Zukunft als Kreative. Henry würde einen großartigen Roman schreiben. Mich zog es beruflich in verschiedene Richtungen, und ich beneidete ihn um seine Zielstrebigkeit. Eine so lange Beziehung hatte ich noch nie geführt, aber ich schien den richtigen Partner gefunden zu haben – klug, anspruchsvoll und meiner Bewunderung würdig.

»Du hast so ein Glück«, sagten meine Freundinnen. »Henry ist irre attraktiv, und er liebt dich so.« Manchmal erwog ich sogar, meine früheren Vorbehalte gegen die Ehe aufzugeben. Schließlich, so sagte ich mir, musste ich ja nicht alles an ihm lieben, und auch nicht seine ganze Familie.

Immer, schon von Anfang an, kochte er für mich. Oft waren es aufwendige Menüs mit vielen Gängen. Doch die bescheidenen Mahlzeiten sind mir sogar besser im Gedächtnis geblieben.

An einem Samstag zu Beginn des Jahres 1987 kehrten wir nach einer langen Nacht in der Notaufnahme des Beth-Israel-Krankenhauses um zwei Uhr morgens in Henrys Appartement zurück. Nachdem wir uns im Kino David Lynchs *Blue Velvet* angesehen hatten, waren wir auf der Lafayette Street überfallen worden. Einer der jugendlichen Räuber, die uns an einer ansonsten menschenleeren Straßenecke angegriffen hatten, schlug mir mit einem Stück Holz auf den Kopf. Die drei Zentimeter lange Platzwunde hatte einen dramatischen Blutverlust zur Folge und war von einem Arzt in der Ambulanz gereinigt worden. Dann hatte er sie mit einer Klammer geschlossen.

Wir waren aufgewühlt und ausgehungert. Henry rumorte in seiner winzigen Küche und servierte mir eine halbe Stunde später eine Suppe: aus Hühnerbrühe aus der Dose, ein paar koreanischen Gewürzen, Tiefkühlerbsen, Spaghetti und einem Spritzer Sesamöl. Wir verputzten sie restlos und standen immer noch wie elektrisiert unter dem Eindruck, gerade gemeinsam eine echte Gefahr überlebt zu haben. Von jener Nacht an begann ich Henrys Freude und Kreativität in der Küche richtig zu schätzen. Ich fragte mich sogar, ob er anstelle des geplanten Romans nicht besser ein Kochbuch schreiben sollte. Nach der Stärkung damals liebten wir uns ekstatisch. Diese Nacht würde ich nie vergessen – wir waren nach dem gemeinsamen Schrecken noch inniger und vertrauter miteinander.

»Eure uneingeschränkte Lieblichkeit« (ich schwöre, dass das einer seiner Spitznamen für mich war), »ich liebe Euch wie mein Leben«, verkündete er theatralisch, als er mir eine kleine, antike, grüne Schmuckschatulle überreichte.

Es war wieder Ende Dezember, und wir tranken Champagner im Café des Artistes, einem der besten und romantischsten Restaurants in New York. Inzwischen waren wir seit zwei Jahren ein Paar. Dieses Jubiläum diente auch als Anlass für dieses Essen. Henry war zu mir in mein hässliches Appartement an der Bahnlinie gezogen (das war für uns viel billiger als seine winzige Wohnung im East Village, die im Sommer glühend heiß und im Winter eiskalt war). Im Laufe des Herbstes hatte Henry mich ein paar Mal gefragt, wie ich zur Ehe stünde. Ich bemühte mich, meine frühere resolute Ablehnung zu relativieren. Die Ehe könnte funktionieren, sagte ich. Wir könnten eine andere Form von Ehe leben, ohne in typische Verhaltensmuster zu verfallen. Dann würde ich nicht Gefahr laufen, eine dieser frustrierten unglücklichen Hausfrauen zu werden.

Als er mir die grüne Schatulle überreichte, meinte ich also, schon zu wissen, was darin wäre. Ein geschmackvoller Verlobungsring, erst kürzlich erstanden und hoffentlich nicht zu teuer.

Doch als ich den Deckel öffnete, fand ich den klauenförmigen Goldring, den er mir an unserem zweiten Abend beschrieben hatte. Jenen Tag betrachteten wir übrigens als den unseres Kennenlernens. Er erinnerte wirklich an eine Kralle, die einen kleinen weißen Stein hielt, der in meinen Augen nicht sehr nach einer Perle aussah.

»Das ist der Ring, oder?«, fragte ich. »Wann hast du ihn zurückbekommen?«

»Ach, schon vor einer Ewigkeit. Zusammen mit dem *Macbeth*-Buch. Ich habe meiner Exfreundin geschrieben, gleich nachdem wir darüber gesprochen hatten.«

Als ich den Ring zu einem Juwelier brachte, um ihn passend machen zu lassen, sagte dieser mir, der Stein sei in der Tat keine Perle, sondern ein Stückchen Koralle. Allerdings fand ich die ursprüngliche Geschichte so schön und romantisch, dass ich nicht daran rührte.

Unsere Hochzeit im April 1989 war eine eher bescheidene Angelegenheit. Wir mieteten das Büro-Loft meines Bruders, und ich organisierte ein preiswertes Catering. Henry trug einen gebraucht erstandenen mitternachtsblauen Smoking, ich ein schlichtes, langes weißes Baumwollkleid, wie es Jane Austen gefallen haben könnte. Dazu hatte ich mir rote Satinschuhe ausgesucht, weil mir das Getue von wegen »ganz in Weiß« auf die Nerven ging. Ein Rabbi sang die traditionellen jüdischen Gebete, während wir unter einer Chuppah, einem Traubaldachin, standen. Henry zertrat enthusiastisch das kristallene, in eine Serviette gewickelte Weinglas, das er für diesen Zweck gekauft hatte. Irenas unvergessliches Geschenk war eine selbst gemachte Hochzeitstorte – ein Schokoladentraum, eingehüllt in essbares Blattgold. Meine Eltern wirkten zufrieden und stolz, und es wurden eine Menge Toasts auf unsere gemeinsame Zukunft ausgebracht. Wir tanzten zur Musik von Kassetten, die ich aufgenommen hatte.

Einige Tage danach ließen wir uns gegen Gelbfieber und

Hepatitis impfen. Der junge Arzt gab uns noch Rezepte zur Malaria-Prophylaxe und Antibiotika für alle Fälle mit. Die Einstiche taten höllisch weh. Ich jaulte auf, als er die Nadel in meinen Po stach.

»Kinder, warum reist ihr nicht einfach auf die Bahamas?«, fragte der Arzt seufzend.

Wir lachten. Die Bahamas – sonst noch was?

Dann waren wir auf dem Weg in unsere Flitterwochen (es gefiel uns, diesen Begriff ironisch für diese Reise zu verwenden). Es ging zu meiner Collegefreundin Sara, die im Friedenscorps diente und in Malawi, einem winzigen verarmten Land in Südostafrika, stationiert war.

Nach einem englischen Lunch mit geräucherter Forelle in der Economy Class von British Airways traten wir aus dem klimatisierten Flugzeug auf die metallene Gangway des Flughafens Lilongwe. Die Sonne brachte den Asphalt zum Glühen, und ich kramte sogleich nach der Sonnenbrille, die einzupacken Sara mir eingeschärft hatte. Dann sah ich mich um und erblickte das Ende des Flughafens. Dort endete der bewässerte Rasen, und die Wildnis begann. Bis wir einen Monat später wieder in die Maschine Richtung London stiegen, würde es wohl keine geräucherte Forelle mehr geben. Wir waren exakt mitten im Nirgendwo gelandet.

Saras Freund und künftiger Ehemann war gekommen, um uns abzuholen. Kaum hatten wir das Flughafengelände verlassen, wurde aus der Straße eine rote Staubpiste. Wir fuhren an zerlumpten Kindern und Erwachsenen vorbei, die barfuß liefen. Die Kleinen hatten von Unterernährung aufgeblähte Bäuche. Bei manchen sahen wir zudem eigenartige Hautveränderungen und seltsam farbloses Haar. Ich war in New York City aufgewachsen und hatte durchaus schon Armut gesehen, doch dies hier war noch einmal etwas ganz anderes.

Sara bewohnte ein geräumiges Haus in einem Dorf. Die Böden waren aus Beton, der unsere nackten Füße kühlte. Ich packte die Vorräte aus, die sie sich gewünscht hatte: Haarshampoo und -spülung und Schokolade. »Von jetzt an bekommt ihr dreimal täglich Reis und Bohnen«, sagte sie. »Aber wenigstens haben wir jetzt hin und wieder etwas Süßes. Ich hatte schon lange keinen Besuch mehr.«

Bei unserem ersten Spaziergang zu zweit erzählte Sara mir, dass sie schwanger sei. Mit meinen dreißig Jahren hatte ich erst eine enge Freundin, Irena, die bereits ein Kind zur Welt gebracht hatte. Nachdem ich selbst gerade mal eine Woche verheiratet war, freute ich mich sehr für sie. Ein Baby in Afrika – was für ein Abenteuer.

Ich lernte, das Moskitonetz zur Schlafenszeit sorgfältig festzustecken. Mit den riesigen, haarigen Spinnen kam ich einigermaßen zurecht, doch meine Aversion gegen Schlangen legte sich nicht. In Afrika schien man in Bezug auf solche Tiere ohnehin nach dem Motto »lieber tot als lebendig« vorzugehen. Die Leute liebten es, uns mit Geschichten von Puffottern und Mambas zu erschrecken, die einander an Gefährlichkeit und Gruseligkeit übertrafen. Alle endeten übrigens mit einem Beil im letzten Moment.

An diesem Ort, wo praktisch nichts weggeworfen wurde, gewannen wir eine ganz neue Vorstellung von dem Begriff Müll. Aus ein bisschen Altmetall und Holz fertigte man hier geniales Spielzeug. Kleidung wurde tatsächlich getragen, bis sie einem in Fetzen vom Leib fiel. Und jedes Stückchen Plastik ließ sich noch zu irgendeinem Zweck wiederverwenden.

Außer von der Armut bekamen wir in diesem Teil von Afrika auch etwas von den politischen Unruhen mit. Eines Abends tranken wir in einer Bar auf der Insel Likoma gerade ein paar Bier mit dem einzigen Arzt des Ortes, als der Priester zur Tür hereinkam und sachlich von einem »Zwischenfall« berichtete. Henry und ich (er war deutlich neugieriger als ich) folgten dem Arzt in seine bescheidene Praxis. Es stand kein Schmerzmittel zur Verfügung, um den Patienten zu behandeln, dem Renamo-Rebellen in einem Dorf jenseits der Grenze in Mosambik in die rechte Wade geschossen hatten. Noch dazu war der Arzt schon ziemlich betrunken.

Zwei Wochen später, als wir uns schon mehr oder weniger an die Dauerkost aus Reis, Bohnen und großzügigen Klecksen scharfer Piri-Piri-Soße (die hilfreicherweise mit dem Hinweis »Achtung, mein Freund« versehen war) gewöhnt hatten, kletterten Henry und ich auf die Ladefläche eines staubigen Land Rovers der malawischen Regierung. Wir fuhren in Richtung Nyika-Plateau. Diese Bergregion gehört zum Great Rift Valley. Sara hatte uns mit detaillierten Hinweisen zur Autostopper-Etikette auf diesen einwöchigen Trip geschickt, aber da nur so wenige Autos vorbeikamen, knapp eine Handvoll pro Tag, nutzten wir diese erste sich bietende Mitfahrgelegenheit.

Drei Malawier, die im Nationalpark auf dem Plateau arbeiteten, hockten schweigend und barfuß neben uns. Sie trugen Regenmäntel. Henry und ich sahen einander fragend an. Anders als die meisten Malawier hatten wir reichlich Kleidung und Schuhe, aber keine Regenjacken dabei, weil die Regenzeit schließlich schon vorüber war.

Etwa zwölf Kilometer vor dem staatlichen Gästehaus ganz oben auf dem Plateau hielt der Land Rover mitten auf der Straße. Der Fahrer in Kakiuniform hieß uns, auf der Stelle, hier im Nirgendwo, auszusteigen. Es sei ohnehin illegal, in Behördenfahrzeugen Autostopper mitzunehmen, aber er habe uns einen Gefallen tun wollen. Doch jetzt sollten wir bitte selbst zusehen, wie wir weiterkamen.

Wir kletterten mit unseren Rucksäcken, die schwer mit Lebensmittelvorräten bepackt waren, vom Wagen. Auf dem Plateau gab es nämlich keinerlei Einkaufsmöglichkeiten. Die Einheimischen in ihren Regenmänteln musterten uns teilnahmsvoll, oder war es mitleidig? Jedenfalls halfen sie uns mit unserem Gepäck, eine Hilfe, die ich gern annahm.

Stumm wanderten wir einige Meilen die Staubpiste entlang. Zebras und Elanantilopen zogen über die farnbedeckten

Hügel. Außerdem sahen wir schwarze Vögel mit langen Schwänzen, die wie Bänder aussahen. Ich nahm mir vor, ihren Namen später nachzuschlagen. Die Hügellandschaft schien aus gerafftem und drapiertem grünen Stoff gemacht zu sein. Der Himmel war wolkenlos und drückte wie ein strahlend blauer Dom auf uns nieder, bis von irgendwoher in hoher Geschwindigkeit Wolken heranzogen, immer wieder die Sonne verfinsterten und dunkle Schatten auf die grünen Hänge warfen. Die Sonnenstrahlen fielen wie Laserlicht durch die immer dichter werdende Bewölkung.

Dann kam der Regen. Henry und ich marschierten weiter, waren jedoch in Sekundenschnelle bis auf die Haut durchnässt. Die Malawier beklagten sich nicht über ihre nackten Füße, also wäre es kindisch gewesen, wenn wir gejammert hätten, weil wir klatschnass waren. Meilen später erreichten wir das Gästehaus. Die Wirtsleute lachten leise, als sie die durchweichten, bibbernden, weißen Reisenden erblickten, und boten uns sofort Tee und Bananen an.

Nachdem wir uns in unserem riesigen Sechs-Dollar-die Nacht-Chalet eingerichtet hatten, brachte uns Edward, der Hausmeister, mehr Tee und selbstgebackene Kekse. Wir kuschelten uns vor dem Feuer zusammen, das Edward für uns angezündet hatte. Später kuschelten wir auch auf dem schmalen Bett. Henry hielt mich eng an sich gedrückt. Bis jetzt war unsere Ehe ein einziges großes Abenteuer. Wir waren zusammen allein in Afrika.

Es war dieses Bild von Henry – großzügig, liebevoll, neugierig auf das Unerwartete –, das ich mir in unseren gemeinsamen Jahren bewahrt hatte. Wir hatten viel Spaß miteinander: Wir liebten unsere Freunde, unsere Bücher und unsere ganz privaten Scherze. Er war der beste, treueste Gefährte während meiner langen Wehen. Er tröstete mich bei den Kontraktionen und holte ein bisschen Schlaf auf einer ausgebreiteten Samstagsausgabe der *New York Times* nach, als unsere Doula ihn ablöste. In diesen kostbaren Momenten der Präsenz und echten Verbundenheit vergaß ich die Streitereien, die an Häufigkeit und Bitterkeit zugenommen hatten, ebenso wie die Zeiten, in denen wir so schrecklich inkompatibel schienen, dass ich mich fragte, wie wir in einem solchen alltäglichen Unfrieden unser Kind großziehen sollten.

Jetzt meinte ich, nicht mehr viel von diesen guten Erinnerungen übrig zu haben. Ich hatte mich in einen Mann verliebt, der mir souverän und charmant erschienen war. Im Laufe der Zeit hatte ich einige seiner Schwächen kennengelernt und mich geweigert, andere zur Kenntnis zu nehmen. Das Gesamtbild, das Henry nach außen gab, war zweifellos eine Illusion, die ein traurigeres Ich kaschieren sollte. Letzteres fürchtete er wohl, anderen und selbst mir zu zeigen.

Ich erinnerte mich daran, wie eiskalt Henry Cathy im Sommer zuvor aussortiert hatte. Mit dem Kommentar, sie sei »der konventionellste Mensch«, den er kenne. Danach hatte er erst mit Christine und dann mit Eliana weitergemacht, die nach seiner Vorstellung ein wirklich freier Mensch war.

Seine Vorstellung von Perfektion kam mir in den Sinn. Jede Frau, von der er phantasierte, war eine neue Chance, sich dieser Perfektion zu nähern. So wie jede Mahlzeit, die er zubereitete, eine weitere Gelegenheit darstellte, eine Art Nirwana zu erreichen. Aber so wie Schalotten in zu heißer Butter anbrennen, so enttäuschten ihn all diese Beziehungen. Er muss gewusst haben, dass ich ihn in keinerlei Hinsicht mehr für perfekt hielt, obwohl ich einst geglaubt hatte, wir würden so gut harmonieren. Vielleicht war sein Ansinnen, ich solle wieder mehr wie seine Freundin sein, Ausdruck seines Wunsches, zu den Zeiten zurückzukehren, als wir beide noch unschuldiger waren und weniger von den Schwächen des anderen wussten.

Ich erinnere mich auch an Henrys Bemerkung Helen gegenüber – dass Risiko der Zweck seines Lebens sei. Henry hatte sich Abenteuer gewünscht, die ganze Zeit über, jeden Tag, wie damals in Afrika. Täglich wiederkehrende Pflichten langweilten ihn. Er wollte das Gefühl haben, er würde sich einer Gefahr stellen, um dann als Held aus der Situation hervorzugehen. Erst rückblickend wurde mir klar, welche Unmenge an Risiken er benötigt hatte – im Laufe unserer gemeinsamen Jahre mehr und mehr –, um dieses heldenhafte Gefühl reproduzieren zu können. Bitter fragte ich mich, ob das eine Männersache ist, die berühmte und oft belächelte »Midlife Crisis«.

Henry musste große Abenteuer bestehen: Die Narbe über seinem Auge. Der Autounfall, bei dem er sich ein Bein brach. Dass er zwei Wochen vor dem Ende seines letzten Semesters am College noch Fallschirmspringen lernte, um eine schlechte Sportnote zu verhindern. Das erst kurz vor seinem Lebensende von ihm entdeckte Klettern. Er, Cathy und Steve hatten sich von einem Bergführer in den Ausläufern der Catskill Mountains Unterricht geben lassen. Ich hatte nach einem einzigen Versuch in einem Klettergarten in New Paltz aufgegeben – meine Höhenangst hatte schon in gut fünf Metern Schwindel erzeugt. Also war wohl nicht zu erwarten gewesen, dass es mir besonders guttäte, in irgendwelchen Klippen zu hängen. Ich war mir nie sicher, ob Henry das Klettern um seiner selbst willen mochte oder sich eher in die Ausrüstung, die er dafür anschaffte, verliebt hatte – einen Talkumbeutel aus Samt (kurz nach seinem Tod hatte ich ihn Cathy geschenkt), die eng anliegenden spitzen Schuhe, mit denen man in Felsspalten Halt finden sollte, die den Schweiß ableitende Kleidung, die ganz wichtigen Seilrollen, Seile, Karabiner und Sicherheitsgurte. Diese Ausrüstung war für ihn vielleicht Teil des echten, anschaulichen und (zumindest für ihn) erregenden Risikos einer Verletzung und sogar seines Todes.

Der charismatische, charmante Mann, den ich als schüchterne und naive Siebenundzwanzigjährige kennengelernt hatte, war vielleicht ein Typ Mann, den ich jetzt erkennen und in Zukunft meiden konnte. Der Mann, der einen Raum mit einer Art unbezwingbarem Glamour einnimmt, der beim

Pokern gewinnt, eines Tages viel Geld verdienen könnte, einfach ein »Erfolg« ist (oder wenigstens zu sein scheint). Es gibt da doch das berühmte Zitat von Cary Grant (der als Archibald Leach zur Welt kam) hinsichtlich seiner lässig-eleganten Filmfiguren in Streifen wie *Die Philadelphia Story*: »Jeder möchte sein wie Cary Grant. Ich auch.«

Als der Sommer unweigerlich zu Ende ging, verließen Anna und ich unser Haus in Maine. Mir graute genauso vor der Rückkehr nach Hause wie zu Beginn des Sommers, als ich Italien wieder verlassen musste. Es gab nicht viel, auf das ich mich hätte freuen können: der Schulalltag, deutlichere Indizien dafür, dass meine Zeit mit Tomas abgelaufen war und damit einhergehend meine zunehmende Angst vor der Einsamkeit.

Dann waren alle unsere Taschen wieder ausgepackt, und Liza begann ihr zweites Schuljahr an der neuen Privatschule. Sie liebte ihre beiden Lehrer. Einer war ein sanftmütiger Mann, der sich beispielsweise Lieder für die Kinder ausdachte, als sie den Hudson River durchnahmen. Die andere Lehrkraft war eine warmherzige, liebevolle Frau, der es gelang, Lizas Angst vor Mathematik wegzuzaubern.

Da es bei Liza also so viel besser lief, verbrachte ich wieder mehr Zeit in meinem Arbeitszimmer. Ich studierte die Objekte auf dem Altar, der mir einst so viel Trost gespendet hatte – den Buddha in der Schneekugel, den goldenen Ring, die Muscheln und Kieselsteine. Weil ich Henrys Asche nicht mehr in meinem Büro wollte, hatte ich die hölzerne Urne auf ein hohes Regal in Lizas Zimmer gestellt. Eines Morgens, zu Beginn meines Arbeitstags, nahm ich die Buddha-Schneekugel in die Hand, drehte sie ein paarmal hin und her und freute mich daran, wie die künstlichen Schneeflocken sanft auf die sitzende Figur aus goldfarbenem Plastik herabschwebten. Solchen Frieden wünschte ich mir auch. Henry hatte diese Schneekugel sehr gemocht, weil ihm die Kombination des buddhistischen Symbols mit typisch amerikanischem Kitsch gefiel. Doch was mochte er gesehen haben, wenn er sie betrachtete? Wonach hatte Henry gesucht?

Emilys Ehemann Justin rief mich an. Er und Emily seien zu einem formellen Abendessen eingeladen, und er bräuchte einen Smoking. Ob es mir etwas ausmachte, ihm Henrys zu leihen?

Justin kam bei uns vorbei. Ich holte Henrys gebraucht erstandenen, mitternachtsblauen Smoking aus dem Schrank und nahm ihn aus der Schutzhülle. Wir bewunderten den guten Schnitt und das schmale Revers. Justin probierte ihn an, und er passte perfekt. So wie er Henry bei unserer Hochzeit gepasst hatte. Eine Welle der Trauer überkam mich, weil ich an jenen Tag und das damals gegebene Versprechen denken musste.

Als Justin sich auf die Brusttasche klopfte, knisterte etwas darin. Er zog ein kleines, rechteckiges Stück gelben, linierten Papiers heraus. Darauf hatte Henry in ordentlicher Druckschrift notiert: Blumen abholen, in Serviette gewickeltes Weinglas und noch ein paar andere vor der Hochzeit zu erledigende Punkte. An jenem Tag, wie auch in der Zeit, die wir auf dem Nyika-Plateau in Malawi verbrachten, und am Tag von Lizas Geburt, war Henry ganz und gar engagiert und präsent gewesen.

Wir hatten durchaus einige echte Momente geteilt. Wenn ich mich anstrengte und Geduld bewies, würde ich vielleicht doch noch etwas finden, das es sich am Ende dieser ganzen Geschichte zu bewahren lohnte. Obwohl ich eigentlich das überwältigende Bedürfnis verspürte, mein ganzes Leben mit Henry abzuschreiben und nur mit Liza noch einmal von vorn zu beginnen. Ich sah uns beide vor mir, wie wir in einer alten Klapperkiste und mit einem Koffer, der auf dem Rücksitz rumpelte, eine gerade Straße entlang irgendwohin aufbrachen.

Elf

Oktober 2003

Wenn ein Mann zu dir sagt, »Lass den Kopf nicht hängen, Liebes, so weit wird es vielleicht niemals kommen«, dann sag ihm, dass es schon so weit gekommen ist, und zwing dich nicht zu lächeln. Lächeln ist keine Pflicht, sondern eine Freiheit. Jetzt ist es an dir: Du bist von den Erwartungen und Zwängen der Jugend befreit.

Justine Picardie, *My Mother's Wedding Dress*

Der Nachmittag des letzten Samstags im Oktober war ein strahlender, kalter Tag. Die spätherbstliche Sonne durchbrach die schnell dahineilenden Wolken. Wenigstens war es nicht so kalt und stürmisch wie in manchen Jahren zuvor. Liza und ich trafen unsere letzten Vorbereitungen für die um siebzehn Uhr beginnende Halloween-Parade. Früher war dies ein Ereignis gewesen, auf das ich mich gefreut hatte. Heute graute mir vor der einen Stunde vor aller Augen.

Die ersten beiden Monate nach unserer Rückkehr aus Maine waren in meiner Erinnerung schon verschwommen. Wenigstens begegnete ich jetzt Cathy nicht mehr täglich auf dem Schulhof. Unser Zeitplan war mittlerweile ohnehin ganz anders: Um 7.20 Uhr brachte ich Liza zu ihrem Schulbus und fuhr danach gleich zum Lebensmittelladen (der um diese Zeit meist fast leer war) und erledigte meine Einkäufe, ohne irgendjemand zu sehen, was mir nur recht war.

Ich mied sogar Tomas. Einmal hatte ich ihn zu Hause besucht. Wir saßen an dem Gartentisch auf seiner Wiese. Er machte mir Komplimente über meine Sommerbräune und die Sommersprossen und lobte auch die Landschaftsbilder, die ich auf der Insel gemalt hatte. Er wirkte nicht entspannt, wie wir so dasaßen, uns unterhielten und Sandwiches aßen. Dann presste ich aus ihm heraus, womit ich bereits gerechnet hatte – es gab in der Tat eine neue Frau in seinem Leben, und die hatte mit meiner Rolle Schwierigkeiten. Ich hatte nicht die Absicht, mich dieser neuen Beziehung in den Weg zu stellen, und so brach ich auf, nachdem wir verabredet hatten, zwar in Kontakt zu bleiben, aber nicht zu intensiv. Ich beschloss, mich so rar wie nur möglich zu machen, ohne komplett von der Bildfläche zu verschwinden.

Von der Halloween-Parade konnte ich jedoch nicht fernbleiben, denn die war in unserem Ort Tradition. Die Bewohner und vor allem die begeisterten Kinder versammelten sich an der Kreuzung Main Street und Bundesstraße Richtung Norden, um dann im Pulk die idyllische Straße entlangzuziehen, während diejenigen, die keine Lust zum Verkleiden und Marschieren hatten, vom Rand aus jubelten und klatschten.

Ich bezweifelte, dass Cathy und Steve sich die Gelegenheit entgehen lassen würden, als Familie aufzutreten. Er hatte bislang Wort gehalten und war bei ihr geblieben. Mehrfach hatte man sie Hand in Hand in der Öffentlichkeit gesehen.

In anderen Jahren hatte ich mich nicht um ein Kostüm für mich bemüht, doch diesmal hatte ich das starke Bedürfnis, mich zu tarnen. Ein paar Wochen zuvor hatte ich mit Liza im örtlichen Antiquitätenladen gestöbert und ein langes Abendkleid aus rotem Satin gefunden. Begeistert schlug ich zu. Eine rote Teufelin. Ich hoffte, dass zumindest meine Freunde die Ironie verstehen würden. Den Rest meines Kostüms hatte ich schnell bei meinem nächsten Trip in die Stadt besorgt, in einem Partyladen in Greenwich Village. Ich musste grinsen, als ich mit Teufelshörnern aus Plastik und einem kleinen Dreizack in den Zug nach Hause stieg.

Jetzt war ich also in meinem roten Kleid und mit Hörnern, aber ohne rote Schminke im Gesicht (die wollte ich mir für das abendliche Trick-or-treat aufheben) mit Liza auf dem Weg zur Main Street. Liza im weißen Engelskostüm (ich hatte ihr heftig zugeredet) merkte wohl nichts von der Panik, die mich erfasste, als ich die Ecke der Main Street erreichte und Cathy auf der gegenüberliegenden Straßenseite stehen und nervös nach Steve und Amy Ausschau halten sah. Es tröstete mich wenig, dass ihr die Situation wahrscheinlich noch unangenehmer war als mir.

Ich fasste Lizas Hand fester und betete, dass sie Amy nicht sah, während ich mit ihr auf eine Gruppe anderer Freunde zuging, denen ich nichts erklären musste. Die Menge setzte sich in Bewegung, und kurz nachdem wir die Bahngleise überquert hatten, fand ich Anna und Leo. Die Rückkehr aus den Ferien war auch Anna schwergefallen – sie und John stritten noch um das Haus, doch ich hoffte, das Ende ihrer Scheidung käme bald in Sicht. Anna und ich trotteten missmutig mit und setzten immer dann ein Lächeln auf, wenn unsere Kinder in unsere Richtung schauten. Sie schnitt eine Grimasse, als ich ihr erzählte, dass ich Cathy bereits gesehen hätte.

»Die Schlampe«, murmelte Anna so leise, dass unsere Kinder es nicht hörten.

Am Ende der Straße, direkt am Wasser, schlenderte man plaudernd herum. In früheren Jahren war dies die Gelegenheit gewesen, sich mit Freunden zu unterhalten oder Nachbarn zu begrüßen, die man lange nicht gesehen hatte. Doch nun hatte ich das Gefühl, den Verstand zu verlieren, wenn noch eine einzige weitere Bekannte mir mit leicht geneigtem Kopf auf die Schulter tippen und mitleidig fragen würde: »Wie geht es dir denn, Julie?«

Anna und ich ließen unsere Blicke über die Menge schweifen und kamen wortlos zu dem gleichen Schluss: Es war wohl das Beste, jegliche Konversation mit Leuten zu vermeiden, die nicht zu unseren engsten Vertrauten zählten. Also lotsten wir unsere Kinder zu einer leeren Bank, die ein Stückchen abseits stand. Bald fanden die beiden Spaß daran, in drei Kirschbäumen herumzuklettern, die schon fast kahl waren. Ein leichter Wind ließ die letzten Blätter herabfallen und trieb sie raschelnd über den gepflasterten Weg. Anna und ich saßen dicht beieinander und entspannten uns zum ersten Mal an diesem Nachmittag.

Zumindest bis Cathy aus der Menge trat, ihre Tochter ein paar Schritte hinter ihr. Cathy erblickte uns auf der Bank. Anna und ich warfen uns neugierige Blicke zu und erwarteten, dass Cathy Amy sofort zu sich holen würde, doch stattdessen zögerte sie am Rand der Menge, als würde sie noch über ihren nächsten Schritt nachdenken.

»Nimm dein Kind und hau bloß ab«, murmelte ich mit zusammengebissenen Zähnen. »Anna, was treibt sie denn da?«

»Die Schlampe. Sie sollte sich besser nicht hierherwagen.«

Doch Cathy verzog sich nicht, obwohl ich versuchte, sie drohend anzufunkeln, als unsere Blicke sich trafen. Ich bedauerte bereits mein in diesem Lichte lächerlich wirkendes Kostüm. Ich würde wohl nicht sehr forsch rüberkommen, wenn ich sie in einem roten Satinkleid und mit Teufelshörnern aus Plastik zur Rede stellte. Ich kam mir dumm und jämmerlich vor und erinnerte mich an die Gemeinheit, die Steve bei einem unserer kurzen Gespräche im Juli zu mir gesagt hatte: »Du bist eine rachsüchtige Frau.«

Amy sah zu Liza herüber. Dann schaute Liza auf und entdeckte Amy. Voller Freude lächelten die zwei sich zu. Dann sah Liza mich bittend an. Amy begann, auf Liza zuzugehen, schaute dabei mich fragend an und fing meinen zornigen Blick auf. Sie wich zurück, mit hängenden Mundwinkeln und vor Schreck geweiteten Augen.

Ich hatte diesem Kind Angst gemacht, das zahllose Nachmittage in meinem Haus gespielt hatte, dem ich zu essen gegeben, auf das ich aufgepasst, das ich umarmt, geschimpft, dessen Po ich abgeputzt hatte. Ich kam mir wirklich schäbig vor.

Trotzdem hatte ich die Nase voll. Ich sprang auf und marschierte auf Cathy zu, bis ich so dicht vor ihr stand, dass ich nicht laut zu schreien brauchte.

»Hol dein Kind von meinem Kind weg. Und zwar sofort.«

»Du müsstest dich langsam mal wieder mehr wie eine Mutter benehmen«, erwiderte sie ruhig, wie eine wohlwollende, aber strenge Lehrerin. Ich konnte hören, dass diese Formulierung nicht von ihr stammte, sondern vielleicht von ihrem Mann oder einer wohlmeinenden Freundin aus ihrer Kirchengemeinde, der sie eine bereinigte Version der Ereignisse der letzten Jahre präsentiert haben mochte. Eigentlich hatte ich geglaubt, nichts an dieser Frau könne mich noch schockieren, doch ich hatte mich getäuscht.

»Wage es nicht noch einmal, mir zu sagen, wie ich mich benehmen soll«, sagte ich und konnte meine Wut nur mit Mühe zügeln. »Du hast das Gewissen eines Wurms.« Sie zuckte zusammen, was ich mit Freude registrierte. Ich fühlte mich gemein und gewöhnlich. »Sprich mich ja nie wieder an«, fuhr ich fort. »Und schick auch deine Tochter nicht zu meiner, damit sie mit ihr spricht. Ich werde dir nämlich nicht erlauben, diese Situation zu manipulieren, indem du unsere Kinder benutzt. Es war schwer genug, sie voneinander zu trennen, und ich will, dass es so bleibt.« Ich ballte meine Rechte zur Faust, wie damals bei unserer ersten Auseinandersetzung auf dem Parkplatz neben ihrem Haus. Am liebsten hätte die Hand ihr ins Gesicht geschlagen, und nur mein noch verzweifelteres Verlangen, hier keine Szene zu machen, hielt mich davon ab. »Sollte ich dir noch jemals an einem öffentlichen Ort begegnen, werde ich so tun, als würde ich dich nicht kennen. Denn was mich angeht, existierst du nicht mehr.«

Zitternd kehrte ich zu meinem Platz auf der Bank zurück. Ich rief eine nun völlig verstörte Liza zu mir, und Anna legte mir einen Arm um die Schulter. »Wie ich schon sagte, es wäre an der Zeit, den scharlachroten Buchstaben aus der Hawthorne-Erzählung wieder einzuführen.« Ich war dankbar für ihre Solidarität, aber trotzdem war mir die ganze Situation zu viel, und mein Blick verschwamm in Tränen.

Liza weinte ebenfalls. Die nächste halbe Stunde lang versuchte ich, sie auf meinem Schoß zu trösten, während sie unaufhörlich weiterschluchzte. Warum durfte sie Amy nicht wenigstens Hallo sagen? Sie wollte ihr doch bloß Hallo sagen. Warum ließ ich sie nicht Hallo sagen?

Damit war jeder Zweifel beseitigt. Diese Stadt war zu klein für uns beide – für Henrys Witwe und seine Geliebte. Eine von uns musste von hier verschwinden. Mir kam es so vor, als würden Cathy und Steve die Hacken in den Boden stemmen. Diese Episode war wohl nur der Anfang eines groß angelegten Versuchs zur gesellschaftlichen Rehabilitierung. Zu schade, dass wir nicht zu Jane Austens Zeiten lebten, als Ehebrecherinnen wie Maria Bertram in *Mansfield Park* noch gezwungen wurden, bis ans Ende ihrer Tage ein einsames Dasein bei vertrockneten altjüngferlichen Tanten zu fristen.

Liza weinte nach der Halloween-Parade noch tagelang. Ich war froh, dass wir Cathy oder Amy nicht beim abendlichen Herumziehen zum Süßigkeitensammeln sahen. Ich erinnerte mich daran, wie früh Amy immer ins Bett musste, und so brachen wir erst spät auf, beschränkten uns auf die Häuser unserer Freunde und machten uns auf den Heimweg, sobald Liza eine ansehnliche Menge Süßes eingeheimst hatte.

»Ach, Julie, wie geht es euch? Und wie gefällt Liza ihre neue Schule?« Eine von Cathys Freundinnen aus ihrer Kirchengemeinde sprach uns freundlich an, als wir auf dem Nachhauseweg an ihrer Familie vorübergingen.

»Uns geht es prima, dankeschön.« Ich drückte Lizas Hand fester und verringerte mein Tempo nicht im Geringsten, um nicht auch nur eine weitere Minute höflicher Konversation ableisten zu müssen.

Meine Besorgungen in der Stadt terminierte ich weiterhin so, dass ich Cathy und anderen Leuten nach Möglichkeit entging. An manchen Wochenenden suchte ich Zuflucht im Haus meines Bruders in Brooklyn, wo ich mich herrlich anonym fühlte. Neugierig spazierte ich durch mein altes Viertel und fragte mich ängstlich, aber mit zunehmendem Enthusiasmus, ob es wohl möglich wäre, dort noch einmal neu anzufangen.

»Das erste Jahr ist fast vorbei«, sagte David, während er das Hähnchen, das wir gerade im Garten hinter seinem Haus grillten, überwachte. »Du solltest nicht diejenige sein, die davonlaufen muss. Versuch doch erst einmal noch bis Januar durchzuhalten, und danach werden wir schon sehen, wie es weitergeht.«

Ich hatte mich gefragt, ob ich wohl in dem Haus würde bleiben können, wenn ich ein paar große Veränderungen vornahm. Während unserer Ferien in Maine hatte ich einen Plan gefasst, der den Ausbau des zweiten Stocks, eines bisher ungenutzten riesigen Dachbodens, in ein Malatelier vorsah. Meinem Bruder gefiel die Idee. Er meinte, selbst wenn ich das Haus doch verkaufte, wäre es eine lohnende Investition.

Ende September hatte ich es vielen meiner Nachbarn gleichgetan und einen Handwerker auf den Dachboden gelassen. Ende November war der Ausbau abgeschlossen. Am letzten Arbeitstag inspizierte ich das neue Atelier mit seiner isolierten, mit Fichtenbrettern verkleideten Decke, den zahlreichen Steckdosen, neuen Fenstern und Oberlichten, den alten, breiten Bodendielen, die ausgebessert und in einem Olivgrün lasiert waren. Die Farbe erinnerte mich an Annas Küche, in der ich vor längerer Zeit bei einem Glas Wein den Sonnenuntergang genossen hatte.

Aus meinem Keller schleppten die Handwerker einen großen Zeichentisch hinauf. Als ich schließlich auf einem hohen Stuhl davor saß, bewunderte ich das Licht des Spätnachmittags in dem Raum und die Aussicht auf die Berge jenseits des Flusses. Ich ging auf und ab, probierte die neuen

Lichtschalter mit Dimmer aus und die mehrstufigen Deckenventilatoren. Dann schaltete ich abrupt alle Lichter und Ventilatoren aus und ging hinunter. Ich war mit diesem Projekt fertig, und vielleicht auch mit diesem Haus.

Eines Morgens kam Emily vorbei, um sich den Ausbau anzusehen. Aber selbst während sie bewundernd in dem loftartigen neuen Raum herumging, hatte ich das ungeheuer starke und traurige Gefühl, dass hier nie ein Bild von mir entstehen würde.

»Du könntest Leinwand auf diesen großen Rollen kaufen und einfach an die Wände tackern. Mit ein paar großen Pinseln könntest du dann richtig loslegen!«, schlug Emily mit der für sie typischen Begeisterungsfähigkeit vor, um die ich sie schon so oft beneidet hatte.

»Ja, das werde ich machen.« Doch schon als ich den Satz aussprach, wusste ich, dass weder der Umbau noch eine große Leinwand, noch mein Wille jemals genügen könnten. Ich konnte hier nicht mehr leben. Aber trotzdem wünschte ich mir, Emily eine Freude zu machen, wollte ihrem Vorschlag zustimmen und zumindest einen Augenblick lang so tun, als könne vielleicht alles wieder so werden wie vor Henrys Tod. Wir würden zusammen malen und Yoga machen und vielleicht eine lässige Galerie eröffnen.

»Das ist eine phantastische Idee, Emily. Ich werde die Leinwand sofort bestellen«, sagte ich.

Nachdem sie gegangen war, begab ich mich sofort in mein Büro, wo ich online Leinwand, Pinsel, Gips und Farbtuben bestellte. Es fühlte sich seltsam an, das in der Gewissheit zu tun, dass ich die Rolle mit der Leinwand und die anderen Malutensilien originalverpackt zum Umzugswagen tragen würde, wann auch immer das sein mochte. Ich konnte die Szene vor meinem Auge so deutlich sehen wie die Erinnerung an einen sehr lebensnahen Traum.

Inzwischen hatte ich erfahren, dass in diesem Haus schon einmal eine Ehe in die Brüche gegangen war. Zwei Besitzer vor uns. Während einer Auseinandersetzung hatte einer der Ehepartner wohl einen Vorschlaghammer gepackt und seinen Zorn an der Gästetoilette neben der Küche ausgelassen. Ausgerechnet diesen Raum hatte ich liebevoll in den Erdtönen toskanischer Häuser gestrichen. Beinahe amüsiert fragte ich mich, ob das Haus wohl mit einem Fluch belegt war. Je schneller ich hier herauskäme, desto besser.

Henry war übrigens immer noch sehr präsent im Haus. Sowohl in Form gelegentlicher Visitationen als auch ganz physisch als Asche in der hölzernen Urne. Als ich Liza dazu befragte, sagte sie, sie wolle die Asche ihres Vaters bei uns im Haus behalten. Emily meinte, ich solle sie besser ausstreuen. An sich sagte mir die Vorstellung zu, ihn auf diese Weise aus dem Haus zu haben, aber Lizas Wünsche hatten absoluten Vorrang.

Ich schlug als Kompromiss vor, einen Teil der Asche zu verstreuen. Emily schien an einer solchen Zeremonie viel zu liegen, daher verabredete ich mich mit ihr an einem Nachmittag, als Liza noch in der Schule war. Emily kam zu uns, ich schüttete ein wenig von der Asche in einen Plastikbeutel, und wir fuhren zu einer felsigen Erhöhung mit Blick über den Fluss. Dort wehte ein kräftiger Herbstwind, der uns fast die Haare vom Kopf riss. Mir war nicht sehr nach Abschiednehmen zumute, sondern für mich war es eher ein Ritual, das ich inszenierte, um meiner Freundin einen Gefallen zu erweisen.

Emily schien sich in meiner Gegenwart immer noch unwohl zu fühlen. Verzweifelt bemühte ich mich, hinter ihren Vorbehalten dennoch das Interesse einer loyalen Freundin zu erkennen, aber eigentlich war ich mit dem Chaos in meinem eigenen Leben noch zu sehr überfordert, als dass ich mich auch noch um ihres hätte kümmern können. Voller Bedauern registrierte ich, dass mich das Ganze kaum berührte. Den nächsten Tag unbeschadet zu überstehen, reichte mir voll und ganz. Als sie das Wort an mich richtete, fühlte sich mein Kopf absolut leer an, und ich war vollkommen abwesend.

»Ob es wohl immer darum gehen wird?«, lamentierte Emily auf dem Rückweg zum Auto, vielleicht weil sie meine fehlende Präsenz spürte. »Wird es immer nur um Henry gehen?«

Ich hätte so gern von etwas anderem gesprochen, etwa von meinem verzweifelten Wunsch, Sex zu haben, aber ich vermutete, dass sie davon nichts hören wollte. Gekränkt überlegte ich mir, dass gegenwärtig ausgerechnet die weit entfernte Eliana meine aufmerksamste Zuhörerin war. Wie eigenartig mein Leben doch verlief: Da fand ich Trost ausgerechnet bei einer der Geliebten meines verstorbenen Mannes. Seit meiner Rückkehr aus Maine hatte ich ihr wöchentlich mehrere E-Mails geschickt, und sie hatte sich immer die Zeit genommen, mir mit Wärme und ermutigend Zuspruch zu geben. Ich staunte immer noch darüber, wie unsere unwahrscheinliche Freundschaft sich entwickelte. Die meiste Zeit über fühlte ich mich wie gelähmt und erschöpft. Einerseits wusste ich, dass ich nach vorne blicken und weitermachen musste, aber ich war mir einfach nicht sicher, was als Nächstes zu tun wäre.

Jetzt verstand ich, warum die alleinerziehenden Mütter, die ich bisher kennengelernt hatte, oft derart überlastet waren, keine befriedigenden Jobs oder auch nur die Zeit fanden, etwas für sich selbst zu tun. Wir versuchten eben alle, uns einfach von einem Tag zum nächsten durchzuschlagen.

Zwölf

Oktober 2003

Nach der schrecklichen Tanzerei bin ich jetzt bereit zu kämpfen.

(Mitgehörter Ausspruch auf einer Party im East Village, 1987, Äußerung eines polnischen Poeten mit ungekämmtem Haar und schadhaften Zähnen)

Zum einen sann ich darüber nach, was ich mit meinem Haus anfangen sollte, zum anderen hatte ich begonnen, über Fluchtwege aus der Einsamkeit nachzudenken, die mich seit meiner Rückkehr aus Maine befallen hatte. Da Tomas nun nicht mehr zu meinem Alltag gehörte, erfasste mich eine gewisse Panik. Ich hatte wieder begonnen, in diversen Zimmern auf und ab zu laufen. Denn ich vermisste seine Gesellschaft und beschimpfte mich selbst, weil ich mich auf den Trost, den diese mir gespendet hatte, verlassen hatte. Ich fragte mich, ob es wohl an der Zeit wäre, mich nach jemand Neuem umzusehen. Falls es irgendwo einen Mann gäbe, der ungefähr mein Alter hätte, frei wäre und auch daran interessiert, Teil meines Lebens mit Liza zu sein.

In Bezug auf die mysteriöse Welt der Männer war vor allem die enorm wichtige Frage der Altlasten zu klären. Wenn ich mich selbst betrachtete, bestand ich eigentlich aus nichts anderem. Und zwar im Format von Übersee- und Schrankkoffern. Randvoll mit alten, rissigen Schuhen, modrigen Kleidern und feuchten, tränenfleckigen Briefen, die mit ausgefranstem, rosafarbenem Band zusammengeschnürt waren. Ich hoffte, robustes Gepäck zu haben, wie man es für einen Survivaltrip benötigt, nicht das einer Miss Havisham von Charles Dickens. Ganz gewiss wollte ich nicht in dreißig Jahren aufwachen und mich in einem düsteren Zimmer wiederfinden, in dem ich in den zerbröselnden Resten des Fotoalbums von meiner Hochzeit blätterte.

Wobei ich mir im Moment eher Sorgen machte, dass ich das Album in einem unüberlegten Moment vielleicht zusammen mit allen anderen handfesten Zeugnissen meines Ehelebens ins Kaminfeuer werfen würde. Aber wie traurig sich das Ganze letztendlich auch entwickelt haben mochte, Liza verdiente ein paar Erinnerungen an die Ehe ihrer Eltern. Nur zur Sicherheit packte ich alle Alben in eine Holztruhe – ein Erbstück aus Henrys Familie. Henrys Vater hatte in Korea einen Tischler beauftragt, einige solcher Truhen anzufertigen, um beim Umzug zurück in die USA Dinge darin zu verstauen. Nachdem ich die Alben dort hineingelegt hatte, verschloss ich die Truhe mit dem massiven Messingriegel und hoffte, sie und die Zeit, als sie aufgenommen wurden, erst einmal so lange zu vergessen, bis ich stark genug wäre, sie mir entweder mit Anteilnahme oder mit Humor anzusehen.

Ein weiteres Thema war Vertrauen. Ich hatte den einzigen Mann geheiratet, dem ich gemeint hatte, vertrauen zu können. Aber das hatte sich als ausgesprochene Fehleinschätzung herausgestellt. Folglich traute ich mir kein Urteil mehr zu. Die alte Herangehensweise – er ist irgendwie süß, er ist klug, wir haben einen ähnlichen Einrichtungsgeschmack, seine Manieren sind gut genug, um ihn meiner Familie vorzustellen – schien total ungeeignet. Ich würde noch mal bei null anfangen müssen.

Und diesmal würde ich es pragmatisch angehen. Oberflächliche Qualifikationen wie spontane körperliche Anziehung sollten mich nicht mehr beeindrucken. Denn darin hatte ja offenbar mein größter Fehler bestanden. Zumindest sah ich es so, wenn ich mich an die Party erinnerte, auf der ich Henry kennengelernt hatte – an den dunklen Flur, wie süß er da in seinem grauen Pullover mit dem weißen T-Shirt ausgesehen hatte. Wie charmant er gewirkt hatte. Das mit dem Charme wollte ich als Erstes von meiner Liste streichen. Schließlich stellt sich auch in *Stolz und Vorurteil* der charmante Mr. Wickham am Schluss als der gemeine Schurke heraus. Dagegen erweist sich der griesgrämige Darcy als Mann von Ehre, der – zum Glück für unsere Heldin – auch noch dick Kohle besitzt. Zumindest hatte mein Was-auch-immer-es-gewesen-war mit Tomas mir gezeigt, dass in sexueller Hinsicht bei mir alles in Ordnung war. In anderer Hinsicht mochte ich Schaden genommen haben, doch in diesem Bereich war ich heil geblieben und bereit, aufzublühen – fragte sich bloß, mit wem.

Und schließlich stellte sich noch die Frage des Alters – des mittleren Alters, um genau zu sein. Wie viele Frauen unserer Gesellschaft, die Jugend und Schönheit vergöttert, hatte auch ich mich die meiste Zeit meines Lebens mit Selbsthass in unterschiedlichem Ausmaß gequält. Ich wuchs in den Siebzigern auf, als sich ein kompromissloses Schönheitsideal entwickelte, das bis heute kaum etwas von seiner Gültigkeit verloren hat: Dünne Mädchen mit jungenhaft schmalen Hüften, langen Beinen, glatten, blonden Haaren und blauen Augen waren perfekt, um tiefsitzende Hüfthosen mit zerfetzten Säumen und zierliche Tops zu tragen. Mädchen wie ich dagegen – klein und üppig gebaut, mit dunklem, lockigem Haar, das an schlechten Tagen eine nicht zu bändigende Krause ist, entsprachen so gar nicht diesem Bild. In meiner besten Aufmachung, in einem Originalkleid aus den Vierzigerjahren, mit Mary-Quant-Lippenstift, gelben Strümpfen und mexikanischen Sandalen mit Plateausohlen, weckte ich Erinnerungen an andere Epochen. In die Gegenwart passte ich damit nicht.

Seit Henrys Tod und der zweifellos schmeichelhaften, wenn auch nur zeitweisen Aufmerksamkeit eines attraktiven Achtundzwanzigjährigen war ich plötzlich und völlig überraschend, wenn auch relativ spät in meinen eigenen Körper verliebt. Der neue Körper, den ich bewohnte, fühlte sich leicht und luftig an. Zum ersten Mal in meinem ganzen Leben als Erwachsene stand ich nun bewundernd vor meinem Spiegelbild. Ich kaufte mir ein paar hautenge T-Shirts und Hüftjeans, die inzwischen ja wieder modern waren. Und die Sachen passten von der Stange weg.

Dabei war mein Körper sicher nicht perfekt. Schließlich waren meine Beine nicht auf magische Weise um zehn Zentimeter gewachsen. Cellulitis zeigte sich nach wie vor an den unerwünschtesten Stellen. Und ich versuchte, bestimmte Lichtverhältnisse zu meiden, in denen ich mich garantiert elend gefühlt hätte. Badeanzüge bestellte ich aus dem Katalog und probierte sie im sicheren Zuhause an. Denn die faltige Haut am Bauch, das Souvenir meiner Schwangerschaft, hatte ich natürlich auch noch. Aber diese wahre Freundin und treue Gefährtin hatte mich immerhin durch ein schreckliches Jahr begleitet. Als ich in den Spiegel blickte, sah ich eine gut aussehende Frau, jemand, den ich ohne Weiteres in den Arm genommen und berührt hätte. Ich wünschte mir einen netten Menschen, der meinen Körper lieben und schätzen würde.

Ein schärferer Blick in meinen Badezimmerspiegel zeigte, dass da eigentlich noch gar nicht so viele Falten waren. Eine meiner Augenbrauen zog ich ständig eine Spur nach oben, was mir einen fragenden Ausdruck verlieh, gleichzeitig aber auch eine Falte erzeugt hatte, die die Asymmetrie meines Gesichts verstärkte. Links und rechts von meinem Mund hatten sich Lachfalten gebildet. Ich musste über diese Ironie des Schicksals lachen. Auch um meine Augen hatten sich neue Falten gelegt. Ich fragte mich, ob die vom vielen Weinen kamen.

Annas Gesicht erschien mir dagegen mit einem Mal viel ausgeruhter und friedvoller.

»Ach, das macht das Botox, meine Liebe«, verriet sie mir kichernd. »Ich hatte doch permanent diese Sorgenfalte auf der

Stirn. Mein Sohn dachte deshalb, ich wäre immer traurig.« Sie gab mir die Telefonnummer ihrer Dermatologin.

Ich wünschte mir, auch wenn es nur für die paar Monate wäre, die so eine magische Injektion anhielt, die Auswirkungen dieses Schreckensjahres und der traurigen letzten Jahre mit Henry auszuradieren. So vereinbarte ich einen Termin mit dieser Hautärztin, ohne zu wissen, was sie mir vorschlagen oder auch nur, um welche Behandlung ich sie ersuchen würde.

In dem Zug, mit dem ich in die Stadt fuhr, traf ich eine Bekannte. Sonst begegnete mir diese hübsche Frau meist im Supermarkt und in Begleitung ihrer kleinen Söhne. Sie arbeitete gelegentlich noch als Model in der Modebranche und wirkte heute total glaubwürdig in dieser Rolle – perfektes Make-up, jedes glänzende braune Haar am richtigen Platz, keine Kinder im Schlepptau.

»Wow, du siehst umwerfend aus!«, platzte es aus mir heraus, als ich sie auf einem Sitz in meiner Nähe entdeckte. »Arbeitest du heute?«

»Ich gehe zu einem offenen Casting – nichts Tolles, nur ein Katalogjob«, sagte sie, als ich mich zu ihr setzte. Wenn sie von ihrer Modelkarriere sprach, die sie nach der Geburt ihrer Söhne nur noch nebenbei verfolgt hatte, dann betonte sie immer eher das Routinemäßige an diesem Job und weniger den Glamour. Sie schien genau zu wissen, wo sie stand, wirkte nüchtern und pragmatisch.

»Fährst du zu einem Termin mit einem Kunden?«, fragte sie, während ich weiter ihr Gesicht betrachtete und mich fragte, wie es ihr wohl bei dem Casting ergehen würde, wie viele andere Frauen ihres Alters – vermutlich etwa Anfang dreißig – sich um den Job bewerben würden. Mein Blick wanderte ihren Körper entlang, über die langen Beine in engen Jeans bis zu den modischen, blankpolierten schwarzen Stiefeln.

Zum ersten Mal registrierte ich eine winzige Narbe auf ihrer Stirn, die unter dem Make-up kaum zu sehen war. Ich wollte sie schon darauf ansprechen, hielt mich aber gerade noch rechtzeitig zurück, weil mir klar wurde, dass dies nicht der beste Zeitpunkt wäre, um über eine ihrer Schwächen zu sprechen. Ich schämte mich zutiefst, als mir klar wurde, dass ich zu feige war, ihr den wahren Grund für meinen Besuch in der Stadt zu nennen.

»Ja, es ist nur wegen der Arbeit.« O-oh, ich hatte wohl noch eine Menge zu lernen, wenn ich nicht einmal dieser Frau, die mit ihrem Gesicht und ihrem übrigen Körper Geld verdient, gestehen konnte, dass ich mir ein paar Falten aufspritzen ließ.

»Wie geht es denn dir und deiner Tochter?«, fragte sie mich, wie schon so viele Bekannte vor ihr. Ich holte tief Luft und wollte schon zu meiner Kurzversion ansetzen, um das Thema abzukürzen, als ich unter der Maske ihres Make-ups echte Sorge in ihren warmen, braunen Augen sah, obwohl wir gar nicht eng befreundet waren. Sie wollte offenbar wirklich hören, wie ich mich fühlte.

Und so erzählte ich ihr zu meiner eigenen Überraschung, wie es uns ging und wie hart die letzten Monate gewesen waren. Sie wusste nicht viel von Henrys Affären, aber ich erzählte es ihr. Daraufhin tauschten wir ein paar Geschichten über die Ehe und ihre Schwierigkeiten aus, auch über die Doppelbelastung, berufstätig und Mutter zu sein. Mit dieser Herausforderung schien sie selbst ja glänzend fertigzuwerden.

Als wir an der Grand Central ankamen, teilten wir uns ein Taxi nach Downtown. Wir verabschiedeten uns, als sie aussteigen musste. Ich wünschte ihr Glück und sah ihr noch nach, wie sie auf ihren hohen Absätzen davonging, dann fuhr mich das Taxi zu der Hautarztpraxis.

Eine Stunde später stand ich vom Behandlungsstuhl der Dermatologin auf und befühlte vorsichtig mein Gesicht dort, wo die Lachfalten gewesen waren. Die Haut war von dem halben Dutzend Einstiche noch etwas empfindlich. Die Ärztin, deren sanfte Miene vermuten ließ, dass sie auch bei sich selbst anwandte, was sie anderen empfahl, meinte, die Kollagen-

Injektionen würden etwa vier Monate lang wirken. An der Rezeption warf ich nur einen kurzen Blick auf die Rechnung – ich war achthundert Dollar los – und zückte eine Kreditkarte. Regelmäßig würde ich mir das nicht leisten können. Auf dem Weg zur Tür nahm ich mich noch ausführlich in einem ovalen Spiegel in Augenschein. Mein verjüngtes Gesicht blickte mir entgegen. Es war das Gesicht von einem Foto, das Henry von mir gemacht hatte, als wir frisch verliebt waren und ich ihn an einem heißen Nachmittag in der Stadt über den Tisch eines Cafés hinweg angesehen hatte. Wow. Toll, dich wiederzusehen. Diese jüngere Version meines Selbst war optimistisch, wenn nicht gar idealistisch gewesen und hatte kurz vor einer großen Veränderung gestanden. Genau wie ich in diesem Moment.

Wieder zu Hause sagten die Leute zu mir: »Hey, Julie, du siehst so erfrischt und ausgeruht aus.« Es war wie in einem Werbespot.

Natürlich lassen sich nicht alle Körperpartien so leicht verjüngen, und größtenteils müssen wir mit dem zurechtkommen, was wir bei unserer Geburt mitbekommen haben, selbst wenn man manchmal Beispielen für nahezu perfekte Ästhetik begegnet. Menschen, die aussehen, als wären sie nur eben von einem Sockel in einem Museum herabgestiegen.

In dem kleinen italienischen Küstenort, an dem ich mit zwanzig für kurze Zeit lebte, wartete ich oft in einem bestimmten Café an der Hauptstraße, die den Hafen umgab. In jenen Jahren vor der Erfindung von Handys und mit unzuverlässigen Festnetzanschlüssen verbrachte jeder viel Zeit mit Warten. Die Telefonzellen an einigen Straßenecken akzeptierten nur geheimnisvolle Gettoni – geschlitzte Münzen, mit denen man einige Minuten telefonieren konnte, sofern man die zu Anfang des Gesprächs nötige Gebühr korrekt eingeschätzt hatte. Wenn nicht, dann fraß der Apparat die Münze einfach, und man musste rasch zum Tabacchi an der Ecke rennen, um weitere Tausend Lire in Gettoni zu wechseln. Die Italiener schienen alle keine Eile zu kennen. Und da es nur eine einzige Hauptstraße gab, tauchten Freunde und sogar mein unzuverlässiger Geliebter irgendwann in diesem Café auf. Und statt mit den Gettoni zu hantieren und zu riskieren, wegen des Gedankens an die vergleichsweise effizienten öffentlichen Fernsprecher in New York Anfälle von Heimweh zu bekommen, blieb ich lieber an unserem kleinen Tisch im Freien sitzen und bestellte mir Kaffee, während ich den umwerfenden Blick auf die Bucht und die Berge genoss.

Zu dem Café gehörte auch ein Laden für Touristen, in dem man auffällige Badeanzüge, Sonnenbrillen, Bonbons und eine Sorte Kaugummi mit dem Namen Brooklyn kaufen konnte (auf den Päckchen war eine Zeichnung der berühmten Brücke zu sehen). Wenn die Läden über Mittag für drei Stunden schlossen, dann trat die junge Verkäuferin heraus in den strahlenden Sonnenschein und sperrte ab.

Diese Frau besaß unvorstellbare Beine: lang, braun und wohlgeformt. Ich sah ihr zu, wie sie auf türkisfarbenen Sandalen mit hohen Absätzen über das Kopfsteinpflaster stöckelte. Dabei zerrte die Meeresbrise an ihrem ultrakurzen Minirock und ließ manchmal eine weiße Bikinihose aufblitzen. Eindeutig war sie in der Mittagspause mit dem Erhalt ihrer Bräune beschäftigt. Sie bahnte sich ihren Weg durch den langsamen Verkehr aus Mailänder Wochenendausflüglern und ausländischen Sonnenanbetern und brachte ihn immer wieder zum Erliegen, während sie auf die Strandseite des Boulevards hinüberwechselte.

Selbst dort, in diesem herrlichen Land der schönen Frauen mit schönen Beinen, stellten diese beiden Exemplare etwas wahrhaft Atemberaubendes dar. Etwa wie ein echter Botticelli dem Betrachter in einer Galerie mit ansonsten nur mittelmäßigen Kopien ins Auge sticht.

»Una scema, ma due belle gambe«, bemerkte Giancarlo, als er einmal im Café erschien und meinem Blick folgte. Ein dummes Mädchen, aber zwei schöne Beine. Sein indirektes Kompliment für meine anderen guten Eigenschaften beruhigte mich. Vielleicht würde ich ja in meinem nächsten Leben Beine wie sie bekommen.

Chloé, meine gute Freundin, Einkaufsberaterin in New York und Ratgeberin in allen Fragen der Witwenschaft, meinte, ich täte gut daran, gezielt mit dem Dating zu beginnen. Sie besaß viel Erfahrung auf diesem Gebiet. Schließlich hatte Chloé schon vier harte Jahre als junge Witwe hinter sich und ihr Leben langsam wieder auf die Reihe gebracht. Jetzt hatte sie einen guten Job, eines der letzten Appartements mit erschwinglicher Miete in Greenwich Village und, was das Tollste war, einen Freund, einen wirklich netten Freund. Sie hatte ihn übers Internet kennengelernt. Doch trotz ihres Erfolgs hatte ich ziemlichen Horror vor dieser Online-Dating-Geschichte. Für mich klang das einfach schrecklich unromantisch. Ich wollte gerne noch an die Macht namens Schicksal glauben, selbst wenn diese mir in letzter Zeit eher übel mitgespielt hatte.

Andererseits waren meine Alternativen ziemlich bescheiden. Schließlich lebte ich in einer Kleinstadt, in der die nicht gebundenen Männer Expartner von Frauen waren, die ich kannte. Meist wusste ich sogar, warum die Frauen von ihren Ehemännern geschieden worden waren. Diese Abgelegten waren Trinker, Schürzenjäger, Nervensägen oder sonstwie unbeholfene Taugenichtse. In wenigen Fällen hatte man sich einfach auseinandergelebt, und es gab keinen Schuldigen, aber von diesen Typen wollte ich auch keinen.

Was das Schlimmste war – ich hatte mich auch noch in jemand verguckt: und zwar in einen Mann, der mir zufällig aufgefallen war, als ich an einem Samstagnachmittag im Sommer mit Liza in Brooklyn vor seinem Antiquitätenladen herumtrödelte. Liza stöberte in einer Kiste mit alten Küchengeräten, die er nach draußen gestellt hatte, und hielt immer wieder andere Fundstücke zu meiner Begutachtung hoch. Als ich aufsah, stand er in der Tür zu seinem Geschäft.

»Das hier ist wohl Ihr Laden, ja?«, fragte ich und musterte ihn. Schlank, mit raspelkurzem Haar und einem Lächeln, das sympathische Falten rund um seine strahlend blauen Augen erzeugte. Warum wirken Krähenfüße bei Männern eigentlich attraktiv und reif, während sie bei Frauen nur ans vorgerückte Alter gemahnen, dem dann rasch die Altersschwäche folgt?

»Jawoll, der gehört mir.« Seine sanfte, fröhliche Stimme hob sich am Satzende ein wenig. Da klang wohl der geübte Optimismus eines Verkäufers durch.

Es war eine dieser verrückten Situationen, in denen man einen Typen nur sieht, und schon ist es um einen geschehen. Dabei könnte man nicht mal genau sagen, warum.

Dieses Erlebnis warf all meine Pläne über den Haufen. Ich hatte die Sache mit kühlem Kopf angehen wollen. Jetzt war nicht die Zeit für teeniemäßige Schwärmereien. Ich wollte mich definitiv nicht Hals über Kopf in wen auch immer verlieben. Trotzdem kaufte ich eine Schüssel und einen Schneebesen für Liza, meine Juniorköchin, vor allem um ihm Gelegenheit zu geben, von meiner Existenz Notiz zu nehmen. Und um mir selbst einen Grund zu liefern, ihm Hallo zu sagen, wenn mir das nächste Mal ein vorgeschobener Anlass einfiel, um durch sein Viertel zu schlendern.

Chloé beriet mich beim Erstellen meines Internetprofils. Ich hörte mir einige Horrorstories über schreckliche Männer und misslungene Dates an. Dann entschied ich mich für ein Foto, auf dem ich neben Tomas stand – es war an einem Tag gemacht worden, als ich gut drauf war. Geschlagene fünfzehn Minuten brachte ich damit zu, ihn aus dem Bild herauszuretuschieren. Schade, dass einem so was im wirklichen Leben nicht so leicht gelingt. Ich widerstand jedoch der Versuchung, das Bild weiter zu bearbeiten, bevor ich es auf meine Seite hochlud.

Vielleicht sollte ich noch erwähnen, dass ich nicht die geringste Ahnung vom Dating hatte. Im New York der Siebziger hatten wir, oder zumindest hatte ich, so etwas nie gemacht. Ich besuchte eine Preparatory School nur für Mädchen zwischen vierzehn und achtzehn, sodass alle Jungs, die ich damals kennenlernte, die paar waren, die mir an den Wochenenden im Haus meiner damals besten Freundin Lucy begegneten. Sie ging auf eine andere Schule, die im Vergleich zu meiner geradezu übermütig und progressiv war. Sie wohnte in einer düsteren und verschachtelten Wohnung an der 96. Straße in der Nähe des Central Parks. Zum einen hatte sie viele Freunde und gab Partys, zum anderen waren wir oft zu Partys anderer Jugendlicher in aufregenden, weniger gesitteten Vierteln eingeladen. Wir tranken Bier in Bars, die es mit dem Alkoholverbot für Jugendliche nicht so genau nahmen. Später knutschte ich dann vielleicht mit irgendeinem Jungen, den ich kennengelernt hatte, auf dem Teppich neben Lucys Bett. Dabei krallte ich meine nackten Zehen ängstlich in den fransigen Saum ihrer Tagesdecke mit indischem Muster. Gelegentlich ging ich sogar noch ein bisschen weiter, aber meist sah ich den Typen danach nie wieder.

In der Zeit, als ich aufs College ging, führte mich ein Mann ins »Windows on the World« zum Essen aus. (Ich bin froh, dort wenigstens einmal gegessen zu haben.) Danach besuchten wir noch die Oper. Damals begriff ich, was ein Date eigentlich sein sollte. Nur dass ich am selben Abend noch mit ihm nach Hause ging, anstatt ihn zu bitten, mir ein Taxi für den Heimweg zu besorgen. Also hatte ich eigentlich doch nicht richtig verstanden, wie ein Date ablaufen sollte. Sechs Jahre und einige Fehlgriffe später lernte ich Henry kennen, der mich exakt ein einziges Mal zum Essen ausführte, bevor wir miteinander schliefen.

Ich sann über die Abenteuer nach, die mich erwarten mochten, und wünschte mir, ich hätte die Grundbegriffe des Dating mit meinen allmorgendlichen Frühstücksflocken und der Milch zu mir genommen. Dating. Vielleicht würde, wenn ich das Wort nur oft genug aussprach, ein gewisses Verständnis davon auf mich überspringen.

Dreizehn

Oktober 2003 bis März 2004

Unser Kopf ist rund, damit das Denken die Richtung ändern kann.

Francis Picabia, Maler und Dichter

»Du bist so sexy! Ich komme schon wieder!«

Zählt hier noch irgendjemand mit?

Ich war mit einer Sexmaschine im Bett und nicht glücklich darüber. Tragikomischerweise und natürlich viel zu spät wurde mir klar, dass eine herzliche, innige Umarmung mir wohl mehr gegeben hätte. Mein erster Dating-Versuch war gründlich danebengegangen. Diese erbärmliche Stümperei würde eine Waschmaschinenladung Laken nach sich ziehen – vielleicht sogar Kochwäsche –, bei der Frequenz, mit der dieser Typ kam.

Rich war ein intelligenter, leidenschaftlicher Mann. Eine Woche zuvor waren mir diese Qualitäten noch entscheidend vorgekommen. Ich überlegte, dass, abgesehen von anderen Schwächen, Henrys Verzweiflung über den ausbleibenden Erfolg seiner Arbeit wesentlich zu seinen »miesen Grundsatzentscheidungen«, wie Christine aus Oregon sie irgendwann einmal genannt hatte, beigetragen hatte.

Rich schien ein bisschen übereifrig, aber ich empfand Verständnis, als er mir erzählte, er sei schon eine ganze Weile lang Single. Ich wusste, auch wenn ich es nicht laut aussprach, dass meine Motive alles andere als makellos waren. Ich war ein Katastrophengebiet. Mir ging es eigentlich nur darum zu vögeln, in einem sicheren Rahmen, vielleicht nur, um mir selbst glaubhaft versichern zu können, dass ich über Tomas hinweg war. Denn so wenig perfekt unser Verhältnis gewesen war, ich hatte mich Tomas auf eine Weise verbunden gefühlt, die ich nicht so rasch wiederfinden würde. Tomas und ich waren befreundet gewesen, bevor wir Geliebte wurden. Wir hatten uns als Menschen schon immer geschätzt, und ich hatte ihn sogar richtig geliebt.

Ein paar Wochen bevor ich Rich kennenlernte, hatte ich eines Nachmittags nach der Schule offen mit Liza geredet. Ich sagte ihr, dass ich mich einsam fühle und einen Freund für mich finden wolle.

»Das ist schon okay«, sagte sie. »Darf ich den dann auch mit aussuchen?«

»Na ja, wenn ich jemand finde, den ich gern genug habe, dann werde ich ihn mit nach Hause bringen, und du kannst entscheiden, ob du ihn auch magst. Ich werde in nächster Zeit vielleicht ein bisschen öfter ausgehen als bisher, aber ich werde mich darum kümmern, dass du auch Spaß hast. Ich habe übrigens auch eine nette Babysitterin für dich gefunden. Ich glaube, du wirst sie mögen. Sie geht aufs College. Und sie sagt, sie spielt gern alle möglichen Spiele.«

»Auch Attacke? Wieso kommt Tomas eigentlich nicht mehr zu uns? Er konnte das so gut.«

»Ich weiß nicht, ob diese Babysitterin auch Attacke spielen wird, Süße, aber vielleicht lerne ich ja jemand kennen, der es gern spielt.«

Rich lebte in einer Stadt südlich von meinem Wohnort. Als er mich aufgrund meines Online-Profils kontaktierte, war dieser räumliche Vorteil ein überzeugendes Plus. Denn trotz der neuen Babysitterin stürzte mich die Kinderbetreuung in ein permanentes Dilemma. Rich und ich gingen eines Abends, nach unserem ersten Treffen in einer Bar am Ort, spazieren.

Er fuhr uns dorthin und parkte seinen Wagen bei einem Waldgebiet, das ich noch nie gesehen hatte und zu dem ich in einer Million Jahre nicht mehr zurückfinden würde. Während wir einen sanften Hügel hinaufgingen, ergriff er meine Hand. Ich war eigentlich noch nicht so weit, Händchen mit ihm zu halten, und so ließ ich ihn wieder los, als der Weg steiler wurde. Er erwähnte, dass er bald Geburtstag hätte. Da nahm ich seine Hand erneut. Es ist ja keine besonders schöne Perspektive, seinen Geburtstag allein zu feiern.

»Hast du dafür schon Pläne gemacht?«, fragte ich freundlich.

»Ich plane nie etwas, weil an meinem Geburtstag meist irgendwelche schrecklichen Dinge passieren.« Ach, du meine Güte, jetzt kommt gleich eine zum Heulen traurige Geschichte. Ich hatte beim vorangegangenen Abendessen gerade erst versucht, meine eigene traurige Geschichte kleinzureden.

»Zum Beispiel?« Ich bemühte mich weiterhin um einen lockeren Ton, obwohl ich mich zunehmend unwohl damit fühlte, seine Hand halten zu müssen. Mir wurde auch ein bisschen unheimlich, weil ich zu nächtlicher Stunde in diesem Waldstück mit einem Mann unterwegs war, der über seinen bevorstehenden Geburtstag bekümmert war.

Er sagte, Frauen würden grundsätzlich diesen Tag wählen, um ihn zu verlassen.

Mist. Das war ja vielleicht eine riesige, hässliche Hypothek – fast so schwerwiegend wie meine Altlasten. Naiverweise hatte ich gehofft, jemand mit viel weniger Ballast kennenzulernen. Ich war mir auf einmal ziemlich sicher, dass, was auch immer da schon zwischen uns war, wahrscheinlich nicht so laufen würde, wie er sich das erhoffte, und vielleicht schon bald wieder vorbei wäre, ziemlich genau vor diesem dräuenden Geburtstag.

Es gab kein langes Werben. Ich hätte mir durchaus mehr Zeit gewünscht, um herauszufinden, was ich von ihm wollte, doch innerhalb einer Woche befanden wir uns bereits in der Situation »Das ist hier keine Bücherei, gnädige Frau, wollen Sie diese Zeitschrift jetzt kaufen?«. Rein körperlich empfand ich außer Neugier nicht viel für ihn. Trotzdem ließ ich ihn einmal bei mir übernachten, nachdem ich ihm ein gutes Brathähnchen serviert hatte.

Und jetzt war ich mit einem Schreihals im Bett. Ich hatte von solchen Typen schon gehört, aber bis jetzt noch keinen persönlich kennengelernt. Eigentlich hätte ich ruhig aus meinem Körper heraustreten, in die Küche gehen und mir ein Glas Wasser holen können, denn meine tatsächliche Präsenz schien eigentlich gar nicht gefragt zu sein. Das Ganze war zu einer theatralischen Performance ausgeartet, die mich in verlegenes Schweigen gestürzt hatte.

Ich glaube, er hoffte sehr, mir zu gefallen. Als ich daran dachte, wie ich Anna diese Nacht schildern würde, musste ich ein Kichern unterdrücken. Ein ordentliches Gekicher unter Mädchen wäre wohl das einzig Positive, das ich von diesem Abend mitnehmen würde. Die Vorstellung, wie sie losprusten würde, brachte mich wieder in eine Verfassung, in der ich über mich ergehen lassen konnte, was ich mir selbst eingebrockt hatte. Er hatte fünf Orgasmen hintereinander, ohne zwischendurch auch nur ein Mal nachzulassen, was zweifellos beeindruckend, aber eben auch ein wenig lähmend war.

Ich musste mich bei ihm bedanken, und sei es nur, um ihn dazu zu bringen, endlich aufzuhören. Ein deprimierender, aber wirkungsvoller Schwindel. Doch schließlich stöhnte er von sich aus: »Jetzt muss ich erst mal schlafen …« Dann war er auf einen Schlag wie bewusstlos. Ich sah ihm ein paar Minuten lang beim Schlafen zu, dann schlich ich mich auf Zehenspitzen aus dem Bett und ins Bad, wo ich ratlos auf der Toilette saß. Ich würde ihn abservieren – und zwar bald –, an oder kurz vor seinem Geburtstag. Was wirklich schade war, denn er war ja ein netter Bursche. Und wenn ich nicht so bescheuert gewesen wäre, mit ihm zu schlafen, dann wären wir vielleicht Freunde geworden. Einen männlichen Freund hätte ich gut gebrauchen können, zusätzlich zu einem Freund und Geliebten. Jetzt würde er nur eine weitere Hypothek davontragen. Und ich würde mich wie das Letzte fühlen, weil ich zu feige wäre, ihm einfach offen zu sagen, warum ich nicht mit ihm zusammen sein wollte. Ich hoffte, er würde eine Frau finden, die sich im Gegensatz zu mir glücklich schätzte, einen Typen zu haben, der fünfmal hintereinander kam.

Er sagte, er müsse am nächsten Tag auf eine Geschäftsreise nach Los Angeles, und versprach, mich anzurufen. Das tat er auch, und ich plauderte harmlos mit ihm. Die widerliche Tat vollbrachte ich dann per E-Mail.

Ich schwor mir, dass ich mir beim nächsten Mal mehr Zeit lassen würde, um eine Entscheidung zu treffen, die ich nicht zwangsläufig am darauffolgenden Morgen bereute.

Wer kann schon so einem britischen Akzent widerstehen? Eliot war in Oxford gewesen und trug einen lässig-eleganten Van-Dyke-Bart. Laut seinem Profil bei Match.com war er einen Meter neunzig groß. Zu groß für mich. Denn möglicherweise waren die ein Meter achtundfünfzig, die in meinem Führerschein standen, ein wenig hoch gegriffen. Ich hatte mich neben einem Mann noch nie gern wie ein Zwerg gefühlt. Noch dazu wohnte er etwa zwei Autostunden entfernt in Connecticut.

Als wir miteinander telefonierten, erwies sich Eliot als selbstironisch, schlagfertig und locker. Ich lag auf meiner roten Samtcouch, hatte das schnurlose Telefon auf einem Kissen direkt neben meinem Ohr und konnte gar nicht mehr aufhören zu lachen. Er war ein großer, unanständiger Flirt, und das fühlte sich erfrischend an. Es fiel mir zwar schwer, einem Mann gegenüber, der praktisch noch ein Fremder war, über Henrys Betrug zu sprechen, doch als ich ihm eine komprimierte Version der Ereignisse mitteilte, da reagierte er tröstend und zugewandt. Eine weitere Erfrischung.

Wir verabredeten uns für eine Woche später zum Abendessen, und zwar auf halber Strecke, in Danbury, Connecticut. Diese Kleinstadt war für mich bis dahin nur eine Ausfahrt des Highway I-84 gewesen, mit Einkaufszentren und Tankstellen, die ich im Vorbeifahren gesehen hatte, wenn ich meine Eltern in ihrem Wochenendhaus in Litchfield County besuchte.

Ich mochte Eliot. Er erschien mir auf Anhieb wie ein Typ, der absolut in Ordnung war. Ich mochte seinen anzüglichen Humor, den ich früher vielleicht als Zumutung empfunden hätte, doch jetzt wirkte er wie eine Erleichterung auf mich. So ticken Männer also. Ich war mir sicher, dass er alles über Dating wusste. Vielleicht konnte ich etwas von ihm lernen.

Eine Beziehung in Connecticut zu haben oder gar dort zu leben, das konnte ich mir nicht einmal vorstellen – ich fand das Leben im vorstädtischen New York State schon schlimm genug. Und in der Welt, in der ich momentan lebte, war es auch schon ein Ding der Unmöglichkeit, für ein Kennenlern-Essen nach Connecticut zu fahren. Wenn aus der Sache etwas würde, wachte ich vielleicht irgendwann irritiert in einem Schlafzimmer zwei Autostunden von meiner Tochter entfernt auf. Zu dieser Form von Trennung war ich definitiv noch nicht bereit. Das war mir schon klar, als ich auflegte und die Treppen hinaufstieg, um mich schlafen zu legen.

Liza schlummerte bereits in dem Bett, das wir jetzt »unser« Bett nannten. Dabei umklammerte sie einen zerschlissenen Stofflöwen, der einmal meinem Bruder gehört hatte und irgendwann mir anvertraut worden war. Eliot wäre möglicherweise schockiert über diese nicht sehr erwachsenen Umstände meines häuslichen Lebens. Dass ich den Stofflöwen mochte und dass meine Tochter immer noch die meisten Nächte in meinem Bett verbrachte – den wohlmeinenden Ratschlägen meiner Therapeutin zum Trotz, einfach weil wir beide es so wollten.

Am nächsten Tag rief Eliot mich an. Nicht um mir eine

Wegbeschreibung durchzugeben, sondern um die Verabredung abzusagen.

»Ich bin mir ziemlich sicher, dass du noch nicht zu irgendwas Ernsthaftem bereit bist«, sagte er ganz offen. »Ich bin dazu bereit. Und ich möchte nicht dein, du weißt schon, wie ich das meine, ›Übergangsmann‹ sein.« Womit er absolut recht hatte. Was für ein kluger Bursche. Ich verspürte eine Woge der Erleichterung. Dafür mochte ich ihn sogar noch mehr.

Könnten wir trotzdem Freunde werden, fragte ich ihn am nächsten Tag per Mail. Warum nicht, ihm würde das gefallen, antwortete er. So verabredeten wir, in Verbindung zu bleiben. Ich ging davon aus, dass die Sache damit geregelt war.

Ein paar Wochen später schrieb ich ihm eine E-Mail, weil ich seinen lässigen Humor vermisste. Inzwischen hatte ich einen anderen Mann kennengelernt – Daniel – und Eliot eine andere Frau.

Daniel war intelligent und witzig auf eine leise, sarkastische Art – ich hoffte, dass mir die nicht langweilig würde. Seinem Profil entnahm ich, dass er geschieden war und einen Sohn hatte. Ich dachte, so jemand würde die Wichtigkeit, die das Elternsein für mich hatte, verstehen.

Immerhin war ich aktiv auf Partnersuche. Das heißt, ich ging mit jemandem aus, lernte ihn besser kennen, aß ein paarmal gemeinsam mit ihm, plauderte und hatte nicht gleich Sex. So weit war ich es erst einmal zufrieden. Keine Verpflichtung, nichts, was ich nicht im Handumdrehen aufgeben könnte.

Bei meiner dritten Verabredung mit Daniel – einer herbstlichen Wanderung auf einen Berg in der Nähe – gestand er mir, dass er im Begriff sei, sich in mich zu verlieben. Ich warf einen Blick auf sein längliches, gutmütiges Gesicht, sein väterlich wirkendes rot kariertes Hemd, die Jeans und die vernünftigen, robusten Schuhe aus braunem Leder – Klamotten, die Tomas oder gar Henry niemals getragen hätte. So ein impulsives Verhalten hätte ich diesem Mann gar nicht zugetraut. Ich war verdutzt und fühlte mich wieder einmal leer und abwesend, wie ein Zuschauer in einem Film, in dem ich selbst mitspielte. Ich saß gerade auf seinem Schoß, als er mir das sagte (und bereute das Knutschen, das sich bis vorhin noch so gut angefühlt hatte). Jetzt wollte ich am liebsten sofort umkehren und nach Hause zurück. Ich hatte noch überhaupt keine Vorstellung, was ich von diesem Mann halten sollte. Ich liebte ihn nicht. Ich hatte immer noch genug damit zu tun, ihn einfach zu mögen.

Und dann war da noch Tim, ein anderer Mann, mit dem ich online korrespondiert hatte. Geschieden und ohne Kinder. Wir hatten uns auch schon unterhalten, aber ich dachte mir, es wäre vernünftiger, immer nur einen Mann auf einmal auszuprobieren. Außerdem vertrat ich die laienhafte Meinung, ich täte mich besser mit einem Mann zusammen, der auch Kinder hatte. Dabei hatte ich ja sowieso keinen Schimmer von Männern.

Außerdem gab es ja noch Eliot, der sich als großartiger Kumpel erwies. Ich rief ihn an, um ihm zu erzählen, dass Daniel mir beim dritten Date seine Liebe gestanden hatte. Bedeutete das, dass ich ihn nicht noch ein paar Wochen hinhalten konnte, bevor ich mit ihm schlief?

»Machst du Witze, Jools?« Eliot schnaubte missbilligend. »Kein richtiger Mann würde sich auf so was einlassen und einen Monat auf Sex warten.«

»Im Ernst? Ich meine, bist du dir da sicher? Würdest du denn auch nicht warten, wenn eine Frau, die du sehr magst, dich darum bitten würde?«

»Nö«, erwiderte Eliot. »Ich würde mir höchstens denken, dass sie schon eine Menge schlechten Sex gehabt haben muss oder einfach nicht richtig auf mich steht. Für mich klingt das übrigens so, als wärst du nicht wirklich Feuer und Flamme für den Typen.«

Dem konnte ich natürlich auch nicht widersprechen.

»Aber, Jools, abgesehen vom Sex, wäre es wirklich wichtig, dass du dich an die Drei-Monate-Regel hältst«, erinnerte Eliot mich freundlich. Dieser wiederholte Rat aus seinem Mund leuchtete mir absolut ein. Die Überlegung war, drei Monate zu warten, bevor man jemand mit nach Hause nahm und dem eigenen Kind vorstellte. Denn es wäre vermutlich relativ schwer, finstere Charakterzüge (Axtmörder, Knastbruder auf der Flucht oder auch Kontrollfreak) länger als ein Vierteljahr geheim zu halten. »Wenn du diesen Burschen mit nach Hause nimmst, dann wird deine Tochter ihn entweder mögen oder vielleicht auch hassen. Umso schwerer wird es beim nächsten Mal sein, ihr wieder jemand Neuen zu präsentieren.«

»Mhm, verstehe.«

»Du hast wohl nicht auf mich gehört, was?«

»Ja, aber sei mir deshalb bitte nicht böse, Eliot. Ich habe Daniel Liza letztes Wochenende vorgestellt. Er scheint kein Schuss in den Ofen zu sein, sondern richtig nett. Vielleicht ist er ein bisschen zu alt für mich. Obwohl, ich glaube, er ist nur vier Jahre älter als ich. Aber er wirkt älter, vielleicht ein bisschen zurückhaltend, aber sehr nett. Er hatte seinen Hund dabei. Lizzie hat sich sofort in ihn verliebt – so ein lieber, großer, schwarzer Labrador.«

Ich machte eine Pause und wartete, dass Eliot etwas Nettes sagen würde. »Na los, Eliot, sag schon, dass ich's verbockt habe. Ich hab's doch verbockt, oder?«

»Stimmt, Jools. Ich glaube wirklich, dass das ein Fehler war. Einfach zu früh. Liegt dir was an diesem Mann?«

»Ich weiß nicht.« Ich lachte nervös. »Ich dachte, ich lasse meine Tochter mitentscheiden.«

»Ich mein's ernst, Jools. Du musst was für ihn empfinden. So wird das nicht funktionieren.«

»Okay, okay. Mist. Du hast recht. Ich hab's verdammt noch mal verbockt.«

Ich verbockte es sogar auf der ganzen Linie, um ehrlich zu sein.

Daniel war ruhig und beständig, ein Mann mit festen Gewohnheiten. Er schien fast wie ein Einsiedler zu leben, was mich traurig machte – ich hatte mir erhofft, in dieser Phase meines Lebens ein bisschen albernen Spaß zu haben. Daniel hatte einen ordentlichen Bürojob. Also eigentlich das, was ich gemeint hatte, mir von einem Mann zu wünschen. Er besaß das rot karierte Hemd eines treu sorgenden Vaters und noch einige mehr von dieser Sorte. Manchmal trug er auch Kakihosen, aber niemals ein zerlumptes T-Shirt. Turnschuhe oder die soliden braunen Wanderschuhe. Ich begann zu befürchten, dass er politisch konservativer eingestellt sein könnte als ich. Nach einiger Zeit machte ich mir sogar Sorgen, er könne ein echter Republikaner sein, traute mich jedoch nicht, ihn direkt danach zu fragen, denn das wäre ein absoluter Dealbreaker für mich gewesen.

Andererseits hatte dieser Mann mir mit einer stillen Intensität versichert, dass er mich liebe. Ich glaubte ihm das und wollte es gerne verstehen. Was an mir mochte er wohl lieben, wo er mich doch noch gar nicht kennen konnte, wo ich mich doch nicht einmal selbst kannte? Ich hätte gern gewusst, was an mir liebenswert war. Ich wollte mich geliebt fühlen.

Wir einigten uns darauf, uns immer samstags zu sehen, woraufhin ich mich bald wie gefangen fühlte, weil ich dann keine anderen Freunde mehr treffen konnte. Natürlich hatte ich es, bevor ich ihn kennenlernte, auch nicht jeden Samstag krachen lassen. Vielmehr hatte ich viele Abende an Wochenenden zu Hause mit Liza verbracht. Wir hatten zusammen ferngesehen oder eine DVD angeschaut, die wir beide schon in- und auswendig kannten. Es war eher das Routinemäßige daran, das mich rasch zu nerven begann. Routine hatte ich schon in zu vielen Bereichen meines Lebens. Er war achtundvierzig und ich vierundvierzig, aber ich fühlte mich und begann mich zu benehmen wie eine Zwanzigjährige, die eine Affäre mit ihrem Englischprofessor hat, der in seinen Briefen die indirekte Rede immer korrekt verwendet.

Es waren Daniels tägliche Briefe per E-Mail, die mich anfänglich für ihn einnahmen und einen tollen, düsteren Humor offenbarten. Ich las sie und musste laut lachen – zum einen war es der Humor, zum anderen die schiere Freude darüber, von jemand umworben zu werden, der ein so furchtloser und selbstverständlicher Autor war.

Aber eigentlich wollte ich mit jemand zusammen sein, der sich jünger fühlte, spontaner war, wenn auch nicht gleich so spontan wie Tomas oder Henry. Der Daniel, der mir Briefe schrieb, war jemand, den ich sehr mochte, auch wenn er rein äußerlich nicht mein Typ Mann war. Doch »mein Typ« hatte mich schließlich in eine Ehe mit Riesenkummer hineingeritten. »Mein Typ« war der Ladenbesitzer, in den ich mich verguckt hatte, aber auch dort vermutete ich nichts als »Riesenkummer«. Also glaubte ich, gut daran zu tun, »meinen Typ« eher zu meiden.

Eines Abends brachte Daniel Fotos mit. Also holte auch ich meine Alben hervor, und gemeinsam betrachteten wir unser jeweiliges Leben. Er zeigte mir Bilder von sich als junger Vater. Auf einem umarmte er seine damalige Frau und seinen noch kleinen Sohn beim Skifahren. Die drei schienen sich gegen die Kälte aneinanderzukuscheln. Ich musste weinen. Sein Verlust machte mich so traurig.

Ich beschloss – und es fühlte sich an wie eine gute und vernünftige Entscheidung – mit ihm zusammen zu sein.

An einem Freitag nahm Daniel sich frei. Ich folgte der Wegbeschreibung zu seinem Haus. »Einfahrt rechts, bis zum Haus mit dem Unkraut« hatte er gemailt. Ich musste lächeln, als ich in die Zufahrt bog. Er hatte nicht übertrieben. Ich hielt vor einem unscheinbaren zweistöckigen Haus mit einem räudigen Rasen davor. Die Betonstufen, die ich hinaufstieg, hatten

Risse. Ich öffnete die Fliegentür und rief nach ihm, erhielt jedoch keine Antwort. Im Flur entdeckte ich ein altes, rechtschaffenes Klavier, das aber offenbar nicht benutzt wurde, denn auf dem Hocker davor standen Schachteln mit Sportsachen und schmutzigen Klamotten, die vielleicht seinem Sohn gehörten. Auf dem Boden lagen mehrere Paar Turnschuhe verteilt. Mit meiner eigenen Tochter hätte ich vielleicht geschimpft, wenn sie so ein Chaos hinterlassen hätte, aber in diesem Fall war ich froh über die vertrauten Anzeichen eines Familienlebens mit schlampigen Kindern. Durch eine offene Tür schaute ich in ein Wohnzimmer, das so spärlich möbliert war, als wäre jemand gerade erst hier eingezogen. An den Wänden keine Fotos, auch sonst keine Bilder, nur zwei ziemlich hässliche braune Sofas und ein riesiger Fernseher vor dem offenen Kamin. Weiter hinten sah ich noch ein schlichtes Esszimmer mit einem Tisch, auf dem einige Zeitschriften und alte Zeitungen verstreut lagen. Ebenfalls vom Flur aus konnte ich einen Blick in die Küche werfen. Dort schien jemand eine Renovierung in Betracht gezogen, dann jedoch wieder verworfen zu haben. Die Schränke aus hellem Holz mussten schon ein paar Jahrzehnte auf dem Buckel haben. Einen Moment lang stellte ich mir vor, wie es gewesen sein musste, als sie neu waren und dieses Haus dem komfortablen und modernen Lebensstandard einer Familie entsprochen hatte. Jetzt lösten sich bereits die Furniere ab.

Ich verstand, dass Daniel dieses Haus nur als Zwischenlösung betrachtete, an der ihm wenig lag. Nicht wie das wunderschöne langjährige Sommerhaus der Familie in Vermont, von dem er wehmütig erzählte. Das Haus, in dem ich mich gerade befand, war eher ein Lagerraum für sein Leben nach der Scheidung, bis er entschieden hätte, wie sein nächster Schritt aussehen sollte. Ich bewunderte seine Fähigkeit, sich in dieser Hinsicht nicht zu binden, zutiefst. Ich für meinen Teil fühlte mich meinem Haus und meinen Sachen so eng verbunden, dass es mich quälte, vor allem wenn ich mir die Vorstellung erlaubte, das alles zurückzulassen. Als er mein Haus das erste Mal sah, schlug Daniel mir übrigens vor, Eintritt zu verlangen, weil es wie ein Museum voller Kuriositäten wäre.

Ich rief erneut nach ihm, und diesmal bekam ich eine Antwort. Er war unten. Zögernd ging ich die schmale, mit Teppich belegte Treppe hinunter.

Dort befand sich die prächtige Oase seines Schlafzimmers. Der einzige Raum, den er nach seinem Geschmack eingerichtet hatte. Ein Wunder an Ruhe, in gedämpften Erd- und Sandtönen mit der dezenten Atmosphäre eines eleganten Refugiums. Ich musste an Japan denken, vor allem als ich einige asiatische Keramiken sah, die auf einer niedrigen Kommode aus Holz arrangiert waren. An einer Wand hing eine Leinwand mit hingetuschter Kalligrafie. Er hatte mir erzählt, dass seine Eltern einige Jahre in Übersee verbracht hatten.

Auf der gegenüberliegenden Seite des Zimmers stand ein niedriges Bett, auf dem Daniel lag und mich beobachtete. Er hatte die Decke hochgezogen und sah mich mit jungenhafter Erwartung an. Ich setzte mich neben ihn aufs Bett und begann, mich auszuziehen, weil mir das absolut angebracht erschien. Die Laken waren tadellos, weiß und sauber. Ich bemerkte, dass im Hintergrund Musik lief. Eine schmerzlich traurige Frauenstimme, begleitet von einer Sologitarre.

»Wer singt da?«, fragte ich.

»Das ist Patty Griffin.« Es war nur diese Frau und ihre Gitarre. Die Worte erinnerten mich an Lieder von Joni Mitchell, poetisch, aber nicht so düster. Ich kannte die Art von Traurigkeit, über die sie sang. Es ging um Einsamkeit, um Männer, bei denen sie nicht bleiben konnte, Bars, in denen sie zu viel Zeit verbrachte, und um Kinder, die in Armut aufwuchsen. Ein Song mit dem Titel *Forgiveness* erschien mir so zutreffend, dass ich beschloss, mir die CD zu kaufen, sobald ich wieder zu Hause wäre.

Er schlug die Decke zurück und begrüßte mich in seinem Bett. Wir liebten uns leise, begleitet von den traurigen Liedern. Er war ungemein aufmerksam und liebevoll. Ich war nervös, wollte aber das, was da war, für mich genießen. Ich weinte, als ich kam. Über meine Gefühle für diesen Mann war ich mir immer noch nicht im Klaren, aber zumindest fühlte ich mich emotional engagiert, präsent und verspürte nicht den Drang fortzulaufen. Danach unterhielten wir uns über unser Leben und unsere Ehen. Dabei stellte ich fest, dass er ein guter Zuhörer war, obwohl ich ein bisschen ins Palavern geriet. Ich schlief dann eine Weile in seinen Armen und wachte erschrocken auf, gerade noch rechtzeitig, um mich rasch wieder anzuziehen, davonzustürzen und Liza am Bus abzuholen. Als ich plaudernd bei den anderen Müttern stand, da war die mit Daniel verbrachte Zeit schon zu einer dieser seltsamen, unzusammenhängenden Erfahrungen geworden, nach denen man sich fühlt, als müsste einem jeder ansehen, wie man den Nachmittag verbracht hatte. Aber natürlich waren die anderen mit ihrem eigenen Alltag beschäftigt und bemerkten gar nichts Ungewöhnliches.

Ich befürchtete, Daniels Beharrlichkeit würde mich zu schlechtem Benehmen anstacheln, wie dem des mäßig rebellischen Teenagers, der ich gewesen, aber eigentlich längst nicht mehr war. Mit meinen vierundvierzig Jahren war ich eine verantwortungsbewusste, berufstätige Mutter, die einkaufte, kochte, Wäsche wusch, Rechnungen bezahlte. Vor allem wollte ich meinen Alltag als Mutter mit der Zeit, die ich mit ihm verbrachte, in Einklang bringen. Nach seinem Besuch, als Liza seinen Hund kennenlernte, hatte es keine weiteren Begegnungen mehr gegeben. Ich fragte mich, ob er bereits wusste, was ich ahnte – unser beider Leben waren nicht wirklich kompatibel, und es hatte nicht viel Sinn, sich etwas anderes vorzumachen. Trotzdem sagte er mir bei jedem unserer allabendlichen Telefonate, dass er mich liebe. Ich begann, es auch zu sagen, obwohl ich mir über meine Gefühle noch nicht wirklich im Klaren war. Es war nicht so eine Liebe, wie ich sie einst für

Henry empfunden hatte, oder auch nur für Tomas. Es war eher aufrichtiger Respekt und Zuneigung.

Meine Freunde am Ort fühlten sich ermutigt, als sie von meiner neuen Beziehung hörten, und reagierten mit Einladungen zu Abendessen darauf. Doch Daniel schien nicht daran interessiert, sich mit meinen Kreisen näher bekannt zu machen. Offenbar lag ihm nur daran, mit mir zusammen zu sein, mir zu schreiben oder mich abends zu einem unserer langen Gespräche anzurufen – währenddessen lag ich in meinem abgedunkelten Wohnzimmer auf der roten Samtcouch, und ich wusste, dass er auf dem Bett in seinem hübschen Schlafzimmer lag.

Im Dezember sprachen wir darüber, einmal übers Wochenende wegzufahren. Ich suchte einen Gasthof in den Catskills aus und machte eine Reservierung für Anfang Februar. Mein Bruder bot netterweise an, in dieser Zeit auf Liza aufzupassen. Die Aussicht auf ein gemeinsames Wochenende wirkte wie eine positive Entwicklung in unserer dreimonatigen Beziehung.

Meine Collegefreundin Sara hatte Liza und mich für den Weihnachtsurlaub zu sich nach England eingeladen. Wir brachen auf, sobald Lizas Ferien begannen. Während ich in England war, schrieb Daniel mir täglich liebevolle E-Mails. Und obwohl ich sie mit Vergnügen las, musste ich erkennen, dass ich ihn nicht so vermisste, wie ich gehofft hatte. Das war einfach nicht richtig, obwohl mir die Sache mit ihm wie ein so wohlbedachtes Unterfangen erschienen war.

Weil ich mir eine totale Abkehr vom Leben während meiner Ehe nicht vorstellen konnte und teils auch, um mich vom bevorstehenden Jahrestag von Henrys Tod abzulenken, entschied ich mich zu einer kleinen Einladung am Neujahrstag nach unserer Rückkehr aus England. Obwohl Daniel nicht gerade begeistert schien, als ich ihm von meinen Plänen berichtete, kämpfte er sich sogar durch einen Schneesturm, um an dem Abendessen teilzunehmen. Doch im Verlauf des Abends wurde mir immer klarer, dass meinem Bemühen, ihn in meinen Freundeskreis oder meine Familie zu integrieren, wohl kein Erfolg beschieden sein würde.

Ich war in der Küche beschäftigt gewesen. Dann bemerkte ich Daniels Abwesenheit, hörte Kinderlachen und Gekreisch, das mich vermuten ließ, dass man ihn zu einer Runde Attacke verdonnert hatte. Ich entdeckte ihn im Flur, belagert und eher kläglich, während eine Horde Kinder, inklusive meiner Tochter, an ihm hing. Daraus schloss ich, dass er mit dem Aufziehen kleiner Kinder durch war. Er hatte Liebe und Fürsorge als Vater aufgebracht, Abstriche für sich selbst gemacht. Und meine anbetungswürdige Siebenjährige war nicht Ansporn genug für eine neue Runde. Ich nahm ihm das nicht einmal übel – es war ja sein gutes Recht. Eliot hatte richtig gelegen. Wäre ich geduldiger gewesen, hätte ich dies rechtzeitig herausfinden können. Leider mochte Liza Daniel inzwischen bereits. Ich konnte es daran sehen, wie sie sich an sein Bein klammerte.

Bald nach diesem Abend schickte er mir eine E-Mail, die mich zutiefst getroffen hätte, wenn ich in ihn verliebt gewesen wäre. Er schrieb, ihm stünde eine Phase mit sehr viel Arbeit bevor, und dass er weniger Zeit haben würde, sich mit mir zu treffen. Allerdings freue er sich auf unser Wochenende im Februar. Ich war zu unaufmerksam, um zu erkennen, was er damit bezweckte – einen sanften Ausstieg. Wäre mir das damals schon bewusst gewesen, hätte ich die Reise sofort storniert und meine Anzahlung für das Hotel zurückbekommen.

Der Jahrestag von Henrys Tod am 8. Januar verlief ruhig, obgleich ich zuvor angespannt gewesen war und keinen Schlaf gefunden hatte. Ich lud Tomas und einige Freunde zum Abendessen ein. Wir tranken traurig ein Glas auf Henry. Nach dem Essen blieb Tomas nicht lange, aber ich war froh, dass er sich überhaupt eingefunden hatte.

Nachdem die Gäste fort waren, schrieb ich meinem Bruder eine E-Mail, um ihm mitzuteilen, dass ich nun doch einen Umzug zurück nach Brooklyn erwog. Ich hatte ein schlechtes Gewissen, nachdem ich so viel Geld in den Ausbau des Dachgeschosses gesteckt hatte, aber er schien das nicht so schlimm zu finden. Er erinnerte mich daran, dass mein Haus jetzt wohl einen höheren Preis erzielen würde. Nimm dir Zeit, schrieb David, kein Grund zur Eile, lass die Dinge einfach auf dich zukommen.

Vielleicht waren wir sogar beide bereit für den nächsten Schritt. Eines Abends blickte Liza von ihrem Abendessen auf und verkündete: »Ich bin zwar traurig, dass Daddy gestorben ist, aber ich glaube, dass ich trotzdem ein schönes Leben haben kann.«

Ich hatte mir erlaubt, meinen Flirt mit Tim, meiner anderen Internet-Bekanntschaft, unregelmäßig fortzuführen. Er hatte mir beunruhigend dramatische Momente beschert, die mich als jüngere Frau erfreut, wenn nicht gar entzückt hätten, sich jetzt jedoch seltsamerweise wie ein Angriff auf meine Privatsphäre anfühlten. Am meisten erschrak ich, als ich an einem Winternachmittag einen Zettel und einen Blumenstrauß unter meinem Scheibenwischer fand, als ich losfahren wollte, um Liza von der Bushaltestelle abzuholen. Ich war an jenem Tag, als er dieses Geschenk für mich hinterließ, nicht allein zu Hause gewesen. Daniels Wagen hatte neben meinem gestanden.

Doch nachdem ich Daniels kryptischen Brief erhalten hatte, fühlte ich mich eingeschränkt und störrisch. Vielleicht war dieser Eindruck, unter Zugzwang zu stehen, die Erklärung dafür, warum ich Tim an einem Januarnachmittag besuchte und warum ich ihn ein andermal sogar bei mir übernachten ließ, obwohl ich ganz genau wusste, dass das eine grausame und falsche Entscheidung war. Daniel war zwar nichts für mich, aber er war kein schlechter Mensch und hatte mein kindisches Verhalten nicht verdient. Rückblickend wünschte ich mir, er hätte mich einfach kalt abserviert. Dann wäre nur ich verletzt worden, und nicht einmal sehr schlimm.

Ich erzählte Daniel von Tim. Und ich sagte unseren Wochenendausflug ab, wobei meine Anzahlung verfiel. Daniel und ich trennten uns ganz offiziell. Er schrieb mir, er sei schon Wochen zuvor zu dem Schluss gekommen, dass aus uns auf Dauer nichts werden würde, womit er natürlich richtig gelegen hatte. Im Rahmen der Trennung wurden seine Briefe erstaunlich gehässig, aber dazu gestand ich ihm das Recht zu. Schließlich hatte ich es verbockt.

In dem Bemühen, nach der letzten Stümperei etwas gutzumachen, brach ich Eliots Drei-Monats-Regel erneut und lud Tim zum Essen zu mir nach Hause ein. Am darauffolgenden Wochenende schleppte ich Liza zu einem Eislaufplatz in der Nähe, damit sie ihn kennenlernen konnte. Er nahm sie bei der Hand, um mit ihr eine Runde um den Platz zu fahren, aber Liza schien nicht angetan. Tim berichtete mir sogar, sie habe ihn gegen das Schienbein getreten, was mich entsetzte – sie war nämlich überhaupt kein aggressives Kind. Also entschuldigte ich mich bei ihm und tadelte sie auf der Heimfahrt scharf. Vielleicht, versuchte ich mir einzureden, würde sie ihn im Laufe der Zeit lieber mögen.

Ich lud Tim sogar zu einem weiteren Essen zu uns ein. Er erschien hoch motiviert, vielleicht zu motiviert. Nachdem ich ihn ein paar Monate lang hingehalten hatte, bot ich ihm nun auf einmal die Chance, mich zu erobern. Er brachte Liza ein Geschenk mit. Sie murmelte einen Dank, beobachtete ihn aber ansonsten nur stumm und blieb reserviert. An ihrem Verhalten konnte ich ablesen, dass ich es wieder vermasselt hatte. Es war zu früh gewesen, ihr jemand neuen vorzustellen. Wie Eliot vorhergesagt hatte, gingen mir die Gelegenheiten aus.

Nachdem Tim gegangen war, sagte Liza: »Mama, ich mag ihn nicht besonders.«

»Was an ihm gefällt dir denn nicht?«

»Er ist so« – sie schaute auf die für sie typische Weise nach oben, pflückte sich die freundlichste Formulierung von der Deckenlampe und suchte dann wieder meinen Blick – »er bemüht sich einfach zu sehr.«

»Verstehe«, sagte ich. Ich spürte, wie mir die Tränen kamen, und wischte sie rasch weg, bevor Liza sah, dass ich die Fassung verlor. Ich war mit zwei absolut netten Männern, die mich gemocht hatten, unverantwortlich umgegangen. Deshalb fühlte ich mich wie ein verzogenes Gör, das eine Auszeit oder eine altmodische Tracht Prügel verdient hätte. Als ich ein paar Wochen später genügend Energie dazu hatte, beendete ich die Sache mit Tim.

Nach den ereignisreichen Herbst- und Wintermonaten nahm ich mir endlich Zeit, die Bilder, die ich in Maine gemalt hatte, eingehender zu betrachten. Tomas war von ihnen begeistert gewesen. Sara hatte mich immer ermutigt, meine künstlerischen Ambitionen stärker auszuleben, denn lange hatte ich mich damit auf die paar Wochen, die ich alljährlich in Maine verbrachte, beschränkt. »Die Leute werden sie mögen«, schrieb sie mir in einer Mail über meine Bilder. Ich brachte einige davon in die örtliche Rahmenhandlung, sodass sie einen offizielleren, vorzeigbaren Charakter bekamen.

In der Zwischenzeit überdauerten auch Henrys Notizen und Forschungsergebnisse für sein Buch, vergleichbar mit unerwünschten Verwandten, die länger blieben, als einem lieb war. Gelegentlich ging ich in sein Büro, öffnete die eine oder andere Schublade und blätterte in den für mich undurchschaubaren Dokumenten. Ich mühte mich, seine handschriftlichen Notizen zu entziffern, die er in mehreren kleinen Moleskine-Notizbüchern, wie sie angeblich auch Bruce Chatwin verwendet hatte, gesammelt hatte. Nach den Erkenntnissen des Sommers verspürte ich kein Bedürfnis mehr, Henrys Buch für ihn zu vollenden. Es verlangte vielmehr eine gehörige Portion Selbstdisziplin von mir, nicht den Inhalt all seiner Schubladen in einen großen schwarzen Müllsack zu kippen.

Irena hatte recht gehabt. Ich hatte mich zu egozentrischen, kreativen Männern hingezogen gefühlt, die mir beinahe die Luft zum Atmen genommen hatten. Jetzt fühlte ich mich bereit, ein Leben auszuprobieren, das nicht gleich meinen Tod bedeutete, aber trotzdem ein gewisses Abenteuer und Risiko mit sich brachte. Keine physischen Herausforderungen wie die Besteigung des Mount Everest oder die Durchquerung der Sahara, aber durchaus ein gewisses Wagnis für jemand wie mich, die sich stets sklavisch an die Regeln gehalten hatte. Henry hatte die Zeit, die ich ihm geschenkt hatte, vergeudet. Eliana erinnerte mich in all ihren Mails daran, dass nun mir Zeit geschenkt worden war, die ich auf keinen Fall nutzlos verstreichen lassen sollte.

Ich las mir das Profil des Mannes durch. Das ist Derek, und er ist ein schlimmer Junge. Stellen wir uns mal den Inhalt seines Kleiderschranks vor. Schwarze Jeans, schwarze T-Shirts und einige Paare schwarzer Stiefel. Dann wäre da noch ein Motorrad. Ebenfalls schwarz, falls es nicht doch rot ist. Und passend zum Motorrad noch eine schwarze Lederjacke. Er lebte in der Stadt. Es erschien mir vernünftig, damit zu beginnen, Männer zu daten, die in New York wohnten, um mich mit der Idee des Großstadtalltags anzufreunden. Ich kam zu dem Schluss, dass dieser Mann hilfreich wäre, um die äußerste Grenze dessen, was ich zu tolerieren bereit war, abzustecken. Er wäre praktisch ein Forschungsprojekt.

Ein Foto zeigte ihn mit nacktem, drahtigem Oberkörper. Und war das etwa eine Tätowierung auf seinem Oberarm? Das war es, antwortete er mir in seiner ersten E-Mail an mich, und es gäbe noch mehr davon an anderen Stellen seines Körpers. Ich fragte mich, wo genau. Auch ich besaß ein Tattoo (einen Kolibri auf meiner rechten Wade, ein Geburtstagsgeschenk an mich selbst zu meinem vierzigsten Geburtstag), aber das machte mich noch nicht zu einer toughen Bikerbraut, nur zu einer Frau, die sich eine Tätowierung gewünscht hatte. Dieser Typ war zweifellos ein schlimmer Junge, der mit seiner schwarzen oder roten Maschine schneller fuhr als erlaubt und in der Lage wäre, Boris Jelzin unter den Tisch zu trinken. Davon ging ich definitiv aus.

Ich erschien pünktlich in dem Restaurant, das er ausgesucht hatte: ein Mexikaner in den East Twenties. Trotz der fröhlichen Stimmung benahm ich mich an jenem Abend steif und zurückhaltend. Trink nicht zu viel, beobachte ihn nur. Ich setzte mich an die Bar, um dort auf ihn zu warten, und schaute bei jedem Mann, der ohne Begleitung hereinkam, nervös auf. Ein paar Minuten später kam Derek – unverkennbar – hereinspaziert: schwarze Jeans, schwarzes T-Shirt, schwarze Stiefel und eine ziemlich abgetragene Motorradjacke aus schwarzem Leder lässig über die Schulter geworfen.

Derek bestellte, wie originell, Tequila für uns beide. Gleich danach noch eine zweite Runde für ihn. Derek war ein extrovertierter Typ, und ich überließ ihm bereitwillig den Großteil der Unterhaltung. Dann kam die Kellnerin mit unserem Essen. Plötzlich verspürte ich richtigen Hunger und aß mit Genuss das Gericht, an das ich mich jetzt nicht mehr erinnere. Jedenfalls war ich froh, dass meine Hände etwas zu tun hatten. Er erzählte mir ein wenig von seiner Arbeit, kam dann auf seine Ehe zu sprechen, die einige Jahre zuvor in die Brüche gegangen war. Über die eigene bewegte Vergangenheit zu reden, war No-go Nummer eins beim ersten Date (das hatte ich zumindest kurz zuvor in einer Frauenzeitschrift beim Friseur gelesen). Mich störte es allerdings nicht, denn ich hatte ihn danach gefragt, außerdem handelte es sich ja um ein Forschungsprojekt. Seine Geschichte klang irgendwie ein wenig einstudiert.

»Da ruft meine Frau mich, während ich zum Arbeiten außerhalb der Stadt unterwegs bin, auf meinem Handy an, um mir zu sagen, dass sie die Scheidung will.«

Traurig berichtete er weiter vom Ende seiner Ehe. Er verlor ein Haus und das Sorgerecht für einen geliebten Hund. Irgendwie hätte ich ihn gar nicht als Hausbesitzer eingeschätzt. Ich versuchte, mir vorzustellen, wie er in schwarzen Stiefeln und schwarzer Jeans den Rasen mähte. Dann stellte ich mir, wie schon so oft, vor, wie Henry und ich uns um unser Haus und das Sorgerecht für Liza gestritten hätten.

Derek sah nach ein paar weiteren Tequilas leicht benommen aus, wirkte aber an sich intelligent, liebesfähig, gleichzeitig jedoch immer noch untröstlich. Und nicht wie jemand, den ich Liza jemals vorstellen würde. Nicht wie jemand, mit dem ich auch nur ein einziges Mal schlafen würde. Schon ein flüchtiger Kuss würde sich gefährlich anfühlen.

Die Kellnerin brachte die Rechnung. Automatisch holte ich meine Geldbörse heraus und fragte Derek, ob wir halbe-halbe machen könnten. Er wies meinen Vorschlag mit einem genuschelten Kommentar ab: »Chicks zahlen nicht.«

Holla, die Waldfee! Der letzte Typ, der mich Chick genannt hatte (irgendwann in den Siebzigern?), bekam von mir ordentlich was zu hören. An diesem Abend schien es mir jedoch nicht der Mühe wert, sich darüber zu beschweren. Mit leicht schlechtem Gewissen warf ich einen Blick über den Tisch auf die Rechnung. Die war nicht gerade niedrig, vor allem für ein erstes Date, ein einmaliges noch dazu. Doch dann beschwichtigte ich mich selbst, denn einen beträchtlichen Posten machte der Alkohol aus.

Wir gingen. Er hielt mir die Tür auf. Draußen legte er einen Arm um meine Schulter. Ist das Zuneigung oder Verlangen, oder braucht er einfach nur eine Stütze?

»Is noch früh«, lallte er. »Wie wär's, wennichuns noch 'ne Pulle Schampus besorge? Wüdssu mitsu mir komm'? Könnten wir noch was trinken.«

Anna, Chloé und jede andere meiner Freundinnen hätte mir an dieser Stelle geraten, schleunigst ein Taxi anzuhalten und mich auf den Heimweg zu machen. Es mag naiv klingen, aber ich wollte wirklich gerne sehen, wie er wohnte. Und nachdem ich in seine glasigen Augen geblickt hatte, fühlte ich mich nicht im Geringsten in Gefahr. Er war sturzbetrunken. Ich war stocknüchtern. Angesichts seines aktuellen Zustands war ich mir ziemlich sicher, gut auf mich selbst aufpassen zu können. Es bereitete mir sogar großes Vergnügen, meine Neugier so ungeniert stillen zu können. Ich wollte erst einmal genau hinsehen, danach würde ich mir ein Taxi besorgen und nach Hause fahren.

Wir gingen die Third Avenue zum nächsten Liquor Store hinunter. Derek nahm den Arm von meiner Schulter und steuerte, leicht schwankend, auf das Regal mit den gekühlten Getränken zu. Er nahm eine Flasche Veuve Cliquot heraus. Ich bot gar nicht erst an, mich daran zu beteiligen. Stumm wartete ich neben der Kasse, während er mit seiner Kreditkarte hantierte und unbeholfen den Beleg unterzeichnete.

In seinem düsteren Hausflur folgte ich ihm eine Holztreppe hinauf, die mir wackelig und ausgetreten erschien. Ich kann immer noch kehrtmachen und das Ganze auf unbestimmte Zeit verschieben, dachte ich.

Als er über den Absatz im zweiten Stock taumelte, wirbelte er plötzlich herum, als hätte ihn eine Sturmböe erfasst, und zeigte auf die Tür einer Nachbarwohnung.

»Kuckuck«, sagte er und legte einen Zeigefinger lauschend um sein Ohr. Dann wirbelte er wieder zurück und knallte mit dem Kopf gegen den Stützbalken der Treppe. Er schwankte, sah benommen drein, blieb kurz stehen und wankte weiter. Dabei fasste er sich mit der Hand an die Stirn. Er blutete heftig, und das Blut tropfte bereits auf den Boden.

»Hab mich verletzt. Mich verletzt. Schlimm«, sagte er.

Die Platzwunde war gute zwei Zentimeter lang, und das Blut sprudelte nur so daraus hervor. Bei dem Anblick wurde mir übel, und ich bekam es mit der Angst zu tun. Verdammt. Ausgerechnet in New York.

»Vielleicht sollten wir eine Ambulanz aufsuchen«, sagte

ich. »Vielleicht musst du genäht werden. Du könntest auch eine Gehirnerschütterung haben.«

»Nein, nein. Das will ich nicht. Ich komm mir so blöd vor. Ich wollte, wollte, dich beeindrucken, und alles lief so ... so gut.«

Er tat mir aufrichtig leid. Er hatte sich gewünscht, dass ich ihn mögen würde. Er kannte mich überhaupt nicht. Er wusste ja nicht, dass dieser Abend nur ein Forschungsprojekt war.

»Okay«, sagte ich. »Lass uns das erst mal so weit in Ordnung bringen.«

Er schaffte es die letzte Treppe bis zu seinem Apartment hinauf, fummelte mit dem Schlüssel herum, schloss auf und ließ sich auf eine Futoncouch – schwarz – fallen, die praktisch direkt hinter der Tür stand.

Während er auf dem Sofa liegen blieb, orientierte ich mich rasch in der Wohnung. Die winzige Küche war ein unverfrorenes Junggesellenchaos. Nach einigem vorsichtigen Herumsuchen fand ich ein einigermaßen sauberes Schwammtuch, das ich Derek brachte. Sein glasiger Blick war mir durchs Zimmer gefolgt. Jetzt wirkte er etwas klarer und begann, sich das Blut von der Stirn zu wischen.

Auf der Rückseite seiner Wohnungstür, die immer noch offen stand, bemerkte ich eine Collage aus Fotos von seiner Familie und einer sehr cool aussehenden Frau, die in einer windgepeitschten Landschaft stand. Sie wirkte wie eine Frau von genau der Sorte, mit der er als Nächstes ausgehen sollte. Und wie eine Frau, die sich auf dem Sozius eines Motorrads total wohlfühlte.

Die Blutung hatte nachgelassen, und er erlaubte mir, die Wunde aus der Nähe zu betrachten.

»Derek, du musst wirklich in eine Ambulanz. Es ist ein tiefer Schnitt. Ich glaube, das muss genäht werden.«

»Aber ich möchte das nicht. Was für ein Mist. Übermorgen fahre ich weg, und dann müsste ich mir die Fäden ja woanders ziehen lassen.«

»Wir müssen jedenfalls in ein Krankenhaus und das nähen lassen. Wird schon nicht so schlimm werden, ich begleite dich auch.«

Wieder auf der Straße wurde mir klar, dass ich seit Henrys Tod in keinem Krankenhaus mehr gewesen war. Allein der Gedanke daran machte mir Angst. Ich begann zu weinen. Derek blieb abrupt stehen.

»Was ist los? Nich so schlimm. Nur 'ne Platzwunde.«

Ich konnte es ihm nicht erklären. Nicht jetzt. Er nahm mich bei der Hand. Es fühlte sich gut an, eine gewisse Verbundenheit zu spüren. Auf welchem Niveau auch immer. Da waren so viele intime Gefühle, die wir niemals miteinander teilen würden: mein eigener Schmerz, den er nicht verstand, seine Scham und Enttäuschung angesichts dessen, was er sich von diesem Abend erwartet hatte.

Im Wartebereich der Ambulanz saßen wir auf grellbunten Plastikstühlen. Ich fragte ihn nach seiner Arbeit, und er schien wieder ein wenig lockerer zu werden.

Er rutschte auf seinem Stuhl nach vorn und sah mich an. Ich fühlte mich dabei unbehaglich – er sah mich so direkt an und war von dem Tequila immer noch benebelt.

»Lehn dich zurück und entspann dich«, riet ich ihm. »Das wird hier noch eine Weile dauern.«

»Möchtest du nicht, dass ich dich ansehe?«

»Klar kannst du mich ansehen.« Ich spürte sein Bedauern darüber, dass er meinte, die Chance, mich zu erobern, an diesem Abend vertan zu haben. Soweit ich das begriff, war er ebenso einsam wie ich. Und er hatte noch nicht mal ein entzückendes Kind, zu dem er nach Hause kam. In diesem Moment konnte ich es kaum erwarten, zum Haus meines Bruders in Brooklyn zu kommen, wo Liza süß schlummerte. Ich konnte es kaum erwarten, sie auf die Wange zu küssen. Derek bewunderte das Kolibri-Tattoo auf meiner Wade. Mir kam es vor, als hätte er es gern berührt, doch das tat er nicht.

Endlich rief eine Krankenschwester ihn auf, und er ging hinein, um sich zusammenflicken zu lassen. Ich hängte meine Jacke über die Stuhllehne und lehnte mich zurück. Ein wenig später spürte ich seine Hand an meiner Schulter – ich musste eingedöst sein. Es schien ihn zu wundern, dass ich nicht bereits in die Nacht verschwunden war. Die Wunde war mit einem neuartigen Hautkleber geschlossen worden – keine Naht.

»Ich bin müde«, sagte ich mit der Gelassenheit, die das glückliche Ende eines medizinischen Notfalls mit sich bringt. »Jetzt würde ich gern nach Hause fahren.«

Draußen huschte etwas willkommenes Gelbes vorbei, und Derek stürmte galant die Straße hinunter und hinter dem Taxi her. Als ich ihn eingeholt hatte, keuchte ich und freute mich bereits auf die stille Heimfahrt im warmen Wagen. Ich hatte bereits den Türgriff in der Hand, als Derek mich noch packte und mit einer gewissen Leidenschaft heftig auf den Mund küsste. Ich wandte mich ab und stieg ins Taxi. Erleichtert und erschöpft.

Als der Wagen losfuhr, überlegte ich mir, dass das kein schlechter Mensch gewesen war, absolut nicht, eher ein konfuser, der immer noch zu verstehen versuchte, woran seine Ehe gescheitert war und was er mit dem Rest seines Lebens anfangen könnte. Das klang auch stark nach mir.

Eliot meinte, wir sollten vielleicht trotz allem einmal zusammen abendessen. Ich war nach so vielen unterhaltsamen Gesprächen ohnehin neugierig, ihn kennenzulernen. Und mein dämliches Flirten machte irgendein Handeln erforderlich. Warum also nicht, eine erfreuliche Ablenkung von meinen beachtlichen Niederlagen in Männerland? Ich hoffte nur, nach meinen Begegnungen mit Daniel und Tim einsichtig genug zu sein. Andererseits erschien mir ein Date mit Eliot, von dem ich mir ziemlich sicher war, dass er mich meinen offensichtlichen Schwächen zum Trotz mochte, wie ein gefahrloses Abenteuer.

»Na gut, Eliot, lass uns das machen. Ich werde dieses Wochenende meine Eltern besuchen. Bestimmt passen sie einen Abend lang auf Lizzie auf.«

»Ich bin morgen früh wieder zurück. Ich besuche nur einen Freund zum Abendessen.« Das sagte ich, während ich einen Blick auf die Karte warf und mich bemühte, total entspannt zu wirken. Meine Eltern musterten mich neugierig, während ich meine Pläne kundtat und gleichzeitig ein Essen für Liza herrichtete. Wir befanden uns in der Küche ihres Wochenendhauses in Connecticut, etwa fünfundvierzig Autominuten von Eliots Haus entfernt.

»Es ist schon ziemlich spät«, sagte mein Vater und schaute auf die Uhr. »Bist du dir sicher, dass du jetzt wirklich noch losfahren willst?« Seit Henrys Tod waren meine Eltern sehr fürsorglich, was ich grundsätzlich auch zu schätzen wusste.

»Ach, es ist nicht weit, und er hat ja ein Gästezimmer. Das ist ein ziemlich großes Haus.« Ich kam mir vor wie ein schwindelnder Teenager. Das passte ja perfekt zu meiner sonstigen Regression. Kein Wunder, dass Daniel nach einer Weile genug von mir hatte.

Mein Vater fragte nicht weiter nach, während ich fortfuhr, Lizas Abendessen zuzubereiten. Ich war dankbar für seine Sorge, aber auch dafür, dass er mich gut genug kannte, um zu wissen, dass man Dinge auch einfach so stehenlassen konnte, ohne allzu viele Fragen zu stellen. Als ich Liza ihren Teller vorsetzte, dachte ich bei mir, dass das eine gute Eigenschaft war, die ich für ihre Pubertät anstreben sollte.

Eliots Haus war noch größer, als ich vermutet hatte. Er kümmerte sich selbst um seinen Garten, wie er mir stolz erklärte. Selbst um diese spätwinterliche Zeit waren die Beete sorgsam gepflegt und mit Rindenmulch ausgestreut, die mehrjährigen Pflanzen zurückgeschnitten. Ich hatte meinen Garten total vernachlässigt. Der Anblick seines Engagements weckte jedoch das Bedürfnis in mir, den Geist der Erneuerung im bevorstehenden Frühling zu nutzen. Ich würde versuchen, wieder für meine Blumen zu sorgen, soweit sie durch meine Vernachlässigung und den Winterfrost nicht bereits eingegangen waren.

Während Eliot uns einen exquisiten ersten Gang aus gegrillten Garnelen zubereitete, setzte ich mich auf die Arbeitsplatte in der Küche, um mich nicht ganz so zwergenhaft zu fühlen. Nach dem Abendessen und einigen Gläsern Wein, die wir kuschelnd und knutschend auf seiner Couch konsumiert hatten (auf einer Couch sind alle in etwa gleich groß), überredete er mich – was nicht sehr schwer war –, nicht im Gästezimmer zu übernachten.

Eliot war ein zärtlicher Liebhaber, der mich mit Aufmerksamkeit und Komplimenten überschüttete, die sich auch noch echt anfühlten. Doch nachdem er, den Arm um mich gelegt, eingeschlafen war, lag ich in der fremden Umgebung wach, lauschte auf einen tropfenden Wasserhahn im Badezimmer und sorgte mich um Liza und mein Schicksal.

Morgens wachte ich dennoch beschwingt auf, wie gereinigt und mit einer Absolution versehen. Ich drehte ein paar Pirouetten in seinem geräumigen Wohnzimmer, während Eliot Kaffee für mich kochte und leise lachte. Es war mir egal, ob er mich für verrückt hielt. Er servierte mir ein üppiges Frühstück, und ich duschte ausgiebig. Als ich zu meinem schlammverspritzten Kombi ging, warf ich einen letzten, sehnsüchtigen Blick auf seinen fantastischen silbernen BMW M Roadster, der in der Einfahrt parkte. Er führte ein angenehmes Leben, aber es würde nicht meines werden. Mit jedem Tag kam ich der Entscheidung, nach Brooklyn zurückzuziehen, ein wenig näher.

Wir werden Freunde bleiben, dachte ich, hoffte ich. In Anbetracht meiner jüngsten Niederlagen traute ich mir zu, jegliche echte Beziehung zu vermurksen. Und außerdem war er nach wie vor zu groß für mich.

Bald danach lernte er eine andere Frau kennen – die ebenfalls groß war. Sie schienen sofort aufeinander zu fliegen. Sie wollte heiraten. Er wollte heiraten. Und ich freute mich, Eliot immer noch als guten Freund zu behalten. Als jemand, der mir wohlwollend gegenüberstand, jemand, bei dem ich mich darauf verlassen konnte, dass er mich zum Lachen über meine eigenen Schwächen bringen würde, jemand, der mir versicherte, ich sei hübsch, auch wenn ich mich gerade wie eine schrullige alte Schachtel fühlte. Er war mein erstes Date, das man als nachhaltigen Erfolg zählen konnte. Wir hatten ein bisschen Spaß miteinander, und es gab keine Verwundeten.

Meine Vorstöße in Sachen Dating waren lehrreich gewesen, trotzdem fühlte ich mich oft niedergeschlagen und einsam. Nachts weinte ich und boxte in die Kissen. Liza beobachtete mich besorgt, was wiederum bewirkte, dass ich mir Gedanken um sie machte. Nach wie vor floh ich mit ihr an den Wochenenden nach New York. Wenn wir bei meinem Bruder und seiner Frau waren, fühlte sich das Leben zumindest für ein paar Tage leichter an.

Liza und ich streiften durch mein altes Viertel. Eines Tages zeigte ich ihr das Sandsteinhaus, in dem Henry und ich gewohnt hatten, als sie zur Welt kam. Die Eigentümer hatten es inzwischen lachsrosa gestrichen, was ihr gut gefiel. Ich war zu ängstlich, sie zu fragen, wie sie zu einem Umzug stünde, stattdessen versuchte ich lieber, unsere Wochenenden mit Programm zu gestalten, das es in unserer Kleinstadt nicht gab. Wir gingen ins Kino, spazierten durch den Botanischen Garten, aßen in den Cafés an der Seventh Avenue zu Mittag. Manchmal ging ich auch bewusst an dem Laden meines Schwarms vorbei. Einmal schaffte ich es sogar, ein Gespräch so zu steuern, dass ich eine Visitenkarte bei ihm zurücklassen konnte. Aber ich hatte mitbekommen, dass er eine Freundin hatte oder zumindest mit jemand ausging. Ausgehen. Was auch immer das bedeuten mochte.

Ich hatte auch eine kurze Affäre mit einem Freund.

Nachdem ich ihn angerufen hatte, trafen wir uns an einem meiner Wochenenden in Brooklyn auf einen Drink. Vielleicht lag es an der Margarita. Weil ich die nicht oft trinke, löste sie gleich eine regelrechte Euphorie bei mir aus.

Ich musterte ihn, freute mich über sein vertrautes, hübsches Gesicht und sagte: »Manchmal wünschte ich, wir könnten zusammen sein.« Denn ich mochte ihn und wusste, dass er mich auch mochte.

Er sah mich erstaunt an. Ich spürte, wie ich knallrot anlief. Was hatte ich da gerade gesagt? Er war zehn Jahre jünger als ich. Seit ich diesen Mann kannte, hatte er mir immer wieder erzählt, er sei ernsthaft am Heiraten und an eigenen Kindern interessiert. Zwei Dinge also, die ihm absolut freistanden, die ich mir für mich allerdings nicht mehr vorstellen konnte.

Nach dem Drink war es spät, also bat ich ihn, mich bis zum Haus meines Bruders zu begleiten. Im Dunkeln hantierte ich mit dem Schlüssel für die Haustür, während er abwartend ein paar Schritte hinter mir stehengeblieben war. Er sagte, er würde mich gern küssen. Ohne lange über die Konsequenzen nachzudenken, sah ich ihn auf mich zutreten. Wir küssten uns im Eingang. Ich hatte vergessen, in welche unglaubliche Hochstimmung mich solches Knutschen versetzen konnte, aber er rief es mir wieder in Erinnerung. Ich zog ihn in das kleine Vestibül gleich hinter der Haustür, wir küssten und streichelten uns weiter und drängten uns gegeneinander.

Danach trafen wir uns noch ein paarmal. Er kam mich besuchen (während Liza wohlbehalten außer Haus war), und ein Wochenende verbrachte ich in seiner Wohnung, wo er mir zum Abendessen ein köstliches Hähnchen servierte und wir uns gemeinsam einen Film ansahen. Später hatten wir wunderbaren Sex und schliefen dann eng aneinandergekuschelt in seinem Bett. Ich gab mir Mühe – sogar allergrößte Mühe – mir irgendeine Konstellation vorzustellen, in der das für alle Beteiligten funktionieren konnte. Doch es gelang mir nicht.

An einem warmen Sonntag Ende März 2004 ließ ich Liza in der Obhut meines Bruders und meiner Schwägerin, um noch eine Yogastunde in Manhattan zu besuchen, bevor wir am Abend den Zug nach Hause nähmen. Wir hatten das Wochenende mit gemeinsamen Mahlzeiten, »Vier gewinnt« und endlosen Partien Mau-Mau und Rommé verbracht. Als sie noch klein war, pflegte ich Liza gewinnen zu lassen, bis ich dahinterkam, wie leicht sie mich schlagen konnte. Inzwischen war ich daran gewöhnt zu verlieren, egal, wie sehr ich mich anstrengte.

Nach der Yogastunde fühlte es sich gut an, in dem kleinen, mit Vorhängen versehenen Umkleideraum wieder meine Straßenkleidung anzuziehen. Die Luft draußen war warm und frisch, der Himmel blau und frei von Smog. Ich war glücklich, in der Stadt zu sein, die Geräusche der Autos und Busse, die Bruchstücke von Handytelefonaten zu hören. Mich diesem seltsamen urbanen Organismus zugehörig zu fühlen, also Teil von etwas zu sein, ohne meine Anonymität aufgeben zu müssen, das liebte ich. Trotz des Lärms um mich herum spürte ich eine innere Ruhe. Ich nahm mein Telefon aus der Tasche und wählte Annas Festnetznummer.

»Ich bin dabei, Anna. Lass uns zurück in die Stadt ziehen. Ich glaube, wir schaffen das.«

»Ooh«, jauchzte sie. »Ich freu mich so!«

»Lass uns einander versprechen, dass wir eine der anderen beistehen werden. Denn es wird einiger Planung bedürfen.« Ich dachte an den langen Weg, der uns beiden bevorstand – vom Alltag in geräumigen Häusern zurück in die Großstadt, wo wir unvermeidlich etwas bewohnen würden, das uns wie ein Schuhkarton vorkommen musste.

»Wir werden das noch eine Weile für uns behalten müssen«, sagte Anna.

Ich dachte an Emily, die sich bestimmt nicht freuen würde zu erfahren, dass ich wegzog. Vielleicht würde sie sich sogar hintergangen fühlen, wenn ich die Sache geheim hielt. »Ich glaube, da hast du recht. Aber alles wird sich finden, nicht wahr?« Ich sah mein Haus voller Umzugskartons vor meinem geistigen Auge und begriff auf einen Schlag, dass mindestens die Hälfte meines Mobiliars verschwinden musste. Ganz zu schweigen von der Suche nach einer geeigneten Schule für Liza.

»Klar, wir werden das schon schaukeln«, sagte Anna und stellte sich vielleicht gerade ihr eigenes Umzugschaos vor. »Mir kommt es allerdings so vor, als würden wir Ehefrauen brauchen, keine Ehemänner.«

»Auch damit könntest du recht haben.«

»Hey«, warb Anna mit gespielter Schüchternheit, »würdest du meine Gattin sein?«

»Selbstverständlich«, antwortete ich lachend, »wenn du die meine bist.«

Ich setzte meinen Weg die Lafayette Street hinauf fort, hinüber zur Universität, wo ich mir, von plötzlichem Optimismus gepackt, spontan erlaubte, meine (leider teure) Lieblingsboutique zu betreten. Eine halbe Stunde später verließ ich den Laden in einem schwarz gemusterten Rüschenkleid. Sehr urban und schmeichelnd. Genau das Richtige für die Großstadtpflanze, die ich wieder werden wollte.

Vierter Teil

Tageslicht

Vierzehn

April bis September 2004

Die Scheune ist niedergebrannt.
Jetzt kann ich den Mond sehen.

Mizuta Masahide

Nachdem ich mich innerlich ausgiebig darauf vorbereitet hatte, machte ich mich eines Nachmittags nach Schulschluss auf, um Emily zu besuchen. Ich hielt die Gelegenheit für günstig, um ihr die Neuigkeit mitzuteilen, und glaubte, auf die denkbar schlechteste Reaktion gefasst zu sein. Rückblickend ist mir klar, dass ich ganz im Gegenteil einen überaus ungünstigen Zeitpunkt gewählt hatte, um ihr zu sagen, dass ich wegziehen würde. Wir waren beide von einem langen Tag müde und standen allein in ihrer Küche. Ohne ihren Ehemann Justin, der diesen schwierigen Moment vielleicht mit ein wenig Lockerheit oder Trost hätte bereichern können.

Ich holte also tief Luft und begann, ihr die Neuigkeit darzulegen, als mir die Tränen in ihren Augen verdeutlichten, wie sehr ich mich verrechnet hatte. Sie sagte mir, sie sei am Boden zerstört und begann zu schluchzen. Ich fühlte mich hundeelend und wütend zugleich. Schließlich tat ich ihr nicht mit Absicht weh, sondern weil ich mit meinem Leben nicht zurechtkam und von diesem Ort wegmusste. So nah an Cathy, die mir solches Leid zugefügt hatte, konnte ich nicht wohnen bleiben. Wenn ich an sie dachte, packten mich immer noch Verzweiflung und Zorn. Doch nun fühlte sich Emily auf eine Weise im Stich gelassen, gegen die ich nichts tun konnte.

Die negativen Auswirkungen dieses Ereignisses ließen nicht lange auf sich warten. Was Emily und mich schon immer voneinander getrennt hatte, war der Unterschied zwischen meiner Berufstätigkeit und ihrem Leben als Vollzeitmutter und Künstlerin. Gelegentlich waren wir bei diesem Thema aneinandergeraten – wenn ich sie etwa behutsam auf Jobmöglichkeiten aufmerksam machte oder sie in einer Woche mit engen Abgabeterminen ein ausgiebiges gemeinsames Mittagessen vorschlug. Innerhalb eines Monats eskalierte, was als kleiner Streit begonnen hatte und sonst mit ein paar Tagen Funkstille am Telefon erledigt gewesen wäre, zu einer größeren Auseinandersetzung, die uns keine Lösung mehr bot, bei der wir beide das Gesicht hätten wahren können.

Wie zwei trotzige kleine Schulmädchen redeten wir nicht mehr miteinander. Die Katastrophe von Henrys Tod hing uns seit damals nach, als sie mich nach seinem Zusammenbruch ins Krankenhaus begleitet hatte. Seit jenem Tag schien sie auf die Rückkehr ihrer alten Freundin zu warten, dabei war die Frau, die ich gewesen war und die mir jetzt vorkam wie eine Person, die ich einmal gekannt hatte, die ich mir aber kaum noch vorstellen konnte, längst fort. Ich hatte noch immer keine Vorstellung davon, wohin es mich treiben und was aus mir werden würde. Ich wünschte mir, mich wie etwas zu fühlen, das ich wirklich »ich selbst« nennen konnte. Momentan hatte ich mich jedenfalls auf dem Weg – und wie ich hoffte nur zeitweise – verirrt, auch wenn ich mich verzweifelt bemühte, irgendwo anzukommen. Der erste Schritt bestand darin, diese Stadt zu verlassen. Der zweite wäre, zu akzeptieren, dass es im Zuge dieser langen Neuorientierung vor allem darum ginge, was die Dichterin Elizabeth Bishop »die Kunst des Verlierens« genannt hat – in Bezug auf Menschen und Materielles. Das meiste davon würde mit Sicherheit unerfreulich sein. Zu jenem Zeitpunkt hatte ich bereits viele Menschen verloren und vermutete (wie sich herausstellen sollte zu Recht), dass ich noch nicht am Ende angelangt war.

Nach dem Fiasko mit Emily hatte ich das Gefühl, Liza von meinen Umzugsplänen erzählen zu müssen, bevor sie über andere davon erführe. Es war schwer, ihr meine Gründe dafür zu erklären, ohne von Cathy zu reden. Also versuchte ich, den Umzug mit meinem Bedürfnis nach einem Neuanfang zu rechtfertigen, doch sie hatte kein Verlangen danach, neu anzufangen. Deshalb fühlte ich mich auch wie eine Egoistin, wenn ich sie von der Schule, die sie liebte, ihren Freunden und ihrem Zuhause trennte. Ihr war allein die Vorstellung verhasst, und wir verbrachten einige tränenreiche Abende miteinander. Immer wieder fragte sie mich: »Aber warum?«

Ende Mai, nach ein paar weiteren Fehlschlägen in Sachen Dating, hatte ich von Männern erst einmal genug. Das war ja schlimmer als auf der Highschool, dieses Gefühl, als 44-jährige Frau so unerfahren zu sein wie als übereifriger Teenager. Ich beschloss, erst einmal eine Pause einzulegen. Vielleicht hätte ich nach dem Sommer mehr Glück.

Ausgerechnet an dem Tag, als ich beschloss, mein Online-Profil zu löschen, meldete sich noch ein neuer Mann. Wills ironische Nachrichten brachten mich wieder zum Lachen, und außerdem klang sein Job ziemlich cool. Er lebte in New York. Noch dazu in Brooklyn, nur ein paar Straßen vom Haus meines Bruders entfernt.

Nach einem halben Dutzend hin und her geschickter E-Mails rief Will mich eines Abends an. Er besaß eine nette Stimme mit einem Akzent, den ich nicht ganz zuordnen konnte, vielleicht kanadisch? Nein, er stammte aus Wisconsin. Dort war er in einer Großfamilie auf dem Land aufgewachsen, als sechstes von sieben Kindern. Er schickte mir ein Foto von sich und all seinen Geschwistern. Sie sahen so aus, als hätten sie fünf Minuten vorher alle noch im Wald gespielt. Obwohl er nie verheiratet gewesen war, schien er sich mit der Vorstellung von einer Siebenjährigen anfreunden zu können.

»Ich kann's kaum erwarten, sie kennenzulernen«, sagte er. »Das wird bestimmt ein Riesenspaß.«

Liza spazierte vorbei und fragte, mit wem ich telefoniere. »Ich will ihm Hallo sagen«, beharrte sie, nachdem ich ausweichend und vage gemeint hatte, es würde sich um »einen Freund« handeln.

Also reichte ich Liza das Telefon, und zu meiner Überraschung plauderten sie und Will zwanzig Minuten über ihre Schule und ihre Freundinnen, während ich immer wieder rein und raus ging, um Wäsche nach oben zu tragen oder den Müll rauszubringen. Ich fragte mich, was er wohl richtig gemacht hatte, um ein Kind, das er noch nie gesehen hatte, so lange zu fesseln. Was auch immer es war, es schien unseren Bedürfnissen jedenfalls genau zu entsprechen.

Und dann rief der Schwarm an. Das Gefühl, mich in ihn verguckt zu haben, war nie verschwunden. Ich verspürte immer noch ein namenloses körperliches Verlangen nach ihm, das jede Menge Probleme versprach. Aber natürlich war ich aus dem Häuschen, als ich seine Stimme am Telefon vernahm.

»Ich wollte mal hören, ob du dir vorstellen könntest, diesen Samstag mit mir auszugehen«, begann er ein wenig zögernd. »Essen gehen und vielleicht ins Kino?«

»Ich muss schon sagen«, erwiderte ich und bemerkte einen Augenblick zu spät, dass ich etwas harscher klang als eigentlich beabsichtigt, »dass mich dein Timing etwas irritiert. Warum rufst du mich gerade jetzt an? Bist du nicht mit jemand liiert?«

»Nun ja.«

»Dann ist das also vorbei?« Am liebsten hätte ich mich geohrfeigt. Ich klang wie ein Inquisitor oder wie eine strenge Schuldirektorin, obwohl mir gleichzeitig ein kleiner Teufel ins Ohr flüsterte: Los, mach schon, geh mit ihm aus. Es ist doch nur zum Abendessen.

»Ach, komm schon«, sagte er freundlich, »geh doch einfach mal mit mir aus. Es ist doch nur zum Abendessen.«

»Lass mich darüber nachdenken. Ich ruf dich zurück.«

Am nächsten Tag rief ich den Schwarm zurück. »Na gut, ich gehe mit dir essen. Aber lass uns diesmal noch aufs Kino verzichten.« Ich sah es schon vor mir, wie er die Situation im dunklen Kinosaal ausnutzte, und wie ich ihn die Situation freudig ausnutzen ließ.

Ich wollte durchaus mit ihm ausgehen, aber gleichzeitig hatte ich meine Zweifel an diesem Burschen. Als ich ihn gegenüber einer Bekannten aus der Nachbarschaft im Scherz erwähnte, gab sie unverblümt zurück, dass so ein Schwarm in ihren Augen nur Ärger mit sich brächte. Und noch mehr Ärger war so ungefähr das Letzte, was ich brauchen konnte.

Der Schwarm war eine unbekannte Größe, bei der ich mich darauf verlassen konnte, dass sie mich total durcheinanderbrächte. Ich würde mit ihm ausgehen, wir würden knutschen und miteinander schlafen. Ich wäre geliefert. Einige Monate, vielleicht auch ein Jahr lang würde ich versuchen, mich mit ihm zu arrangieren, bis er meines ziemlich ereignislosen, gebundenen Daseins mit Kind überdrüssig wäre und sich jemand anderen suchen würde. Ich würde diesem Typen Priorität einräumen, wie ich es schon bei Tomas und für kurze Zeit sogar bei Daniel getan hatte. Aber im Gegensatz zu Tomas, der gern mit Liza am Küchentisch gezeichnet und Attacke gespielt hatte, konnte ich mir den Schwarm außerhalb seines Ladens und eingebunden in meinen häuslichen Alltag nicht recht vorstellen. Ich brauchte aber jemand, der das konnte und wollte, der sogar nichts lieber täte.

Ein einziges Abendessen wäre trotzdem nicht schlimm. Vielleicht bekomme ich ihn so endlich aus meinem Kopf, dachte ich, und kann danach in Ruhe weiterleben.

Am selben Abend rief ich Will an. »Hör mal, da gibt es diesen Mann. Ich war mal ziemlich in ihn verliebt. Und jetzt will er mich zum Abendessen einladen. Ich glaube, ich sollte vielleicht einfach einwilligen. Um ihn endlich aus dem Kopf zu kriegen, weißt du.« Ich fühlte mich wie eine Idiotin, als ich auch noch selbst glaubte, was ich mich da sagen hörte.

Nach kurzem Schweigen sagte Will: »Ähm, ich möchte nicht, dass du mit diesem Typen essen gehst. Bitte, tu das nicht.«

Jetzt hatte ich die Wahl. Will teilte mir auf klare, unmissverständliche Weise mit, wie er empfand. Was er mir da anbot und um was er mich bat, das hatte so etwas Herzhaftes, wie ein nahrhaftes und gesundes Essen. Aus zehntausend Gründen mochte aus uns beiden vielleicht nichts werden, aber es konnte auch ebenso gut funktionieren, wie ein sorgsam zubereiteter Eintopf, der am nächsten Tag sogar noch besser schmeckt, weil er voller reicher und vielschichtiger Aromen steckt und die Vorstellung von Umami, jenem geheimnisvollen Geschmack, den Henry zu entschlüsseln versucht hatte, verkörperte.

Mit dem Schwarm würde es sich dagegen wahrscheinlich – nein, diesbezüglich war ich mir absolut sicher – wie mit einer dieser Tüten M&Ms verhalten, die ich immer an der Kinokasse kaufte, aufriss und ruckzuck vernaschte, was ich anschließend, wenn der Blutzucker wieder fiel und die Übelkeit einsetzte, natürlich bereute. Nach einer großen Tüte M&Ms schmeckt einem nichts mehr. Nicht einmal selbst gebackener Himbeerkuchen.

Pikant oder süß? Süß oder pikant?

»Na gut. Ich mach's nicht. Dann gehe ich stattdessen mit dir essen.«

Unser erstes Date verlief nicht sehr vielversprechend. Eine Woche zuvor war Will von seinem Rad gefallen und hatte den Kratzer am Ellbogen ignoriert, den er sich dabei zugezogen hatte. Da man den eigenen Ellbogen ja schlecht sehen kann, kümmerte er sich auch nicht um den Schmerz, der ein paar Tage lang anhielt. Als ihm klar wurde, dass die Wunde sich infiziert hatte, musste er eine Ambulanz aufsuchen und sogar einige Tage im Krankenhaus bleiben und intravenös Antibiotika bekommen. Als Will und ich uns einen Tag nach seiner Entlassung gegenübersaßen, machte er keinen allzu gesunden Eindruck auf mich. Genau genommen hatte ich sogar Sorge, er würde mit dem Gesicht in den Teller mit seinem Abendessen fallen. Trotzdem entschied ich, dass unsere wochenlange E-Mail-Korrespondenz und die zahlreichen Telefonate eine zweite Chance rechtfertigten.

Diesmal trafen wir uns in der Stadt. Wir gingen Sushi essen, und ich wurde vom Sake ein wenig beschwipst. Ich war so ängstlich, weil er sich als nett, witzig, aufmerksam, aber keineswegs zudringlich erwies, dass ich mehr oder weniger vor ihm davonlief, sobald wir das Restaurant verlassen hatten. Ich redete mich darauf hinaus, rasch ein Taxi bekommen zu müssen, damit ich meinen Zug zurück nach Hause nicht versäumte.

Wieder eine Woche später kam Will mit dem Zug, und ich holte ihn am Bahnhof zu einem Picknick am Fluss ab. Ich hatte Brathähnchen, Salat, Brot und Käse eingepackt. Er brachte eine Flasche Wein mit. Nachdem wir den getrunken hatten, küssten wir uns auf der Picknickdecke im Schatten der Bäume. Nachdem ich meine Wahl getroffen hatte, kam ich mir vor wie ein Mädchen aus den Fünfzigerjahren, ein wenig schüchtern und zurückhaltend, nervös und unbehaglich. Ich wünschte mir, ich hätte Liza als Unterstützung dabei. Doch ich hatte sie in der Obhut ihrer großartigen Babysitterin gelassen, denn diesmal wollte ich Eliots Rat wirklich beherzigen.

Will sagte: »Wir sollten nichts überstürzen. Lass uns einfach reden und einander noch besser kennenlernen.« Der Typ schien wirklich meine Gedanken zu lesen. Oder vielleicht stand er auch nur einfach nicht so auf mich. Aber wir setzten unsere Gespräche und den Austausch von Mails täglich fort. Unsere Entscheidung, einander langsam kennenzulernen, nannten wir »den Plan«.

Einige Wochen später fuhr ich wieder nach Brooklyn. Als ich vor seiner Wohnungstür stand, spähte ich erst einmal ängstlich in seine saubere und modern eingerichtete Junggesellenbude. Helltürkisfarbene Wände, eine große Fischtrophäe an einer Seite, ein prächtiges, geschwungenes blutrotes Sofa auf einem total unpraktischen, aber einladenden Teppich mit hohem Flor aus cremefarbenen Wollkordeln. Kleine weiße Kisten symmetrisch vor einer Wand, darauf drei kleine Glasvasen, in denen jeweils eine leuchtend bunte Gerbera steckte. Ich stand einfach da, genoss den Anblick und dachte bei mir, dass der letzte Mann, bei dem ich einen so tollen Einrichtungsgeschmack gesehen hatte, schwul gewesen war. Kaum hatte ich die Schwelle übertreten, hob Will mich auf seine Arme und trug mich in sein Schlafzimmer, wo er mich aufs Bett fallen ließ.

Nach diesem Wochenende und ein paar Wochen früher, als Eliot das gutgeheißen hätte, lud ich Will zu einem Besuch ein, um Liza kennenzulernen. Sie schlug ihn beim Damespiel auf dem blau gestrichenen Küchenboden, wo ich inzwischen glücklicherweise nicht mehr die Umrisse von Henrys Körper sah.

Will lachte über seine Niederlage. Als ich sah, wie unbefangen die beiden miteinander umgingen, überlegte ich mir, dass es vielleicht gar keine so schlechte Idee war, Liza meinen Freund aussuchen zu lassen. Ich fragte mich auch, was sie so rasch in ihm gesehen haben mochte, warum sie ihm sofort zugetan gewesen war. Ich selbst fühlte mich immer noch unbehaglich, aber andererseits hatte ich mich inzwischen damit abgefunden, dass mir kaum etwas Behaglichkeit verschaffte. Ich würde Geduld aufbringen und abwarten. Solange Liza ihn mochte, konnte ich mich jedenfalls ein Stückchen weiter in den Fluss hinauswagen.

Nachdem ich Eliana von Will geschrieben hatte, antwortete sie, dass sie sich für mich freue.

»Je mehr du beginnst aufzublühen«, schrieb sie, »je mehr Heilung, Liebe, Mitgefühl dich erfüllt, desto mehr Menschen wirst du finden, die dich nicht nur bewundern, sondern die sich aus ganzem Herzen um dich kümmern und für dich sorgen wollen.«

Inzwischen mailten wir uns seltener. Ich schätzte ihre Briefe nicht weniger, war aber froh zu sehen, dass wir uns beide weiterentwickelten und neue Pläne verfolgten. Wir berichteten uns über unser Berufsleben, und sie vertraute mir die Anfänge einer Beziehung an, die so ganz anders klang als die in ihrer Vergangenheit. Ihr Neuer schien ruhig und liebevoll zu sein, die Beziehung klang nach echter Partnerschaft.

Will kam Freitag abends nach der Arbeit und blieb bis Montagmorgen. Ich fuhr ihn genauso zum Bahnhof wie die anderen Frauen ihre pendelnden Ehemänner. Aber ich war froh, dass er ein Freund und kein Ehemann war. Unter der Woche genoss ich meinen Freiraum und freute mich, ihn zu sehen, wenn er wiederkam.

Will meinte scherzhaft, ich sei eine kleine, schicke Französin (was vielleicht an meiner Vorliebe für Röcke mit Rüschensaum lag) und begann, mich mit französischem Akzent anzusprechen. Jetzt hieß ich also Schüliiiieeee. Morgens sang er mir selbst ausgedachte, alberne Lieder vor, die mich so heftig prusten ließen, wie ich das von mir bis dahin gar nicht kannte. Wie nach ausgiebigem Sport taten mir hinterher die Muskeln in der Brust und im Hals weh. Es fühlte sich an wie ein kleines Wunder, meinen Sinn für Humor wiederzuentdecken. Nachdem wir einige Monate zusammen waren, wagte Will sogar, ein paare Scherze über tote Ehemänner zu machen, die dafür sorgten, dass ich vor Lachen meinen Morgenkaffee verschüttete.

Am meisten schätzte ich jedoch seine Fähigkeit, aufmerksam zuzuhören. Er bekam die ganze traurige Geschichte meines vergangenen Jahres serviert, ohne dass er daraufhin die Flucht ergriff. Wie ich feststellte, hatte ich ihm viel zu sagen.

Ich wollte wohl einfach sicher sein können, dass er alles wusste. Denn nur dann, so glaubte ich, konnte er die Geduld aufbringen, abzuwarten, während ich meine ganzen Altlasten abarbeitete. Er sagte, er verstünde meine Unsicherheit, aber er scheute sich auch nicht, sein eigenes Interesse daran zu bekunden, fortzusetzen, was wir begonnen hatten.

Diese langen Gespräche brachten seltsame Zufälle zutage. So stellte sich heraus, dass Will, während Henry und ich mit der neugeborenen Liza in Brooklyn gelebt hatten, als Student direkt um die Ecke gewohnt hatte. Ich war seine Straße unzählige Male mit Liza im Kinderwagen auf und ab spaziert, um sie zum Einschlafen zu bringen.

»Hast du mich da nie gesehen?«, scherzte ich. »Mit einem blaugrün karierten Maclaren-Kinderwagen und Einkaufstüten mit Lebensmitteln an den Griffen. Ich habe ihr zum Einschlafen immer Gershwin-Songs vorgesungen.« An dieser Stelle schob ich eine Strophe von *Our Love Is Here to Stay* ein. Na ja, vielleicht hatte er mich gesehen, sagte er lachend, vielleicht war ich ihm durch meine Singerei aufgefallen. Wir kauften jedenfalls in denselben Geschäften ein und besuchten dieselben Restaurants, aber vermutlich wich er damals den zahlreichen Kinderwagen, die irgendwelche Grünflächen ansteuerten, auf dem Weg zurück zum Lernen in seinem Appartement eher aus. Ich steckte damals sowieso knietief in Bio-Erbspüree und Windeln.

Will mochte zwar 1996 kein Interesse an Elternschaft aufgebracht haben, dafür war er jetzt umso motivierter. Mir wurde jedenfalls rasch klar, dass es im Vergleich zu Henry eine gänzlich neue Erfahrung sein würde, mit diesem Mann ein Kind großzuziehen. Will versuchte nicht, mich zu übertreffen. Und er strebte eine echte Beziehung zu Liza an. Nach der »Flitterwochen«-Phase ertrug Will geduldig einige Wochen, in denen Liza sich ein wenig zurückzog, doch danach war sie wieder mit Begeisterung bei der Sache. Sie konnte ihren echten Vater nicht zurückbekommen, aber dieser Typ wäre als Ersatz vielleicht ganz in Ordnung. Er war lustig, ein guter Zuhörer, und er spielte bereitwillig bei allen möglichen Spielen mit, sogar bei Attacke.

Im Unterschied zu den schmerzlichen und zerstörerischen Streits, die ich im Laufe der Jahre mit Henry erlebt hatte, schienen die gelegentlichen Auseinandersetzungen Will und mich eher weiterzubringen. Wir kamen dahinter, dass wir beide von Natur aus eher Einzelgänger waren. Seine Arbeit erforderte eine Menge Besprechungen und andere Kontakte mit vielen Leuten, da kam es ihm ganz gelegen, die Wochenenden mit Liza und mir eher ruhig zu verbringen. Nachts hielt er mich zärtlich im Arm, und ich fühlte mich angenommen.

An einem herrlichen Juliwochenende kam Anna mit Leo zum Schwimmen vorbei, und natürlich auch, um den neuen Freund in Augenschein zu nehmen. Sie machte mit mir einen kleinen Rundgang durch den Garten, vorgeblich um sich meine Blumen zeigen zu lassen, dabei flüsterte sie die Worte, die jede Frau von ihrer guten Freundin hören will.

»Er ist süß! Toller Hintern! Ein anständiger Kerl ... und ganz offensichtlich betet er dich ja total an.«

Die alljährliche Reise nach Maine rückte näher. Anna plante zwei der vier Wochen mit ihrem Sohn zu kommen, und wieder begannen wir beide, Lebensmittel und Wäsche einzupacken. Nachdem ich mich mit Liza beraten hatte, entschied ich, Will einzuladen, einen Teil der Ferien mit uns auf der Insel zu verbringen.

Von damals stammt ein Foto von Will und Liza, auf dem sie neben ihren Fahrrädern stehen. Sie sieht im Vergleich zu ihm winzig aus. Die beiden haben die Arme umeinander gelegt. Sie wirkt entspannt und zufrieden, vielleicht ein wenig schüchtern. An einem Knie trägt sie einen dicken weißen Verband. Das Souvenir eines Sturzes mit dem Rad zu Beginn derselben Woche.

Wie sich herausstellte, war Will ein leidenschaftlicher Radler. Mit siebenundzwanzig war er allein von Seattle aus durch die kanadischen Rockies, durch die Prärie und den Mittleren Westen bis nach New York City gefahren. Unterwegs hatte er in einem Zelt übernachtet und sich von Käse, Brot, Alberta-Pfirsichen, Sardinen und gelegentlich einem Bier ernährt. Dieser Trip verriet einiges über seine Eigenständigkeit. Ihm war viel daran gelegen, Liza zu helfen, ihr sportliches Talent auszuleben. Stolz zeigte sie ihren Freunden auf der Insel die verheilende Wunde und zeigte dabei Ansätze von Henrys Erzähltalent.

Will begleitete uns auf unseren Wanderungen entlang der Küste, auf denen ich malte, während er und Liza interessante Steine für unsere geradezu explodierende Sammlung suchten. Wir fuhren über die staubige Piste an den Sandstrand, wo er zu Lizas Freude im eisigen Wasser schwamm, ohne sich zu beklagen, während ich bibbernd auf dem Strandlaken kauerte.

Danach fuhr er für eine Woche mit Besprechungen zurück in die Stadt, kam uns am darauffolgenden Wochenende aber wieder besuchen – zehnstündige Autofahrten schienen ihm nicht das Geringste auszumachen, und wir freuten uns, ihn zu sehen. Dann erwischten wir ein paar Nebeltage. Weil wir so im Haus festsaßen, fühlte ich mich an frühere Jahre auf der Insel mit Henry erinnert. Meine Stimmung wurde finster und miesepetrig. Will hatte ein Talent dafür, mich mit Humor aus meinen dunklen Momenten zu locken. Das brauchte und nutzte er in den Anfängen unserer Beziehung. In diesem Fall brachte eine Partie Monopoly die Wende. Und zwar eine dieser dreitägigen Schlachten mit Bündnissen und dem Ignorieren aller offiziellen Regeln, es kam zu geheimen Absprachen, und die Immobilien wurden verschachert und verpfändet, was das Zeug hielt.

Am Tag von Wills endgültiger Abreise begleiteten Liza und ich ihn in unserem Auto zum Fähranleger. Ich sah zu, wie er auf die Fähre fuhr und verspürte einen echten Verlust, der mich gleichzeitig freute. So musste sich das anfühlen. Sobald er auf der Fähre war, stieg er aus und winkte uns. Er trug ein weißes Hemd, das wie eine Schiffsflagge im Wind flatterte. Ich erinnerte mich an einen Eintrag in meinem Kinderlexikon, der mich früher besonders fasziniert hatte: Tabellen mit dem Winkeralphabet der Segler. Als die Fähre ablegte, hob ich meine Arme, um ein V zu bilden. Will antwortete von Deck aus darauf. Liza machte sogleich mit, und wir schickten uns ausgedachte Signale, bis das Schiff Fahrt aufnahm und sein weißes Hemd in der Ferne kaum noch zu erkennen war.

Dann brach der Herbst an, und wir kehrten in unser jeweiliges Zuhause zurück. Will kam weiterhin an den Wochenenden.

»Sag mal«, fragte ich ihn, als wir eines Abends im Bett lagen, »ich habe die wirklich grauenhafte Midlifecrisis eines Mannes miterlebt. Wie wird denn deine aussehen?«

»Du bist meine Midlifecrisis«, sagte er und drückte mich scherzhaft. »Das habe ich mir schon immer gewünscht. Eine Partnerin und eine Familie.«

»Dann ist es ja gut«, erwiderte ich erstaunt. »Ich denke, damit komme ich zurecht.«

Obwohl wir erst ziemlich frisch zusammen waren, begannen Will und ich übers Zusammenziehen zu reden, sobald ich nach Brooklyn zurückkäme. Ich konnte es kaum erwarten, mit der Suche nach einem neuen Zuhause zu beginnen, und sobald unsere Kinder wieder zur Schule gingen, nahmen Anna und ich uns den Immobilienmarkt vor. Wundersamerweise bescherte mir die Unterhaltung mit einem Freund, den ich seit Henrys Trauerfeier nicht mehr gesprochen hatte, einen Käufer für mein Haus. Ich packte meine erste Umzugskiste – mit dem eleganten Hochzeitsgeschirr, von dem ich wusste, dass ich es lange Zeit nicht mehr brauchen würde. Ich staunte darüber, wie wenig in einen so großen Karton passte. Daraus folgerte ich, dass ich eine schockierend große Menge

Kisten brauchen würde. Also war eine Fahrt zu Wal-Mart geboten.

Als ich mich der Abbiegespur näherte, um weitere Kisten zu kaufen, erinnerte ich mich an eine ansonsten unwichtige Mittagsstunde im Oktober, wie es sie in Henrys letztem Herbst viele gegeben hatte. Damals waren er und ich noch damit beschäftigt gewesen, verheiratet und Eltern zu sein und unser Haus in Schuss zu halten. An jenem Tag im Jahr 2002 fuhr Henry mit mir zu demselben Wal-Mart, um Papiertücher, Putzmittel, Riesendosen eingekochter Tomaten und Ähnliches zu besorgen. Leben in großen Mengen eben.

Von seinem Posten hinter dem Steuer und ohne mich anzusehen, sagte Henry: »Julie, ich möchte dir nur sagen, wie leid mir die Sache mit dem Hund der Caines tut. Ich weiß auch nicht, warum ich mich so benommen habe. Das soll nie wieder vorkommen.«

In Filmen ist es ja oft so, dass eine Figur, wenn *die* wichtige Szene in einem fahrenden Auto spielt, die Aufmerksamkeit von der Straße nimmt, um ihrer Begleitung auf dem Beifahrersitz den großen Knaller mitzuteilen. Als nervöse Kinogängerin kann ich der wichtigen Neuigkeit jedoch nie die gebührende Aufmerksamkeit schenken, weil ich mir immer Sorgen wegen des Unfalls mache, den so eine Aktion zwangsläufig nach sich zöge, würde das Ganze nicht auf einer festen Bühne gedreht. In diesem Fall wurde die große Neuigkeit jedoch mitgeteilt, ohne dass Henry den Blick von der Straße wandte. Daher brauchte ich einen Moment, um die Bedeutung seiner Entschuldigung zu ermessen. Und als ob er gespürt hätte, dass er die Botschaft verstärken musste, schaute Henry zu mir herüber. Eine Sekunde lang trafen sich unsere Blicke. Dann sah ich weg, erstaunt und unerklärlich traurig, während er ernst hinzufügte: »Und ich hoffe, du kannst mir verzeihen.«

»Ich nehme deine Entschuldigung an«, antwortete ich verunsichert und fühlte mich überrumpelt. Den Rest kommunizierten wir schweigend. Was war passiert, dass er seine Meinung geändert hatte? Ein Gefühl von Trauer und Leere wuchs in mir – zu gering, zu spät –, das seine Entschuldigung schmälerte, obgleich ich es nicht übers Herz brachte, ihm das zu sagen. Er mochte die Sache jetzt zwar ehrlich bereuen, aber ich konnte ihm einfach nicht abnehmen, dass so etwas nicht wieder vorkäme. Ich traute ihm nicht mehr zu, für mich zu sorgen und mir in Schwierigkeiten beizustehen. Ich wusste, er würde etwas Vergleichbares wieder tun, vielleicht sogar etwas Wichtigeres, und er würde sich erneut zu spät entschuldigen und meine Vergebung erbitten. In Wahrheit war ich auf mich allein gestellt. Ich hatte den so wichtigen Glauben verloren, den man braucht, um mit einem Partner zusammen zu sein. Ich hatte die Liebe verloren. Trotzdem mussten Papiertücher gekauft werden, und das Leben hatte weiterzugehen. Die Ehe war eine ernste Angelegenheit.

»Julie, ich möchte dir nur sagen, wie leid mir die Sache mit dem Hund der Caines tut. Ich weiß auch nicht, warum ich mich so benommen habe. Das soll nie wieder vorkommen. Und ich hoffe, du kannst mir verzeihen.«

Ich ersetzte den »Hund der Caines« durch »Cathy«. So hätte er sich später bei mir entschuldigt. Wegen Cathy und der anderen Frauen: »Und ich hoffe, du kannst mir verzeihen.«

Jetzt öffnete ich die Autotür, stieg aus und fixierte das große Wal-Mart-Logo über dem Eingang, um mir meinen Standort auf dem Parkplatz einzuprägen. Dann hielt ich inne und fragte mich, wie ich wohl geantwortet hätte. Es hätte so viel auf dem Spiel gestanden: unser Leben als intakte Familie, das große Haus, das Auto und all die anderen Fallen unserer ach so bequem eingerichteten Welt.

Plötzlich sah ich Henry als einsamen, vernachlässigten Terrier vor mir, der in einem Garten wie irr im Kreis herumrannte und bellte. Verzweifelt versuchte er, meine Aufmerksamkeit zu erregen. Jedermanns Aufmerksamkeit. Die Aufmerksamkeit von irgendeiner Menschenseele.

»Liebst du mich noch? Liebst du mich wirklich? Ich glaube,

du liebst mich nicht mehr«, hatte er in den letzten paar Jahren immer wieder zu mir gesagt, während er mein Vertrauen auf so abscheuliche Weise missbraucht hatte. Ich hatte auf diese Fragen immer mit Ja geantwortet.

Fünfzehn

September 2004

Ihr Körper ist die Lebenskraft und Energie von rund fünfzig Millionen Genies in Molekülgröße. Sie und nur Sie entscheiden Augenblick für Augenblick, wie und als was Sie sich der Welt präsentieren wollen.

Jill Bolte Taylor, Hirnforscherin

Die Bücherregale in Henrys Arbeitszimmer waren vollgestopft. Ich brauchte kleinere, stabilere Kartons für die Bücher. Also fuhr ich bei der Weinhandlung am Ort vorbei, um Henrys rothaarigen Fan zu fragen, wann er seine nächste Lieferung bekäme.

Aber selbst mit dreißig Weinkartons war es eine beinharte Auslese. Die nach Themen geordneten Bücher deckten die Bereiche Philosophie, Ernährung und Naturwissenschaften ab. Darunter waren viele Bücher, die ich gern gelesen hätte, doch ich wusste, dass ich dazu nie die Zeit fände. Also begann ich auszusortieren, was mir unangenehm war, weil es sich wie eine Vivisektion anfühlte. In diesem Zimmer war Henrys Präsenz nämlich nach wie vor deutlich spürbar. Den größeren Stapel der Bücher, die ich nicht behalten wollte, würde ich der Bibliothek vor Ort spenden.

Ein Taschenbuch mit weißer Schrift auf schwarzem Rücken stach zwischen den meist dickeren und bunten Titeln auf den Regalen hervor. Außerdem fiel es mir wegen der Unmengen von Post-it-Zetteln auf, die wie Fähnchen daraus hervorragten. Als ich es zwischen Steven Pinkers *How the Mind Works* und *Consilience* von Edward O. Wilson hervorzog (dabei wurde eine weitere Ansammlung von Post-its an der Vorderseite des Buchs sichtbar), erkannte ich, dass es sich um *The Evolution of Human Sexuality* handelte, das Donald Symons 1979 veröffentlicht hatte. Henry hatte oft von diesem Buch gesprochen, während er an seinem Erstling schrieb. Fast jede Seite des zerlesenen Buchs von Symons war mit Notizen in Henrys Handschrift versehen. Die schiere Masse der Klebzettel deutete darauf hin, dass ich irgendwo auf diesen Seiten Hinweise auf Henrys Verständnis der menschlichen Natur und zwischenmenschlicher Beziehungen stoßen würde. Und natürlich auf seine Vorstellung von Sex. Denn letztlich läuft es doch immer darauf hinaus. Ohne das Buch bereits gelesen zu haben, spürte ich, dass ich hier Henrys Bibel in Händen hielt.

Mein Versuch, einige Seiten davon zu lesen, war jedoch entmutigend. Es schien, als hätte Don Symons vor allem für seine Standesgenossen in Wissenschaftlerkreisen geschrieben, aber keinesfalls für eine laienhafte Leserin wie mich. Das Buch setzte Kenntnisse in Biologie und in Darwins Theorie von der natürlichen Auslese voraus, die ich nicht besaß. Leider hatte das Sezieren in Formaldehyd eingelegter Frösche in der neunten Klasse mir die Naturwissenschaften für den Rest meiner Zeit an der Highschool und auf dem College verleidet.

Dennoch war ich gefesselt und unterbrach das Kistenpacken, um in diesem Buch zu blättern. Nachdem ich das Inhaltsverzeichnis studiert hatte, übersprang ich das Geplänkel von Einleitung und ersten Kapiteln, um mich gleich dem Kapitel »The Female Orgasm: Adaption or Artifact?« zuzuwenden. Der weibliche Orgasmus – Anpassung oder Artefakt? Die Zusammenfassung am Ende tat eine nicht allzu ermutigende Sichtweise kund, wonach unser Interesse an Vergnügungssucht in unserem Sexualverhalten lediglich Teil der umfassenderen menschlichen Fähigkeit sei, zu vorteilhaften Kompromissen in der Emotionsökonomie zu gelangen. Ich hatte ehrlich gesagt beim Thema Sex mit etwas Poetischerem als »Ökonomie« gerechnet.

Die folgende Passage aus dem Kapitel »Pair-Bonds, Marriage, and the Loss of Estrus«, Paarbindungen, Ehe und der Verlust der Erregung, beschrieb mein Dasein als Ehefrau und Mutter mehr als treffend:

»Zu den Tugenden einer Ehefrau – die sich nur teilweise mit den Indikatoren sexueller Attraktivität decken – könnte man den Beweis ehelicher Treue, Jugendlichkeit, Gesundheit, emsiges Haushalten und mütterliche Fähigkeiten zählen. Wie weiter oben bereits angesprochen, stellt die Ehe im Kern keine verhaltensbezogene Verbindung von Mann und Frau auf sexueller Basis dar, sondern eher eine ökonomische und zum Großziehen von Kindern eingegangene Partnerschaft. Sie ist eingebettet in ein Netz aus Verwandten und zieht gewisse sexuelle Rechte und Pflichten nach sich.«

Henry hatte diese Zeilen mit gelbem Leuchtstift markiert und die Seite mit einem der Hunderten von Post-its versehen.

Ich schrieb Don Symons einen Brief an die University of California in Santa Barbara. Darin fasste ich die Enthüllungen von Henrys Affären kurz zusammen und fragte ihn, ob er mir professionelle Auskunft zum männlichen und weiblichen Sexualverhalten geben könne. Denn ich erinnerte mich noch gut an Henrys stolzen Bericht über seine Begegnung mit Professor Symons und an die Fotos der beiden am Strand. Gebräunte Haut im Schein der Spätnachmittagssonne. Don war ein attraktiver älterer Mann mit kurzgeschorenem grauem Haar und einem gewinnenden Lächeln. Zu meiner Freude antwortete Professor Symons innerhalb von zwei Wochen auf meine Mail. Er entschuldigte sich sogar für die Verspätung, aber er sei inzwischen im Ruhestand und leere sein E-Mail-Postfach an der Uni nur unregelmäßig.

Nach dem Austausch einiger Mails, in denen ich die Ereignisse seit Henrys Tod genauer schilderte, telefonierten wir miteinander. Don (über das formelle »Professor Symons« waren wir da bereits hinaus) erinnerte sich an seine Gespräche mit Henry, sagte mir jedoch, er habe von dessen »geheimem Leben« keine Ahnung gehabt. Wir beendeten die Unterhaltung mit meinem Versprechen, mich wieder zu melden, wenn ich den Umzug hinter mich gebracht hätte. Inzwischen rang ich mit den letzten Kartons meines alten Ehelebens und verstaute Professor Symons' Buch sorgsam darin.

Dann schrieb ich Don noch eine E-Mail und fragte ihn, ob er irgendwelche anderen Texte verfasst hätte, die für jemand wie mich leichter zu lesen wären. Einige Tage später erhielt ich ein Päckchen, das ein hübsches Hardcover enthielt: *Warrior Lovers: Erotic Fiction, Evolution, and Female Sexuality*. Er hatte es gemeinsam mit Catherine Salmon geschrieben, und die erste Hälfte dieses Buches enthielt genau, wonach ich gesucht hatte: Darwin für Anfänger.

Zur gleichen Zeit fielen mir in Zeitungen und Zeitschriften immer wieder Artikel zum Thema Treue in Beziehungen auf. Die Gene waren dabei ein heißes Eisen. Sie sorgten dafür, dass man fett wurde oder depressiv, und wie diese Autoren vermuteten, erklärten sie vielleicht sogar unsere sexuellen Gewohnheiten, insbesondere den männlichen Hang zur Untreue und die Tatsache, dass doch meist die Frauen die Kinder großzogen.

Don Symons bot sich mir als Ansprechpartner an. Die Frage, die mich am meisten umtrieb, lautete: Wenn Männer und Frauen in den mit einer Partnerschaft einhergehenden Zielen so inkompatibel waren, lag das dann daran, dass wir quasi die Sklaven unserer Gene waren, oder besaßen wir als verantwortliche Geschöpfe trotz allem einen freien Willen? Oder mit anderen Worten: War Henry ein lügender und betrügender Versager von einem Ehemann gewesen, weil er nicht anders gekonnt hatte? Und falls unsere Gene uns bestimmte Vorlieben und Abneigungen aufzwingen, inwiefern bleiben uns dann noch Wahlmöglichkeiten? Mein erster Eindruck, der sich auf die Lektüre von Abschnitten wie dem folgenden stützte, stimmte mich nicht gerade optimistisch.

»Die Menschen entwickelten eine Vorliebe für Zucker, Fett und Salz, weil diese Substanzen zugleich nahrhaft und über den Großteil der menschlichen Evolutionsgeschichte hinweg relativ schwer zu bekommen waren. In jüngster, evolutionsbezogen neuerer Zeit, in Anbetracht technologischer Möglichkeiten und kapitalistischer Verhältnisse, sind diese wohlschmeckenden Substanzen jedoch im Überfluss und billig erhältlich. Jetzt konsumieren daher die meisten von uns sie in weitaus größerem Umfang, als es uns zuträglich wäre ... Unsere geschmacklichen Vorlieben sind – wie all unsere komplexen Adaptierungen psychologischer und nicht-psychologischer Natur – so beschaffen, dass sie unter den Bedingungen und Umständen der evolutionären Vergangenheit funktionieren.«

Die Analogie zum Essen war leicht nachvollziehbar. Der Besuch eines beliebigen Lebensmittelladens oder Fast Food-Lokals in der Nachbarschaft würde mir bestätigen, was ich bereits wusste – uns selbst überlassen, würden die meisten von uns sich nur von Snacks ernähren. Nur Selbstdisziplin, ausgeprägte kulturelle Gewohnheiten und das Wissen zum Thema Ernährung halten uns davon ab, ausschließlich von Pommes frites und Häagen-Dazs-Eis zu leben. Das Problem unseres modernen Lebens ist eben, dass wir nun leichteren Zugang zu vielem haben – fettreichen, zuckerhaltigen Lebensmitteln, schnellen Autos und willigen Sexpartnern –, als wir es als Mitglieder einer Sippe von Jägern und Sammlern auf den prähistorischen Steppen je gehabt hätten.

Auf Dons Empfehlung legte ich mir *Der blinde Uhrmacher* und *Das egoistische Gen* von Richard Dawkins, dem berühmten darwinistischen Naturwissenschaftler, zu. Ich las darin und missverstand – aufgrund meiner bereits erwähnten Bildungslücken in diesem Bereich – eine Menge. Don setzte mich geduldig wieder auf die richtige Fährte. Daraufhin nahm ich die Texte erneut in Angriff. Wir blieben in ständigem Austausch, während Don mir einen Crash-Kurs in Sachen Evolution gab.

Charles Darwin hat die Evolution also gar nicht entdeckt. Viele andere Forscher hatten sich bereits mit dem Thema beschäftigt, als Darwin 1859 *Über die Entstehung der Arten* veröffentlichte. Sein revolutionärer Beitrag war eine Erklärung des Prozesses, der die Evolution bewirkt und Adaptionen hervorruft. Im Unterschied zu den vagen und manchmal mystischen Erklärungen seiner Zeitgenossen basierte Darwins Theorie von der Evolution aufgrund natürlicher Selektion auf seinen Beobachtungen in der Natur selbst. Seine Theorie stützt sich auf die Existenz vererbter Abweichungen innerhalb einer Population. Er erkannte, dass solche Abweichungen existierten und dass sie im Laufe mehrerer Generationen weiter existieren. Er vermochte nicht vollständig zu erklären, wie das vonstatten geht, aber das gelang auch erst etwa ab der zweiten Hälfte des 20. Jahrhunderts mit Hilfe des neuen Forschungsgebiets der Genetik.

Selbst ein kleines Kind kann sich bereits die Funktionen verschiedener Körperteile von lebendigen Geschöpfen zusammenreimen. Flügel lassen auf Flugfähigkeit, Augen auf Sehfähigkeit und Herzen auf einen Blutkreislauf schließen. In Organismen nennt man diese Komponenten mit bestimmten Funktionen Adaptionen.

Ziel der Evolutionspsychologie ist es, die Adaptionen und die Anpassungsleistungen des Gehirns zu erforschen. Wie Don mir erklärte, ist das menschliche Gehirn wie der Rest unseres Körpers eine Anhäufung von Adaptionen, die sich im Laufe ungeheuer großer Zeiträume entwickelten, um bestimmte Anpassungsprobleme zu lösen, vor denen unsere Vorfahren standen. Unsere Denk- und Verhaltensweisen sind wie auch unsere Fähigkeit zu sehen, zu hören und zu atmen Ergebnisse der Evolution durch natürliche Auslese.

Unsere Kultur hat sich seit dem Anbeginn dessen, was wir als zivilisierte Gesellschaft bezeichnen, dramatisch verändert. Angefangen bei den nomadisch lebenden Jägern und Sammlern des Pleistozäns (im Zeitraum von vor 1,8 Millionen bis 11 000 Jahren) über frühe Siedler bis hin zu den großartigen Kulturen der Majas und Ägypter bis hin zu unserer eigenen modernen Hightech-Gesellschaft. Auf die Evolution bezogen, sind solche gewaltigen Zeitspannen jedoch nur ein Wimpernschlag. Unsere biologische Ausstattung hat sich dabei nicht verändert. Oder wie Don es prägnant formulierte: »Es ist ein Fehler zu glauben, in uns steckten noch Überreste unserer primitiven Vorfahren. Was alle grundlegenden Adaptionen angeht, sind wir mit unseren primitiven Vorfahren identisch.«

Don erklärte mir auch die Prinzipien von Mutationen und natürlicher Selektion: In der Natur gibt es viele zufällige Mutationen, doch nur die Individuen einer beliebigen Spezies, die in einer bestimmten Umgebung nicht nur überleben, sondern sich auch noch fortpflanzen können, sind in der Lage, ihre Eigenschaften, ob erwünscht oder unerwünscht, an die nächste Generation weiterzugeben. Demnach ist die natürliche Auslese also keineswegs zufällig, sondern folgt einem langfristig ausgelegten »Verbesserungs«-Plan. Wir brauchen uns ja nur umsehen oder uns selbst betrachten, um zu erkennen, dass Überleben und Reproduktion nicht an Perfektion gekoppelt sind.

Don schilderte mir das Leben der Frühmenschen, unserer Vorfahren also, denen wir stärker ähneln, als uns lieb ist. Damals lebten die Menschen in Verbänden von Jägern und Sammlern, deren Größe vom Nahrungsmittelangebot abhing. Unterstützung durch die Gruppe war überlebenswichtig, und wenn man aus seiner Sippe ausgestoßen wurde, konnte das fatale Folgen haben. Innerhalb der Gruppen waren fast alle fruchtbaren Frauen fest liiert. Der Verkehr mit mehreren Partnern war eingeschränkt und riskant.

Im Gegensatz dazu leben die Kernfamilien unserer Zeit in größeren, aber viel weniger strukturierten Einheiten. Als Individuum kann man vielen Menschen in allen möglichen Konstellationen begegnen. Wir fahren Auto und können uns sogar in der Anonymität des Internet bewegen. Die sexuellen Gewohnheiten haben sich in verhältnismäßig kurzer Zeit radikal geändert. Jetzt ist es ein bisschen wie bei McDonald's – jede Menge einfacher Zugang zu Nahrung und Verhalten, die uns in Schwierigkeiten bringen können.

Don drückte das so aus: »Die eiszeitliche Langsamkeit der natürlichen Auslese verglichen mit der rasanten Umweltveränderung durch den Menschen garantiert mehr oder minder, dass wir keinerlei komplexe Adaptionen für die jüngsten Neuerungen in unserer Umgebung besitzen.«

Per E-Mail setzten Don und ich unseren Diskurs fort:

ICH

Dann verfolgen Männer und Frauen aus evolutionsbiologischer Sicht bei der Partnersuche im Prinzip entgegengesetzte Ziele. Frauen sind darauf gepolt, nach einem verlässlichen Partner mit gesunden Genen Ausschau zu halten, Männer streben nach so vielen Partnerinnen wie möglich bei möglichst geringem Aufwand.
In welchem Ausmaß können wir demnach Entscheidungen treffen und uns als Geschöpfe mit einem freien Willen betrachten?

DON

Was die Frage nach dem freien Willen angeht, kann ich Dir zuverlässig sagen, dass unsere Gehirne im Großen und Ganzen genauso aussehen wie die unserer Jäger-und-Sammler-Ahnen aus dem Pleistozän. Unser Wille ist also ebenso frei oder unfrei wie ihrer damals.

Vor 25 Jahren erwähnte ich gegenüber George Williams, einem der größten Evolutionsbiologen des 20. Jahrhunderts, dass viele Leute so argumentieren, wie Du das auch Henry unterstellst: Ein Mann könne doch nichts dafür, wenn er den Frauen nachstellt, weil seine Gene ihn dazu brächten.
George schien von diesem Argument ehrlich überrascht und meinte, er hätte eher mit der gegenteiligen Reaktion gerechnet: »Aus solchen Impulsen sprechen nur meine Gene, aber denen muss ich ja nicht gehorchen.«
Die Evolutionsbiologie liefert einige Erkenntnisse in Bezug auf die Ursachen der von uns verspürten Impulse, aber sie sagt uns überhaupt nichts dazu, ob es uns freisteht, ihnen Folge zu leisten oder nicht. Die Impulse, von denen wir hauptsächlich reden – sexuelles Verlangen nach neuen Frauen, insbesondere nach jungen, hübschen Frauen –, von deren Existenz jeder weiß, der darauf achtet. Alle Gesetze, Vorschriften und ethischen Grundsätze dienen dazu, Impulse zu zügeln, die viele, die meisten oder alle von uns haben. So gibt es Gesetze oder Verbote hinsichtlich Mord und Diebstahl, aber keine Vorschriften, die das Essen von Steinen verbieten.
Es würde mich nicht erstaunen, wenn einige der Post-its in Henrys Exemplar von *The Evolution of Human Sexuality* sich darin befinden, weil er glaubte, dass eine adaptive Interpretation des männlichen Verlangens nach sexueller Abwechslung ihn irgendwie davon losspräche, selbst eine moralische Entscheidung zu treffen. Aber das ist natürlich keineswegs der Fall.

Ich fragte Don, ob er meine, dass Untreue in unserer modernen Gesellschaft der zahlreichen Möglichkeiten, denen man sich nur durch bewusstes, rationales Bestreben entziehen könne, nahezu unvermeidlich sei. Mir kam es vor, als wären Henrys Missetaten eine Art primitive Jagd gewesen. Gerade nachdem er Dons Buch gelesen – und möglicherweise missverstanden – hatte, mochte er zu dem Schluss gekommen sein, dass er auch nur ein Mann war, der seinen gesunden und auf alle Fälle unwiderstehlichen Impulsen folgte. In unserer Gesellschaft hat sich die Art des Risikos geändert. Was im Familienverbund der Sippen von Jägern und Sammlern noch ein inakzeptables Risiko dargestellt hätte, ist in unserer heutigen Gemeinschaft aus autonom funktionierenden Kleinfamilien relativ akzeptiert. Erst recht natürlich in der damit verbundenen Anonymität, denn es gibt viel weniger neugierige, nörgelnde Ältere und weniger gesellschaftliche Beschränkungen. Obwohl unser Wohnort, wie sich herausstellte, große Ähnlichkeit mit den eng verbundenen Gemeinschaften unserer Vorfahren hatte.

DON

Es ist wichtig, nicht zu vergessen, dass die große Mehrheit der derzeit lebenden Beutesucher (aber auch andere Leute) polygam ist, und zwar insofern, als einige Männer mehr als eine Ehefrau haben und diese Polygamie »gestattet« ist.
Es kann kein Zweifel daran bestehen, dass im Verlauf der menschlichen Evolutionsgeschichte einige Männer Nachkommen mit Frauen zeugten, mit denen sie nicht verheiratet waren. Der viel zuverlässigere Weg, die Reproduktionsrate zu steigern, bestand jedoch darin, sich mehrere Ehefrauen zu nehmen. Worauf ich hinauswill, ist, dass die männliche Psyche, die sich oft in Affären stürzt, eher als polygam, denn als betrügerisch verstanden werden sollte. Dort, wo Polygamie die Regel und sanktioniert und sogar ein Statussymbol ist, verhält es sich ganz anders.
Legitimierte Polygamie hätte Henry bestimmt sehr zugesagt. Doch im Zuge all der anderen raschen Veränderungen des modernen Lebens haben sich eben auch die Erwartungen und Optionen der Frauen radikal gewandelt. Aus evolutionärer Sicht passierte dies auf einen Streich. Abgesehen von ein paar zurückgezogen lebenden Mormonen würden sich die

meisten modernen Frauen eben nicht damit zufriedengeben, eine von vielen Partnerinnen zu sein, die die Kinder eines Mannes großzieht. Polyamorie, die angesagtere Bezeichnung für viele Partnerschaften zugleich, scheint auch eher problematisch zu sein. Meine Gespräche mit einigen wenigen praktizierenden Polyamoristen lassen mich vermuten, dass wir nun mal auf Eifersucht gepolt sind – und diese Eifersucht zu überwinden, um mehrere Partner haben zu können, kann außer mehr Lust eben auch mehr Kummer nach sich ziehen. Vielleicht finden künftige Generationen hier eine Lösung.

Was habe ich von meinem Meinungsaustausch mit Don Symons gewonnen? Ich habe gelernt, dass wir Menschen unberechenbar und daher nicht perfekt sind. Von unserer körperlichen und seelischen Ausstattung her sind wir eher dafür geeignet, im Stil unserer Urahnen in größeren Familienverbänden die Wildnis zu durchstreifen und im Einklang mit den Jahreszeiten unsere Nahrung zu jagen und zu sammeln.

Dagegen sind wir nicht besonders gut gerüstet für dieses Zeitalter der Hochgeschwindigkeit, Hochtechnologie, Anonymität und leichten Verfügbarkeit. Die Konzepte monogamer Paare und Kernfamilien sind für uns noch relativ neu. Ohne etablierte gesellschaftliche Regeln, Religion, eine strenge Mama oder andere, individuell unterschiedliche moralische Instanzen geben wir nur zu leicht unseren uralten Instinkten nach. Uns zu zügeln, fällt uns umso schwerer, weil unsere Bedürfnisse sich so leicht befriedigen lassen. Nach dem Austausch mit Don wusste ich Traditionen wie den Buddhismus neu zu schätzen, denn darin geht es ja darum, den Körper und im Zuge dessen auch den Geist zu besänftigen. Ohne die Mechanismen im Zusammenspiel von Geist und Körper genau zu kennen, gelingt es diesen Mönchen, sich vollkommen mit unserem Wesen und den Unabänderlichkeiten unseres Daseins abzufinden.

Männer und Frauen haben es im Zusammenleben nicht leicht, trotzdem gibt es keine Alternative dazu, weil wir sonst schließlich alle ausstürben. Also müssen wir uns irgendwie arrangieren, selbst wenn wir einander nicht ganz verstehen. Paare ver- und entlieben sich, und in vielen Fällen mag es das Beste sein, Verbindungen auch wieder zu lösen. Aber was auch immer aus den Paaren wird, für die Kinder muss gesorgt sein, und Eltern müssen ihren Verpflichtungen nachkommen. Schließlich gibt es ja Möglichkeiten, sich im Guten zu trennen und weiterzuleben.

Vielleicht kann man das Projekt Beziehung als Work in Progress betrachten, als sich immer wieder veränderndes, amöbenartiges Wesen, das man hegen und pflegen muss, gelegentlich auch zähmen, aber niemals knechten darf. Dabei besteht der Trick natürlich darin, die rechte Balance zu finden, zwischen unserem eigentlichen Wesen – als späte Pleistozänmänner und -frauen mit Handys, Laptops und schnellen Autos – und dem, was wir sein können, wenn wir unser Leben bewusst und in aufrichtigem Bemühen führen.

Sechzehn

Oktober 2004

Wenn man sich über seine Gefühle ganz im Klaren ist, wenn diese Gefühle klar und erhebend sind, und sich dann die Kluft zwischen dem, was man fühlt, und dem, was man auch fühlen könnte, schließt, dann darf man seinem Instinkt trauen.

Richard Ford, *Der Sportreporter*

Nachdem ich die Entscheidung umzuziehen einmal getroffen hatte, gab es einige Tage erstaunlicher Klarheit, an denen ich das Gefühl hatte, die anstehende Veränderung wahrlich akzeptieren zu können. Einen dieser Tage, einen »ganz gewöhnlichen«, habe ich immer noch deutlich im Gedächtnis, weil er mir die Hoffnung gab, ihm würden ähnliche folgen.

An diesem Wochentag im Oktober 2004 wache ich um 6.30 Uhr auf, um Liza für die Schule fertig zu machen. Manchmal, eigentlich meistens, schlafen wir noch zusammen. Bevor ich sie wecke, genieße ich es, ihre ruhenden Hände zu betrachten, die mehr und mehr meinen eigenen ähneln, zumindest wenn ich in meiner Kindheit nicht an den Nägeln gekaut hätte. Mit großer Genugtuung beobachte ich ihre Gelassenheit und dass sie keinen der nervösen Ticks hat, die mich als Kind quälten. Das gibt mir Sicherheit am Beginn meines Tages. Ich habe darum gekämpft, ihr ihre Kindheit zu bewahren. Belagert von ein bis zwei Katzen angle ich nach dem Wecker, um ihn auszustellen. Dabei stoße ich eines der vielen Stofftiere herunter, die zusammen mit den lebendigen

Katzen dafür sorgen, dass das Bett sich wie ein kleiner Streichelzoo ausnimmt.

Dann ziehen wir uns an, und Liza verbringt einige Zeit mit Kämmen. Sie ärgert sich über ein paar widerspenstige Strähnen, die ungehorsam hochstehen. Ich erinnere mich an das Alter, als ich mir ausmalte, dass meine Locken beim Mittagessen in der Schule wie eine Schar ungezogener Elfen in die Höhe steigen und mich in Verlegenheit bringen würden. Nachdem sie sie mit Haargel und Bürste bezwungen hat, begeben wir uns nach unten, um unsere Katzen zu füttern, die mich hoffnungsvoll und maunzend umkreisen, sobald ich an den Küchenschrank gehe. Ich weiß um meine Funktion. Ich bin zur Dosenöffnerin bestimmt.

Als die Katzen sich über ihr Futter hermachen, brate ich uns ein paar Eier, die Liza und ich essen, während wir über irgendein aktuelles Thema diskutieren. Das können die komplexen und immer wieder anderen Dramen des Schulalltags sein, die Frage, warum wir überhaupt auf der Welt sind, oder, wie Batterien funktionieren. (Keine Ahnung, Letzteres müssen wir mal nachschauen.) Und wie entstehen Schneeflocken? (Siehe oben.) Was ist Schwerkraft? (Ausgerechnet diese Physikstunde habe ich vergessen.) Oder auch die alte Lieblingsfrage: Warum ist der Himmel blau? Was ist eigentlich ein Regenbogen? Die letzten beiden habe ich zum Glück recherchiert, so kann ich jetzt kompetent über Lichtbrechung und -absorption referieren. Täglich beschäftigt uns auch die ewige Frage, warum die Haufen unserer Katzen so stinken und warum eine von ihnen uns immer ausgerechnet dann einen hinlegt, wenn wir gerade anfangen wollen zu essen.

Manchmal kommen wir morgens auch auf Henrys Todestag zu sprechen. Liza hat eine fotografische Erinnerung an jenen Nachmittag und Abend, als ihr Leben sich so grundlegend änderte. Wieder und wieder bittet sie mich, ihr zu erklären, warum er starb. Meine medizinische Begründung ist immer dieselbe, obwohl ich – was ich Liza natürlich nicht sagen kann – immer stärker den Eindruck habe, dass die körperlichen Vorgänge, die seinen Tod verursachten, nur Teil eines größeren Ganzen waren. Davor lag ein spiritueller und emotionaler Kollaps. Kurz vor seinem Lebensende hat er vielleicht versucht, unter diesem Trümmerhaufen hervorzukriechen, aber er hat den Halt verloren und ist abgerutscht.

Ich behalte die Küchenuhr im Auge, die sieben Minuten vorgeht, was vielleicht verwirrend klingt, aber so kann ich mich ohne lange nachzudenken an die angezeigte Zeit halten. Exakt um 7.25 Uhr ziehen wir unsere Schuhe und Jacken an und eilen über die Kieseinfahrt zu unserem weinroten Kombi, um die kurze Strecke zur Schulbushaltestelle zurückzulegen.

Ich habe schon viel Zeit auf dem Parkplatz verbracht, wo der Kleinbus die Kinder morgens aufnimmt und nachmittags wieder abliefert. Es handelt sich um eine Fläche mit rissigem Asphalt hinter dem örtlichen Gesundheitszentrum. Am liebsten parke ich an einer bestimmten Stelle, von der aus man auf ein Stück Wiese und eine riesige, wunderbar eiförmige Blutbuche blickt, die zu jeder Jahreszeit herrlich anzusehen ist. Morgens sind alle Aktivitäten eilig und zielstrebig, doch nachmittags, wenn der Bus Verspätung hat (was oft vorkommt), habe ich dort schon Pullover gestrickt oder an einem warmen Frühlings- oder Herbsttag im Schatten des Baumes gedöst. Bis weit in den Frühling hinein haben wir Schneeballschlachten gemacht, weil sich der letzte Schnee im Schatten der Zweige hier bis Ende März hält. Die nicht weit entfernten Berge verschwimmen in weichen, blaugrauen Wolken. Manchmal stoßen Habichte oder Bussarde aus den Hügeln in Sturzflügen, die mich immer wieder faszinieren, auf eine unsichtbare Beute herab. Im Winter sind die nachmittäglichen Sonnenuntergänge mit schnell dahinjagenden, wässrig grauen Wolkenbergen geradezu dramatisch.

Der Wechsel der Jahreszeiten erfolgt hier wie ein Kinofilm: Zu Beginn des Schuljahrs fallen die dunkelroten Blätter und bilden einen Ring um den Stamm der Buche. Dann werden sie braun, und der frische Wind vom Fluss bläst sie geräuschvoll davon – zurück bleibt nur das kahle Geäst, das mich an die Baobabbäume erinnert, die ich in meinen Flitterwochen in Afrika gesehen habe. Ich fühle mich einsam hier, aber es ist eine gute Form von Einsamkeit – ich verbringe Zeit mit mir selbst, mit einem Menschen, den ich gerade immer besser kennenlerne und durchaus schätze.

Heute Morgen bin ich in Eile, weil ich in wenigen Stunden in die Stadt muss. Also bringe ich Liza rasch zu ihrem Platz im Bus. Ich küsse sie wie immer zum Abschied, genieße diesen Moment wie immer, wünsche ihr einen schönen Tag und erinnere sie daran, dass Tanya sie heute Nachmittag abholen wird. Als der Bus losfährt, bin ich auf dem Weg zurück zu meinem Wagen.

Gegen halb acht Uhr morgens sind die Gänge im Lebensmittelladen noch leer. Der Mann, der für Obst und Gemüse zuständig ist, kennt mich mit Namen, und ich unterhalte mich immer gern mit ihm. Er begreift seinen Job als Berufung und hat unseren Speiseplan schon oft bereichert, weil er mir irgendwelche exotischen Früchte oder Gemüse zum Kosten gegeben hat. Ihn werde ich richtig vermissen.

Die Schlange an der Kasse ist gerade lang genug, um mich aufzuregen, wo ich doch nur eine halbe Gallone Milch, Fruchtsaft und einen Schokoriegel für später habe. Mit gemischten Gefühlen denke ich an den Stapel Dokumente, der mich in der Stadt erwartet und das Ende meines Lebens hier bedeutet. Denn heute verkaufe ich mein Haus, auch wenn Liza und ich noch bis Schuljahresende als Mieter darin wohnen werden. Die Kassiererin sieht müde und erschöpft aus, wohl auch, weil ihre Kasse als einzige um diese Zeit geöffnet ist. Dinge, die zu erledigen sind, Zug, den ich erreichen muss. Ich trommle mit den Fingern auf dem schwarzen Förderband, während die Frau vor mir ihre Einkäufe bezahlt. Langsam zählt sie Kleingeld ab, während die Kassiererin ihr die Ware gemächlich einpackt.

Ich muss an die Szene in einem Buch denken, das ich erst kürzlich gelesen habe. Es heißt *Long Quiet Highway*. Darin beobachtet Natalie Goldberg ihren Zen-Meister Katagiri Roshi, als dieser auf der Straße vor dem Zen-Zentrum in Minneapolis steht. Ein anderer Schüler von ihm sollte eigentlich längst da sein, um Roshi zum Flughafen zu bringen, der zu einer Konferenz reisen will. Der Schüler taucht nicht auf, und Natalie beginnt sich Sorgen zu machen, dass Roshi seinen Flug versäumen wird, so wie es uns Normalsterblichen wohl allen ergehen würde, wenn wir spät dran sind und ungeduldig werden. Sie beschreibt ihre Erfahrung, als sie ihn beobachtet: Er steht einfach da, ohne zu warten. Er erlebt den gegenwärtigen Moment und macht sich offenbar keine Sorgen um die Zukunft, auf die er keinen Einfluss hat.

Einfach dastehen, nicht warten. Ich brauche etwas, auf das ich mich konzentrieren kann, etwas, das mich in der Gegenwart hält. Da fällt mein Blick auf zwei Spinnwebfäden, die sanft an einer Ecke der Kasse schaukeln. Ich betrachte sie und freue mich an der Bewegung der eigenwillig schönen Form. Der Luftzug der Klimaanlage lässt die Fäden hin und her wehen, und ich bestaune dieses kleine Wunder. Dann fällt mir der Staub an den Fäden auf. Die Kasse muss schon Wochen nicht mehr geputzt worden sein, oder zumindest lange genug, dass eine Spinne dort ein architektonisches Meisterwerk erschaffen und anschließend zusammengepackt ihr Zuhause verlassen und sich an einen anderen, lohnenderen Ort aufgemacht hat.

Ich erkenne, dass ich selbst nach einem Jahr voller Verluste und Veränderungen in nächster Zeit noch einige Neuerungen vor mir habe. Mit dieser Idee werde ich mich anfreunden müssen, und ich werde mich darum bemühen müssen, all das mit einer gewissen Gelassenheit durchzustehen, obwohl Gelassenheit an sich nicht gerade eine meiner Stärken ist. Aber zumindest fühlt sich mein Leben nach einer Ehe voller Krach und Auseinandersetzungen jetzt so an, als wäre es meins.

Angst vor Veränderung ist lähmend. Wegen dieser Angst vor Neuem und dem Tod verschanzen wir uns in Festungen, von denen wir uns Schutz erhoffen. Ich bin gerade dabei, meine letzte Festung zugunsten eines Lebens aufzugeben, das mir Ungewisses bietet. Aber immerhin kehre ich an einen Ort zurück, an dem ich Familie und die Aussicht auf ein neues Leben mit Will habe. Er sagt mir, dass er sich sein Leben gemeinsam mit Liza und mir vorstellt, dass wir als Trio in die Zukunft starten können. Wir werden nicht in einem unzuverlässigen Kahn aufs Meer hinaussegeln.

Ich möchte ohne Angst vor Versagen und Erfolg leben, auch wenn es nun mal in meiner Natur liegt, dass ich mich sorge und gräme. Wenigstens eine Sache, die ich unter so großen Schmerzen gelernt habe, möchte ich meiner Tochter vermitteln: Sei so gefasst wie möglich, bemüh dich, aber sei auch darauf gefasst, nicht gefasst zu sein. Genau genommen ist es wohl sogar besser, sich gar nicht zu sehr auf die Vorstellung zu versteifen, man müsse stets auf alles gefasst sein. Und trotzdem gilt es, bereit zu sein. Vielleicht ersetze ich »gefasst« und »bereit« aber noch durch »wachsam«.

Schließlich bezahle ich und nehme meine Einkäufe in einer Tüte mit, während ich weiter über die Spinnweben an der Kasse sinniere.

Zu Hause entscheide ich mich für ein aquamarinblaues Kleid, eines der Kleidungsstücke, die ich mir beim Witwen-Shopping gegönnt habe. Für den Termin mit meinem Anwalt ist es zwar nicht ganz angemessen, dafür aber für den PR-Termin in Irenas Showroom am frühen Abend.

Mir bleibt gerade noch genug Zeit für ein paar Anrufe, das Lesen und Beantworten der morgendlichen E-Mails sowie das Durchsehen meiner Rechnungen. Dann schnappe ich mir ein Buch und den Beutel mit dem Strickzeug für den Zug. Ich fahre zum Bahnhof und parke meinen Wagen. Ich krame nach ein paar Dollar für den Parkautomaten und entscheide mich für das Gerät auf der linken Seite – das auf der rechten hat mich beim letzten Mal um fünf Dollar betrogen, und das habe ich ihm noch nicht verziehen.

Einige Minuten später sitze ich bereits im Zug und hole zufrieden mein Strickzeug heraus. Eine Masche nach der anderen stricke ich, dann nicke ich ein, bis der Zug in den Tunnel an der 125. Straße einfährt. Da wache ich erschrocken auf und suche rasch meine Sachen zusammen.

Nach der Immobilientransaktion in Midtown begebe ich mich zu Fuß zu dem Ausstellungsraum, in dem Irena ihren Schmuck präsentiert. Die 34. Straße entlang höre ich Schnipsel fremder Unterhaltungen, einen Singsang aus allen möglichen Sprachen, das alles mischt sich zu einer vertrauten Melodie, die mir von Geburt an vertraut ist. Ich fühle mich in meiner Stadt wieder zu Hause.

Irenas Showroom ist luxuriös dekoriert, mit ihren herrlichen Schmuckstücken, Speisen und Getränken. Dazu noch die Frauen aus den Redaktionen der Modemagazine in den gerade angesagten Outfits: nadelspitze Absätze zu hautengen, tief sitzenden Jeans und anderen Hosen. Vom Tablett eines Kellners nehme ich mir ein Glas Veuve Clicquot. Dazu knabbere ich an einem Stück Schokoladengebäck und frage mich, ob es mir gelingen könnte, eine in Schokolade getauchte Erdbeere zu verspeisen, ohne mein Samtkleid zu bekleckern. Ich plaudere mit Irena, Freunden und Kolleginnen und gönne mir auch einen Moment, um von den hohen Fenstern aus die herrliche Aussicht über die Dächer der Stadt zu genießen. Der Duft von Schokolade und Erdbeeren vermengt sich mit den Parfums der Damen und steigt in der Hitze der Deckenstrahler nach oben. Mitten in diesem Moment urbanen Glamours ruft Will mich auf meinem Mobiltelefon an. Wir vereinbaren, uns in einer Stunde am Grand Central zu treffen.

Als ich wieder auf der Straße bin, bleibe ich an der Ecke Seventh Avenue und 30. Straße stehen, weil ich einen dieser jungen Typen mit so einer neuartigen Fahrradrikscha entdeckt habe. Das Gefährt ist türkisblau gestrichen. Wie eine Tüte von Tiffany.

»Was kostet es bis Grand Central?«

»Zehn Dollar«, erwidert er. Das erscheint mir ziemlich extravagant für eine so kurze Distanz, und so zögere ich kurz und bewundere nur noch mal die blaue Farbe der Rikscha.

»Das macht echt Spaß!«, fügt der junge Mann noch überschwänglich hinzu.

Da beschließe ich, dass Spaß jetzt geboten ist, und steige ein. Ein Lächeln breitet sich auf meinem Gesicht aus, sobald wir auf der Straße fahren und er in die Pedale tritt. Ich fühle mich wie meine achtjährige Tochter auf dem kleinen Rummelplatz, den wir vor ein paar Monaten besuchten. Der Fahrer kurvt mit Elan und Selbstbewusstsein durch den Verkehr. Es ist ein immer noch milder Herbstabend, nicht zu kalt. Die Stadt sieht prachtvoll aus. Das letzte Sonnenlicht spiegelt sich in den Scheiben der Wolkenkratzer und vergoldet die Spitze des Chrysler Building. Der Himmel ist so kräftig dunkelblau wie auf einem Gemälde von Magritte. Ich meine Fetzen von Leonard Bernsteins Ode an diese Stadt zu hören. *It's a hell of a town!* Dann beginne ich vor Glück sogar zu weinen, während wir an den Fußgängern vorbeirasen, die an den Straßenecken warten. Manche davon mustern mich, und weil ich lächle, lächeln sie zurück.

Am Grand Central warte ich am Informationsschalter auf Will. In der Vanderbilt Hall beginnt wohl gleich eine elegante Veranstaltung, denn davor scharen sich Gäste in Abendgarderobe: Herren in Smokings, Damen in Abendkleidern. Ich verspüre eine Sehnsucht, Teil dieses weiteren glamourösen Abends in New York zu sein, der da gleich beginnen wird, aber ich bin auch schon dankbar, das Szenario nur beobachten zu dürfen. Ich kann die kleinen Freuden meines Lebens endlich wieder genießen. Dies ist das wahre Geschenk von allem, was ich seit Henrys Tod erfahren hatte.

Jemand tippt mir auf die Schulter. Ich wende mich von den eleganten Menschen ab und stehe Will gegenüber. Er hat sich am frühen Morgen einen radikalen Haarschnitt verpasst – die Reste seines Haupthaars sind nahezu komplett abrasiert. Er trägt eine schwarze Schiebermütze, die ich ihm geschenkt habe, und nimmt sie ab, um mir seinen kahlen Kopf zu zeigen. Ich lache, weil er so jungenhaft aussieht. Seine blauen Augen glitzern im Licht der Bahnhofshalle. Er erzählt mir, dass seine neue Frisur im Büro gut angekommen sei.

Rasch essen wir Pasta in einem der Restaurants im Untergeschoss und nehmen dann den überfüllten Pendlerzug um 18.40 Uhr. Zu spät bemerkt Will, dass er seine schwarze Mütze in dem Lokal liegengelassen hat.

Als Schlafgenie (ein Talent, um das ich ihn beneide) macht Will ein Nickerchen auf meiner mit einem Schal gepolsterten Handtasche. Ich streichle die grau-samtigen Stoppeln seiner frisch nachwachsenden Haare, spiele mit seinen ein wenig spitz zulaufenden Ohren und tätschle seinen immer noch rotbraunen Bart. Dann unterhalten und küssen wir uns ein wenig. Manche Leute schauen, und ich frage mich, ob sie uns als störend empfinden. Die Frau, die uns auf den vier Plätzen neben der Tür direkt gegenübersitzt, wechselt den Platz, als woanders etwas frei wird. Also vermute ich mal, dass wir ihr auf die Nerven gehen.

Vom Parkplatz am Bahnhof fahren wir direkt Liza abholen. Wir spazieren durch Tanyas Haus mit den vielen Wandgemälden und treten in den Garten dahinter. Dort hat sie aus Zweigen einen kunstvollen Zaun geflochten, der von einem Schaukelpferd aus Plastik gekrönt wird, das sie einmal auf der Straße gefunden hat. Ihre zwei Katzen und der Hase springen über den Rasen und weichen dabei ein paar Kindern aus der Nachbarschaft aus. Liza tobt mit einem halben Dutzend anderer Kinder vergnügt auf dem Trampolin. Trotzdem kommt sie, nachdem es zunächst etwas mühsam war, ihre Schuhe wiederzufinden, bereitwillig mit.

Liza mag Wills neue Frisur nicht. Kurz schweigt sie und verzieht das Gesicht, bevor sie ihre Meinung kundtut: »Das sieht aus wie die Haare von einem Jugendlichen, aber das Gesicht passt nicht dazu!«

Er lacht. »Danke für die ehrliche Ansage, Baby!«

Wieder zu Hause und nachdem wir Obst und Eis gegessen haben, fragt Liza, ob sie baden darf und wir ihr etwas vorlesen. Die erneute Etablierung der abendlichen Lesezeit ist ein unerwarteter Nebeneffekt dieser neuen Beziehung. Im Angesicht der Krise wurden solche Annehmlichkeiten nämlich zeitweise ausgesetzt – da gab es stattdessen Wäsche zu waschen und Arbeit aufzuholen.

Oben lasse ich das Wasser einlaufen, und Liza steigt wie immer vorsichtig in die Wanne und lässt sich schließlich mit einem dankbaren »Aaah« in den Schaum gleiten. Will und ich lesen abwechselnd vor. Nach dem Baden und Zähneputzen lesen wir im Kinderzimmer weiter, wo wir uns zu dritt auf ihr schmales Bett quetschen. Dann mache ich die Lichter aus, Will begibt sich ins Bad, und Liza und ich kuscheln noch ein wenig. Ich bin müde nach dem ereignisreichen Tag und fürchte, einzuschlafen, wie es mir öfter passierte, als sie noch kleiner war. Aber noch lieber als Schlaf möchte ich Sex.

Also stehe ich auf und finde Will immer noch im Bad, wo er sich gerade die Zähne putzt. Ich putze mir auch die Zähne und ziehe meinen warmen Flanellbademantel an und schlüpfe damit unter die Decke, während Will noch seine Dehnübungen macht. Die muss er wegen einer alten Rückenverletzung absolvieren. Ich erinnere ihn daran, wie es war, als er das erste Mal über Nacht blieb. An jenem Abend habe ich fasziniert zugesehen, wie er seine Turnübungen machte. Es beeindruckte mich und gefiel mir, dass er so diszipliniert war, während ein anderer Mann vielleicht drängenderen Bedürfnissen nachgegeben hätte, etwa, mich auszuziehen. Aber wir schliefen damals nicht einmal miteinander. Es war ein Teil von dem »Plan«, die Sache langsam anzugehen.

Liza kommt noch mal kurz rein, um mir zu sagen, dass sie Band achtzehn von *Boxcar Children* ausgelesen hat. Ich gratuliere ihr und gebe ihr noch einen Gutenachtkuss. Will wünscht ihr auch eine gute Nacht und sagt ihr noch, wie lieb er sie hat. Sie brummt irgendeine Antwort. Immer noch ist sie dabei, sich in der neuen Situation zurechtzufinden. Sie wird Zeit brauchen, herauszufinden, was ihr guttut.

Ich bringe Liza in ihr Bett zurück, komme zurück und schließe die Schlafzimmertür, bevor ich wieder ins warme Bett schlüpfe. Mir ist immer kalt, und Wills Körper unter der Decke ist warm. Er hat die perfekte Größe für mich, muskulös, aber nicht auf übertriebene Weise. Seine Radfahrerbeine weisen wohlgeformte Knie und gut proportionierte Waden, schlanke Fesseln und ansehnliche Füße auf. Der Rumpf ist schlank, aber an den Schultern hübsch breit. Er besitzt einen schlanken Nacken, ein kleines Grübchen am Kinn, eine ausgeprägte, gerade Nase mit einer Delle aus seiner Zeit als Junior-Boxer. Und dann sind da diese sehr blauen Augen. Und seine Elfenohren (oder sind es die eines Vulkaniers?). Gegenwärtig nur sehr spärliches Haar. Seine Arme sind für seine schlanke Gestalt ungewöhnlich stark. Er hebt mich auf, um mich spaßeshalber hochzuwerfen – und der kurze Augenblick in der Luft ist aufregend. Erleichtert lande ich mit einem Hüpfer wieder auf dem Bett.

Jetzt sehen wir einander an und haben die Beine unter den Decken verschränkt. Er trägt ein T-Shirt und grüne Weihnachts-Boxershorts mit kleinen Rentieren drauf. Ich bin immer noch in meinem Flanellbademantel. Er wirkt verträumt und müde, und ich denke mir, wir werden das jetzt einfach genießen und uns gar nicht mehr lieben. Wir umarmen uns und rutschen enger zusammen. Seine Hände wandern unter der Decke herum, berühren mich an der Taille und an der Stelle zwischen meinem Rücken und meinem Po. Wir küssen uns, er seufzt und ich seufze. Er sagt, ich sei eine Sexbombe. So etwas hört eine Frau mit fünfundvierzig gern. Ich denke Dayenu – das würde schon genügen – den Refrain des jüdischen Passah-Gebets. Wenn Gott uns nur für vierzig Jahre in die Wüste gebracht und uns kein Manna gegeben hätte, dann hätte das schon genügt. Aber er gab uns Manna. Das Leben ist schön, selbst für ein jüdisches Heidenmädchen, dem kein einziges weiteres Wort dieses hebräischen Lieds mehr einfällt. Weg mit dem Flanellbademantel, weg mit dem T-Shirt, weg mit den Weihnachts-Shorts.

Später schlafen wir schon fast, als wir wieder die wärmenden Decken über uns ziehen und uns fest zusammenkuscheln wie Tiere für den Winterschlaf. Der Schlaf hat mich schon fast überwältigt, meine Augen fallen zu, und mein letzter Gedanke ist: Ja. Ein großes, fettgedrucktes Wort in aufgeblasenen Buchstaben mit Konturen und Schlagschatten in leuchtendem Pink, Rot und Orange. Ein gezeichneter John Lennon stolziert durch Pepperland. Die Menschen erwachen aus ihrem lähmenden, grauen Schlaf, und die Blue Meanies ergeben sich endlich mit den einleitenden Trompetenstößen der Marseillaise. Dann wird die Musik leiser, die Buchstaben sinken lautlos in sich zusammen, und friedliche Dunkelheit senkt sich über den Raum.

Siebzehn

2005 bis 2007

Wir haben nicht viel Wahrheit kundzutun, es sei denn, wir begeben uns in die Zimmer und Kammern und Wälder und Abgründe, die zu betreten man uns verboten hat.

Anne Lamott, Schriftstellerin

Viele Tage nach diesem einen perfekten waren geprägt von Schwierigkeiten. Eines Abends im Frühling 2005 rief mich meine Mutter an. Sie fühle sich unwohl, und ihr Internist habe Flüssigkeit in ihrer Lunge entdeckt. Mein Vater brachte sie zu einer Biopsie ins Krankenhaus.

»Es ist Krebs«, sagte sie mit der für sie typischen Unverblümtheit. Ich war am Boden zerstört. Im zehnten Jahr ihres wohlverdienten Ruhestands hatten meine Eltern gerade zu einem schon lange geplanten Frankreich-Urlaub aufbrechen wollen.

Meine Mutter mochte an jenem Abend nicht lange telefonieren. Nachdem sie sich von mir verabschiedet hatte, tat ich das Einzige, was mir hilfreich erschien. Ich googelte den Begriff Mesotheliom, achtete darauf, das unbekannte Wort richtig zu schreiben, und landete auf einer Seite der BBC. Dreißig Minuten später wusste ich, dass Mesotheliome für eine aggressive Form von Krebs stehen. Nach dem Kontakt mit selbst winzigen Mengen von Asbest wachsen im Laufe vieler Jahre kleine Tumoren in der Lunge des Patienten. Daher wird die Erkrankung auch meist erst spät, in einem inoperablen Stadium, diagnostiziert. Während andere Formen von Lungenkrebs auf

Chemotherapie ansprechen, erweisen sich Mesotheliome in den meisten Fällen als resistent. Die Lebenserwartung vom Zeitpunkt der Diagnose an beträgt zwölf bis achtzehn Monate. Nach diesem brutalen Crashkurs fühlte ich mich, als hätte mir jemand in den Bauch getreten. Meine Mutter würde an dieser Krankheit sterben. Die Frage war nur, wie rasch.

Meine Mutter, die als Kind vor Hitler aus Österreich geflohen war, war eine starke Überlebende, und so nahm sie ihre Behandlungsoptionen entschlossen wahr, auch wenn sie von den wachsenden Tumoren bereits geschwächt war. Meine Eltern stornierten ihre Reise nach Frankreich und konsultierten diverse Spezialisten. Nachdem man die Möglichkeit einer Operation ausgeschlossen hatte, drängte ihr Onkologe meine Mutter, es mit einer Chemotherapie zu versuchen. Er sprach von Lebensverlängerung und Lebensqualität. Nach meinen Recherchen war ich davon nicht überzeugt, aber ich akzeptierte den Wunsch meiner Mutter, alles zu versuchen, was vielleicht half. Monatelang begleitete mein Vater sie zu den Behandlungen der Chemotherapie, die sie nur noch mehr auslaugten und sich auf die Tumoren kaum auswirkten.

Inzwischen packte ich nach und nach unseren Haushalt zusammen und wartete auf das Ende von Lizas Schuljahr. Unsere Familie rückte in dieser Zeit enger zusammen, während wir mit ansehen mussten, wie meine Mutter immer weniger wurde. Als mein Bruder und ich unsere Eltern am Wochenende des 4. Juli besuchten, wurden unsere schlimmsten Befürchtungen wahr. Unsere Mutter war abgemagert und blass, ihren kahlen Kopf bedeckte ein Tuch, ihre Hände zitterten. Ich hatte die Werbung für Mittel gegen Übelkeit schon öfter gesehen. Darin spielen Oma oder Opa mit einem Enkelkind auf wunderbar weichem Rasen. Im Fall meiner Mutter erwiesen sich solche Mittel jedoch als weitgehend wirkungslos. An einem ihrer guten Tage saß sie in einem Sessel, behielt ein wenig Essen und Tee bei sich, starrte ins Leere, las ein paar Seiten und fiel immer wieder in einen leichten Schlummer.

Ihr Leben während der Chemotherapie erinnerte mich immer wieder daran, wie es ist, wenn man beim Ansehen eines Katastrophenfilms die Pausentaste drückt, um auf die Toilette zu gehen. Wenn man zurückkommt und wieder auf Play drückt, ist man wieder genau da, wo man aufgehört hat. Das Flugzeug wird immer noch abstürzen, man hat nur das Bild für eine Weile eingefroren. Keiner von uns, der ihr Leid mit ansah, hätte da von Lebensqualität sprechen mögen, auch sie selbst nicht.

»Was habe ich in meinem Leben nur getan, um das zu verdienen?«, fragte sie meinen Vater. Er hat mir davon erst später erzählt, als es schon fast vorbei war.

Unser Umzugstag, der 30. Juni 2005, fiel mitten in diese Familienkrise. Aus der Immobilientransaktion, die ich geplant hatte, war nichts geworden, was bedeutete, dass wir nun in Wills Ein-Zimmer-Appartement ziehen mussten, bis wir etwas anderes finden würden. Nachdem die Umzugswagen uns in unserem leeren Haus zurückgelassen hatten, kam ein befreundetes Paar mit Kindern vorbei, was uns diesen schwierigen Morgen etwas erleichterte. Liza schwamm ein letztes Mal in dem Pool, in dem sie als Dreijährige ihre ersten Paddelversuche unternommen hatte. Ich machte ein Foto von ihr, tropfnass und mit einer Schwimmbrille auf der Stirn, die wie die Fliegerbrille eines Kampffliegers aus dem Ersten Weltkrieg aussah. Das Bild fängt ihre tapfere Fröhlichkeit ein, denn am selben Nachmittag brachen wir schließlich in ein neues Leben auf. Sie verlor dabei eine Menge – Freunde, Sachen, die wir hatten weggeben müssen, eine Schule, an der man wunderbar auf sie eingegangen war, und jetzt noch ihr geliebtes Zuhause. Wiederholt hatte sie mir klargemacht, dass sie sich über unseren Umzug nicht freute.

Als der Nachmittag sich dem Ende zuneigte, stopften wir unser letztes Gepäck in Wills Honda CRV. Dann zwangen wir noch unsere vier sich beschwerenden Katzen in ihre Transportboxen. Bis unters Dach beladen fuhren wir schließlich ein letztes Mal aus der Einfahrt und Richtung Brooklyn.

Es war nicht die triumphale Rückkehr, auf die ich gehofft hatte. Ich hätte mir gewünscht, gleich in das neue Appartement einzuziehen, das ich zu kaufen versucht hatte, aber an einem klaren Sommerabend ist New York immer ein wundervoller Anblick. Wir überquerten die Triborough Bridge, und ich bewunderte den schillernden Sonnenuntergang über Manhattan. Meiner Enttäuschung zum Trotz war ich glücklich, wieder zu Hause zu sein, und fast bereit, den dreckigen Gehsteig an der Seventh Avenue zu küssen.

Von jenem ersten Abend an, als wir in Wills Wohnung unsere Sachen auspackten, war ich erleichtert. Weil die Wahrscheinlichkeit gering war, dass ich Cathy je wieder würde begegnen müssen. Mir war gar nicht klar gewesen, als wie bedrohlich ich ihre Gegenwart empfunden hatte, auch wenn ich sie nach der Halloween-Parade nur ganz selten in der Stadt sah.

Eine Woche vor unserem Umzug hatte ich mich gezwungen, an ihrem Haus vorbeizufahren. Will saß neben mir, als ich in ihre Straße bog. Ich sah sie, mit einem Buch in der Hängematte, genau wie an jenem Julimorgen, als ich sie zur Rede gestellt hatte. Sie schaute auf, und unsere Blicke trafen sich. Dann sah sie weg.

»Da ist sie«, sagte ich finster zu Will.

Und vielleicht wird sie auch dort bleiben. Vielleicht kann ich jetzt das Hässliche, was die beiden gemeinsam getan haben, hinter mir lassen. Vielleicht wird es eines Tages nicht mehr das Erste sein, was mir einfällt, wenn ich morgens aufwache.

An den Rest des Sommers habe ich nur verschwommene Erinnerungen.

Während ich mich im Herbst bemühte, Liza an eine neue Schule zu gewöhnen, versuchte ich auch noch Erziehung,

Arbeit, Wohnungssuche und Besuche bei meinen Eltern unter einen Hut zu bringen, aber oft scheiterten meine Pläne – selbst das Minimum zu leisten, schien zu viel. In jener Zeit tat es gut, mich daran zu erinnern, dass das Leben noch andere Geschmacksrichtungen als sauer und bitter zu bieten hat.

Immerhin hatte ich einen Partner an meiner Seite. Beim ersten und dem darauffolgenden Umzug und während der Krankheit meiner Mutter gelang es Will immer wieder, auch dunklen Tagen etwas Lichtes abzugewinnen, während er unser Zeug unermüdlich von Storage-Depots in gemietete Transporter und wieder zurück schleppte. Er nahm die Elternrolle mit Freude an, besuchte begeistert Elternabende in der Schule und half Liza bei ihren Mathehausaufgaben. Einerseits wusste ich zwar nicht mehr, wo mir der Kopf stand, und fühlte mich heimatlos, aber gleichzeitig wusste ich auch seine Unterstützung zu schätzen.

Als der Dezember anbrach, hatte meine Mutter genug von der Chemotherapie. »Ich will dieses Spiel nicht mehr mitspielen«, bemerkte sie mit schwarzem Humor. »Ich will zwar noch nicht sterben, aber ich bin bereit dazu.«

Das letzte große Festessen im Kreis der Familie fand zu Chanukka im Dezember in unserer neuen Wohnung statt. Es war ein bittersüßes Festmahl. Zumindest waren die Chemos zu dem Zeitpunkt vorüber. Sie genoss das Lammragout, das ich gekocht hatte, ein Glas guten Rotwein und ein paar Schokoladentrüffel. Mit solchem Vergnügen hatte ich sie seit Monaten nicht essen sehen.

In der kurzen Erholungsphase vor dem unvermeidlichen endgültigen Niedergang wuchs ihr Haar als kurzer grauer Flaum nach, und ihre Haut bekam noch einmal Farbe. Sie schaffte es mit Mühe in ein Restaurant in der Nähe oder saß auf der Veranda ihres Wochenendhauses und genoss die Sommerbrise. Gegen Ende Juli war sie wieder schwächer geworden, und Anfang August beschloss sie, nicht mehr aus ihrem Bett aufzustehen.

Sie starb am 22. Oktober 2006. Am Ende war sie nur noch ein bettlägriges Gespenst, um das sich in ihren letzten drei Monaten zwei Hospizschwestern im Schichtdienst kümmerten. Sie starb friedlich, wofür wir dankbar waren. Trotzdem wünschte ich, ich könnte den Film zurückdrehen. In meiner Version würde sie die Chemotherapie ablehnen und sich stattdessen an den Flugsteig zum Nachtflug nach Paris begeben, um ein letztes Abenteuer mit dem Mann zu erleben, der neunundfünfzig Jahre lang ihr Partner war.

In den Tagen nach ihrem Tod begannen wir, ihre Schubladen durchzusehen. Ich fand eine sichtlich benutzte Kinderzahnbürste, drei Sicherheitsnadeln, die man früher für Windeln benutzte, und zwei Schmuckstücke aus Email, die ich einst in einem Feriencamp für sie angefertigt hatte. Außerdem entdeckte ich in einer Tüte Haarschleifen aus meiner Kindheit und die weißen Baumwollhandschuhe, die sie mir bei Besuchen von Konzerten oder dem *Nussknacker* im Lincoln Center angezogen hatte. Mein Bruder stieß auf eine Ledermanschette mit Riemen und etwas, das wie ein Handschuh aussah. Nach einer kurzen Verwirrung erkannte er darin den Schutz, den er 1965 getragen hatte, nachdem ich ihm den linken Ringfinger in unserem Spielzeugschrank »aus Versehen absichtlich« gequetscht hatte. Ich erinnerte mich daran, damals deshalb großen Ärger bekommen zu haben. In einer ihrer Manteltaschen befand sich ein kleiner schwarzer Kiesel, wie ich sie an den Küsten der Insel in Maine immer gesammelt hatte. In einer vergilbten Plastiktüte befand sich etwas, das wohl einmal ihr Brautstrauß gewesen war – die getrockneten Rosen zerfielen, sobald man sie berührte. Außerdem war da noch ein kleines Poesiealbum mit Einträgen auf Deutsch von Freundinnen und Verwandten in Österreich. Sie waren zwischen 1938 und 1940 verfasst worden, in ihren finsteren Jahren in Wien. Mein Vater und ich fragten uns, wie viele der Menschen, die sich darin verewigt hatten, wohl lebend entkommen waren. Die Flucht meiner Mutter mit ihrer Familie

1940 war sehr gefährlich gewesen und hatte an ein Wunder gegrenzt. Mein Vater meinte, er hätte dieses Album nie zuvor gesehen. Meine Mutter hatte also ihre Geheimnisse gehabt, dennoch wünschte ich mir, sie nach dem kleinen Album und den Freundinnen ihrer Kindheit fragen zu können. Als Mutter verstand ich, warum sie die scheinbar zufälligen Souvenirs ihrer und unserer Kindheit aufbewahrt hatte. Denn wie Liza einmal gesagt hat: »Erinnerungen sind etwas Gutes, selbst die, die uns wehtun.«

Während der letzten Lebensmonate meiner Mutter aßen mein Vater und ich häufig in einem Restaurant in der Nähe ihrer Wohnung. Er musste zwischendurch vom Krankenlager weg.

Mit seinen zweiundachtzig Jahren ist mein Vater immer noch rüstig und berühmt für sein hervorragendes Gedächtnis. Er erinnert sich noch an die bescheidenen Sandwiches, die er bei einem Picknick vor fünfundsiebzig Jahren auf dem Höhepunkt der Wirtschaftskrise gegessen hat, an Lieder und Reklame-Jingles aus den Vierzigern, an Baseballergebnisse der World Series von 1956 oder irgendeinem anderen Jahr. Also war ich nicht überrascht, als er mir bei einem dieser Abendessen erzählte, wie genau er sich noch an einen Tag erinnere, den ich bereits völlig vergessen hatte.

Liza muss damals etwa zweieinhalb gewesen sein. Wir waren gerade aus Brooklyn weggezogen, also war das vermutlich einer unserer ersten Besuche bei der Familie in New York. Meine Eltern holten uns an der Grand Central ab. Mein Vater schilderte mir seine Freude, als er Liza auf dem Bahnsteig entdeckte, die sofort auf ihn zugelaufen kam. Dann blickte er weiter den Bahnsteig entlang und bemerkte mich und Henry, die wir ihr langsam folgten.

»Lizas Gesicht strahlte ungemein. Mit ausgestreckten Armen kam sie angerannt, aber ihr beide saht so elend aus«, sagte er. »Wir wussten nicht, was vorgefallen war, aber es machte uns sehr traurig, euch so zu sehen.«

Mein Vater erzählte mir auch von seinem wachsenden Verdacht, dass Henry die Orientierung verloren hatte und etwas in unserer Ehe nicht in Ordnung war. Niemals sprachen mich meine Eltern jedoch direkt auf ihre Befürchtungen an. Für ein so lange und glücklich verheiratetes Paar muss es umso schlimmer gewesen sein, mich unglücklich zu sehen. Aber letztlich bezweifle ich, dass ich überhaupt in der Lage gewesen wäre, auf sie zu hören, ebenso wenig wie auf Irenas deutlichere Hinweise.

Dennoch war ich froh, dass mein Vater diese Szene nicht vergessen hatte. Seine Erinnerung war jetzt auch wieder die meine. Nachdem er mir den Vorfall erzählt hatte, entsann auch ich mich wieder dieses Tages, selbst wenn ich mich nicht mehr an den Streit erinnern konnte, den wir auf der Fahrt in die Stadt im Zug gehabt haben mussten.

Ich war auch bereit, mir andere vergessene Tage anzusehen. Es gab nämlich ein paar Filme, die Henry mit einer längst verschrotteten Super-8-Kamera gedreht hatte und die auf DVD überspielt waren. Ich war neugierig, diese Jahre mit seinen Augen wiederzusehen. Ich, wie ich Liza Gemüsebrei füttere oder sie bade. Flimmernde Bilder, wie nur frischgebackene Eltern sie drehen und sich ansehen. Eine Sequenz, die ich nie gesehen hatte, war bei einer Geburtstagsparty in Cathys Haus aufgenommen. Ihre Tochter Amy war damals vier geworden. Man sieht die Torte, hört das Geburtstagslied, und Amy pustet die Kerzen aus. Dann werden, begleitet von übertriebenen Oohs und Aahs, Geschenke ausgepackt, die sicher schon bald wieder in Vergessenheit gerieten. Cathy zwinkert und streckt Henry, der ja hinter der Kamera steht, die Zunge raus. Jetzt würde ich die Körpersprache, die suggestiven Blicke und Henrys neckische Kommentare verstehen. Gelegentlich bin ich auch im Bild, abgelenkt, ganz auf Liza konzentriert.

Ich war in der Lage, mir den Film unter dem Aspekt »Neugier auf die Begegnung mit meinem alten Ich« anzusehen. Als ich Liza in ihrem Festtagskleid sah, musste ich lächeln. Ich vermochte sogar Cathy anzusehen, ohne mich verletzt zu fühlen.

Ich habe nicht viele Erinnerungen an Henry offen herumstehen. Ein Foto von ihm, auf dem er mich liebevoll ansieht und man im Vordergrund die zweijährige Liza nur verschwommen erkennt, steht diskret auf meiner Kommode, allerdings bleibt es meist hinter einem Stapel Wäsche verborgen, den ich eigentlich wegräumen sollte. Den Ring mit der goldenen Klaue, die ein Stück Koralle hält, und unsere Eheringe bewahre ich in meiner Schmuckschatulle auf. Für Liza, wenn sie einmal älter ist. Immer noch erfreuen kann ich mich an der Ausgabe von *Macbeth* mit den Illustrationen von Salvador Dalí, obwohl ich mich gelegentlich frage, ob ich sie nicht einer Bibliothek vermachen sollte, wo mehr Leute sich an dieser einzigartigen Arbeit erfreuen können. Die Speisekarte, die er zur Feier meines vierzigsten Geburtstags geschrieben hat, hängt an der Seite unseres Kühlschranks. An Tagen, an denen ich mich immer noch frage, welche Art von Liebe er für mich empfunden haben mag, denke ich an dieses mit Bedacht komponierte Menü. Auch wenn Henry damit meine Freundinnen beeindrucken wollte und mit allen geflirtet hat, auch wenn Cathy damals zugegen war, so glaube ich doch, dass die Mühe, die er sich bei der Zubereitung dieses Festmahls gegeben hat, einer echten Liebe entsprang, die ich heute ohne Zorn wertschätzen kann.

Bei einem unserer langen Gespräche zu Beginn unserer Beziehung hat Will etwas zu mir gesagt, das ich als schwer, aber zutreffend empfand: »Du musst ihm verzeihen, damit wir miteinander weiterkommen.«

Vergebung ist etwas Wunderbares und das einzig Wahre, um zu verhindern, dass wir uns selbst zerstören und allen Menschen, die wir lieben, Schaden zufügen. Ich arbeite weiterhin daran, zu vergeben. Allerdings möchte ich nichts von dem, was ich erlebt habe, vergessen.

Ich kann auch gar nicht vergessen, was Henry getan hat. Ebenso wenig kann ich Cathys Rolle bei diesem abgefeimten Betrug vergessen, auch wenn die pathetische Absurdität des Obstsalats, den sie einst in meinem Kühlschrank hinterließ, inzwischen etwas anderes als blanke Wut bei mir auslöst.

Rückblickend muss ich sagen, dass ich den Charakter von Menschen einfach unglaublich schlecht einschätzen kann. Meine Freunde lachen und glauben, ich scherze, wenn ich davon anfange, aber in meinen Augen ist das absolut kein Spaß. Das Problem sind diese kurzen Anfälle von überschäumendem Optimismus, die mir manchmal den ersten Eindruck verstellen. Es gelingt mir nicht immer, hinter das strahlende Lächeln, die geistreiche Bemerkung oder eine freundliche Geste zu schauen. Ich glaube, ich brauche einfach viele Begegnungen, um einen Menschen richtig einschätzen zu können.

Cathy und Henry bleiben in meiner Vorstellung toxische Menschen, wie ich ihnen aus nächster Nähe hoffentlich nie wieder begegnen werde. Ich glaube, dass ich inzwischen endlich gelernt habe, diesen Menschenschlag zu erkennen. Jetzt sehe ich solche Leute auf Partys, beim Einkaufen, in Restaurants oder auf Schulveranstaltungen. Ich versuche dann, sie in ihrer Konfusion zu beobachten und das Ganze in Bezug zu meiner eigenen Konfusion als mit mir ringender Mensch zu stellen. Wenn nötig, gelingt mir auch ein höfliches Gespräch mit diesen Personen, aber ich will ihn oder sie auf gar keinen Fall mehr in meinem Leben haben.

Wenn ich an Christine, Ellen und vor allem Eliana denke, dann bewegen mich ganz andere Gefühle. Diese Frauen haben kurzzeitig eine schreckliche Grenze überschritten. Aber sie kannten mich vor Henrys Tod nicht. Sie haben nie in meinem Zuhause gegessen oder sich als meine Freundinnen ausgegeben. Als ich sie zur Rede stellte, ist keine vor mir davongelaufen. Wir haben uns nach Kräften durchgekämpft und etwas gelernt. Wir waren in der Lage, etwas in unserem Leben zu ändern. Und ich bin stolz auf die Anstrengung, die wir gemeinsam unternommen haben.

An einem guten Tag kann ich mir selbst sagen, dass Cathy auch nur ein fehlbarer Mensch ist, mit dem ich sogar ein gewisses Maß an aufrichtigem Mitleid habe. An so einem Tag kann ich mich selbst an die unermessliche Tragödie von Henrys Fehlentscheidungen erinnern und echte Trauer darüber empfinden, dass er im Gegensatz zu mir nie die Chance hatte, von vorn anzufangen. An einem großartigen Tag denke ich überhaupt nicht an Cathy oder Henry. Ich tue stattdessen mein Bestes, um mein Leben in der Gegenwart zu leben.

Henrys Vorstellung von einem perfekten Tag war eine mit Action vollgepackte Jagd nach Abenteuern vom Aufwachen bis zum Schlafengehen. Er fürchtete sich vor der Langeweile des Alltags mit seinen Pflichten und Gewohnheiten.

Ich habe mich immer bemüht, meine eigene Langeweile durch gesteigerte geistige Aktivität oder einen Klamottenkauf zu bekämpfen. In seltenen Momenten der Einsicht habe ich jedoch begriffen, dass Langeweile und Geduld zu Stille und Ruhe führen können. Und in dieser Ruhe vermag ich dann eine Meditation zu erleben, in der ich mit meinem wahren Selbst in Verbindung trete. Ich kann mir selbst mit Freundlichkeit begegnen, bevor ich an meine Arbeit, zu meinen Aufgaben als Mutter oder im Haushalt zurückkehre. In diesen unergründlichen Momenten, wann auch immer sie eintreten, bin ich dem Himmel so nah, wie es mir nur möglich ist.

Henry hat dagegen jegliche Begegnung mit seinem wahren Selbst, all seinen Schwächen, Widersprüchen und Begabungen abgewehrt. Um seiner selbst und Liza willen, allerdings nicht mehr wegen mir, wünschte ich, er hätte versucht, sich selbst zu erkennen.

Eines Nachmittags in Brooklyn stieß ich beim Aufräumen meines Büros auf eines von Henrys schmalen schwarzen Notizbüchern, die ich zu Dutzenden aufgehoben und in einer Schublade verwahrt hatte. Sie waren alles, was von seinem Umami-Projekt übriggeblieben war. Ich hatte diese Notizbücher nie gelesen, doch jetzt machte ich mir die Mühe, einige Zeilen seiner verschnörkelten Handschrift zu entziffern.

Symbole entstehen aus der plötzlichen und fortdauernden Minderung einer Empfindung im Gedächtnis, seit sie erstmals erlebt wurden.

Einer der Antriebe zur Lüge oder Ausschmückung ist der Versuch, die ursprüngliche Intensität der Empfindung erneut zu erzeugen.

Es gibt für eine Frau nichts Verführerischeres als einen Mann, der sich entschuldigt und einen Fehler einräumt.

Jeder begreift diesen Grad der Obsession. Oder wie Wilt Chamberlain es formulierte (aus einem Artikel darüber, dass sein Haus unverkäuflich war, weil er es stigmatisiert hatte, indem er mit 25 000 Frauen schlief): »Wir neigen dazu, eine Abhängigkeit von unseren Aktivitäten zu entwickeln. Also ist es ratsam, zu lieben, was man tut.«

Alle wichtigen Aktivitäten sind Abhängigkeiten, denn andernfalls wären sie nicht wichtig.

Henry hatte sich entschieden, nach dem Extrem zu streben, zu versuchen, jeden Tag Dinge zum ersten Mal zu erleben. Aber vielleicht wäre ihm ein längeres Leben beschieden gewesen, wenn er in der Lage gewesen wäre, mehr Vergnügen aus den alltäglichen Aktivitäten zu ziehen, aus dem Nervenkitzel wahrer Liebe, den zu Herzen gehenden Freuden des Elternseins, den gelegentlichen Erfolgserlebnissen des Arbeitslebens. Ich stimme Henry in seiner Behauptung »alle wichtigen Aktivitäten sind Abhängigkeiten« nicht zu, ganz zu schweigen davon, dass mich die seltenen Momente, in denen er sich entschuldigte, nicht im Geringsten anturnten. Man kann Umami nicht dauernd erleben – sonst wäre man wie ein imaginärer Drogensüchtiger, der das magische Elixier für die ewige Ekstase gefunden hat – aber wir können offenbleiben für »perfekte« Momente und sie schätzen, wenn sie stattfinden. Und vielleicht gelingt uns das am besten von der Warte der Ruhe aus.

An einem ungewöhnlich milden Tag Anfang Januar 2006 beschlossen Will und Liza, mit Molly, einer ihrer neuen Schulfreundinnen, und Mollys Vater eine Fahrradtour durch den Prospect Park zu unternehmen. Ich war gerade von einer Yogastunde zurück und hatte den ersten Bissen eines schnell zubereiteten Thunfisch-Sandwichs im Mund, als das Telefon klingelte.

»Mama«, berichtete Liza mit bewundernswerter Ruhe, »Will ist von seinem Rad gestürzt, jetzt kommt gerade der Krankenwagen.«

Ich ließ das Sandwich auf den Teller fallen, schnappte mir meine Jacke und rannte in Richtung Park. Ich kam gerade noch rechtzeitig, um zu sehen, wie zwei Sanitäter Will in den wartenden Krankenwagen verluden. Er war auf eine Bahre geschnallt, sein Hals steckte in einem Kunststoffkragen, und sein Gesicht war mit Blut und Dreck verschmiert. Frisches Blut quoll aus einem knapp drei Zentimeter langen Riss in seiner linken Wange. Mein Kopf fühlte sich ganz leicht an, und mir war übel. Ich hoffte, das läge nur daran, dass ich mein Mittagessen nicht aufgegessen hatte. Ich nahm Liza beiseite, um sie zu trösten und sie dazu zu befragen, was überhaupt passiert war.

»Ist mit Liza alles okay?«, fragte Will immer wieder.

»Ihr geht's gut. Mach dir keine Sorgen«, beruhigte ich ihn. Und Liza wirkte tatsächlich erstaunlich ruhig.

»Mama«, sagte sie da zu mir, »Will hat mich, gleich nachdem er gestürzt ist, nicht erkannt. Er hat sich aufgesetzt und mich gefragt, wer ich bin.« Das ließ vermuten, dass er eine Gehirnerschütterung hatte, wobei ich mich damit tröstete, dass er zumindest inzwischen ihren Namen wieder präsent hatte.

Molly war mit ihrem Vater ein paar Hundert Meter vorausgefahren. Dann hatten die beiden angehalten, um auf Will und Liza zu warten. Als sie nicht kamen, drehten die zwei um und fuhren zurück. Jetzt würden sie Liza mit zu sich nach Hause nehmen, während ich in den Krankenwagen stieg. Mollys Mutter rief mich auf meinem Handy an und bot an, später ins Krankenhaus zu kommen.

Will murmelte immer noch: »Ist mit Liza alles okay?«

»Ihr geht's gut. Bitte mach dir keine Sorgen.«

»Ist mit Liza alles okay?«

Die Sirene wurde eingeschaltet und heulte los. Der Krankenwagen schlängelte sich in den Verkehr von Brooklyn, während ich einen Blick auf die Uhr an der Wand des Krankenwagens warf. Es war vierzehn Uhr.

»Entschuldigen Sie«, sagte ich mit einem plötzlichen Schaudern, »welches Datum ist heute?«

»Der 8. Januar, Madame, noch den ganzen Tag lang«, erwiderte der Sanitäter und schaute von seinem Klemmbrett hoch. »Sie wissen wohl nicht zufällig seine Sozialversicherungsnummer, oder?«

Will ratterte seine Nummer herunter.

»Hey«, meinte der Sanitäter lachend, »sind Sie etwa beim Militär oder so was?« Er begann, Will Fragen zu stellen – Name, Dienstgrad, laufende Nummer. Will konnte das meiste problemlos beantworten, sogar seine Telefonnummer im Büro. Er stockte nur kurz, als er die Adresse unserer neuen Wohnung nennen sollte. Das war eine gute Nachricht. Auch wenn er eine Gehirnerschütterung erlitten hatte, sah es aus, als würde er wieder werden. Die schlechte Nachricht war, dass ich das Datum vergessen hatte. Will war auf den Tag und die Stunde genau an Henrys drittem Todestag vom Rad gestürzt. Jetzt wurde mir richtig schwindelig.

Nach meinen früheren Begegnungen mit Henry nach seinem Tod hatte ich eine pragmatische Einstellung zum Leben nach dem Tod angenommen. Geister klangen vielleicht nicht logisch, aber meine eigenen Erfahrungen hatten sich real genug angefühlt. Wir hatten seinen Jahrestag vergessen. Und diesmal erschien Henry nicht als Küchengeist, der mich ermahnte, das Steak vor dem Braten zu salzen. Er war beleidigt.

Nach einer Nacht im Krankenhaus zur Beobachtung und über zwanzig Stichen rund um sein linkes Nasenloch, unter seinem linken Jochbein und an der Innenseite seiner Unterlippe erholte Will sich schnell wieder. Er blieb auch während der drei Tage, an denen er nicht zur Arbeit ging, fröhlich. Er streifte als eine Art Phantom der Oper – mit neuartigen Verbänden versehen, die wir gekauft hatten, um eine Narbenbildung zu verhindern – durchs Haus. Ende der Woche war Will wieder im Büro, mit nur noch einem Pflaster auf der Wange. Er sah aus wie der temperamentvolle Boxer, der er als Jugendlicher gewesen war – gezeichnet, aber bereit zu einer neuen Runde.

Als wir an den Ort des Unfalls zurückkehrten, gab es dort keine Schlaglöcher. Will war ein erfahrener Radfahrer. Die Runde durch den Prospect Park kannte er seit Jahren. Als Liza mir den Unfall noch einmal beschrieb, sagte sie, sein Rad sei einfach stehengeblieben, und er sei geradewegs nach vorne geflogen. Es konnte irgendein technisches Problem gewesen sein, aber ich hatte meine eigene Meinung dazu: Henry war eifersüchtig auf Wills neuen Status als Papa.

Will selbst hielt nicht viel von meiner Geistertheorie. Er begann die Titelmelodie von *Ghostbusters* zu singen, was mich zum Lachen brachte, meine Ansicht darüber, was passiert war, änderte das jedoch nicht. Ich kannte den wütenden Henry besser.

In unserer Wohnung war ich auf der Hut und fragte mich, was für ein Unglück als Nächstes passieren würde. Würde Henry mir aus dem Regal einen Topf auf den Kopf werfen, wenn ich das nächste Mal vor dem Spülbecken stand, um den Abwasch zu machen? Oder würde ich stolpern und die Treppe herunterfallen? Ich brauchte jemanden, der die Wohnung reinigte.

Als Erstes schrieb ich Eliana. Sie hielt mich nicht für verrückt. Sie meinte, es gäbe Leute, die ich ausfindig machen könnte, damit sie mir bei dieser Art »Energieproblem« behilflich wären. Ich wohnte in Park Slope – das liegt zwar nicht in Kalifornien, ist aber trotzdem eine Hochburg des New Age. Hier musste es jemand geben, der mich nicht auslachen würde.

Als ich mein Dilemma verlegen einer Freundin aus der Nachbarschaft schilderte, erzählte diese mir zu meiner Überraschung, dass sie selbst einmal eine Frau engagiert hatte, um ihr Haus zum Zweck einer »spirituellen Reinigung« zu besuchen. Sie mailte mir die Kontaktdaten dieser Dame. Eine Woche später stand eine elfenhafte Frau vor meiner Tür. Sie sagte, sie sei Rechtsanwältin gewesen, bevor sie spirituelle Heilerin wurde. Mit gezielten, unprätentiösen Gesten füllte sie in der Küche eine Sprühflasche mit Leitungswasser, sang einige Gebete und ging dann, hier und dort ein wenig Wasser versprühend, durch die ganze Wohnung. Dabei flüsterte sie weitere Beschwörungen. »Er war hier«, bemerkte sie gelassen und warf einen Blick in die Ecken des Wohnzimmers, als wolle sie sicherstellen, dass Henry nicht noch hinter der Couch kauere. »Aber es ist nicht gut, wenn sie verweilen. Er brauchte Hilfe, um weiterzuziehen.«

Ja, ja, zieh weiter, bitte, zieh weiter.

»Jetzt werden Sie merken, dass sich dieses Zuhause wieder frisch anfühlt, und Sie werden hier gut arbeiten können«, sagte sie noch. Wir umarmten uns. Sie bedankte sich bei mir, als ich ihr den Scheck gab, und ging. Ich war mir nicht sicher, was genau da passiert war, aber als ich ihr nachsah, wie sie die Stufen vor meinem Haus hinunterging, fühlte ich mich bereits besser.

Der 8. Januar 2007 verlief friedlich. Ich hatte in unserem neuen Zuhause Glück und Produktivität gefunden. Im Lebensmittelladen hatte ich eine Yahrzeit-Kerze gekauft, mit der man gemäß der jüdischen Tradition am Todestag an Verstorbene erinnert. Liza und ich hatten sie angezündet und still seiner gedacht. Ich hoffte, dass Henry, wenn er von seinem Astralflug auf einen Sprung vorbeischaute, unser Familienleben zur Kenntnis nehmen und uns in Frieden lassen würde.

Jetzt

»Darf ich Sie fragen, ob Sie an den Himmel glauben, Mr. Fielding?«, sagte sie und sah ihn schüchtern an. »Das tue ich nicht. Doch ich glaube, dass Aufrichtigkeit uns dorthin bringt.«

E. M. Forster, *Auf der Suche nach Indien*

Im Alter von zweiundzwanzig Jahren, lange vor meiner besorgten Mutterschaft und dem Einsetzen erster Anzeichen des Alters, machte ich mir schon Sorgen darüber, Erinnerungen und die Gefühle, die mit diesen verbunden sind, zu verlieren. Wenn es um die zerbrechlichen, glasklaren Augenblicke der Liebe geht, dann behalten wir davon oft nur ein Bild zurück, so flüchtig wie glitzerndes Licht auf sich kräuselnden Wellen.

Ich war mit Paolo, einem Mann, den ich liebte, auf einem Segelboot im Mittelmeer vor Cinque Terre. Ein Freund hatte ihn für eine Woche zum Segeln eingeladen, und er war in der Stadt, wo ich damals lebte, vorbeigekommen und hatte mich überredet, für ein paar Tage mitzukommen, auch wenn das bedeutete, dass ich meinen Rückflug nach New York umbuchen musste.

Kennengelernt hatten wir uns zwei Jahre zuvor, zu Beginn meines ersten Studienjahrs in Frankreich. Wir waren sofort eine schwer zu beschreibende Verbindung eingegangen. Ich verbrachte in jenem Jahr einige Zeit mit ihm und schrieb ihm auch, nachdem ich für mein letztes Jahr wieder an mein College zurückgekehrt war. Ein Jahr nach meinem Abschluss fuhr ich hin, um ihn für ein paar Wochen zu besuchen. Diese Zeit sollte mit dem Segeltörn enden.

Als wir einmal über die halbrunde Promenade mit ihren bunt getünchten Häusern und sich wiegenden Palmen spazierten, sagte er: »Ci sposiamo?« Ich dachte, er wolle mich nur necken, und antwortete nicht darauf. Ich wusste, was die Worte bedeuteten, auch wenn ich sie noch nie jemand hatte sagen hören. Sposare heißt heiraten. Ci ist das Reflexivpronomen in der ersten Person Plural. »Sollen wir heiraten?«

Letztlich haben wir nie viel über die Form unserer Beziehung gesprochen. Er hatte eine feste Freundin in Turin, wo er die Winter verbrachte, eine Konstellation, die viele Männer aus meinem Bekanntenkreis sich eingerichtet hatten. Im Verlauf der Wochen wünschte ich mir zwar den Mut, für etwas zu kämpfen, das leichter zu benennen wäre, aber gleichzeitig fürchtete ich, unser fragiles Verhältnis würde dann zerspringen wie ein Weinglas auf einem Terracottaboden.

Ich wachte in der Bugkabine zeitig auf, weil das Fall an den Mast schlug und das Boot leicht schaukelte. Paolo schlief noch neben mir, den Körper wie einen Halbmond gekrümmt. Ich würde noch am selben Nachmittag die Heimreise antreten und in mein New Yorker Leben zurückkehren, wie auch immer das aussehen mochte. Paolo hatte mich nicht gebeten, in Italien zu bleiben. Ich wusste, dass er das nicht tun würde. Und ich wusste auch, dass das mehr Probleme bedeuten würde als nur die Sprache besser zu lernen und einen Job zu finden. Die kulturelle Kluft war riesig und könnte mich total überfordern. Ich wusste, dass die Vorstellung, in Italien zu leben, etwas sehr Romantisches hatte, aber ich hatte im Verlauf des Sommers viele unglückliche Amerikanerinnen mit italienischen Männern gesehen und mir gedacht, das könnte ich sein, viel zu weit fort von zu Hause. Ich vermutete auch, dass Paolos dominante Mutter keine amerikanische Schwiegertochter wünschte. Außerdem war ich das, was einige Leute aus der Generation meiner Eltern eine »schreckliche Emanze« nannten.

Paolo war nicht der Typ Mann, den die meisten Frauen hübsch gefunden hätten. Er war dünn und drahtig, mit spärlichen Muskeln. Ein Junge der Sorte, die sehr kalorienreiche Proteinnahrung zu sich nehmen müssen, um Gewicht zuzulegen. Sein Haaransatz wich mit dreißig bereits zurück, was für eine hohe Stirn sorgte, auf der sich nur noch hier und da kurze Locken fanden. Seine Züge waren markant, mit kantigen Wangen und einer Adlernase, die eigentlich zu einem viel älteren Mann gepasst hätte. Er trug einen kurzen dunklen Vollbart, der mich beim Küssen kitzelte. Wenn wir Hand in Hand gingen, konnte ich die knochigen Gelenke seiner muskulösen Hände und die abgeknabberten Fingernägel spüren, an denen er herumbiss, wenn er keine Zigarette griffbereit hatte. Sein bester Freund nannte ihn »Bruttino«, die Koseform des Adjektivs »hässlich«.

Zärtlich betrachtete ich seine schlafende Gestalt. Dies war der Mann, den ich wollte. Dabei hätte ich nicht einmal erklären können, warum. Mit zweiundzwanzig konnte ich allerdings nichts von dem begründen, was ich tat. Andererseits war ich durchaus alt genug, um mir meine unmittelbare Zukunft vorzustellen.

Später, am Nachmittag, würde Paolo mich zum Bahnhof in Monterosso bringen, wo ich mir ein Zugticket aus Karton kaufen würde, das ich dann über all die Jahre hinweg aufhob. Ich würde allein zurück nach Santa Margherita fahren, meine Sachen packen, den Nachtzug nach Paris nehmen und nach New York fliegen. Wir würden nie mehr zusammen in einem Bett schlafen. Er würde nach Turin zu seinem Job als Lehrer zurückkehren. Ich würde mir ebenfalls einen Job suchen, und wir würden jeder für sich mit seinem Leben weitermachen. Eines Tages würde er seine Freundin in Turin heiraten, und vielleicht begegnete ich jemand, den ich ebenso lieben würde wie diesen Mann und den ich heiraten würde. Doch diesen Morgen, den letzten seiner Art, wollte ich nicht vergessen.

Die Sonne ging auf. Helle Strahlen fielen durch die Luke herein und bildeten ein längliches Dreieck aus gelbem Licht auf seinem Rücken. An dieses Dreieck aus Licht will ich mich erinnern, nahm ich mir vor. Ich werde diesen Augenblick in dem Dreieck aus Licht bewahren.

Paolo begleitete mich zu Fuß vom Hafen zum Bahnhof. Stumm standen wir auf dem Bahnsteig. Ich sah den Zug herankommen, pünktlich, ausgerechnet an diesem verfluchten Tag. Er drehte sich zu mir, umarmte und küsste mich.

»Allora, ci sentiamo«, sagte er, als würden wir am nächsten Tag wieder plaudern.

Ich sagte ihm, dass ich ihn liebte.

»Anch'io ti amo«, sagte er mit einem Lächeln. Als er seine Lippen erneut auf meine presste, kitzelte mich sein Bart am Mund und an den Wangen.

Dann war ich im Zug und fort.

Sechsundzwanzig Jahre später ist die Erinnerung daran immer noch klar und lebendig.

Letzten Endes gibt es auch Momente aus meinem Leben mit Henry, die ich mir bewahren möchte. Momente wie jenes Dreieck aus Licht, die wahrhaftig waren. Ein Morgenspaziergang zur Arbeit, einige Monate nachdem wir uns kennengelernt hatten, als mir klar wurde, dass ich ihn und er mich liebte. Unsere Wanderung über das großartige Nyika-Plateau in Malawi, als noch alles herrlich und machbar schien. Der Morgen der Erschöpfung nach Lizas Geburt und sein seliges Gesicht, als er ihren winzigen, perfekten Körper im Arm hielt.

Doch inzwischen vergehen mehr und mehr Tage, an denen ich Henry vergesse. Ich bemerke, dass ich fast jeden Tag an andere Menschen denke, die ich durch Tod oder Trennung verloren habe: meine Mutter, Henrys Tante Rose, einen Mann, den ich in den Achtzigern kannte – nicht einmal ein enger Freund – und der an AIDS starb, mein Freund Jim von der Insel in Maine und Emily, die ich seit Jahren nicht mehr gesprochen habe. Weil er zu sehr für sich selbst lebte, hat

Henry die Chance verpasst, für andere zu leben. Mir tut es leid, dass Henry nicht durch mich alltäglich leben kann, sondern dass seine Tochter diese stumme Bürde allein tragen muss. Obwohl Henry, während ich dieses Buch hier schrieb, natürlich permanent bei mir war und mich beobachtete, selbst während ich tippte.

Ich vergesse niemals, das Fleisch zu salzen, aber ich bin jetzt bereit, ihn gehen zu lassen.

Während wir diesen Sommer in Maine waren, nutzte ich eine große Chance und erzählte Liza von den Affären ihres Vaters. Schweigend hörte sie mir zu.

»Bist du froh, dass er tot ist?«, fragte sie. Was für eine Frage für ein elfjähriges Kind, gestellt mit solcher Klarheit, dass sie eine offene Antwort verdiente.

»Was deinem Vater zugestoßen ist, war eine Tragödie. Er hat in seinem Leben einige schwere Fehler begangen, und er starb ohne die Gelegenheit, sie wiedergutzumachen oder sich zu entschuldigen. Er hat dir und mir großen Kummer bereitet, obwohl er uns liebte.«

»Glaubst du, du hättest dich von ihm scheiden lassen?«

»Ich glaube nicht, dass wir verheiratet hätten bleiben können. Also bin ich froh über die Chance, für uns ein neues Leben zu beginnen, aber es ist schrecklich, wie er gestorben ist.« Ich hoffte, nicht wie ein Politiker bei einer Fernsehdiskussion zu klingen, der den heiklen Punkten geschickt auswich. »Ich hoffe, damit ist deine Frage beantwortet.«

Liza nickte nachdenklich.

Kürzlich erhielt ich einen Brief von einer Frau namens Avery, die Henry im Februar 2002, also im Jahr seiner Recherchereise, begegnet war. Ich hatte über den Freund Kontakt zu Avery aufgenommen, bei dem er während der Woche in Nordkalifornien gewohnt hatte. Er sagte mir, dass Avery mir etwas Wichtiges mitzuteilen hätte. Avery und ich telefonierten zunächst, und dann schickte sie mir eine E-Mail, in der sie ihre kurze und ungewöhnliche Begegnung mit Henry bei einer Dinner Party schilderte:

> Die Party war angenehm. Jede Menge Verwandter, Freunde, viel Gelächter und Musik. Ich sang *My Romance* und begab mich danach ins Wohnzimmer, um den Rest des Abends zu genießen. Ich kam neben Henry zu sitzen, der nicht viel Platz einnahm und seine schwarze Jacke mit dem Reißverschluss bis unters Kinn geschlossen hatte. Mir fällt ein, dass ich noch dachte, wie seltsam, weil es in dem Haus ziemlich warm war. Seltsam, woran wir uns erinnern, wenn wir unser Gedächtnis nach Antworten durchforsten.
>
> Wir stellten uns einander vor, gaben uns die Hand und lauschten eine Weile der Musik. Er sagte, er sei Autor und Essen seine große Leidenschaft. Einerseits besuche er seinen Freund, andererseits auch Restaurants in San Francisco, um berühmte Köche zu interviewen.
>
> Ich lächelte höflich und fragte nach seiner Familie. Weil sie den Mittelpunkt meines Lebens bildet, erfahre ich auch gern mehr über die Familien anderer Leute. Ich war damals wie auch heute noch glücklich verheiratet und Mutter zweier Töchter. Er sagte, er habe eine wunderschöne und erfolgreiche Ehefrau und eine bezaubernde kleine Tochter, die das Glück seines Lebens darstelle, dann zeigte er mir Fotos. Wir setzten unsere Unterhaltung fort, dann ging ich, weil ich früh nach Hause wollte. Henry fragte mich vorher noch nach einer guten Gegend zum Laufen in der Umgebung. Ich sagte ihm, ich würde am nächsten Morgen beim Wasserspeicher laufen, und lud ihn ein, mich zu begleiten. So trafen wir uns tags drauf um zehn Uhr zu einer Fünf-Meilen-Runde. Ich vermochte nicht, mit ihm Schritt zu halten, so rannte er einmal rundherum und holte mich auf seiner zweiten Runde wieder ein. Für mich war es Zeit, ein wenig langsamer zu werden, so gingen wir schließlich nebeneinander her.

Und da begann es langsam aus ihm herauszusickern.
Er fragte mich, ob er mir etwas erzählen und meine Meinung dazu hören dürfe. Er sagte, er liebe seine Frau, wisse aber nicht, ob er ihr ein guter Partner wäre. An seiner Qualität als Vater hatte er dagegen keinen Zweifel.
Ich erinnere mich, gedacht zu haben: »Meine Güte, was soll ich denn davon halten?«
Als Nächstes erwähnte er diese andere Frau an seinem Wohnort, die sich ihm an den Hals geworfen habe. Mit ihr habe er schon seit geraumer Zeit eine Affäre.
Ich fragte ihn, ob er diese Frau liebe.
Er sagte: »Nein.«
Ich sagte etwas wie: »Wie sieht es mit Prinzipien aus … kann man so etwas tun und trotzdem nachts noch schlafen?«
Er gestand mir, er habe Schlafstörungen und versuche, diese Frau zu verlassen, doch seit Kurzem hätte die Geschichte eine sehr unerfreuliche Wendung genommen. Er sei nämlich dahintergekommen, dass sie aggressiv und labil sei. Sie habe sogar gedroht, ihm oder seiner Familie etwas anzutun, wenn er sich von ihr abwenden würde.
»Ich fühle mich wie in einer Falle«, sagte er. »Ich habe Angst davor, was passieren wird, wenn ich aufhöre, mich mit ihr zu treffen.«
Ich fragte ihn, ob Sie von der Affäre wüssten. Er sagte, das glaube er nicht. Ich sagte ihm, egal, wie die Wahrheit aussähe, sei es wichtig, dass er den Mut aufbringe, eine Entscheidung zu fällen und zu retten, was ihm in seinem Leben am wichtigsten sei, nämlich seine Familie. Vielleicht fehlte ihm der Mut, diese Entscheidung zu treffen.
Wir blieben stehen, um ein Sandwich zu essen, und ich teilte ihm mit, dass ich es richtig fände, wenn er Ihnen alles sagte, sofern er glaube, dass Sie beide etwas verbände, das stark genug wäre, diese Herausforderung zu überstehen. Ich riet ihm auch, mit einem Anwalt zu sprechen und dieser Frau,

falls nötig, mit juristischen Konsequenzen zu drohen, um sich und seine Familie zu schützen.
Während wir zusammen aßen, klingelte sein Telefon ein paarmal. Er sagte, dass sei »sie«.
Ich schlug ihm vor, sofort reinen Tisch zu machen und ihr zu sagen, er habe nicht die Energie für das, was sie momentan brauche, dass es ein Fehler gewesen sei und er jeglichen Schmerz bedaure, den er verursacht haben mochte, aber auch, dass er zu seiner Familie zurückkehren müsse.
Henry sagte, er fürchte, Sie würden ihn nicht verstehen und sich vielleicht weigern, ihn zurückzunehmen.
Ich ermutigte ihn, an Sie zu glauben. Und ich sagte ihm, er würde es nie erfahren, wenn er es nicht versuche.
Er meinte daraufhin: »Ich bin wie eine Spinne, die sich in ihrem eigenen Netz verfangen hat.«
Er fragte mich, ob es irgendwelche Läden in der Nähe gäbe, weil er seiner Tochter etwas kaufen wolle. Ich schlug ihm vor, wenn er Zeit hätte, könnten wir gemeinsam in die Stadt fahren, wo einige hübsche Läden mit Kindersachen wären. Also fuhren wir los, in zwei Autos. Wir fanden etwas Niedliches für Ihre Tochter und gingen dann noch in einen Laden für indianisches Kunsthandwerk nebenan. Henry gab mir ein schmales Silberarmband und bat mich, es anzuprobieren. Ich weigerte mich, aber er bestand darauf und dankte mir dafür, ihm eine so aufrichtige Freundin gewesen zu sein. Auch wenn der Verschluss inzwischen kaputt ist, hatte ich das Gefühl, es nicht wegwerfen zu sollen. Es wäre mir eine Freude, Ihnen das Armband zu schicken, falls Sie es möchten.
Danach umarmten wir uns und gingen auseinander. Ich wünschte ihm noch viel Glück und bat ihn, sich zu melden.
Aber ich habe nichts mehr von ihm gehört. Ich vermute, wir werden nie erfahren, was genau passiert ist, aber Ihr Verlust tut mir leid. Weil Henry in seinem Herzen und seinem Kopf so zerrissen und zerquält war, spürte sein Geist vielleicht, dass er so nicht weiterleben konnte.

Wie traurig ... ihn gekannt zu haben und dazu ausersehen worden zu sein, ihn »so« zu erleben. Wobei ich sagen muss, dass ich daraus gelernt habe, meinen eigenen Freunden eine bessere Freundin zu sein. Ich stelle mehr Fragen und beharre darauf, die Wahrheit zu erfahren, wenn ich merke, dass sie mit sich ringen ...
Bitte melden Sie sich, wenn Sie noch Fragen an mich haben. Ich wäre Ihnen gern ebenfalls eine Freundin gewesen und hätte Sie gern kennengelernt. Denn ich hatte das Gefühl, dass ich mich hätte einmischen sollen. Dann wäre die ganze Geschichte vielleicht anders ausgegangen. Oft frage ich mich, warum es uns bestimmt ist, so manches vom Leben unserer Mitmenschen zu erfahren. Danke, dass Sie mir so weit vertraut haben, dass ich Ihnen das hier erzählen konnte.
Liebe Grüße,
A.

An einem Freitagmorgen gingen Will und ich ins Rathaus, um uns offiziell als Lebenspartner eintragen zu lassen. Unsere Gründe waren rein praktischer Natur.

Er besaß eine gute Krankenversicherung, während meine mich ein Vermögen kostete und allmonatlich Diskussionen mit den freundlichen Mitarbeitern der Erstattungsabteilung erforderte. Es versteht sich von selbst, dass die Regierung Bush mir da keine Hilfe war. Immerhin gelang es Will, seinen Arbeitgeber davon zu überzeugen, den Versicherungsschutz auf nicht-gleichgeschlechtliche Lebenspartnerschaften auszudehnen.

Man schickte uns in den schäbigen, mit Neonröhren beleuchteten Warteraum im ersten Stock. Als wir dort unsere Formulare ausfüllten, schauten wir hoch und sahen Paare, die sich im Gegensatz zu uns (wir waren in Jeans gekommen) im Hochzeitsstaat auf ihren großen Augenblick vorbereiteten. Mit weißen Kleidern, Smoking, Korsagen, das volle Programm. Als der Beamte uns an sein kleines Fensterchen treten ließ, reichten wir ihm unsere Unterlagen hinein. Er stellte uns ein paar Fragen und warf einen Blick auf unsere Führerscheine und Verdienstbescheinigungen. Dann stellte er uns die vorgeschriebene Frage: »Haben Sie noch irgendwelche anderen Lebenspartner?« Wir verneinten lachend, unterschrieben die Formulare, der Beamte stempelte sie ab und überreichte uns ein offizielles Dokument, das unseren neuen Status bestätigte.

»Sind wir schon fertig?«, fragte ich und hatte etwas irgendwie Dramatischeres erwartet. »Das wär's?«

»Das wär's«, erwiderte der Beamte lächelnd.

Trotzdem fühlte es sich erstaunlicherweise irgendwie anders an, als Will und ich vom Rauthaus weg und auf der Suche nach einem raschen Mittagessen die Court Street entlanggingen. Nach so viel Chaos und Pech kam es mir vor, als hätte ich Glück gehabt. Wobei es natürlich, wie Will zwischen zwei Bissen klebriger Pizza bemerkte, auch so sein konnte, dass wir uns unser Glück einfach selbst schaffen. Jedenfalls waren wir eine feste Bindung eingegangen. Und wir galten jetzt als echte Familie.

Eines Morgens hörte ich die U-Bahn singen. Als der Zug der Linie 2 an der Atlantic Avenue die Bremsen löste, vernahm ich deutlich die ersten drei Töne von *Somewhere* aus der *West Side Story*, langgezogen und sehnsuchtsvoll.

Erschrocken fragte ich mich, ob diese Vorstellung nur für mich stattgefunden hatte, als eine Art einmaliger Glücksfall. Keiner der Mitreisenden schien Notiz davon genommen zu haben. Als ich das nächste Mal auf derselben Strecke fuhr, hörte ich den Song wieder. Ich musste lächeln, weil es keine passendere Melodie für mich hätte geben können, für die verlorene Tochter, die in die Stadt zurückgekehrt war, die ich einst versucht hatte zu verlassen.

Es stimmt, dass einem der Big Apple nicht gerade einen Teppich mit der Aufschrift »Willkommen zu Hause« ausrollt. Ich musste erst wieder einen Großstadt-Panzer zulegen und mein drittes Auge wecken. Und damit meine ich nicht das aus dem Yoga, auf der Stirnmitte, sondern das am Hinterkopf. Einige Monate lang stieß ich dauernd mit Leuten und Laternenpfosten zusammen, bis ich das raffinierte Fußgängerballett von Manhattan wieder beherrschte. Auch Liza musste ich ein paar wichtige Regeln für die Straße einschärfen, damit sie mit dem irren Verkehr auf der Union Street in Brooklyn klarkam.

Doch inzwischen sind die Stadt und ich wieder gute Freunde. In letzter Minute hat sie mir einen Rettungsring zugeworfen und mich zurück nach Hause gezogen. Gowanus ist vielleicht nicht so spektakulär wie der Blick auf den Hudson River, den ich aufgegeben habe, aber bei einem Frühlingsspaziergang nach Hause von Downtown Brooklyn spiegelt sich die späte Nachmittagssonne in den Fenstern der Häuser an der Union und Bond, und die Reklame von Kentile Floors schimmert und blitzt in der Ferne. Dann gehen Liza und ich Hand in Hand über die Union Street Bridge und bewundern die ungemein prächtigen Kaiserbäume, die in voller Blüte den Kanal säumen. Eine einsame Möwe lässt sich hoch über uns von einer salzigen Brise tragen, kreischt und schaut auf uns herab. An solchen Tagen sage ich mir, dies ist der perfekte Platz für uns.

Es ist ein Samstagabend im Hope & Anchor, einem dezent maritimen, angesagten Restaurant im Zentrum von Red Hook, einem Teil von Brooklyn. Wir sind zu einem Familienessen ausgegangen, mit einer Freundin von Liza und deren Eltern. Die Mädchen essen ihre Makkaroni mit Käse auf, und die Großen teilen sich asiatischen Nudelsalat und Piroggen. Ich freue mich schon auf ein Stück von dem geradezu kriminellen Schokoladenkuchen. Vorher presse ich noch die Limettenscheibe den Hals meiner Flasche Corona hinunter, wo er wie ein Schwimmer an der Angelschnur auf und ab hüpft, ein irgendwie herrlich beschwingender Anblick. Meine Tochter ist inzwischen auch nicht mehr starr vor Schreck, sondern nur noch neugierig und amüsiert von unserem Conferencier, einer riesengroßen, dunkelhäutigen Drag Queen namens Dropsy mit blonder Afro-Perücke und hautengem Glitzer-Minikleid, die gerade auf ihren schwarzen Plateaustiefeln zum Mikrofon stakst, um ein bisschen Karaoke zum Besten zu geben. Sie beginnt mit einer Version von *Sitting on the Dock of the Bay* in gehauchtem Falsett. Unsere Mädchen – die Dropsy den »Hope & Anchor Kinderchor« nennt – warten darauf, ihren aktuellen Lieblingssong zum Besten zu geben: *Bohemian Rhapsody* von Queen. Das Publikum applaudiert und johlt begeistert. Die Kellnerin bringt mir meinen Schokoladenkuchen. Ich glaube, dass es viel besser eigentlich nicht werden kann, zumindest nicht im jugendfreien Bereich.

Nach Jahren der Distanz wohnen Irena und ich jetzt gerade mal fünf Blocks voneinander entfernt. Trotz Henrys frühen Versuchen, unsere Freundschaft zu untergraben, ist es fast wieder wie in alten Tagen. Vor vielen Jahren lebten wir in benachbarten Sandsteinhäusern, deren Hinterhofgärten nur durch einen Zaun getrennt waren, den wir mit Hilfe einer alten Küchentrittleiter überwanden. Damals entspannten wir uns am Abend nach im Haus zugebrachten Arbeitstagen als Selbstständige in unseren Gärten und überlegten uns spontane Abendessen, je nachdem, was wir jeweils im Kühlschrank hatten. Unsere Katzen krochen unter dem Zaun hin und her, während wir ein Menü improvisierten. Irenas achtjährige Tochter (die inzwischen auf College geht), beschäftigte sich mit Liza, die noch ein Kleinkind war. Später grillte Henry dann vielleicht noch ein Steak und förderte eine Flasche Wein zutage, Irena machte noch ein phantastisches Pastagericht und entdeckte bei sich ebenfalls noch eine Flasche. Möglicherweise gab es dazu noch einen Salat aus allem, was unsere Gemüsefächer zu bieten hatten. Manchmal stießen noch andere Freunde oder jemand aus der Verwandtschaft dazu.

Wir aßen entweder bei ihr oder bei uns und blieben am Tisch sitzen, bis Liza auf meinem Schoß einschlief.

Die Phase, als wir jung waren und nichts im Überfluss besaßen außer Zeit, ist definitiv vorbei. Doch hin und wieder gönnen wir uns einen gemeinsamen freien Nachmittag. Als unser neues Appartement sich als zu klein für vier Katzen erwies, adoptierten Irena und ihr Partner großzügig meine alte Katzendame Katie. Die verbrachte daraufhin ihren Lebensabend in einem eleganten Appartement und machte ihre Nickerchen auf dänischen Designklassikern aus der Mitte des 20. Jahrhunderts. Wenn ich Irena besuche, sinnieren wir oft übers Überleben – über das alter Katzendamen wie Katie und über unser eigenes, über die vielen Irrungen und Wirrungen, die uns wieder zusammengebracht haben.

»Nein, du Schlaumeier«, erwidere ich und deute mit einer köstlich knusprigen Frite auf Eliots grinsendes Gesicht, »ich werde das Wesentliche unseres ersten und einzigen Dates natürlich nicht bewerten. Und jetzt schau bloß nicht so gekränkt.«

Alle paar Monate esse ich an einem der Tage, wenn mein inzwischen glücklich verheirateter Freund Eliot aus beruflichen Gründen in die Stadt kommt, mit ihm zu Mittag. An einem Bistrotisch sind alle gleich groß.

Heute erzählt er mir, wie er einmal Patrick Stewart (einen der Prominenten, für die ich schwärme) kennenlernte, nachdem dieser die Off-Stimme für die Verkaufspräsentation einer Firma gesprochen hatte. Nachdem die Aufnahmen gemacht waren, hatte Stewart ihn zu einer nachmittäglichen Erfrischung eingeladen – zum Tee, Earl Grey, heiß – genau wie bei *Star Trek: The Next Generation.*

Eliot hört zu, während ich über das Buch jammere, das ich als letztes gelesen habe. Ich habe mir meine Lieblingsromane von E.M. Forster noch einmal vorgenommen – zuletzt *Auf der Suche nach Indien.* Die Marabar-Grotten werden mir zwar wohl für immer ein Rätsel bleiben, aber nach dieser Lektüre kann ich mir zumindest die Dunkelheit vorstellen, in der Adela Quested ihre blitzartige und erschreckende Selbsterkenntnis erlebte.

Zu den letzten Löffeln Erdbeeren mit Sahne tauschen Eliot und ich uns über Neuigkeiten in unseren Beziehungen aus. Er erzählt mir auch von seinem Rosengarten, und wir geben seltsame Anekdoten über unsere Haustiere zum Besten (die Begebenheit, als sein Hund sich einen Knochen in den Kiefer spießte, war nicht zu toppen).

»Also, Jools, komme ich jetzt in deinem nächsten Buch vor?«, fragt er.

Die Rechnung wird gebracht und wir teilen sie als Geschäftsessen. Ich bin mir ziemlich sicher, dass so ein Mittagstermin steuermindernd absetzbar ist.

Anna und ich wohnen nur wenige Straßen auseinander in Brooklyn. Wir teilen immer noch vieles, unter anderem unseren attraktiven Zahnarzt (ich finde, wenn man schon auf so einem Foltersessel Platz nehmen muss, dann sollte man zumindest auf etwas Hübsches schauen können). Wir rufen einander an, wenn wir Probleme haben – berufliche, private oder, wie sich manchmal herausstellt, auch eingebildete. Ihr kraftvolles »Ich versteh dich, Schätzchen!« holt mich immer wieder aus meiner Schwermut. An gut abgestimmten Tagen gehen wir in dieselbe Yogastunde, trinken einen Kaffee auf einer Bank vor einem Lebensmittelladen in der Nachbarschaft oder essen zusammen mit unseren Kindern an ihrem Küchentisch, was einer von uns unterwegs eingekauft hat.

Ihr rotes Haar leuchtete noch nie so strahlend wie an ihrer letzten Geburtstagsparty, als acht Frauen sich an einem großen runden Tisch in einem Restaurant mitten in Manhattan trafen. Wir bestellten extravagante Gerichte, bis hin zum Dessert, nach dem Prinzip »von jedem etwas«.

In New York zu leben ist niemals leicht, aber für uns beide

ergibt es Sinn, zumindest im Moment. Jeder hat seine Arbeit und sein Liebesleben, aber es ist überaus angenehm, sich über unsere Kinder, ihre Probleme, Schwierigkeiten und Pläne für die Zukunft auszutauschen.

Ich korrespondiere auch immer noch mit Eliana. Ihr Interesse an meinem Leben wirkt echt, und ich denke in so manchen Augenblicken an sie. Sie ist eine wirklich vollkommen ungewöhnliche Freundin, meine unbekannteste und undurchschaubarste, aber ich habe das starke Gefühl, dass wir einander wohlwollen.

Als ich das Foto betrachtete, das sie mir zuletzt von sich geschickt hatte, dachte ich mir, wie sehr wir beide uns doch verändert haben. Ihre Phase mit den schwarzen Klamotten ist längst vorbei, jetzt trägt sie bunte Sachen. Ihre hellen Augen strahlen auch ohne starkes Make-up, und ihre kürzeren, helleren Haare sehen aus wie vom Wind zerzaust. Sie wirkt entspannt und offen. Ich frage mich, ob wir uns jemals wiedersehen, denn ich würde ihr gern persönlich für die offene Art bedanken, mit der sie mir begegnet ist.

Eliana und ihr Partner haben im Juni 2007 geheiratet. Ich freue mich, dass wenigstens eine von uns sich den Glauben an dieses traditionsreiche Ritual bewahrt hat, auch wenn ich mir denken kann, dass ihre Hochzeit alles andere als konventionell war.

Liza meint, ihr sei es egal, ob Will und ich heiraten. »Ich denke mal, das ginge schon in Ordnung. Aber wenn, dann will ich dein Brautkleid aussuchen und mit euch in die Flitterwochen verreisen.« Als Blumenmädchen wäre sie inzwischen zu alt. Wahrscheinlich würde sie eher darauf bestehen, eine Brautjungfer zu sein, und ich könnte mir keine bessere Wahl dafür vorstellen.

Will, Liza und ich fahren in den Frühlingsferien ins mexikanische Tulum und übernachten in einem Nationalpark in geräumigen Zelten. Ein stetiger Wind hat uns eine Woche mit strahlend blauem Himmel beschert. Mit der Abenddämmerung taucht allerdings eine dunkle, tief hängende Wolkenbank am Horizont auf, zunächst aber noch in sicherer Entfernung. Im Laufe der Woche haben wir uns mit einem Mann namens Doug und seiner Tochter Savanna angefreundet. Die beiden scheinen erleichtert, als sie dahinterkommen, dass wir doch nicht die perfekte Kleinfamilie sind, für die sie uns anfangs wohl gehalten haben.

»Dann wohnt ihr alle zusammen?«, fragt die siebenjährige Savanna mit ihrem bezaubernden Südstaatenakzent, nachdem sie gehört hat, dass ich Will meinen »Freund« nenne.

»Ja«, antworte ich ihr fröhlich, »wir sind eine lustige kleine Familie, auch wenn wir alle einen anderen Nachnamen haben.«

Doug nickt dazu mit der Einsicht von jemand, der schon einiges vom komplizierten Unglücklichsein, das das Leben so bereithält, erfahren hat. Er scheint zwar angeschlagen, aber letztlich unversehrt daraus hervorgegangen zu sein. »Hauptsache, es funktioniert«, sagt er.

»Genau«, sage ich.

Doug, Savanna, Will und Liza spielen in der Brandung. Zwei Väter, die zwei Töchtern auf die sich kräuselnden Wellen helfen, um den perfekten Moment zu erwischen, in dem sie lossurfen können. Die Wellen sind in den Augen der Mädchen groß, in meinen zu groß. Ich sitze in Top und Rock gegen den Wind auf dem Sandstreifen und sehe aus sicherer Distanz zu, wie meine mutige Tochter und Savanna immer wieder Wellen reiten, die mir Angst machen würden.

Die schwarze Wolkenwand ist schon nähergerückt, und Sturmböen drücken die Palmen nieder. Ich habe solche Bäume und die satten Farben sturmgepeitschten Wassers und Himmels schon mal gesehen. Auf dem Gemälde *The Coming Storm* von Winslow Homer.

In der universellen Zeichensprache besorgter Mütter winke

ich heftig. Will sieht zu mir her und lächelt. Großzügig erkennt er einen meiner vielen Momente als panische Mama an.

Eine halbe Stunde später sind die Kinder geduscht und umgezogen, und große Blitze tauchen das Meer und die Lagune in grelles Licht. Die ersten großen Tropfen platschen an die Scheiben und auf die Terrasse des Restaurants, in dem wir sitzen. Die Erwachsenen sprechen den frischen Margaritas zu und fragen sich, ob unsere bungalowgroßen Zelte bei unserer Rückkehr wohl noch trocken sein werden (wir haben nämlich vergessen, die Klappen zu schließen), aber wir lassen uns davon die Freude an den Tacos mit frischem Fisch, die unsere Kellnerin gerade bringt, nicht im Geringsten verderben. Die für diese Gegend typischen gelbbraunen Eidechsen haben sich ebenfalls hier hereingerettet und sitzen an den Wänden und der Decke. Es tut gut, sich so beschützt und umsorgt zu fühlen.

Meine Beziehung zu Will entwickelt sich stetig weiter. Sie war nicht mit den Affären meiner jüngeren Jahre und deren Sehnsucht und Verzweiflung zu vergleichen. Auch nicht mit meiner Ehe mit Henry. Was wir anstreben, ist eine nette und liebevolle Umarmung, die jedem von uns das Gefühl gibt, geschätzt zu werden, klar zu denken und im Alltag vernünftige Entscheidungen treffen zu können. Unter den Tausenden Momenten, die nötig sind, um die Maschinerie des Alltags am Laufen zu halten, freue ich mich ungemein über die Ausbrüche von Liebe und Verlangen, die mich überkommen und die sich anfühlen können wie der erste Schluck eines schweren Rotweins, ob beim Durchqueren eines U-Bahn-Tunnels, beim Auswählen der Orangen im Lebensmittelgeschäft oder wenn ich aufwache und sehe, dass seine blauen Augen auf mir ruhen. Das ist meine Vorstellung von Umami.

Liza hat mir verlegen erzählt, dass sie, als sie noch »klein« war (was sie jetzt natürlich nicht mehr ist), glaubte, wann immer man eine CD in einen CD-Player schob, die Musiker live, nur für einen persönlich spielten. Sie gab auch zu, dass sie diese Ansicht an dem Tag änderte – sie war damals vier –, als ich ihr beim Anhören von *Sgt. Pepper's Lonely Hearts Club Band* erzählte, wie leid es mit täte, dass John Lennon schon gestorben wäre.

Ein gutes Beispiel, um die eigentümliche Denkweise und Ich-Bezogenheit von Kindern wie auch einer Vielzahl von Erwachsenen zu verstehen. Und trotzdem brauchen wir alle manchmal den Eindruck, bei einem Liveauftritt dabei zu sein. Es gibt Zeiten, da müssen wir sogar selbst auf die Bühne und nach bestem Wissen und Gewissen Entscheidungen treffen. Wir müssen unser Bestes geben, egal ob das Publikum aus 20 000 kreischenden Fans im Madison Square Garden, dem kleinen Kreis unserer Familie oder nur unserem einsamen eigenen Ich besteht.

Ich habe erlebt, dass Weisheit ganz unerwarteten Quellen entspringen kann. So habe ich etwa von der Aufrichtigkeit und Einsicht meiner Tochter gelernt. Ich habe die wohlmeinenden Ratschläge meiner Familie, alter und neuer Freunde, die ich auf dieser Reise kennengelernt habe, zu schätzen gelernt. Ich bin auch dahintergekommen, dass die surrealen, komischen, erotischen und auch erschreckenden Filme, die ich oft im Schlaf sehe, die Belange meines Lebens oft mit erstaunlicher Klarheit auf den Punkt bringen. Der folgende Traum, den ich erst kürzlich geträumt habe, scheint mein großes Bedürfnis nach Veränderung und zugleich meine Angst genau davor zu thematisieren.

Ich befinde mich darin in meinem alten Wohnviertel auf der Upper West Side von Manhattan. Ich weiß das, auch wenn die Straßen nicht mehr so aussehen und es auch keine Straßenschilder gibt. Ich gehe eine Straße entlang, die mir wie die West End Avenue vorkommt, mit Kopfsteinpflaster, wie ich es aus meiner Kindheit kenne. Ich bin unterwegs, um irgendwo meine Mutter zu treffen. Ich habe mich sorgfältig gekleidet und trage die Uniform einer Erwachsenen: adretter brauner Rock, braune Jacke, braune Lederpumps. Ich trage eine, wie ich hoffe, damenhafte Handtasche. Alles passt zusammen.

Plötzlich tut sich vor mir ein gepflasterter Platz auf, wo, so weit das Auge reicht, Reihen großer Schachteln aus Wellpappe stehen. Alle sind mit Schuhen gefüllt.

Meine Hände zittern und beginnen zu schwitzen. Ich möchte Schuhe. Die Versuchung ist zu groß, obwohl ich fürchte, dass ich meine Mutter warten lasse. Hier sind Hunderte von Entscheidungen zu treffen – so viele Schuhe in unzähligen Farben. Ich atme den Duft nach warmem, gegerbtem Leder ein. Nachdem ich meine schlichten braunen Pumps abgestreift habe, lasse ich mutig meine Handtasche stehen und eile die Reihen der Schuhschachteln auf und ab. Gierig beginne ich, Schuhe anzuprobieren. Zuerst paarweise, doch in meiner wachsenden Hast greife ich unüberlegt zu rechten und linken von verschiedenen Paaren.

Als ich mich erschrocken daran erinnere, dass ich nach meiner Handtasche suchen sollte, verschwinden mit einem Mal alle Schuhkartons so plötzlich, wie sie aufgetaucht sind. Meine Handtasche und mein eigenes Paar brauner Pumps sind ebenfalls fort. Jetzt stehe ich allein auf diesem Platz, mit zwei nicht zusammenpassenden Schuhen an den Füßen – zwei seltsame Modelle mit verschieden hohen Absätzen: eine hohe, blau schillernde Sandale und ein spitzer, safrangelber Pump. Da überfällt mich das schlechte Gewissen als Tochter – so hatte ich das nicht geplant. Ich habe kein Handy dabei, um meine Mom anzurufen. Ich komme zu spät und sehe lächerlich aus. Meine Mutter wird sich unweigerlich Sorgen machen oder böse sein oder beides. Ich sage mir selbst, dass ich sie jetzt eben so treffen muss, wie ich bin, mit Verspätung und in der Aufmachung eines schrägen Clowns. Später werde ich noch Zeit genug haben, um meine Kreditkarten sperren zu lassen und mir eine neue Geldbörse zu kaufen. Ich versuche, mich mit den Worten zu beruhigen, die Will immer zu mir sagt, wenn der Alltagsärger mich zu überwältigen droht (Computerprobleme, Abgabetermine, Streitereien mit unserem Vermieter): »Was ist denn das Schlimmste, was passieren könnte?« Üblicherweise lautet die kurze Antwort: nichts Lebensbedrohliches, nichts finanziell Desaströses, nichts auch nur Furchterregendes.

Während ich noch über die Absurdität meiner Situation nachdenke, sehe ich staunend zu, wie sich der blaue und der gelbe Schuh verwandeln. Sie leuchten und verändern ihre Farben, bis sie beide das Grün frisch gepflückter Oliven angenommen haben, reif, saftig und würzig. Einer ist nach wie vor eine Sandale, der andere ein geschlossener Schuh, aber die Absätze sind ungefähr gleich hoch. Da höre ich Schritte – meine eigenen – und tue die ersten unsicheren Schritte auf dem Pflaster des offenen Platzes. Die Schuhe verändern sich weiter, während mein Schritt immer sicherer wird. Ich kann das. Ich kann mich jetzt mit meiner Mutter treffen. Das wird gar nicht so schlimm werden. Ich beginne, meine Hilflosigkeit zu überwinden.

Die Riemen der Sandale werden breiter und bedecken meine Zehen, während meine Lider sich bereits öffnen und der Traum verschwindet. Mein schläfriger Blick erkennt die Decke meines Schlafzimmers, das vertraute, kühle, friedliche Weiß. Seufzend bewegt sich Will neben mir und rückt sein Kissen neu zurecht. Liza erscheint in der Tür. Sie kommt zu mir, um sich kurz drücken zu lassen, und ist schon wieder weg. Auf dem Weg zu den Zeichentrickfilmen im morgendlichen Fernsehprogramm, zu Pfannkuchen und dem Rest unseres Samstags. Ich verweile noch kurz im Bett, genieße die Wärme, als Will seinen Arm um mich legt. Vielleicht werden sich diese neuen Schuhe, die nicht zusammenpassten, sich aber dann auf magische Weise veränderten, noch als perfekte Wahl erweisen.

Danksagung

Ich möchte folgenden Menschen danken:

- Meiner Familie und all den alten und neuen Freunden von nah und fern, die auf mich aufgepasst haben, während ich mein Leben neu einrichtete.
- Anna, als meiner Reisegefährtin; Sara und Irena für unsere vielen gemeinsamen Jahre; Tomas, weil er da war; Eliot, weil er mich zum Lachen gebracht hat; Eliana und Avery für ihr Vertrauen.
- Meiner bemerkenswerten Agentin Elaine Markson, weil sie mich von Beginn an mit unerschütterlicher Zuneigung und Zuversicht umfangen hat.
- Allen, mit denen ich bei Voice/Hyperion zu tun hatte: Ellen Archer, Pamela Dorman, Barbara Jones, Sarah Landis, Laura Klynstra, Susan M.S. Brown, Claire McKean, Christine Ragasa und der Innenarchitektin Sue Walsh. Euer Enthusiasmus und die harte Arbeit, die ihr für mich geleistet habt, waren mir eine Inspiration.
- Jeffrey Davis, weil er mir half, mich zu organisieren.
- Jill Herzig bei Glamour, weil sie mir Aufträge gegeben hat (es geht doch nichts darüber zu lernen, termingerecht zu schreiben …).
- Dr. Don Symons für unsere Gespräche, unsere Korrespondenz und seinen feinsinnigen Humor.
- Jofie Ferrari-Adler für seine Unterstützung.
- Cynthia für unsere Gespräche über *Jane Eyre*.
- Elizabeth Gilbert für ihre großzügige Hilfe und ihren Rat.
- Scott Adkins und meinen anderen Kollegen vom Brooklyn Writer's Space.
- Clark für den mutigen Einsatz seines Bleistifts Nummer zwei in jeder Fassung; Leah, Leigh und Suzanne für das

Lesen vieler Versionen; meinen anderen wunderbaren Lesern für die Zeit, die sie sich genommen haben, und für ihre Anregungen.

- Monica, die mir geholfen hat, alle Bälle in der Luft zu halten, während ich dieses Buch schrieb.
- Sarah T., weil sie mir geholfen hat, mit beiden Beinen auf der Erde zu bleiben.
- Meinen Yogalehrern, die mich durch diese Zeit der Veränderung geleitet haben. Namaste.
- Meiner klugen und geduldigen Tochter, weil sie mich täglich etwas Neues lehrt.
- Clark (noch einmal), weil er in so kurzer Zeit ein großartiger Vater und echter Gefährte geworden ist. Ich liebe unsere ausgezeichnete neue Familie.
- Schlussendlich möchte ich mich noch bei The MacDowell Colony für ein unschätzbar hilfreiches Stipendium bedanken. Im Wood Studio habe ich wahrhaftig Raum für mich selbst gefunden.

Hinweis an meine Leser

Ich habe die Namen (bis auf meinen eigenen) und andere Charakteristika der Personen in diesem Buch geändert. Allerdings habe ich den Namen eines Hundes belassen, der einfach perfekt zu diesem Tier und in meine Geschichte passte. Manchmal übertrifft das wahre Leben die Fiktion eben selbst in den Details. An einigen Stellen habe ich die Reihenfolge der Ereignisse verändert, wo dies dem Erzählfluss diente, ohne dabei die Fakten zu manipulieren. Ansonsten haben sich alle Dialoge und Geschehnisse so zugetragen, wie ich sie mir auf diesen Seiten ins Gedächtnis gerufen und sie aufgeschrieben habe.